La nueva diplomacia rusa
Diez años de política exterior

Igor Ivanov

La nueva diplomacia rusa
Diez años de política exterior

Prólogo de Ramón Tamames

Traducido del ruso por Dmitri Polikarpov

Alianza Editorial

Título original:

НОВАЯ
РОССИЙСКАЯ
ДИПЛОМАТИЯ

Calle Juan Ignacio Luca de Tena, 15, 28027 Madrid; teléf. 91 393 88 88
www.alianzaeditorial.es
ISBN: 84-206-6851-6
Depósito legal: M.: 19.326-2002
Impreso en EFCA, S. A Parque Industrial "Las Monjas"
Verano, 28. 28850 Torrejón de Ardoz (Madrid)
Printed in Spain

Índice

Prólogo

La diplomacia rusa de la nueva ilustración

Las postrimerías del Imperio soviético, en los últimos años de Breznev y en el corto bienio de sus sucesores Andropov y Chernenko, significaron el culmen del burocratismo en la URSS, una superpotencia en declive desde su dinamismo anterior, y con la gangrena de una guerra en Afganistán que parecía no tener fin.

Tales gerontócratas se vieron sucedidos en 1985 por Mijaíl Gorbachov, un *jovencísimo* presidente de 54 años, al propio tiempo secretario general del Partido Comunista (PCUS), con quien el curso de los acontecimientos en el más extenso país del mundo parecía que iban a tomar un rumbo más promisorio, de reformas políticas y cambios económicos; en la dirección tantas veces prometida de mayores libertades, más bienestar, autonomías de gestión para estimular a las empresas públicas, y toda una renovación, en fin, del anquilosado sistema del *socialismo real*.

Perestroika (reconstrucción) y *Glasnost* (transparencia), fueron las dos palabras en que se resumían las pretendidas innovaciones. Para plantear soluciones clave de libertades en la prensa y en los otros medios con la segunda, en tanto que con la *Perestroika* el objetivo no era otro que superar las dificultades de una planificación bloqueada por toda clase de deficiencias de organización, y con las más graves penurias en las formas de incorporar los avances tecnológicos. Como igualmente se perseguía la idea de emprender una secuencia de mutaciones políticas al objeto de democratizar el marco institucional, todo ello sin revelar inicialmente hasta qué punto llegarían tales impulsos.

La situación no era desesperada, y el régimen soviético mantenía su poder implacable frente a una población sumisa por un lado, y orgullosa en muchos casos por otro; con sólo unos pocos *disidentes* en verdad operativos. Pero bajo esa apariencia de quietismo, había mucho mar de fondo, y la sensación de que la *gran carrera* ya estaba ganándola Estados Unidos impregnaba todos los ambientes.

En ese contexto, Andrej Amalrik, uno de los más antiguos críticos del sistema desde dentro, fue el primero en profetizar las grandes alteraciones que según él acabarían de producirse inevitablemente. Y lo hizo en un polémico libro publicado en 1969, en cuyo título se formulaba la más orwelliana y dramática pregunta: «¿Sobrevivirá la Unión Soviética hasta 1984?».

Al año siguiente, en 1970, se difundió ampliamente por toda la URSS y fuera de ella la denominada «Carta de los tres» firmada por Sajarov, Turchin y Medvedev. En la cual se hacía una crítica global demoledora del régimen, pudiendo sintetizarse tan acerbas invectivas en una sola sentencia: «No puede haber verdadero socialismo sin libertad». Por lo cual, no es extraño que Sajarov, el principal miembro de esa *troika* opositora, no regateara, años después, su decidido respaldo a los cambios prometidos por Gorbachov, a quien brindó su valioso apoyo como científico de gran valía y como premio Nobel de la Paz.

Lo inevitable de los cambios también fue objeto de reflexión personal para el autor de este prólogo, con bastante antelación a la *Perestroika.* Así lo patenticé en mi obra de ficción *Historia de Elio,* publicada en 1976, en la que preví una *segunda revolución* en Rusia. El autor del libro que ahora prologo, Igor Ivanov, a la sazón ministro en la Embajada de la URSS en España, me ha recordado en multitud de ocasiones esa suerte de profecía. E incluso me atrevo a recordar que al desencadenarse los movimientos de *Solidaridad* en Polonia, al comienzo de la década de 1980, me preguntó:

—Ramón, lo que está sucediendo en Polonia ¿es la revolución que anunciabas en *Historia de Elio?*
—No, Igor, sucederá en Rusia, más adelante.

* * *

Para avanzar en su política de dar una alternativa a las inercias y el marasmo de un régimen anquilosado, Gorbachov se apoyó en el PCUS y en el Ejército. Simplemente, porque no tenía otros soportes. Lo cual no significaba que en su idea estuviera el monopartidismo como una prolongación indefinida, pues por doquier iban surgiendo otras formaciones políticas más o menos toleradas. Como tampoco el Ejército era ya la fuerza pantocrática de otros tiempos, desde el punto y hora en que dentro de él se discutía abiertamente el futuro modelo de país, así como el papel de las fuerzas armadas de cara a las presentidas responsabilidades constitucionales.

Ambas fuerzas debilitadas y divididas, y una economía que poco a poco iba entrando en los niveles de las más graves ineficiencias comparativamente con los países occidentales, Gorbachov hubo de enfrentarse a todas las fuerzas centrífugas de los nacionalismos. Así las cosas, las repúblicas no eslavas de la URSS fueron poniendo sobre la mesa, una a una, sus reivindicaciones de secesión: primero, las tres del Báltico, luego las tres del Cáucaso, y después incluso las centroasiáticas. Para incluso comenzar los problemas en la mismísima Ucrania, sin olvidar a tártaros, chechenos y otras etnias con autonomía formal dentro de la Federación de Rusia.

En tales circunstancias, la complicada arquitectura del tardosovietismo fue resquebrajándose, y el *revolucionario accidental* —como se llamó a *Gorby* en un libro publicado sobre su persona— empezó a perder el control de la situación. Entre otras cosas, porque, según algunos, la reforma política estaba haciéndose prematuramente: se había comenzado tan gran designio entrando directamente en el laberinto de una Constitución para quince repúblicas, con todos los problemas originados por los fragores nacionalistas, y sin previamente haberse despejado las grandes cuestiones económicas que de otro modo habrían lubrificado el cambio político.

Las fuertes contradicciones en ese escenario se manifestaron cuando en 1988 Gorbachov visitó China, donde tantos ciudadanos le acogieron como un gran liberador de los pueblos que de una u otra forma seguían insertos en la ideología pretendidamente marxista-leninista, y en la disciplina hasta entonces férrea de los partidos comunistas. Pero las esperanzas de que también China emprendiera, tal vez una *larga marcha* a la democracia, no se confirmaron en absoluto. La *nomenklatura* del Partido Comunista Chino fue bien clara, cuando un año después, en Tiananmen, barrió a los disidentes; en la idea de que antes de empezar a hablar de política se hacía necesaria la gran transformación económica. En otras palabras la *Vía Gorbachov* fracasó, en contraste con el triunfo comparativo del *modelo Den Xiao Ping,* sin olvidar todo lo que de brutal tuvo la *masacre* de los peticionarios de la democracia.

En definitiva, los intentos de cambio en la URSS se precipitaron en una profunda crisis que desembocó, al irse disgregando el Imperio soviético, en la *caída del muro* de Berlín, en 1989, definitivo punto de no retorno como de hecho reconoció Gorbachov al aceptar la reunificación de las dos Alemanias.

* * *

En el verano de 1990, el *Grupo de los Siete* (G-7) —integrado por los países industriales más poderosos del mundo occidental—, en su reunión anual, esa vez en Houston, Texas, decidió que la posible ayuda a la *Perestroika* debería traslucirse no sólo en una serie de reformas para la democratización política, sino también en ajustes económicos de gran alcance, en lo que muchos ya veían como un proceso de inevitable transición a la economía de mercado.

En tal contexto, el G-7 encomendó la preparación de un informe *ad hoc* a cuatro instituciones (Fondo Monetario Internacional, Banco Mundial, OCDE, y Banco Europeo de Reconstrucción y Desarrollo), que trabajaron rápidamente. De forma que en diciembre del mismo año estuvieron en condiciones de presentar el resultado de sus pesquisas, recomendando la asistencia económica del Grupo para la reestructuración soviética.

Sin embargo, los problemas derivados del independentismo en los Países Bálticos y el Cáucaso, la descomposición interna de las instituciones soviéticas por las nuevas expectativas políticas y alternativas de liderazgo, fueron sirviendo de excusa para retrasar los compromisos de ayuda. En el fondo, tanto desde el Estado Vaticano, como desde Estados Unidos, la opción a seguir ya estaba virtualmente tomada. Aparte de sonrisas y parabienes por los *nuevos tiempos* que se vislumbraban para el gran país, la decisión de los *dos grandes poderes* —el antiguo obispo de Cracovia, Papa Woytila, y quien había ejercido de director de la CIA, el presidente George Bush I— lanzaron de hecho la consigna: acabar para siempre con la gran plataforma del comunismo soviético.

Desde dentro del entramado del propio PCUS todo se hallaba profundamente dividido entre renovadores y conservadores, sin que fuera posible encontrar un entendimiento para superar el estancamiento. Sobre todo, porque Gorbachov no supo ejercer el principio de autoridad de que aún disponía teóricamente, al ir dejando que su misma organización se convirtiera en un *campo minado*. En tales condiciones, la corrupción fue invadiéndolo todo, y en vez de un partido sólido y convencido de las reformas necesarias a abordar con resolución, la antigua *nomenklatura,* se deterioraba quebrando incluso sus principios más teóricamente solemnes, para devenir un mosaico de clanes con fines encontrados.

El resultado final es que toda una serie de mafias desprestigiadas entre una opinión pública cada vez más en el desconcierto y en el empobrecimiento, fueron haciéndose con el poder real, obstruyendo las reformas. El saqueo de la economía soviética resultó desde entonces imparable, generando un desmoronamiento incontrolado.

Frente a los intentos de mantener la URSS como una sola entidad política, con vínculos más laxos, de carácter confederal, la hoguera de los nacionalismos fue arrasando cualquier clase de predicciones razonables. En cada república, en cada región, los grupos de tendencias opuestas aspiraban a mandar en el territorio, en un ambiente de insolidaridad y confrontación. Ante lo cual, ni siquiera se pensó en recurrir a la fuerza del Ejército soviético, en el que, por lo demás, acabaron por hacer mella los propios nacionalismos en merma de la sensación de inexpugnabilidad que le había caracterizado hasta su patética retirada de Afganistán. Las temidas fuerzas armadas del gran Imperio se desmoronaban en medio de toda suerte de penurias.

* * *

Ése era el caldo de cultivo en que, finalmente, el 19 de agosto de 1991, los elementos más conservadores del PCUS intentaron retomar el poder. Con un golpe de Estado que ni siquiera aguantó tres días, por falta de seguimiento del pueblo que ya no se avenía a un *viaje a ninguna parte*. Así las cosas, los golpistas, desbordados por las multitudes, se dispersaron, dejando tras de sí el más absoluto vacío de poder, que Gorbachov ya no pudo recuperar. O incluso que ni siquiera pudo hacer nada para intentarlo, pues su gran antagonista, el triunfante Borís Yeltsin, presidente de la Federación Rusa y héroe popular de los *días de agosto* contra el golpe, fue adquiriendo el control de todos los resortes.

En ese ambiente de no saber *qué hacer*, a mediados de diciembre de 1991, y tras haberse disuelto el PCUS, en una conferencia que celebraban en Minsk los presidentes de Rusia, Bielorrusia y Ucrania, sin preavisos de ninguna clase, y sin ningún tipo de medidas para la transición, se acordó disolver la Unión Soviética. Se tomó la radical decisión histórica del modo más incierto, sin perjuicio de las declaraciones al uso de que se emprendía el camino hacia la democracia política y la economía de mercado; en lo que luego sería un deterioro continuo, a lo largo de casi una década en la que el PIB llegó a descender un 40 por 100 respecto a los niveles de 1990.

* * *

En ese nuevo contexto, la diplomacia rusa, nos dice el autor de esta obra, Igor Ivanov, abandonó sus anteriores propósitos de gran potencia universal con dispositivos militares comparables a los de Estados Unidos. Para centrarse en la idea —abordada por Gorbachov y Reagan en su espectacular encuentro de Reykiavik, 1986— de ensanchar las bases de la concordia mundial.

Con esa diplomacia en la que Ivanov ha participado activamente, hasta el punto de que podemos verle todos los días en la televisión en sus continuas singladuras internacionales, se pretende defender la idea de una paz posible, que al tiempo sea el mejor horizonte para la seguridad y los intereses rusos en la arena mundial. Un propósito cuya base conceptual consiste en que las políticas interna y externa han de estar íntimamente unidas, y apoyadas de manera decidida; no sólo por los poderes efectivos, en curso de recuperación por parte del núcleo central del Estado, sino también por una sociedad que con todas sus precariedades va tomando conciencia de que es en ella en la que, *volis nolis,* reside la soberanía política.

Ese consenso únicamente puede lograrse con paciencia y tenacidad, en el marco de un diálogo constructivo en torno a los problemas y llevando a cabo multitud de tareas con la más alta profesionalidad de una diplomacia exigente consigo misma. Pues, en el fondo y en la superficie, de poco valen ya los *ukases* autoritarios o las consignas de una pretendida grandeza.

De la manera indicada, los últimos residuos de la política del *Niet,* a lo Molotov e incluso Gromiko, Rusia se ha convertido en uno de los principales catalizadores de la paz mundial, con una política exterior abierta, comprensible y predecible; orientada al logro de sus fines de concordia, y siempre sobre la base de la cooperación con otros Estados, aunque tenga dentro de su territorio no pocos purgatorios de sus buenas intenciones.

En cualquier caso, en Rusia se evidencia el convencimiento de que en la hora presente la comunidad mundial se enfrenta a tareas globales que conciernen a los intereses de seguridad y bienestar de todos los países, cuya conciliación puede contribuir a solucionar los problemas mancomunadamente. Y todo ello en la idea de que no cabe una vuelta atrás y de que ya se ha puesto definitivo término a todo lo que representaba la en apariencia surrealista frase de Winston C. Churchill de que «el pasado de la URSS es impredecible».

* * *

Emerge en las condiciones hasta aquí explicadas la tarea de elaborar, de modo colectivo, por las naciones de la Tierra, mecanismos eficaces que regulen los procesos de la globalización que afectan a las diversas esferas de la vida social humana.

Frente a los riesgos que se derivan de la globalización que no tiene reversión posible, la tarea esencial de la diplomacia internacional consiste en crear un *sistema también global de acción contra los grandes desafíos y amenazas*. En el que de forma indispensable han de integrarse los mecanismos multilaterales, incluidos los de advertencia y prevención anticipada, con dispositivos de respuesta decidida y adecuada ante las manifestaciones más virulentas. Todo ello, dentro del marco del derecho internacional —que hunde sus raíces en el *Ius Gentium* de Vitoria y de la Escuela de Salamanca— y con el papel protagonista y coordinador de las Naciones Unidas.

En la esfera política, se trata —en términos muy concretos— del estricto desarrollo de las resoluciones de la *Cumbre del Milenio,* acordadas en Nueva York en el marco de la ONU, a comienzos del año 2000, conducentes a la formación de un orden mundial justo, no violento, democrático, y que tome en consideración los intereses y los anhelos de los pueblos y los Estados.

Esas metas ahora sí que pueden empezar a sonar no sólo como plausibles sino también como verosímiles, pero sólo se alcanzarán si todos los países son iguales ante la *Ley Mundial,* cuya base son la *Carta de San Francisco* y los demás principios y normas fundamentales del derecho internacional. Sencillamente, porque «en el mundo actual —y son palabras del libro de Ivanov, estupendamente traducido por un Dmitri Polikarpov que conoce España casi tan bien como Rusia— los destinos de los países, pueblos e individuos están entrelazándose de manera cada vez más estrecha, y por ello mismo, cualquier clase de acciones unilaterales puede socavar la estructura de los valores jurídicos, debilitando las capacidades de la comunidad internacional para reaccionar eficazmente».

En la esfera militar, la tarea central es la consolidación de la estabilidad estratégica, dirección en la cual Rusia, consciente de su papel, presentó un amplio programa estabilizador, cuando el presidente Vladímir Putin se dirigió a las cinco potencias nucleares miembros permanentes del Consejo de Seguridad de la ONU para iniciar un proceso consultivo sobre los temas del desarme nuclear. Proyecto que no es óbice para que siga vigente la anterior invitación rusa de una reducción concertada con Estados Unidos de los armamentos ofensivos estratégicos, hasta dejar los arsenales en 1.500 ojivas nucleares para cada una de las dos grandes potencias de cara al año 2008; a fin de bajar luego a efectivos aún menores. Sin embargo, puede decirse que las últimas tendencias que se manifiestan desde Washington DC no apoyan esas posturas, en una atmósfera en la cual el *unilateralismo* se sobrepone al espíritu de cooperación.

En la política de mantenimiento de la paz que postula Ivanov en este libro se prestan también muy especiales atenciones a la *cultura de la prevención de conflictos* en la práctica internacional, autopresentándose como el *primer convencido* del papel central de la ONU, por ser ésta el único foro en que pueden armonizarse los intereses a largo plazo de todos los países. Lo cual exige, por supuesto, modernizar las capacidades de pacificación de las Naciones Unidas, para proveerlas de dimensiones recrecidas, tanto en potencial humano, como financiero y material; cambiando sus pautas actuales de trabajo, para hacerlas menos burocráticas y más eficientes.

La formación del *espacio global informático,* manifiesta Ivanov, es otra prueba bien elocuente de los procesos integratorios mundiales, que comportan el riesgo del ciberterrorismo. En un proceso en el cual la censura desmantelada podría verse reemplazada por un mal no menos dañino: las guerras y la piratería informática, capaces de desestabilizar países enteros en un santiamén, o si se prefiere, en *tiempo real.*

Por otro lado, en la etapa presente, *los problemas ecológicos* adquieren una relevancia decisiva, dejando de ser una cuestión tantas veces altisonante para hacerse más que real en términos de la propia supervivencia de la especie humana. Por eso, la preservación de la naturaleza constituye un objetivo común, que implica la más alta responsabilidad. De forma y manera que, en la nueva diplomacia que va evidenciándose, Rusia se considera fiel al *Convenio marco de las Naciones Unidas sobre el cambio climático* y a su derivación del Protocolo de Kioto. Un texto, este último, de importancia capital, del cual el Gobierno de Estados Unidos, bajo la presión de los grupos más productivistas —y en una deplorable manifestación de altanería unilateral—, ha retirado su firma.

En suma, y ésta es la gran síntesis que puede hacerse del libro de Ivanov, los procesos de la globalización compactan el espacio y el tiempo disponibles, en una tendencia diversa a la preconizada por Einstein al referirse a un universo infinito pero cerrado: la globalización está haciendo el planeta cada vez más pequeño y el tiempo operativo, en general, mucho más corto. Sobre todos nosotros recae, pues, la enorme responsabilidad de ir consolidando las tendencias positivas en pos del bien de la humanidad, y no para propiciar nuevas formas de antagonismo o aceptando hegemonías que podrían dar al traste con todo. Tan sólo alcanzando ese objetivo de manera conjunta, una *globalización ética y diferente,* podremos edificar en el siglo XXI un *hábitat hospitalario* para todos, más seguro, estable y próspero.

* * *

En pocas palabras, el propósito del libro de Ivanov, y de la política que trasluce, es contribuir al diálogo que hasta ahora estuvo tan sistemática como malévolamente maltratado por los intervencionismos militares y las conjuras consiguientes. Una senda en apariencia novedosa ésta de la política rusa, pero que hunde sus raíces históricas en lo mejor de la política exterior del zarismo, cuando a principios del siglo XX —la cita se hace en el propio libro— el ministro de Asuntos Exteriores del Imperio, Sergéi D. Sazonov, escribió:

Todo lo sano y viable en la vida política y cívica de cada país debe ser cuidado con gran esmero... ninguna reforma dictada por las necesidades del momento debe conducir a una ruptura súbita del presente con el pasado, sino que todo ha de realizarse de forma gradual, para que el pueblo comprenda el cambio; y para evitar que éste se convierta en un experimento peligroso.

En consonancia con tan sabias palabras, el autor considera de importancia primordial que la política exterior de Rusia se relacione estrechamente con las tendencias principales del panorama antes expresado, en el que se está viviendo una transformación sin par en la historia, por los avances vertiginosos en todas las esferas del progreso científico-técnico. Así, la conducción de las relaciones internacionales se asemeja hoy a la búsqueda de un nuevo mundo; análogamente, son palabras del propio Ivanov:

a lo que les sucedió a los navegantes portugueses y españoles de la época de los grandes descubrimientos geográficos, cuando atravesaban un océano en apariencia ilimitado y tranquilo, pero lleno de amenazas y peligros y con una terra incógnita *más allá del horizonte.*

Con tales perspectivas, la gran paradoja de nuestra situación consiste en que el mundo, después de haberse alejado formalmente de la confrontación global Este/Oeste, no ha logrado crear todavía un mecanismo ágil y eficaz para mantener la seguridad colectiva, e ir consolidando los procesos de un nuevo orden de progreso y paz.

Semejante déficit requiere un enfoque totalmente nuevo de configuración de la política exterior, en Rusia y en el resto del mundo, frente a lo cual lo más pernicioso es el nuevo peligro —más que latente, patente— del unilateralismo, que prescinde de forma lúgubre de una política exterior solidaria, en contra de lo que representaron los presidentes Wilson, Roosevelt o incluso Clinton. Un unilateralismo que se centra en la consolidación y mantenimiento de la hegemonía mundial, en vez de buscar el razonable liderazgo compartido, basado en la solidaridad vista con otros ojos, combinando egoísmo y filantropía. Porque, dicho clara y llanamente, no habría mejor negocio para los ricos de hoy que sentar las bases de la prosperidad futura de todos los pobres de la Tierra.

* * *

Por lo que llevamos visto, queda claro que la obra de Ivanov está escrita, seguro que *a propósito,* con una cierta *ingenuidad creadora,* en pro de unas Naciones Unidas con mayor presencia y poder en todos los ámbitos y conflictos, como corresponde *al nivel de los tiempos en que vivimos,* como diría el profesor Antonio Remiro Brotons, uno de los más encendidos defensores en la España actual de la ingente labor de la ONU «que si no existiese, habría que inventar de nuevo».

Sólo las Naciones Unidas harán posible configurar un nuevo sistema de relaciones internacionales sin los grandes sobresaltos que permiten frotarse las manos de regocijo a los partidarios de Clausevitz, por aquello de que «la guerra es la continuación de la política por otros medios». Doctrina que no puede mantenerse en la era nuclear, cuando un litigio desbordado podría acarrear una *solución última,* esto es, atómica y de exterminio a la que ha habido referencias recientes al defender una política contra el «eje del mal», preconizando incluso el empleo de *armas atómicas tácticas.*

Hay que superar definitivamente la herencia psicológica de la *guerra fría,* ir más allá de una *paz fría* que se calienta de tiempo en tiempo, para enfrentarnos ante las nuevas amenazas, que como se vio el *martes negro* del 11 de septiembre de 2001, podrían hacer estallar la situación estratégica del mundo, haciendo sentirse a la comunidad internacional bastante menos segura que en la vituperada época de la *confrontación bipolar.* Está claro, por tanto, que a las siniestras acciones de terroristas, narcobarones y vendedores de los más letales instrumentos de la guerra, es preciso oponer la unidad y la determinación de la comunidad planetaria. *Amén.*

* * *

El autor fue miembro de la Misión Comercial Soviética en Madrid en la década de 1970, cuando aún no se habían establecido relaciones diplomáticas formales con España. De entonces arranca la larga amistad entre el autor y el prologuista de este libro, cuando Igor era considerado, en aquellos tiempos casi *heroicos,* como virtualmente la pieza más significativa de la *inteligencia* soviética en España, ornado como estaba de características muy especiales debido a su perfecto conocimiento de la lengua española y a su carácter sociable, a lo que unía raros hábitos de gran conversador. De ese modo, Ivanov, que en español es *Ibáñez,* fue labrándose una posición verdaderamente única en los más diversos círculos de la sociedad española.

Ministro consejero después, en tiempos de los dos primeros embajadores soviéticos en Madrid, Bogomolov y Dubinin, Igor, en una segunda estadía en nuestro país (1991-1993) fue el más alto representante de la URSS por unos días; y luego de la Federación de Rusia. De hecho se convirtió en el jefe de misión diplomática más popular y conocido en España.

Al volver a Moscú en 1993, Igor pasó a ser primer viceministro de Asuntos Exteriores, primero con Andrei Kozirev como jefe del Departamento, y después con Primakov. Fueron tiempos de duro trabajo en la maquinaria del Ministerio, y así pude comprobarlo en agosto de 1998, cuando en una visita que hice a Moscú como enviado especial del diario *El Mundo* mantuve un largo encuentro con Ivanov. Del cual extraje, a mi juicio, una equilibrada composición mental sobre lo que estaba sucediendo, que me permitió calibrar la magnitud de la crisis del sistema postsoviético, y la necesidad de cambios drásticos.

Precisamente, a raíz de esas turbulencias, Primakov fue llamado a la presidencia del gobierno de Rusia, e Ivanov se convirtió en su ministro de Asuntos Exteriores. Cargo que ostenta desde entonces, con su más que comprobada eficacia y dedicación, habiendo establecido una red de contactos internacionales de máxima utilidad para su país; y para los propósitos globales que hemos comentado *in extenso* en este prólogo tal vez largo en demasía, pero que ahora ya está finiquitando.

* * *

La publicación del libro de Igor en España tiene varias facetas logísticas de indudable importancia. La primera, lógicamente, la nueva dimensión de la diplomacia rusa.

La segunda faceta, para nosotros muy apreciable, es que todo lo que se dice en estas páginas lo manifiesta una persona que conoce España casi a la perfección, y que, junto con su esposa Katya y su hija Olga, sienten todo lo español como algo propio. Por eso mismo, la presentación de este libro estoy seguro de que será un gran acontecimiento para todos los que se interesan por encontrar nuevas soluciones a viejos problemas, con una mentalidad como la de Igor que ha absorbido no poco del senequismo cordobés y del espíritu de Baltasar Gracián, para hacer, a la postre, que contra las ideas del ya mentado Clausevitz «la negociación sea el quehacer continuo de la política, a fin de evitar la guerra».

Madrid, 2 de mayo de 2002.
Ramón Tamames
Catedrático de Estructura Económica
Cátedra Jean Monnet de la UE

Prefacio

A los lectores españoles

Es para mí un gran placer presentar al público español este libro, cuyo propósito ha sido interpretar el balance de la política exterior de los primeros diez años del nuevo Estado ruso.

En 1991, nuestro país hizo una elección histórica fundamental al escoger la vía del desarrollo de un sistema estatal democrático y la economía de libre mercado. Esta opción predeterminó también el principal contenido de la política rusa en los asuntos mundiales.

Evidentemente, los principios clave, las prioridades y el estilo de la política exterior de la Federación Rusa no se conformaron de la noche a la mañana. No podía ser de otra manera, puesto que la gran potencia mundial, sometida a una profunda transformación interna, de repente se encontró en una situación geopolítica enteramente nueva que no tenía paralelismo alguno en su historia milenaria. Al igual que la sociedad rusa, nuestra política exterior tuvo que vivir un complicado devenir, que resulta inevitable para una democracia naciente.

En el transcurso del último decenio, Rusia ha sido activa copartícipe en los asuntos internacionales, desempeñando un marcado papel en la creación del nuevo orden mundial. Se iba acumulando así una extensa experiencia en la solución de problemas exteriores de una complejidad sin precedentes. Hoy, es posible afirmar que la Federación Rusa se ha consolidado como Estado democrático con una política exterior independiente y previsible.

Exponer cómo ha ido evolucionando este proceso es, precisamente, uno de los propósitos centrales de este libro. El autor no sólo pretende «describir» la política exterior del país, sino además mostrar la lógica interna de su conformación sin limar aristas ni simplificar nada. De ahí que este libro haya sido concebido como una obra científica y periodística y no como unas memorias. Lo requería el propio carácter de las cuestiones planteadas: ¿cuáles fueron las etapas principales de la cimentación de la política exterior de la nueva Rusia, cómo se iban solucionando los problemas clave, los relacionados con la elaboración de todo un concepto acerca de los intereses nacionales y de las prioridades de la política exterior rusa?

Espero que este relato resulte interesante para el lector español, puesto que nuestros pueblos han estado unidos desde antaño por una simpatía y respeto mutuos, en tanto las trayectorias históricas de Rusia y España convergían en varias ocasiones de manera compleja y a veces dramática. Se pueden encontrar numerosos paralelismos y coincidencias asombrosas en la historia de ambos países derivados del afán compartido por la elevada espiritualidad, la caballerosidad y, al mismo tiempo, la intolerancia común hacia la injusticia. ¿Se debe a ello que la imagen del infatigable buscador de la verdad Don Quijote de la Mancha, donado a la literatura mundial por el gran narrador Miguel de Cervantes, haya llegado a ser tan comprensible y afín a la concepción del mundo del pueblo ruso?

Existe un certero aforismo del conocido prosista español Baltasar Gracián: «Saber conservar a los amigos es más que el saber hacerlos». Esta máxima resulta plenamente acertada respecto a las relaciones hispano-rusas que, en los últimos años, se han destacado por su carácter amistoso y estable, no sujeto a la variable coyuntura mundial. A lo largo de los años noventa se han producido diversos cambios positivos en el ámbito bilateral. Rusia y España han proclamado que su objetivo central es el fomento de una cooperación constructiva. Nuestro esfuerzo común ha permitido alcanzar un nivel de relaciones bilaterales sin precedentes en la historia de los contactos entre ambos países. Todo ello ha sido posible en mayor grado a raíz de los cambios producidos en el ámbito internacional, así como en la política exterior de Rusia, los cuales me propongo reflejar en este libro.

El mundo contemporáneo está viviendo una transformación cuya profundidad y alcance no tienen antecedentes en la historia de la humanidad. La comunidad internacional ha atravesado el umbral del nuevo milenio en las condiciones de una auténtica explosión civilizadora, que está transfigurando prácticamente todas las esferas de la vida y de la actividad humana. Precisamente, el carácter revolucionario de los cambios que se están produciendo sobre nuestro planeta determina en mayor grado las complicadas y a veces dramáticas colisiones que acompañan la formación del nuevo sistema de relaciones internacionales.

Con sus impetuosos y rápidos avances, prácticamente en todas las direcciones del progreso científico y tecnológico, la humanidad evoca a menudo a los valerosos navegantes españoles de la era de los grandes descubrimientos en lo relativo al ámbito de las relaciones internacionales. Tenemos delante un océano inmenso y lleno de peligros y no sabemos qué tierra aparecerá en el horizonte. La paradoja de la actual situación internacional radica en que el mundo, al alejarse de la confrontación global, no ha sabido hasta la fecha crear un mecanismo concertado para el mantenimiento de la seguridad.

Todo ello requiere un planteamiento esencialmente nuevo para la conformación de la política exterior, bien sea de Rusia, de España o de cualquier otro Estado. En las condiciones de la globalización y de una creciente interdependencia entre los Estados es preciso no sólo adaptar la política exterior a la cambiante actualidad, sino además buscar caminos para compaginar los intereses nacionales con las vastas tareas de la comunidad internacional, contribuyendo con ello al devenir del nuevo orden democrático mundial.

La cooperación entre Rusia y España se ha convertido en un elemento importante de la política europea y mundial, y ha contribuido al fortalecimiento de la estabilidad de las relaciones internacionales, haciéndolas más previsibles sobre la base del imperio de la ley y la consolidación del papel coordinador central de la ONU. Nuestros países comparten sus enfoques ante los desafíos y las amenazas más graves a los que se enfrenta la comunidad internacional en la época de la globalización; consideran una prioridad la lucha contra el terrorismo en todas sus dimensiones, contra el tráfico ilícito de drogas y la criminalidad, a la vez que muestran la firme determinación de fomentar la colaboración bilateral en estos campos. Es por ello por lo que consideraba especialmente importante analizar la política exterior de Rusia en relación con las tendencias centrales del desarrollo mundial.

Desde el final de la guerra fría, Rusia se ha encontrado constantemente en el epicentro de los cambios fundamentales producidos en las relaciones internacionales, y ha sido uno de sus principales catalizadores. Resulta difícil encontrar en la historia mundial parecido ejemplo de tan profunda repercusión de las transformaciones políticas y económico-sociales a escala de un Estado sobre la comunidad internacional en su conjunto. Hoy día, Rusia lleva a cabo una política exterior abierta, comprensible y previsible, orientada a alcanzar sus objetivos en el marco de la cooperación con países extranjeros. Esta política parte de la convicción de que, en el momento actual, la comunidad internacional afronta problemas globales que afectan de igual modo los intereses relativos a la seguridad y el bienestar de todos los Estados, por lo cual sólo cabe y es posible resolverlos por medio del esfuerzo común.

Espero que esta obra ayude al lector español a hacerse una idea sobre el complejo devenir de la política exterior rusa en los años noventa, y le permita a la vez captar la esencia de lo que hoy son nuestras actividades exteriores, su papel en el logro de los objetivos nacionales y en la solución de los problemas de conformación del nuevo sistema de relaciones internacionales.

He tenido la ocasión de trabajar en España entre 1973 y 1983, un período en el que este país estaba viviendo su propia transición. Fue una de las etapas más interesantes de mi carrera diplomática, plena de las impresiones más diversas. Si algún día el tiempo me lo permite, intentaré trasladar mis memorias al papel.

Desde la perspectiva histórica, diez años son un período relativamente corto, tanto en la vida de Rusia como de España. Al mismo tiempo, cada Estado atraviesa momentos que marcan un jalón en su historia, cambiando por entero el rumbo de su desarrollo ulterior.

Del mismo modo que la segunda mitad de los setenta y principios de los ochenta llegaron a ser cruciales para el destino de España, la década de los noventa abrió una nueva página en la historia milenaria del Estado ruso.

Por supuesto, se podría intentar establecer un parangón entre los procesos habidos en Rusia y España, en el curso de sus respectivos períodos de transición, en el ámbito asimismo de la política exterior. Sin embargo, es poco probable que semejante ejercicio adquiera un valor práctico.

En mi opinión, la circunstancia más importante que une a nuestras naciones es el hecho de que Rusia y España, al emanciparse de sus respectivos regímenes autoritarios, han sido capaces de elegir decididamente el camino de los cambios democráticos profundos, de conseguir un consenso social, de llevar a término las reformas económicas y sociales. Todo ello ha permitido a nuestros países, además, fortalecer su influencia en el ámbito mundial. En Rusia seguimos con gran cariño los éxitos de España en las diferentes áreas y confiamos en las perspectivas de la cooperación a largo plazo entre nuestros Estados y pueblos.

Capítulo 1

Problemas generales y fundamentos conceptuales de la política exterior de Rusia

1. Formación del nuevo concepto de política exterior

La entrada de Rusia en el nuevo milenio ha estado marcada por cambios cualitativos en su política interior y exterior. Finalizada la turbulenta época de principios de los noventa, se afianzó el proceso de consolidación de la sociedad rusa en torno a la idea de fortalecer el sistema estatal democrático, entendida como condición imprescindible para la continuidad con éxito de las reformas políticas y socioeconómicas. La elección de Vladímir Putin como presidente, y la composición de la nueva Duma* estatal a raíz de las elecciones legislativas de 1999, abrió la perspectiva de un prolongado período de estabilidad política y permitió iniciar la elaboración de una nueva estrategia de desarrollo estatal a largo plazo.

El curso exterior de Rusia es parte integrante de esa estrategia. Como ha subrayado el presidente Putin: «La política exterior es tanto un indicador, como factor sustancial de la situación de los asuntos

* Duma: Cámara baja del Parlamento ruso. *(N. del T.)*

internos de Estado. No cabe hacerse ilusiones al respecto. Tanto el prestigio de Rusia en el ámbito internacional, como la situación política y económica en el interior del país, dependen del grado de habilidad y eficacia con el que utilicemos nuestros recursos diplomáticos»[1].

Hasta hace poco, la idea de que la Rusia contemporánea no había definido por completo el curso de su desarrollo estratégico imperaba en nuestra literatura científica y política. Se habló abundantemente de la necesidad de encontrar una «nueva identidad» y de formular una nueva «idea nacional». Sin ello, a muchos les parecía imposible referirse a una íntegra y duradera doctrina exterior. El concepto que sostiene que la política internacional de Rusia se halla en «fase de elaboración», se transmite en trabajos científicos de reciente publicación tanto en Rusia como en el extranjero, e incluso se ha reflejado en los manuales universitarios de relaciones internacionales.

En el presente, se dan importantes razones para afirmar que la política exterior de Rusia atravesó su etapa de formación. El proceso de elaboración de los principios fundamentales del curso exterior del Estado ruso, basados en una clara comprensión de sus intereses nacionales, se ha realizado en su conjunto.

La política exterior de cualquier Estado no parte de una página en blanco. Incluso en las condiciones de una transformación tan profunda como la vivida por Rusia a finales del siglo XX, el hecho mismo de que el país se haya incorporado al sistema de relaciones internacionales supone la existencia de un conjunto de directrices básicas en su política exterior que definen su posición e intereses a largo plazo en la política mundial. Desde luego, estas directrices reflejan la posición de las fuerzas políticas dominantes en el respectivo período histórico. Al mismo tiempo, normalmente, se sustentan en características objetivas del desarrollo histórico del país, de su economía, cultura y posi-

[1] Véase *Vistuplenie Prezidenta Rossiiskoi Federatsii V. V. Putina s Poslaniem Federalnomu Sobraniu Rossiiskoi Federatsii (El estado de la nación),* del presidente de la Federación Rusa Vladímir Putin, acerca de la situación en Rusia y directrices de la política nacional e internacional del Estado, 3 de abril de 2001, Moscú, p. 40.

ción geopolítica. Precisamente, estos factores constituyen una «constante» del curso exterior de un Estado, aquella que obedece en menor grado a las coyunturas internas y exteriores. En la historia de la diplomacia, los elementos de continuidad, inmanentes a la política exterior, quedaron plasmados de forma genérica en una conocida fórmula que dice: «No existen aliados permanentes, sino sólo intereses permanentes». Esta continuidad, cuyo grado, desde luego, no es objeto de precisión exacta, es típica no sólo de los países con un sistema político estable, sino, en general, de todos los Estados, incluidos los que, al igual que Rusia, están viviendo de forma diferente una transición hacia la modernización económica y sociopolítica.

La Rusia moderna salió al escenario internacional equipada con una gran experiencia histórica de relaciones interestatales, así como con un diversificado sistema de relaciones multilaterales y bilaterales. Además, el país contaba con las tradiciones seculares de las diplomacias rusa y soviética. Al propio tiempo, Rusia tenía que formular y sistematizar nuevamente las posiciones estatales acerca de objetivos clave de su política exterior, de manera que reflejaran lo más adecuadamente las características de la actual etapa de desarrollo del país y su papel en la escena internacional.

¿Qué es lo que permite afirmar que actualmente este proceso ha sido completado en lo fundamental?

La evidencia principal reside en el hecho de que la doctrina relativa a la política exterior, cuya ausencia provocó duras críticas hacia la diplomacia rusa durante un largo período de tiempo, es hoy una realidad, y no sólo sobre el papel, sino en las actividades cotidianas del Estado en el terreno exterior. El concepto de política exterior de la Federación Rusa, aprobado por el presidente el 28 de junio de 2000, plasmó la ideología de estas actividades[2].

El documento resume las profundas meditaciones de estadistas, personajes públicos, políticos, diplomáticos y científicos acerca del papel a desempeñar y la posición a adoptar por Rusia en la comuni-

---

[2] Véase *Rossiiskaia Gazeta (El periódico de Rusia),* 11.6.2000.

dad internacional en la época contemporánea, y acerca de las vías más apropiadas para realizar sus intereses nacionales a largo plazo en el ámbito mundial.

Desde luego, no es casual que el nuevo concepto de política exterior haya aparecido ahora. Su redacción es parte integrante del trabajo de elaboración de la estrategia estatal de desarrollo general del país. Por ello, el concepto de política exterior está estrechamente vinculado a directrices fundamentales de otras áreas, ya sea la economía, la construcción del sistema estatal, las relaciones federales, la esfera social, la defensa o la seguridad nacional. A principios de 2000, Rusia aprobó el concepto de seguridad nacional, un documento básico donde se consideran las amenazas externas a los intereses nacionales de la Federación Rusa[3].

Sobre la base de este concepto se elaboró la doctrina militar que trata esencialmente las cuestiones referidas a la defensa. El concepto de política exterior contiene también este problema en relación con áreas concretas de las actividades exteriores del Estado.

La característica relevante del nuevo concepto de política exterior radica en que el documento no es una mera declaración de intenciones, sino que contiene objetivos reales y alcanzables. Además, no ofrece una reorientación radical del curso exterior. El concepto refleja, en primer término, los principios y las prioridades, cuya eficacia ha quedado plenamente demostrada en la práctica. Resulta de especial importancia el que recibieran el apoyo de la Asamblea Federal* y de la opinión pública rusa. En una palabra, se trata de un concepto fundamentado en la experiencia del pasado y, al mismo tiempo, abierto al futuro, que funciona en tiempo real. De este modo comunica extraversión a la política exterior rusa haciéndola suficientemente previsible. La comunidad internacional ha recibido con ello unos precisos puntos de referencia para comprender los actuales y futuros pasos dados por Rusia en el escenario internacional.

---

[3] Véase *Sobranie zakonodatelstva Rossiiskoi Federatsii (Leyes políticas de la Federación Rusa),* núm. 2, pp. 690-704, 2000.

* Asamblea Federal: Parlamento bicameral ruso.

El proceso de definición de esos puntos de referencia, sin duda, ha sido difícil e incluso a veces penoso, y ha atravesado varias etapas. De acuerdo con la fórmula clásica que sostiene que la política exterior es una continuación de la política interior, el devenir de la nueva Rusia, como protagonista de la política mundial, reflejó toda la profundidad y la verdadera dimensión de los cambios experimentados por el país en el último decenio del siglo XX. La primera de esas etapas corresponde al período de la *perestroika**, vivido en la Unión Soviética entre 1985 y 1991. En aquella época se produjeron dos acontecimientos clave que predeterminaron el nuevo papel de Rusia en la escena internacional: el fin de la guerra fría y la desintegración de la URSS. La segunda fase, que se extendió hasta mediados de los noventa, corresponde al período inicial de la formación de la política exterior rusa. Esta etapa transcurrió paralelamente al devenir del nuevo régimen socioeconómico en Rusia, acompañado por radicales y a veces dramáticos cambios en la vida del país, en la propia esencia de la sociedad rusa y en su percepción del mundo. No es extraño que este período estuviera marcado por una acalorada lucha política en torno a cuestiones fundamentales sobre el desarrollo del país, que también afectó directamente a la esfera de la política exterior.

En diciembre de 1991, Rusia compareció en el escenario internacional con una nueva imagen histórica. Su política exterior discurrió desde el principio en un ambiente cualitativamente distinto del período soviético tanto en el campo jurídico como en el sociopolítico; un ambiente caracterizado por los siguientes rasgos distintivos:

— Una reforma radical, derivada de la democratización de la vida política y social, de los mecanismos que moldeaban la política exterior; una creciente influencia del parlamento sobre este proceso, de los medios de comunicación y de la opinión pública;

* *Perestroika:* reconstrucción. *(N. del T.)*

— Una reducción de la actitud coordinadora del Estado relativa a los contactos internacionales, que se ampliaron notablemente como resultado de la apertura de la sociedad rusa al mundo exterior.
— Una rápida y originalmente incontrolada intervención de las regiones rusas u otras unidades administrativas de la Federación Rusa a fin de establecer vínculos directos con regiones colindantes y autoridades locales de países extranjeros.
— Una repentina transición hacia la transparencia informativa de la política exterior, que coincidió con la completa destrucción del aparato soviético de propaganda exterior y de otros mecanismos estatales responsables de la creación de la imagen de Rusia en el extranjero.
— Una descentralización de diversas esferas de la cooperación exterior, anteriormente sometidas al férreo control del Estado: el comercio exterior, la colaboración en el área de las inversiones, el intercambio académico, cultural, etc.

La etapa inicial de conformación de la política exterior rusa reflejó el turbulento y en buena medida espontáneo advenimiento de la democracia y de la economía de libre mercado con todas sus contradicciones y daños colaterales.

La desintegración del sistema político de la URSS se produjo de manera tan sorprendente y fulminante que ni los líderes del Estado, ni la propia sociedad rusa, podían tener en aquel momento una cabal idea de cuáles iban a ser las futuras vías de desarrollo del país y sus prioridades en política exterior. Lo reconoció con toda franqueza el primer presidente de Rusia, Borís Yeltsin, en su discurso ante el Soviet Supremo* de 1992:

«El penoso período de transición experimentado por Rusia nos impide aún adivinar con certeza su imagen eterna y, al mismo tiempo, nueva, así como recibir explícitas respuestas a varias preguntas

* Soviet Supremo: macroparlamento hasta 1993. *(N. del T.)*

clave: ¿qué es a lo que estamos renunciando, qué queremos preservar, qué es lo que pretendemos resucitar y crear de nuevo?»[4].

En aquel período, la euforia de los grandes cambios imperaba en la conciencia social. Muchos creían que, con sólo cambiar las prioridades políticas del país, la mayoría de los problemas internos y externos empezarían a solucionarse por sí mismos. Así, del mismo modo que en el terreno de la estrategia económica se consideraba que una radical liberalización de precios y la introducción de elementos de libre mercado crearían una dinámica positiva, en política exterior se esperaba que, dando un giro radical desde la confrontación hacia el acercamiento a los países occidentales, automáticamente cambiarían éstos su actitud hacia Rusia, poniendo en acción un amplio apoyo político junto con ayudas financieras. Estas exageradas esperanzas dejaron huella en la primera versión del concepto de política exterior de Rusia, aprobado en 1993[5].

Hay que reconocer que, en aquel momento, hubo sobradas razones para alimentar tales esperanzas. En el umbral de los noventa el clima internacional mejoró realmente. Los cambios democráticos habidos en la Unión Soviética y, posteriormente, los trágicos acontecimientos de agosto de 1991 en Moscú* produjeron en la comunidad internacional una amplia simpatía hacia Rusia, y apoyo a sus gobernantes. La opinión pública rusa aplaudió mayoritariamente la aproximación entre Moscú y los antiguos adversarios de la URSS, esperando conseguir beneficios reales para los intereses del país.

En realidad, la situación resultó mucho más compleja de lo que parecía. El evidente empeoramiento del paisaje socioeconómico en la etapa inicial de las reformas recrudeció la lucha ideológica y política en el interior. La política exterior se convirtió en uno de los campos de las actividades estatales que se veían sometidos, a su vez, a los de-

---

[4] Véase *Rossiiskaia Gazeta (El periódico de Rusia)*, 7.11.1992.

[5] Véase *Diplomatícheski vesnik. Spetsialni vipusk (La Gaceta Diplomática)*, edición especial, núm. 1, 1993.

* Agosto de 1991: golpe de Estado contra el entonces presidente de la URSS, Mijail Gorbachov. *(N. del T.)*

bates acerca de la elección doctrinaria de una vía de desarrollo para Rusia, que incluían el problema de las relaciones de Rusia con los países occidentales. Conviene recordar que la polémica respecto de Occidente, entendido como un determinado modelo de desarrollo socioeconómico y político, goza de una larga tradición histórica en Rusia. Como ocurriera a mediados del siglo XIX, en 1991 la actitud frente al mundo occidental volvió a convertirse en un indicador de cierta orientación ideológica, en un símbolo de oposición militante a la civilización occidental o, por el contrario, en un ansia de ligarse a ella lo antes posible, incluso en perjuicio de los intereses reales del país.

La apuesta por una apresurada integración en las estructuras euro-atlánticas, realizada a principios de los noventa, resulta altamente ilustrativa de estas tendencias. Los objetivos entonces propuestos eran irreales, como, por ejemplo, el establecimiento de relaciones entre aliados con Occidente. Ni Rusia ni los Estados occidentales, sin embargo, estaban preparados para crear una alianza semejante, puesto que la entendían de maneras distintas. Bajo el efecto del síndrome del «vencedor de la guerra fría», en Estados Unidos e incluso en algunos países de Europa Occidental eran muchos los que no consideraban a la Rusia democrática como un aliado igual. En el mejor de los casos, se le otorgaba el papel de socio inferior. Cualquier intento de Rusia por mostrar su autonomía o defender sus posiciones fue considerado un retroceso hacia la política imperialista de la época soviética. El rumbo de la ampliación hacia las fronteras rusas, elegido por Estados Unidos y la OTAN, que ignoraba de modo manifiesto los intereses nacionales rusos, sería la señal más aleccionadora al respecto.

No obstante, el período de evidente inclinación pro-occidental de la política exterior rusa tuvo carácter momentáneo y superficial. La diplomacia enseguida sacó la oportuna lección de esta experiencia. La vida real incitaba a aprender a los diplomáticos, pues la política exterior no se perfilaba en el curso de los debates teóricos, sino mediante la búsqueda de soluciones a difíciles problemas internacionales de carácter concreto que afectaban directamente a los intereses nacionales de Rusia. Tras la desintegración de la URSS, era preciso organizar desde los cimientos el espacio geopolítico heredado del Estado soviético, crear mecanismos para la resolución política de los conflictos que emergieron en las fronteras exteriores de la Comunidad de Estados Independientes (CEI). Nos vimos obligados, asimismo, a proteger los derechos de aquellos de nuestros compatriotas que se hallaban fuera de Rusia, a cimentar una nueva base política para las relaciones con los países de Europa Central y del Este y, en general, a reajustar los mecanismos de cooperación con el mundo exterior. Precisamente, este minucioso trabajo, no siempre advertido por la opinión pública, dictó la lógica de la conformación del curso exterior. Acabaría siendo la fuente principal de los estudios conceptuales que cristalizarían posteriormente en los principios seculares y en el estilo de las actividades internacionales del Estado ruso.

Uno de los principales resultados de esta labor fue el hecho indudable de que Rusia inició sus extremadamente difíciles y penosas transformaciones internas en un clima internacional en general favorable. El Estado ruso consiguió impedir el caos en las fronteras con sus nuevos vecinos, y garantizó la seguridad nacional a medida que iba reduciendo de manera drástica el gasto militar. Logró igualmente un amplio apoyo internacional hacia las reformas que, en múltiples ocasiones, no se quedó en simples declaraciones, sino que fue bastante eficaz.

El propio carácter de los problemas a los que se enfrentó Rusia en el ámbito de la política exterior requería una estimación realista de la situación internacional, y una aproximación pragmática a los objetivos propios y a las tareas pendientes. En las condiciones de una extremadamente contradictoria situación mundial primaba la convicción de que la constante defensa de los intereses nacionales constituye el único marco fiable y la guía de la política exterior. Únicamente sobre esa base fue posible reaccionar de manera adecuada a las amenazas y retos que presentaba la actualidad, y formular deliberadamente las propias posiciones sobre los principales problemas internacionales, determinando de ese modo, con claridad de objetivos, las relaciones con otros Estados.

Durante la polémica habida en los años noventa acerca del curso exterior de Rusia surgía, con toda razón, la pregunta: ¿en qué consisten precisamente los intereses nacionales de Rusia? El «modo de obrar» en el ámbito internacional dependía de manera directa de la respuesta que diera el país a esta pregunta.

La diplomacia rusa heredó de la política exterior de la URSS la concepción de una superpotencia, su ambición de ser partícipe en todos los procesos internacionales de cierta envergadura, en muchas ocasiones a costa de sobrecargar los recursos propios. Esta ideología, dada la ingente cantidad de problemas internos pendientes, resultaba inadmisible para Rusia. El sentido común sugería que, en aquel período histórico, la misión primordial de la política exterior debía ser la de atender a los intereses vitales del desarrollo interno; esto es, a las garantías de una seguridad fiable, al fomento de las condiciones, lo más favorables posible, que permitieran un permanente crecimiento económico, a la mejora de las condiciones de la vida de la población, al fortalecimiento de la integridad del país y de las bases de su orden constitucional, a la consolidación de la sociedad civil y a la protección de los derechos de los ciudadanos y de los compatriotas en el extranjero.

De todo ello nacía otra conclusión esencial: el «ahorro» de los recursos adscritos a la política exterior y el abandono de la práctica de la excesiva presencia diplomática debían ser combinados con una activa y multivectorial política exterior que utilizara cualquier posibilidad a fin de conseguir beneficios reales para el desarrollo interno del país. Como observaba Yevgeni Primakov, ministro de Asuntos Exteriores de Rusia entre 1996 y 1998: «Es difícil y apenas posible que Rusia lleve a cabo unas transformaciones internas de carácter radical, conservando su integridad territorial, sin contar con una dinámica política exterior. No es lo mismo para Rusia de qué modo y en calidad de qué entre en la economía mundial: si como un discriminado apéndice, rico en materias primas, o como miembro de pleno derecho. Este problema tiene que ver también en alto grado con las funciones de la política exterior»[6].

[6] Véase Primakov. Ye. M.: *Rossiia v mirovoi polítike (Rusia en la política mundial),* El año del planeta, Moscú, 1998, p. 52.

En otras palabras, la necesidad de centrarse en la solución de los problemas internos, desde la perspectiva de la política exterior, de ningún modo significa localismo o aislacionismo. Al contrario, un racional dinamismo diplomático en las cuestiones de vital importancia para Rusia y para la comunidad internacional es capaz de compensar en parte la falta de recursos propios en la esfera económica, militar y en otras áreas.

La práctica concreta de las relaciones exteriores facilitó igualmente la búsqueda de una línea idónea que guiara las relaciones con los principales países occidentales. Hoy, no sólo los hombres de Estado y los diplomáticos, sino además un amplio círculo de la sociedad rusa, comparten la concepción de que para Rusia son igualmente inadmisibles tanto las concesiones injustificadas en perjuicio de los propios intereses como una deriva hacia la confrontación con Estados Unidos, los países de Europa Occidental y Japón. El curso que vela de manera constante y, donde es necesario, de forma estricta por los intereses nacionales no resulta contradictorio, en modo alguno, con el propósito de integración cada vez más amplia en la comunidad de Estados democráticos y en las estructuras económicas internacionales. Este hecho queda probado, en particular, por la experiencia rusa de una creciente participación en las actividades del G-8*. En este reputado foro, nuestro país ha tenido la posibilidad de dialogar activamente con las potencias industriales acerca de cuestiones de la mayor importancia para la seguridad y la estabilidad global y regional. Por muy complejos que fueran los problemas surgidos en las relaciones entre Rusia y el G-7, la aspiración a la cooperación constructiva y la búsqueda colectiva de soluciones recíprocamente aceptables deben continuar siendo los principios clave de la diplomacia rusa. Rusia está interesada en ampliar el círculo de sus amigos y socios en la comunidad internacional, algo que se corresponde plenamente con el interés de fortalecer el Estado ruso.

Resulta sintomático que también los observadores científicos rusos estén de acuerdo con esta apreciación. Así, en un informe elabo-

---

* G-8: grupo de los siete países más industrializados más Rusia. *(N. del T.)*

rado por el Instituto Independiente de Problemas Sociales y Nacionales de Rusia se hace constar que la política exterior rusa «ha alcanzado un mayor equilibrio en relación con Occidente y Oriente. El curso exterior actual se adecua mejor a los intereses nacionales. En lo que se refiere a la tesis, defendida sobre todo por una parte de los observadores occidentales, que mantiene que la política exterior rusa ofrece cada vez mayores indicios de una emergente confrontación con Occidente, los expertos rusos discrepan de sus homólogos. La mayoría de ellos opina que, a pesar de los cambios experimentados, la política exterior rusa sigue siendo suficientemente equilibrada y no es excesivamente dura con Occidente»[7].

Este planteamiento proporciona la clave para resolver otra polémica perpetua acerca de si Rusia es una potencia europea o asiática. La vida desmintió los intentos de contraponer los diferentes rumbos geográficos de las actividades internacionales rusas. La propia y excepcional posición geopolítica de nuestro Estado y, más aún, las realidades de la política y la economía mundiales, dictan a Rusia la necesidad de fomentar, de igual modo, la cooperación con los países occidentales y orientales, con los del norte y los del sur. Así lo entendían los grandes pensadores rusos del pasado. Ya a finales del siglo XIX el notable investigador Dmitri Mendeléiev*, en el curso de su trabajo sobre el modelo de desarrollo industrial que debía seguir Rusia a largo plazo, subrayaba que los intereses del país precisaban del esfuerzo de ampliación de las relaciones comerciales y económicas tanto con los vecinos occidentales como con los orientales. Mendeléiev estaba convencido de que «toda la política rusa tarde o temprano, inevitablemente, llegaría a tomar un curso determinado por esta circunstancia»[8].

---

[7] Véase *Vneshniaia política Rossii: mnenie ekspertov (La política exterior de Rusia: opinión de los expertos),* Instituto Independiente de Problemas Sociales y Nacionales de Rusia, Moscú, 2001, p. 10.

[8] Véase Mendeléiev D. I., *Granits poznaniu predvidet nevozmozhno (Es imposible adivinar los límites del conocimiento),* Moscú, 1991, p. 101.

* Dmitri Ivánovich Mendeléiev (1834-1907), químico ruso conocido sobre todo por la elaboración de la tabla periódica de los elementos químicos. *(N. del T.)*

En el ámbito cultural y humanístico se ha consolidado en nuestra literatura histórica el concepto que considera a Rusia como puente entre las dos grandes civilizaciones europea y asiática. Al participar de las tradiciones históricas occidentales y orientales, europeas y asiáticas, y asimilarlas con sus valores esenciales, la civilización rusa se ha convertido en sí en un fenómeno único.

A medida que los principios básicos y las directrices de la política exterior rusa iban cubriendo etapas, se constituían en los pilares del renovado concepto de política exterior de Rusia. Su contenido fue predeterminado no sólo por la asunción de los objetivos y los intereses propios del Estado, sino por la necesidad de definir la posición de Rusia ante los nuevos desafíos globales y dar una explícita respuesta a la pregunta: ¿qué sistema de relaciones exteriores corresponde sobremanera a los intereses nacionales rusos?

Desde la perspectiva conceptual, el problema de la correlación entre la economía y la política exterior se planteó de manera diferente. En las condiciones de una transición a la economía de libre mercado, afloraron a primer plano tareas tales como: asistir a la consolidación de la economía rusa y modificar la tradicional estructura de las exportaciones, garantizar la participación del país como miembro de pleno derecho en las organizaciones económicas internacionales, ayudar a los empresarios rusos a salir a los mercados internacionales, atraer inversiones y, por último, resolver el problema de la deuda externa. Ante los nuevos retos, relacionados con la globalización, la diplomacia rusa se incorporó de manera activa a la búsqueda de las posibles soluciones que minimicen las consecuencias negativas que la incorporación a este proceso pueda tener para nuestro país, y que contribuyan a la creación de las condiciones propicias para que se produzca un crecimiento económico estable y se garantice la seguridad económica del país.

El aspecto doctrinario más relevante de esta nueva concepción radica en que uno de los principales criterios para medir la eficacia de nuestra política exterior es el del nivel de protección a los intereses de los ciudadanos rusos, dondequiera que se encuentren. Se ha producido un notable incremento de la importancia que se concede a la «dimensión humanitaria» en las actividades de la diplomacia rusa. Se trata, en primer lugar, de defender los derechos de millones de compatriotas nuestros residentes fuera de Rusia, en el territorio de la antigua Unión Soviética[9].

La reforma del antiguo mecanismo de toma de decisiones en el ámbito de la política exterior adquirió una importancia esencial. Las nuevas tendencias en el desarrollo interior, el advenimiento de la sociedad democrática y del Estado de Derecho influyeron de manera considerable sobre el mecanismo de conformación de la política exterior. En particular, fue preciso definir el papel del Parlamento en lo relativo a la aprobación de asuntos exteriores, determinar el orden de colaboración entre el poder legislativo y el ejecutivo, establecer la división de poderes entre el presidente, el gobierno y las autoridades regionales. Todo ello repercutía en buena medida sobre la forma de plantear los problemas internacionales.

Además, fue preciso considerar desde un punto de vista renovado las cuestiones relacionadas con la cobertura informativa de la política exterior y las relaciones públicas. En la última década, la influencia ejercida por los medios de comunicación sobre la opinión pública de la política exterior no ha cesado de incrementarse. No obstante, esta influencia ha producido un efecto ambiguo. El Ministerio de Asuntos Exteriores de Rusia tenía ante sí la tarea de hallar un nuevo estilo y formas de cooperación con los medios de comunicación, debía aprender a trabajar en las condiciones del pluralismo informativo y en un ambiente caracterizado por una transparencia sin precedentes.

Por último, la nueva situación creada en el país y en el mundo requería una renovación sustancial del propio servicio diplomático. La tarea clave consistía en asegurar la estabilidad y continuidad de generaciones de diplomáticos rusos y adaptar el proceso de formación del nuevo Cuerpo diplomático a las exigencias de la actual etapa de relaciones internacionales.

---

[9] Véase *Federalni zakon «O gosudarstvennoi polítike Rossiiskoi Federatsii v otnoshenii sootechestvennikov za rubezhom» (Ley sobre la política nacional de la Federación Rusa en relación con los compatriotas residentes en extranjero,* 24.5.1992).

La dimensión de los problemas mencionados evidencia la complejidad de las etapas que ha tenido que transitar la política exterior rusa en la última década del siglo XX, y simultáneamente explica su intensidad.

2. Continuidad de la política exterior y de la diplomacia rusa

La continuidad es una categoría de enorme importancia característica de la política exterior y del servicio diplomático de cualquier Estado, con un gran valor teórico y práctico. A menos que se consideren los elementos de continuidad, no cabe imaginar un elaborado análisis sobre el papel y la posición de un Estado en el ámbito internacional, ni las características de su cultura política, estilo y métodos diplomáticos.

De acuerdo con la definición generalmente aceptada, la continuidad es «la conexión entre fenómenos emergentes del proceso de desarrollo natural, social y de conocimiento, en el cual lo nuevo sustituye lo viejo, conservando algunos de sus elementos. En el ámbito social, la continuidad comprende el aprendizaje y la transmisión de valores sociales y culturales de generación en generación, y la influencia conjunta de las tradiciones»[10].

En relación con la política exterior y la diplomacia, la continuidad podría ser definida como la suma de factores internos y externos que influyen a largo plazo sobre la elaboración de la política exterior, y sobre los métodos y el estilo de la diplomacia del Estado en cuestión, manteniendo, de una u otra forma, su importancia en las condiciones una cambiante coyuntura internacional variable.

Parece comprensible que el interés hacia los aspectos relacionados con la continuidad en la política exterior crezca en los períodos de cambios revolucionarios y reformas radicales. Al mismo tiempo, los

---

[10] Véase *Bolshoi entsiklopedicheski slovar (Gran Diccionario Enciclopédico),* Moscú, 1998, p. 954.

elementos de continuidad se contraponen con frecuencia a las tendencias nacientes en la política exterior, que surgen como consecuencia del cambio repentino producido en el régimen político-social. Esta contraposición, sin embargo, es bastante relativa en realidad. La política exterior de cualquier Estado no puede ser reformulada cada vez que sucedan determinados cambios en su política nacional, por muy profundos que éstos sean. Las relaciones exteriores reflejan las características objetivas del desarrollo histórico del país, de su economía, de su cultura y posición geopolítica, por lo cual, como norma, representan una compleja «aleación» de elementos de continuidad y de renovación que apenas alcanza una fórmula exacta. Con tal pretexto, lo que puede parecer una nueva línea no es en realidad sino una variación más de la política exterior tradicional, que se presenta bajo un ropaje mejor adoptado al espíritu de la época.

Desde la perspectiva práctica, la continuidad es un importante factor de estabilidad en las relaciones internacionales. En sentido estricto, significa la adhesión del Estado a sus compromisos en el ámbito internacional; en sentido amplio, denota su capacidad para actuar como miembro previsible y responsable de la comunidad internacional. Por último, la continuidad en la política exterior de un Estado democrático supone un amplio consenso social acerca de sus directrices y principios básicos, lo cual por sí mismo indica un cierto nivel de desarrollo y madurez del sistema político del Estado en cuestión.

Los asuntos relacionados con la continuidad de la política exterior y la diplomacia tienen un especial interés para Rusia, un Estado que durante varios siglos desempeñó un importante papel en las cuestiones europeas y mundiales, y que vivió en el siglo XX dos profundas transformaciones internas de sustancial repercusión sobre su política internacional.

Como manifiestan los autores de un estudio fundamental sobre la historia de la política exterior rusa desde el siglo XIX hasta principios del siglo XX, de reciente publicación: «La metodología contemporánea utilizada en el análisis de la historia de la diplomacia se caracteriza por su amplitud de cobertura de los acontecimientos y por su criterio universal. Esta metodología parte de la idea de que la política exterior y su mecanismo estatal funcionan encuadrados en dos sistemas socioeconómicos y políticos: el sistema interno, que básicamente conforma la política exterior, y el interestatal, donde esta política se materializa. Por esta razón, el análisis de las relaciones internacionales requiere que se consideren los fundamentos políticos y socioeconómicos de la política estatal, el régimen sociopolítico del país, su posición geográfica y su situación demográfica, el potencial industrial y militar, el nivel cultural y el grado de conciencia nacional, la mentalidad política de sus gobernantes y de la población y, por último, las tradiciones y los antecedentes históricos de sus relaciones con el mundo exterior, etc.»[11].

La mayoría de los factores enumerados, que repercuten en la elaboración de la política exterior, son, como se puede apreciar, de carácter permanente y mantienen a menudo su valor incluso durante los períodos de transformaciones internas y en el ámbito internacional de gran alcance. El conjunto de estos factores condiciona la continuidad de la política internacional de un Estado y de su diplomacia.

La historia rusa del siglo XX ofrece diversos ejemplos de cómo, mientras se producían cambios revolucionarios y una profunda transformación sociopolítica a escala nacional, la política exterior y la diplomacia, sobre todo, mantenían la continuidad en relación con los objetivos esenciales y los intereses nacionales del país. Resulta sintomático que, pese a la aparente ruptura ideológica con las tradiciones diplomáticas del Imperio ruso, la ciencia soviética no descartara la existencia de esa continuidad. Al respecto, el conocido historiador soviético sobre relaciones exteriores Borís Shtein escribía en el prólogo a las memorias del diplomático zarista Yuri Soloviov: «No todas las actividades de la diplomacia rusa del período comprendido entre finales del siglo XIX y principios del siglo XX merecen ser borradas. Son

---

[11] Véase *Istoria vneshnei polítiki Rossii, konets XIX-nachalo XX veka (La historia de la política exterior de Rusia desde finales del siglo XIX a principios del siglo XX),* Moscú, p. 954.

varias las metas históricas planteadas por los diplomáticos rusos las que han mantenido su vigencia actual pese al derrocamiento del régimen zarista. Esas metas no pertenecían a la Rusia de los zares, sino a Rusia como Estado y al pueblo ruso»[12].

Conviene mencionar que la política internacional de la URSS, especialmente en las últimas décadas, ha sido evaluada por los analistas occidentales precisamente desde el punto de vista de su continuidad histórica. Como subrayaba, pongamos por caso, uno de los padres fundadores de la *sovietología* estadounidense, George Kennan: «La historia del gobierno y de la diplomacia rusa, inclusive en el período soviético, lleva la huella de una impresionante continuidad»[13].

Kennan reducía la especificidad de la política exterior del período soviético a una «superestructura ideológica» que, a partir de 1917, se superponía al legado, en esencia, permanente, de épocas anteriores[14]. Kennan, como tantos historiadores estadounidenses, veía el legado, en primer término, dotado de los rasgos negativos de la política «imperial» rusa: la inclinación al expansionismo territorial, la pretensión exclusivista ideológica, la profunda desconfianza hacia Occidente y, en general, hacia los extranjeros. De este modo, desde la perspectiva del *soviétólogo* norteamericano, se trataría de una continuidad de signo negativo.

No cabe duda que este tipo de visión ha contribuido enormemente a fomentar los arraigados estereotipos que se manejan acerca de Rusia y de su política exterior, que incluso en la actualidad contribuyen a que se mantengan la desconfianza y la hostilidad hacia la Rusia moderna entre ciertos círculos sociales de Occidente y, en primer lugar, de Estados Unidos.

Todo ello revela el especial valor que tiene el análisis de la experiencia histórica de la política exterior y de la diplomacia rusa desde

---

[12] Véase Soloviov Yu. Ya.: *Vospominania diplomata (Memorias de un diplomático),* Moscú, 1959, p. 6.

[13] Véase *Russian Foreign Policy. Essays in Historical Perspective.* Yale University Press, 1962, p. 595.

[14] *Ibíd.*

la perspectiva contemporánea. Este análisis resulta aún más importante en un momento en el que la transformación del nuevo sistema estatal ruso y de la conciencia nacional se producen mediante la asimilación activa de las tradiciones históricas. Es precisamente en las tradiciones donde nuestra sociedad halla puntos de referencia esenciales con los que llenar el vacío político y psicológico surgido de las ruinas del viejo régimen, y con los que crear un nuevo sistema de valores que no podría ser creíble a menos que se sustente en un sólido terreno histórico. Parafraseando una idea de Alexander Herzen*, se podría decir que la sociedad rusa «cuanto más consciente sea de su pasado, mejor comprenderá la actualidad; cuanto más profundamente comprenda el sentido de los tiempos pretéritos, mejor adivinará el sentido del futuro; mirando hacia atrás, caminará hacia adelante».

¿Cuál es el marco conceptual de la continuidad de la política exterior de la Rusia contemporánea en relación con el período soviético y épocas anteriores? ¿En qué áreas la asimilación del legado histórico tiene una importancia máxima para salvaguardar los intereses del país en el ámbito exterior y perfeccionar su servicio diplomático en condiciones actuales?

La dificultad para responder a las preguntas planteadas radica, en primer lugar, en que la política exterior de la Rusia de hoy no puede ser considerada ni una continuación de la política exterior de la URSS, ni tampoco la restauración artificial de la continuidad con la línea exterior seguida por el Gobierno Provisional y antes por el gran Imperio ruso e interrumpida en 1917.

Conviene subrayar el hecho de que, en diciembre de 1991, la Federación Rusa salió a la escena mundial con una imagen radicalmente distinta a la de las anteriores formas de Estado, producto de las numerosas transformaciones históricas vividas por Rusia. Lo mismo cabe decir del actual régimen político, sin precedentes en la historia rusa, de la configuración de las fronteras y del entorno geopolítico,

---

* Alexander Ivánovich Herzen (1812-1870): pensador, publicista y escritor ruso considerado uno de los más brillantes, perspicaces y persuasivos comentaristas del siglo XIX. *(N. del T.)*

igualmente singulares desde la perspectiva histórica. Todo ello distingue a Rusia como Estado realmente nuevo. De ahí, la necesidad de elaborar un actualizado concepto sobre los objetivos de la política exterior y las prioridades del país teniendo en cuenta las nuevas realidades en los terrenos nacional e internacional. No fue posible, sin embargo, que los nuevos enfoques se desarrollaran inmediatamente. Hubo de transcurrir un tiempo hasta que en la conciencia estatal, política y social comenzaran a perfilarse los conceptos referidos a los principios básicos de la política internacional rusa.

Es obvio que la Federación Rusa, como hemos mencionado, compareció en el escenario internacional cargada con la riqueza de varios siglos de experiencia en relaciones con el mundo exterior, equipada con una infraestructura de contactos bilaterales y multilaterales ya establecidos y con la vasta tradición de las escuelas diplomáticas rusa y soviética. No obstante, la continuidad y asimilación de este legado no se produjeron, ni podían producirse, de manera «automática». La conformación de la nueva política exterior de Rusia adquirió desde el principio carácter creativo y optó objetivamente por una compleja síntesis entre el legado soviético, las renacientes tradiciones de la diplomacia rusa y los enfoques esencialmente nuevos, dictados por los drásticos cambios habidos en los ámbitos nacional e internacional.

El hecho de que la Unión Soviética abandonara la escena histórica no debido a una derrota militar o violenta revolución social, predeterminó la trama del complejo tejido de elementos novedosos y de continuidad de la política exterior rusa. Rusia rompió con el legado ideológico del pasado soviético. Pero retuvo conscientemente todos los elementos positivos de la herencia diplomática de la URSS ligados a los intereses nacionales. A diferencia de la Revolución bolchevique de octubre de 1917, que no sólo interrumpió la continuidad secular de la política exterior sino que liquidó la diplomacia de la Rusia zarista, en 1991 el nuevo poder democrático conservó en gran medida el aparato del Ministerio de Asuntos Exteriores y sus organismos en el extranjero.

Este planteamiento se correspondía por entero con la concepción de Estado plenipotenciario sucesor de la URSS, adoptada por la Federación Rusa en 1991. Resulta emblemático que la diplomacia rusa se estrenara logrando el reconocimiento internacional de ese concepto. El primer paso en aquella dirección fue el *Mensaje del Presidente de la Federación Rusa al Secretario General de la Organización de las Naciones Unidas,* enviado el 24 de diciembre de 1991, que confirmó la adhesión de Rusia a la ONU y la asunción de responsabilidades por todos los derechos y obligaciones de la URSS conforme a la Carta de la ONU[15]. La subsiguiente nota del MAE ruso, publicada el 13 de enero de 1992, reafirmaba que la Federación Rusa «sigue ejerciendo sus derechos y cumpliendo sus compromisos derivados de los acuerdos internacionales contraídos por la URSS»[16].

El reconocimiento internacional de estas cláusulas tuvo en aquel momento un enorme valor práctico para Rusia, puesto que le permitió, en particular, conservar su papel como miembro permanente del Consejo de Seguridad de la ONU y solucionar una serie de complicadas cuestiones de sucesión relativas a las antiguas repúblicas de la Unión Soviética.

Simultáneamente, la nueva Rusia no se pudo considerar a sí misma heredera de la URSS, en relación, sobre todo, con aspectos de la política exterior soviética regidos por el concepto de «lucha de clases» en el terreno internacional, que originaban una explosiva confrontación con Estados Unidos y con otros Estados occidentales. El enfrentamiento no sólo ocasionaba numerosas crisis internacionales (en particular la crisis cubana de los misiles de 1962, que colocó al mundo al borde de un conflicto nuclear), sino que además pesaba sobre la economía soviética, sometida a la carrera armamentista. Al cabo, todos esos factores contribuyeron a la desintegración de la URSS y del sistema socialista mundial.

Sin embargo, sería un error reducir la experiencia de la época soviética a la confrontación ideológica exclusivamente. La Unión Soviética, en tanto que particular forma de existencia histórica del Estado ruso, diseñaba su política exterior sobre la base de su propia concep-

---

15 Véase *Diplomaticheskii vestnik (La Gaceta Diplomática),* núm. 1, 1992, p. 13.

16 *Ibíd.,* núms. 2-3, p. 34.

ción de los intereses estatales. Nos referimos, en primer lugar, a los esfuerzos desplegados por la diplomacia soviética con el fin de evitar un conflicto nuclear generalizado, resolver las crisis internacionales y garantizar la convivencia pacífica y la colaboración entre los países con distintos sistemas político-sociales. La creación de la Organización de las Naciones Unidas, la firma del Acta Final de Helsinki, la elaboración de un diversificado sistema de tratados norteamericano-soviéticos e internacionales en el ámbito del control armamentista y el desarme son logros históricos en esa dirección.

Uno de los acontecimientos señeros de la historia de la política exterior y de relaciones internacionales del siglo XX fue la Segunda Guerra Mundial. La experiencia internacional acumulada en aquel período por la URSS tiene actualmente un valor sustancial para la política exterior de Rusia. Como se sabe, en el curso de las negociaciones entre los «Tres Grandes», integrantes de la alianza bélica contra Hitler, se cimentó el orden mundial de posguerra. En el plano conceptual, el nuevo sistema de relaciones internacionales se definió no sólo para garantizar permanentemente la paz universal y la seguridad internacional, sino para fomentar unas condiciones que favorecieran y dieran continuidad a la cooperación constructiva entre los Estados de la alianza antifascista. Se llegó a un compromiso para determinar el futuro de la Alemania de posguerra. Sobre la base de los principios democráticos se restablecieron las relaciones con los antiguos aliados de Alemania y se firmaron con ellos los correspondientes tratados de paz (excepto el tratado entre la URSS y Japón).

La creación de la Organización de las Naciones Unidas desempeñó un destacado papel en el sistema de las relaciones internacionales del período de posguerra. Los padres fundadores de la ONU tenían presente la experiencia fallida de la Sociedad de Naciones, creada al término de la Primera Guerra Mundial. La Sociedad de Naciones no supo prevenir las acciones agresivas de Alemania, Italia y Japón en los años treinta ni, posteriormente, el desencadenamiento de la Segunda Guerra Mundial. Tampoco solucionó el problema del desarme.

Sería precisamente en los años treinta cuando nace la idea de la seguridad colectiva. Entonces no se puso en práctica, pero influyó sobremanera en el desarrollo de las relaciones internacionales, en su calidad de concepto diseñado para fortalecer la paz y la estabilidad. La experiencia del esfuerzo común en pro de la seguridad colectiva de Europa sería utilizada por las grandes potencias aliadas en la lucha contra el fascismo.

La diplomacia soviética no sólo contribuyó a la victoria militar sobre el enemigo, sino que además hizo una sustancial aportación a los acuerdos europeos y mundiales de posguerra. Desempeñó un papel especialmente considerable en la creación de la ONU, cuya Carta ha llegado a ser la base jurídica central de las relaciones internacionales contemporáneas. Tiene importancia esencial el que la ONU haya estado desde el principio abierta al futuro. Las ideas y los principios plasmados en la Carta de la ONU prueban el grado de perspicacia de sus fundadores, los cuales crearon la organización como organismo universal y médula espinal del sistema de relaciones internacionales. Actualmente, en las condiciones de la globalización y de la formación evolutiva de un orden mundial multipolar, es difícil hallar un organismo que se adapte más adecuadamente a las exigencias de la época moderna. No es casual que las fuerzas que pretenden imponer al mundo un modelo unidimensional del orden mundial se esfuercen, principalmente, en debilitar las posiciones de la ONU y en aislarla de la resolución de los problemas centrales de la actualidad.

Ha sido la propia historia la que ha dictado una justa condena contra la guerra fría que tanto perjudicó las relaciones internacionales en el período de posguerra. En más de una ocasión estuvo el mundo en aquella época al borde de la catástrofe nuclear. Sin embargo, incluso en los períodos más dramáticos, las grandes potencias mundiales, y en primer lugar la URSS y Estados Unidos, supieron alcanzar compromisos mutuamente aceptables para evitar un conflicto fatal. Pese a las numerosas crisis locales, la guerra fría nunca desembocó en un «incendio» global. Ello no sólo se debió al esfuerzo y la prudencia de los líderes del momento, sino a que determinados mecanismos de salvaguarda de la estabilidad internacional, propios del orden bipolar de las décadas de posguerra, contribuyeron a impedir semejante posibilidad.

En la época de la guerra fría se crearon también las condiciones *sine qua non* para la construcción de un sistema multipolar de relaciones internacionales. No obstante el predominio de la URSS y de Estados Unidos en el ámbito internacional, aparecieron en el mundo otros factores de influencia con ascendente repercusión, como el Movimiento de Países No-Alineados. El desmoronamiento del sistema colonial potenció las actividades internacionales de decenas de Estados africanos y asiáticos. Los nuevos socios aumentaron gradualmente su aportación al fomento de la cooperación internacional, auspiciaron numerosas iniciativas que contribuyeron en gran medida a la democratización de las relaciones internacionales. La integración de los Estados de Asia, África y América Latina en las altas esferas de la política mundial y en calidad de miembros de pleno derecho fue una de las características más destacadas del mundo de posguerra. La Rusia actual continúa apoyándose en sus relaciones con estos países en buena medida en el gran potencial de amistad y simpatía mutuas generado durante el período en el que la URSS respaldaba eficazmente sus pretensiones de lograr la soberanía política y económica. La diplomacia rusa utiliza este potencial para garantizar la seguridad global y el permanente desarrollo democrático de los procesos mundiales.

El resultado fundamental del período de posguerra fue el establecimiento de un diversificado sistema de acuerdos y tratados internacionales en el área del desarme. Precisamente, se suscribieron en aquella época los acuerdos norteamericano-soviéticos decisivos, los que asentaron las piedras angulares de la estabilidad estratégica y garantizaron un constante control y reducción de las armas de destrucción masiva, en particular de las armas nucleares. Esos documentos siguen constituyendo la base indispensable de la seguridad internacional.

Cuando se recrudece la lucha por cuáles deben ser los fundamentos del futuro orden mundial, queda de manifiesto la aportación de la diplomacia soviética a la elaboración y la aprobación de toda una serie de importantes acuerdos multilaterales en el terreno del desarme. Entre ellos, el Tratado sobre la No-Proliferación de Armas Nucleares (TNP) y la Convención sobre la Prohibición de Armas Químicas han mantenido hasta el presente su perenne valor para el mantenimiento de la paz.

Pese a que el mundo bipolar, en el que se fraguaron dichos acuerdos y convenios, pasó a la historia, la comunidad internacional no ha creado hasta el momento mecanismos alternativos de mayor eficacia para el mantenimiento de la estabilidad y la seguridad en el mundo. No es casual que las tentativas para mantener la vigencia del Tratado de Defensa Antimisiles (Tratado ABM) del año 1972 se hayan convertido en uno de los problemas centrales de la política mundial.

La experiencia del período de posguerra mantiene por entero su valor en la actualidad en lo que se refiere a los problemas de la seguridad europea. En Europa, precisamente, en el umbral de los años setenta, nacieron varias tendencias positivas, como la distensión internacional que traía aparejado el proceso paneuropeo que culminó con la firma del Acta Final de Helsinki. La práctica de los compromisos alcanzados mediante las negociaciones relativas a la distensión europea, es, sin duda, patrimonio histórico, a la vez que demostración de los objetivos y tareas de la actualidad. Esta práctica pone de relieve el hecho de que las resoluciones eficaces son posibles siempre que estén basadas en el respeto recíproco a los intereses de cada cual y en compromisos mutuamente aceptables.

Al referirnos al clima internacional del período comprendido entre los años sesenta y ochenta, es imposible omitir el asunto de los derechos humanos. Precisamente en aquella época, dentro del proceso paneuropeo, la Unión Soviética se incorporaba gradualmente a las discusiones sobre este problema, adhiriéndose a los acuerdos internacionales sobre derechos humanos. La implantación de esta materia en la esfera de la política exterior y de la diplomacia soviética con posterioridad facilitó el despliegue en Rusia de las reformas democráticas de gran alcance.

A ello se debe que la diplomacia rusa sea ajena a la percepción nihilista y superficial del legado de la política exterior y de la diplomacia soviética. Últimamente, esa herencia es percibida mediante un enfoque científico imparcial, cada vez más constante, basado en un detallado análisis de las experiencias positivas y negativas y en la salvaguarda y conservación de las mejores tradiciones de la diplomacia soviética. La conferencia científica celebrada en 1999 con motivo del nonagésimo aniversario del nacimiento de Andréi Gromiko (1909-1989), un notable personaje político y diplomático de la época soviética y protagonista clave del proceso de formación del orden mundial de posguerra, fue toda una manifestación de adhesión a ese concepto.

La exploración y asimilación del legado histórico de la política exterior rusa del período anterior a la Revolución bolchevique de 1917 se produce de manera distinta. El objetivo central en este ámbito consistió en rehabilitar a los personajes históricos y en revaluar acontecimientos clave hundidos en el olvido e indebidamente profanados en la época soviética. En el proceso destacan las conferencias, los debates públicos y las publicaciones dedicados a dichos acontecimientos: el 450 aniversario de la formación del Posolski prikaz*, el segundo centenario del nacimiento del canciller Alexandr Gorchakov, entre otros, y los actos conmemorativos dedicados a diplomáticos y científicos rusos de renombre, en particular a Fiódor Martens y a Pavel Miliukov.

Actualmente, está prevista una amplia gama de actos con motivo del 200 aniversario de la creación del Ministerio de Asuntos Exteriores de Rusia en 2002.

La celebración del segundo centenario del nacimiento de Alexandr Gorchakov, cuyo nombre está ligado a los episodios más destacados de la historia de la diplomacia rusa, tuvo una especial repercusión en la elaboración del concepto de política exterior.

Gorchakov encabezaba la diplomacia rusa en la época de las grandes reformas liberales de la segunda mitad del siglo XIX. Estas reformas se iniciaron en el contexto de una Rusia debilitada por la derrota en la Guerra de Crimea** que estuvo a punto de transformar la potencia en un Estado de segundo rango, alejado del proscenio del «teatro» europeo. En un memorial presentado al emperador Alejan-

---

* Posolski prikaz: Departamento de embajadas, prototipo del futuro Ministerio de Asuntos Exteriores. *(N. del T.)*

** Guerra de Crimea (1853-1856): conflicto bélico que enfrentó en la península de Crimea a Rusia con una coalición formada por Gran Bretaña, Francia, el reino de Cerdeña y el Imperio otomano. *(N. del T.)*

dro II, Gorchakov catalogó las principales tareas de la política exterior rusa: «Nuestra actividad política debe perseguir un doble objetivo. En primer lugar, impedir que Rusia participe en cualquier tipo de conflicto externo que pueda detraer parte de sus recursos de las tareas de fomento interior. En segundo lugar, no escatimar esfuerzos para que se eviten en Europa semejantes cambios territoriales y en el equilibrio de fuerzas e influencias que pudieran perjudicar seriamente nuestros intereses y nuestra posición política [...] Cumpliendo ambas condiciones cabe esperar que Rusia, al rehacerse de las pérdidas sufridas y al consolidar sus fuerzas y recursos, recupere su papel, posición, prestigio, influencia y un destino propio entre las grandes potencias [...] Rusia podrá alcanzar esta posición siempre que fomente sus recursos internos, los cuales, hoy en día, constituyen la única fuente real del poderío político de los Estados»[17].

A pesar de las diferencias existentes entre la Rusia de mediados del siglo XIX y su papel contemporáneo, cabe afirmar que, en el ámbito de la política exterior, el país se enfrenta hoy con parecidos problemas en varios aspectos. Se trata de fomentar un entorno propicio al desarrollo de las reformas internas y evitar simultáneamente que se debiliten las posiciones del país en la palestra mundial, lo que es, en esencia, la otra cara de la moneda.

El aniversario de Gorchakov, que acabaría siendo un importante acontecimiento de la vida pública rusa, no sólo permitió rendir homenaje al destacado estadista y diplomático, sino que contribuyó a poner en práctica su legado histórico, paradójicamente acorde con las tareas cotidianas de la política exterior. La percepción realista de los procesos internacionales, el sostén de los intereses nacionales y su hábil defensa en las situaciones más comprometidas, principios fundamentales de la diplomacia formulados por Gorchakov, continúan manteniendo su perenne valor. Resulta lógico, por tanto, que las conclusiones extraídas del programa conmemorativo fueran parte inte-

---

[17] Véase *Kantzler A. M.: Gorchakov. 200 let so dnia rozhdenia (Canciller A. M. Gorchakov, 200 años aniversario del nacimiento),* Moscú, 1998, pp. 321-322, 334.

grante de la nueva visión que, sobre las realidades de la vida internacional y sobre el papel de Rusia en los asuntos mundiales, se está formando en nuestro país.

El análisis global del legado diplomático de Gorchakov influyó de manera determinante en la elaboración del concepto renovado de política exterior de la Federación Rusa. La parte esencial del documento alude prácticamente a las siguientes palabras de Gorchakov: «Cualquiera que sea el área de nuestras proyecciones políticas, Europa u Oriente, llegamos a la misma conclusión: para la propia seguridad, en aras del poderío de Rusia en el ámbito internacional [...] de los intereses de la paz y el equilibrio universal, el deber primordial de Rusia consiste en completar las transformaciones internas. Del cumplimento de esta tarea depende el futuro de Rusia y de todas las naciones eslavas. Es la piedra angular de nuestra política»[18].

Se puede afirmar con toda certeza que esta percepción de los objetivos fundamentales de la política exterior conforma la tradición duradera de la diplomacia rusa. El potencial de la diplomacia rusa ha sido movilizado en la mayoría de ocasiones precisamente en los períodos difíciles de la vida del país. Así fue a principios del siglo XVII, cuando las turbulencias internas y la invasión armada debilitaron considerablemente la posición del Estado ruso en el ámbito internacional. Sin embargo, Rusia recuperó enseguida su prestigio internacional, lo que quedó ratificado por su participación, en calidad de garante, en la Paz de Westfalia*, que puso fin a la guerra de los Treinta Años y sentó los principios fundamentales del sistema de relaciones internacionales para varios siglos.

En épocas posteriores, durante el período de la profunda crisis desatada por la derrota del ejército ruso en la guerra ruso-japonesa y por el primer embate de la Revolución rusa de 1905-1907, el entonces ministro de Asuntos Exteriores, Alexandr Izvolski, y su sucesor Serguéi Sazonov entendieron que su tarea principal consistía en ga-

---

[18] Véase *Kantzler A. M. Gorchakov...*, p. 334.

* Paz de Westfalia: suscrita en 1648 por Alemania, Francia y Suecia. *(N. del T.)*

rantizar una paz duradera y la estabilidad suficiente para llevar a cabo las reformas de Stolipin*.

Dice Sazonov: «Trastornada por la catástrofe militar del Extremo Oriente, por la oleada revolucionaria reprimida con considerable esfuerzo, Rusia necesitaba imperiosamente la paz y un pacífico proceso legislativo, el único factor capaz de encaminarla hacia las acuciantes reformas políticas y económicas»[19].

Tiene cierta lógica que en períodos semejantes la diplomacia rusa no sólo contribuyera a crear un entorno internacional favorable para las reformas internas del Estado y la sociedad, sino que estuviera del lado de las fuerzas patrióticas y liberales y de los reformadores moderados. El canciller Alexandr Gorchakov, en particular, desempeñó un destacado papel en la transformación del antiguo concepto feudal, que entendía el servicio diplomático como un servicio personal al soberano, adaptándolo a la necesidad de servir a los intereses nacionales. Fue el primero en utilizar en sus pliegos la fórmula «el Soberano y Rusia».

«Antes de mí —recordaba Gorchakov—, no existía para Europa nada que no fuera el *emperador* en relación con nuestra patria. El conde Nesselrode me recriminaba directamente por escribir de esta forma. "Únicamente reconocemos al zar —decía mi predecesor—, no nos importa Rusia"»[20].

Gorchakov recordaba asimismo con orgullo su aportación personal al decreto del emperador Alejando II de concesión de la amnistía a los decembristas**, que restablecía sus rangos y grados originales y autorizaba su retorno del exilio[21].

---

[19] Véase Sazonov S. D.: *Vospominania (Memorias),* Moscú, 1991, p. 343.

[20] Véase *Kantzler A. M. Gorchakov...,* p. 385.

[21] *Ibíd,* p. 388.

* Piotr Stolipin (1862-1911): político ruso impulsor de la reforma agraria y presidente del Consejo de Ministros del Imperio ruso entre 1906 y 1911. *(N. del T.)*

** Decembristas: miembros de una sociedad revolucionaria, compuesta principalmente por oficiales del ejército ruso, que encabezaron una sublevación en diciembre de 1825.

Gorchakov otorgó igualmente un constante apoyo a otras iniciativas liberales en la época de las reformas de la segunda mitad del siglo XIX.

En la era de las reformas de Stolipin, los dirigentes del servicio diplomático se contaban entre los más firmes partidarios del desarrollo interno mediante una progresiva reforma constitucional. El ministro de Asuntos Exteriores, Alexandr Izvolski, a quien la historiografía contemporánea rusa caracteriza como «estadista de la nueva formación que satisfacía por completo las exigencias de su época», era uno de ellos. Político dinámico y pragmático, con suficiente amplitud de miras liberales, aunque bastante moderadas, que no estaba encasillado en la política internacional, sino que era consciente de la necesidad de efectuar reformas internas exhaustivas para alcanzar el éxito en política exterior, Izvolski fue capaz de establecer una fructífera cooperación con los organismos legislativos, con la prensa, con los representantes de los partidos políticos y con los círculos financieros e industriales a fin de sacar al régimen zarista de su profunda crisis política interna y externa, ampliar la base social de su política internacional y reforzar las posiciones de Rusia como gran potencia mundial»[22].

Esta preocupación por la política interior halló continuidad en Serguéi Sazonov, quien, como escribiría en sus memorias, en los informes remitidos al emperador Nicolás II, tenía que «tratar de un modo permanente, en relación con las cuestiones de política exterior, la situación interna de Rusia, que se presentaba cada vez más conflictiva bajo la influencia de la propaganda revolucionaria»[23].

Simultáneamente, según el testimonio de sus colaboradores, el ministro adoptaba a menudo una postura rigurosa para ejercer de contrapeso a la influencia que sobre el emperador tenían algunos de los grupos reaccionarios próximos a la ideología de las «centurias negras»[24].

---

[22] Véase *Rossiiskaia diplomatia v portretaj (Retratos de la diplomacia rusa),* Moscú, 1992, p. 337.

[23] Véase Sazonov S. D.: *Vospominania (Memorias),* Moscú, p. 353.

[24] Véase Mijailovski G. N.: *Zapiski. Iz istorii rossiiskogo vneshnepoliticheskogo vedomstva (Memorias. De la historia del servicio diplomático ruso),* 1914-1920, vol. 1, Moscú, 1993, pp. 78-79.

Cabe afirmar que el «patriotismo ilustrado» fue un rasgo distintivo de la cultura política de la diplomática rusa en todas las épocas. El criterio que guiaba la percepción que, de la situación interna tenía la diplomacia era el grado de correspondencia entre estas o aquellas medidas tomadas y los intereses nacionales considerados desde un punto de vista profesional e imparcial. El concepto era ajeno al extremismo y al aventurerismo, se basaba en el sentido común y en el empeño de trabajar por el bien de la patria.

La misión que hoy recae sobre la diplomacia rusa y sobre el resto de copartícipes en las actividades internacionales del Estado consiste en superar, mediante un profundo análisis y la asimilación del legado histórico del servicio diplomático, la ruptura psicológica y de valores que se produjo en 1917, respecto de la antigua Rusia, de modo que se restablezca la continuidad del desarrollo histórico de la nación y de su política exterior. En este proceso acabaría por formularse la esencia de la «idea nacional», imprescindible para el sector políticamente activo y patriótico de la sociedad, y sólido fundamento del consenso relativo a las cuestiones centrales de la política exterior.

De lo que se trata, en particular, es de restablecer en la sociedad rusa una correcta y adecuada percepción de lo que debe ser la política interior activa, tradicionalmente inherente al Estado ruso, que no sólo aseguró durante varios siglos la resuelta participación de Rusia en la política mundial, sino que además fue uno de los garantes de su seguridad nacional. En todas las etapas de la historia de Rusia su diplomacia ha sido un importante instrumento de salvaguarda de los intereses nacionales y del Estado. Siempre ha sido un rasgo distintivo de la diplomacia rusa su afán por garantizar la integridad del Estado y ampliar sus recursos en el ámbito exterior.

Ya en tiempos de la antigua Rusia era objetivo permanente de la política exterior lo que estimulaba, a su vez, determinada cultura diplomática, el anhelo de establecer amplios contactos internacionales y de evitar un posible aislamiento. Este empeño fue, precisamente, la principal fuerza motriz del proceso de creación y desarrollo del servicio diplomático. A mediados del siglo XVI se abrieron ante Rusia nuevas perspectivas. El emperador del Sacro Imperio enviaba a sus embajadores a Moscú. Los diplomáticos rusos frecuentaban las cortes de Europa. Las naciones orientales se tomaban igualmente en serio a la Rusia que se estaba convirtiendo en una potencia influyente con una dinámica política exterior. En aquellas condiciones fue preciso crear un servicio diplomático bien organizado, que cobró forma real en 1549 con la creación del Posolski prikaz o Departamento de embajadas. Su primer jefe, Ivan Viskovatyi, hizo una valiosa contribución al futuro de la diplomacia rusa.

Es en ese período cuando el Posolski prikaz empieza a desempeñar el papel de principal centro de coordinación de la política exterior rusa. Uno de los primeros dirigentes del organismo, Afanasi Ordín-Naschokin, calificado por sus contemporáneos como el «Richelieu ruso»*, lo llamaba «el ojo de todo el Gran Estado Ruso». Al mismo tiempo sostenía que los éxitos en el ámbito exterior serían deleznables si no vinieran respaldados por el desarrollo interno de Rusia.

En la época de Pedro el Grande** se produjo un avance cualitativo de la diplomacia rusa. Una vez obtenido el acceso al mar Báltico, Rusia reforzó su influencia en la escena mundial. Durante su gira diplomática por Europa entre 1697 y 1699, que se conoce en la historia rusa como la Gran Embajada Europea, Pedro I aportó al arsenal de la diplomacia rusa la costumbre de celebrar reuniones cumbre. Suscribió personalmente además diversos acuerdos internacionales de la mayor relevancia.

La actitud innovadora de Pedro el Grande frente a la política exterior dio lugar a una reforma radical del servicio diplomático sobre base colegial, así como dio impulso a la formación de un ilustrado y profesional Cuerpo diplomático. Desde entonces la diplomacia rusa, dirigida y guiada por jefe del Estado, ha basado su actividad cotidiana en el criterio colegial. Éste ha sido hasta el presente uno de sus rasgos distintivos.

---

* Richelieu (1583-1642): cardenal y político francés. *(N. del T.)*

** Pedro I el Grande (1672-1725): zar de Rusia entre 1682 y 1725, cuyas campañas militares y tentativas de modernización convirtieron a Rusia en un imperio con amplia presencia en los asuntos europeos.

El Posolski prikaz, que subsistió durante más de ciento setenta años, fue sustituido en 1720 por el Departamento de Asuntos Exteriores. Los esfuerzos del Departamento, y de las misiones diplomáticas rusas en el extranjero, que estableciera Pedro el Grande, tenían como objetivo mantener un «silencio general en Europa».

El poderío y la influencia de Rusia siguieron creciendo bajo el reinado de Catalina la Grande*, que participó también de manera activa en las actividades internacionales del Estado. Le sirvieron de guía varios diplomáticos y asesores de talento: Andréi Ostermánn, Nikita Panin, Alexandr Bezborodko y otros. El acuerdo de paz de Kuchuk-Kaynardzha**, firmado en 1774, mediante el cual varios pueblos balcánicos tuvieron acceso a la escena mundial, fue uno de los triunfos de la diplomacia rusa.

La diplomacia rusa en las cuestiones relativas a la guerra y la paz se adelantó a su tiempo. Así, en pleno período de las guerras napoleónicas, proclamó Alejandro I en 1804 que las grandes potencias mundiales deberían garantizar entre ellas en el futuro la inviolabilidad de sus fronteras. Tras la derrota de Napoleón en 1815, Rusia propuso un «un desarme proporcional y simultáneo de las potencias europeas». En esencia, fue la primera iniciativa histórica en el ámbito del desarme global.

Desde esta perspectiva, mantiene un alto interés en el presente una tendencia que atraviesa el tejido histórico de la política exterior rusa en su conjunto y constituye uno de los elementos clave de su continuidad. Y es que Rusia inició la conformación del sistema de relaciones internacionales en las distintas etapas de su evolución.

El Estado ruso estuvo entre los principales copartícipes del proceso de creación del nuevo orden europeo de posguerra*** y, posterior-

* Catalina II la Grande (1729-1796): zarina de Rusia entre 1762 y 1796, continuó el proceso de occidentalización iniciado por Pedro I convirtiendo a Rusia en una potencia europea.

** La paz de Kuchuk-Kaynardzha puso fin a la guerra ruso-turca de los años 1774. *(N. del T.)*

*** Tratado de Paz de París de 1815. *(N. del T.)*

mente, entre los fundadores de un sistema europeo basado en el logro del equilibrio, por precario que fuera, entre los principales Estados europeos y sus respectivas alianzas. Entretanto, el tradicional subdesarrollo económico del país, en comparación con sus principales socios, impulsaba a la diplomacia rusa a buscar instrumentos suplementarios para mantener la paz y la estabilidad en el viejo continente.

Esta línea de la política exterior tuvo su más espectacular plasmación en la iniciativa rusa de convocar la I Conferencia de La Haya en 1899. Según la nota difundida por el entonces ministro de Asuntos Exteriores, Mijaíl Muraviov, el objetivo principal del foro era el de «salvaguardar la paz global y posibilitar la reducción del armamento, que pesa sobre los pueblos»[25].

Aunque la «orquesta» de las potencias mundiales no estaba preparada para proceder a la reducción armamentística y de los gastos militares, la Conferencia de La Haya desempeñó un importante papel a la hora de sentar las bases conceptuales de los futuros procesos internacionales, que demostrarían plenamente su valor ya en la segunda mitad del siglo XX, cuando la comunidad internacional fue consciente de la necesidad de establecer un control armamentista. En La Haya, las potencias europeas reconocieron, en principio, por vez primera, que era deseable el logro de la limitación de los gastos militares, lo que franqueó el camino hacía el vasto debate acerca de las cuestiones del desarme.

Otro de los logros fundamentales de la Conferencia fue la firma, en 1907, de la Convención sobre las Leyes y Costumbres de la Guerra Terrestre, que sentó las bases de una nueva área del derecho internacional, cuya evolución reciente ha sido muy dinámica.

Conviene destacar que el alma del foro de La Haya fue Fiódor Martens, prominente jurista y diplomático ruso, experto en Derecho internacional, cuyo buen nombre y legado histórico han sido recupe-

---

[25] Véase Oldenburg S. S.: *Tsárstvovanie imperátora Nikolaia II (El reinado del emperador Nicolás II)*, Moscú, 1992, pp. 91-92.

rados y valorados como se merece por la diplomacia y la ciencia rusa sólo en los últimos años. Su teoría de la administración de las relaciones internacionales conserva un especial interés. Como se destaca en un reciente estudio sobre la trayectoria personal y profesional de Martens: «[Éste] partía de la hipótesis de que el progresivo desarrollo de la humanidad conduciría inevitablemente a una interacción cada vez más estrecha entre los Estados, reforzando y perfeccionando de tal suerte el gobierno internacional que, en su opinión, sería capaz de erradicar los conflictos militares. Martens opinaba que la evolución que debía seguir el Derecho internacional hasta crear a escala de la comunidad mundial un orden jurídico concordante con los avances de la civilización, y el desarrollo por etapas de un gobierno internacional, que sustentara la cooperación pacífica entre los pueblos, eran el camino para establecer una paz perpetua. Según Martens, se trataba de un trayecto largo y complejo, pero que, no obstante, resultaba el único acertado y viable»[26].

El interés que adquieren estas ideas en la época de la globalización y de la transición del sistema bipolar a un nuevo orden multipolar resulta evidente, cuando son precisos mecanismos de control sobre los procesos internacionales dignos de confianza y capaces de garantizar la estabilidad estratégica en el más amplio sentido de la palabra. Es ésta una prueba más de la importancia que tiene la recuperación del legado histórico de la diplomacia rusa y del gran valor práctico de esta tarea.

Otra valiosa tradición de la diplomacia rusa es su sano pragmatismo y su visión realista sobre el papel de Rusia en las relaciones internacionales, libre de estereotipos y prejuicios ideológicos. Nos referimos, en particular, a la actitud compartida por distintos diplomáticos ilustres ante lo que ha sido objeto de interminables discusiones, es decir, la posición intermedia que ocupa la civilización rusa entre Europa y Asia, dadas las características geográficas y geopolíticas del país.

---

[26] Véase Pustogarov V. V.: *Fiódor Fiódorovich Martens, iurist, diplomat (Fiódor Fiódorovich Martens: jurista y diplomático)*, Moscú, 1999, p. 65.

Conviene destacar que la diplomacia rusa ha sido ajena a la artificial contraposición entre Oriente y Occidente, entendidos como dos vectores supuestamente contradictorios de la política exterior. Aunque, sin duda, a partir de la época de Pedro el Grande la dimensión europea ha sido prioritaria para la diplomacia rusa. Fue precisamente en el ámbito europeo donde Rusia acabaría convirtiéndose en una gran potencia mundial, y asimilando los logros conseguidos por la civilización occidental. Se puede afirmar con toda propiedad que la ambición de Pedro el Grande de «abrir una ventana a Europa» fue una de las ideas más prometedoras y fecundas de la política exterior rusa. En los albores del siglo XIX, y especialmente después de derrotar a Napoleón, Rusia se había convertido ya en protagonista de pleno derecho y, aún más, en potencia principal del «teatro» paneuropeo.

Entretanto, la actividad política de Rusia hacia Europa no perjudicaba sus intereses de gran alcance en Oriente, sino al contrario, facilitaba su promoción. Gorchakov, sobre todo, que buscaba trascender el marco europeo, fomentó muy diversos contactos con Estados de «segundo rango» entonces: China, Japón, Estados Unidos y Brasil. De esta forma el canciller plasmaba la idea de una estrategia multivectorial que, en la actualidad, se ha convertido en una de las ideas fundamentales que sustentan el renovado concepto de política exterior.

Desde la perspectiva contemporánea, la tradicional orientación de la diplomacia rusa hacia Europa tiene una mayor y decisiva dimensión. La adhesión de Rusia a la política europea y sus estrechos contactos económicos, culturales y sociales con los países de Europa Occidental, que se ampliaron notablemente en el umbral del siglo XX, no impedían a la diplomacia rusa velar, con frecuencia de la manera más estricta, por la defensa de los intereses nacionales. En la segunda mitad del siglo XIX, a pesar del extenso intercambio cultural con Europa Occidental, Rusia tuvo que hacer frente por sí sola a la poderosa coalición de las potencias europeas. De esta suerte, la experiencia histórica ha desacreditado por completo la idea de que es imposible que Rusia mantenga una política exterior independiente sin entrar en conflicto con los países europeos y provocar su propio aislamiento. La práctica de la diplomacia rusa de los últimos años demuestra que se está consolidando un estilo de relaciones bilaterales y multilaterales que compagina la firme defensa de los intereses nacionales con la búsqueda de soluciones recíprocamente aceptables por medio del diálogo y la cooperación con Occidente.

La continuidad de la política exterior comprende, por otra parte, el análisis no sólo de la experiencia histórica positiva, sino también de la negativa. Desde esta perspectiva merece una especial consideración el carácter imperialista, propio de la política exterior rusa de los siglos XVIII-XIX, que continuó repercutiendo en ella particularmente durante el período soviético. Resulta más que evidente que las realidades de la Rusia y de la Comunidad de Estados Independientes (CEI) del presente exigen la profunda revisión, de ese legado histórico, también en lo concerniente a los contactos con los países vecinos.

Nos referimos, especialmente, a las relaciones bilaterales de Rusia con los Estados de Europa Central y del Este. Como es sabido, nuestros contactos hasta el presente con algunos de estos países han sufrido las consecuencias de contradictorios y a veces trágicos antecedentes históricos. La misión de la moderna diplomacia consiste en trabajar, con paciencia y constancia, en la superación de este negativo legado histórico sobre la base de nuevos principios, sin negarlo ni ocultar la verdad.

El desarrollo que ha tenido la situación en Europa Central tras el final de la guerra fría ha demostrado el potencial explosivo que entrañan las cuentas históricas pendientes y los conflictos interétnicos. La tragedia de los Balcanes no deja lugar a dudas al respecto. La conclusión más importante que deberíamos sacar de esta experiencia es la de que en la Europa del presente la política no debe ser rehén del pasado. Evidentemente, no se pueden ignorar ni dejar a un lado los errores, las faltas y problemas de épocas anteriores. Sin embargo, deben servir de advertencia a las naciones y no como argumentos para alimentar una constante enemistad y dificultar las relaciones bilaterales.

Es desde esa perspectiva cómo se plantea la diplomacia rusa sus relaciones con Polonia y varios países más. Sin embargo, este enfoque no admite un «sentido único». Para «restañar las heridas históricas» en las relaciones bilaterales es preciso hacer, con tacto, un esfuerzo recíproco y que se respeten por ambas partes los sentimientos nacionales.

Los aspectos históricos de las actuales relaciones de Rusia con las antiguas repúblicas de la Unión Soviética merecen igualmente una consideración especial. En este área existe un conjunto de tradiciones, tanto positivas como negativas, relacionadas con las historias respectivas de la incorporación de cada una de ellas al Imperio ruso y, posteriormente, a la URSS. En la actual etapa de transición que viven los países miembros de la CEI es difícil superar de golpe todos los problemas acumulados, que tienen que ver, en primer término, con un espontáneo resurgir de la conciencia nacional que trae aparejadas manifestaciones de nacionalismo. Estos factores hacen más complicada la determinación de prioridades comunes y el desarrollo a largo plazo de la cooperación en los ámbitos particulares de la política exterior. Hay que ser conscientes de que será éste un largo proceso que requerirá considerar diversos factores relacionados no sólo con la economía, la política y la cultura contemporáneas, sino además con el vasto legado histórico.

La continuidad de la diplomacia, entendida como instrumento de la política exterior, requiere un análisis especial. La diplomacia es por definición uno de los oficios más internacionalizados. A diferencia de la política internacional, que siempre ha sido un privilegio de los Estados, el origen y el desarrollo de la diplomacia han estado estrechamente vinculados desde el principio a la formación conjunta de un sistema de relaciones internacionales. Pese a la variedad de escuelas y de las tradiciones diplomáticas nacionales, la tendencia histórica universal de la diplomacia ha sido siempre la búsqueda de la unificación de los aspectos técnicos y estructurales de las actividades internacionales, impulsada por lo que es su objetivo central: promover la comprensión mutua entre los Estados y armonizar sus intereses. Un vivo ejemplo al respecto fueron las conclusiones del Congreso de Viena de 1815, que no sólo creó un determinado sistema de relaciones internacionales en Europa, sino que reglamentó los mecanismos necesarios para el funcionamiento del mismo. De esta forma, el servicio diplomático del Estado ruso, uno de los más activos copartícipes en la política europea de entonces, se establecía mediante la estrecha colaboración con las diplomacias de las principales potencias europeas.

Por esta razón, el problema de la continuidad de la diplomacia, de su estructura, técnicas y métodos de trabajo, no puede ser estudiado solamente en el limitado contexto nacional, sino que requiere la consideración de distintos aspectos históricos pertenecientes al conjunto de la experiencia de las políticas exteriores.

La dramática e incluso a veces trágica suerte de la diplomacia rusa en el siglo XX reflejó todos los virajes del desarrollo histórico del Estado ruso. El servicio diplomático vivió dos momentos críticos durante el pasado siglo.

La Revolución bolchevique de 1917 interrumpió repentinamente las tradiciones de la diplomacia rusa. Prácticamente, ningún diplomático de la antigua Rusia se puso al servicio de los bolcheviques, mientras la oficina diplomática fue casi el único organismo que no cedió empleados a las instituciones del nuevo poder. El poder soviético, a su vez, respondió al «sabotaje» de la vieja guardia diplomática destituyendo a todos los embajadores y enviados «sin derecho de jubilación y a ser admitido en los organismos estatales»[27].

Pasados varios años desde la Revolución, el nombramiento de Gueorgui Chicherin, diplomático de carrera, como comisario de Asuntos Exteriores, lo que coincidió con el inicio del «período de reconocimiento internacional» de la URSS, inauguraría el proceso de creación de la escuela diplomática soviética. No obstante, en años posteriores el proceso iniciado tampoco resultaría fácil ni permanente. La represión desencadenada por Stalin ocasionó en los años treinta un duro golpe al Cuerpo diplomático, liquidando toda una generación de diplomáticos soviéticos. Hubo una época en la que, según testimonios históricos, los pasillos del Comisariado del pueblo de Asuntos Exteriores (NKID) estaban literalmente vacíos. A pesar de todo, el servicio diplomático de la URSS consiguió restablecer en un tiem-

---

[27] Véase *Vneshniaia política SSSR. Sbornik dokumentov (La política exterior de la URSS, Colección de documentos),* vol. 1 (1917-1920), Moscú, 1944, p. 26.

po relativamente breve su potencial creativo concentrándolo en la defensa de los intereses estatales.

El servicio diplomático de la nueva Rusia conserva de manera objetiva las mejores tradiciones de la diplomacia soviética. Sin embargo, sobre los actuales diplomáticos recae una misión histórica más amplia, consistente en restablecer la continuidad de la política exterior y del servicio diplomático. No sólo se trata de una obligación pendiente que afecta varias generaciones de diplomáticos soviéticos que dedicaron su talento y su esfuerzo a los intereses de la patria, sino que es asimismo un importante elemento para la conformación de la política exterior del presente. En las circunstancias de un mundo global e interdependiente el oficio diplomático adquiere unos rasgos cualitativamente nuevos. El servicio diplomático abarca cada vez mayores campos de relaciones internacionales, asociados a la cooperación en la búsqueda de soluciones para los muy diversos problemas globales. La diplomacia, no obstante, no llegará a ser verdaderamente profesional y eficaz si no se apoya en el sólido terreno de las tradiciones y de los valores históricos y culturales patrios. El respeto por el pasado constituye una base indispensable para la continuidad del proceso histórico, a la vez que permite conservar y acrecentar las mejores tradiciones de la diplomacia rusa. El análisis del legado histórico también ayuda a extraer enseñanzas para el presente y para el futuro, a comparar la experiencia del pasado con la recientemente adquirida, a considerar desde la perspectiva histórica los nuevos retos y objetivos de gran alcance que se plantean en el ámbito de la política internacional y en las condiciones de un mundo tan cambiante como el de hoy en día.

Por ello, el fomento de una percepción rigurosa sobre el legado histórico debe ser considerado como uno de los elementos clave para la formación de las nuevas generaciones de diplomáticos rusos. Es importante inculcar en ellos el arte de contemplar el actual desarrollo mundial desde una vasta perspectiva histórica relacionándolo con el destino y los intereses de Rusia. Este planteamiento es el marco que orienta a la diplomacia rusa. Resulta imprescindible para llevar a efecto con certeza la política exterior en el actual y decisivo contexto de desarrollo de nuestro Estado y de la comunidad internacional.

Capítulo 2

Rusia y los problemas de formación del nuevo orden mundial en los albores del siglo XXI

1. El panorama mundial al término de la guerra fría. La comunidad internacional frente a los nuevos retos y amenazas

En el umbral del nuevo milenio se ha recrudecido la lucha en torno a los principios básicos del nuevo orden mundial, que vendría a sustituir el sistema bipolar de la segunda mitad del siglo XX.

No hay duda de que el final de la guerra fría ofreció a la humanidad unas perspectivas inéditas para replantearse los asuntos internacionales sobre una base equitativa y democrática. A principios de los noventa, el esfuerzo común de la URSS, Estados Unidos y otros países permitió erradicar el peligro de una guerra nuclear de carácter global, reducir los arsenales estratégicos, reforzar la confianza recíproca en el ámbito de las relaciones internacionales, conseguir la distensión en Europa y solucionar el problema alemán de manera civilizada. La comunidad internacional tuvo la oportunidad histórica de establecer un nuevo orden mundial sobre principios democráticos y de derecho. Se trataba de entrar en el siglo XXI dejando atrás los conflictos del pasado, pero al mismo tiempo conservando todo el legado positivo de los tratados internacionales suscritos en los años anteriores.

Esta oportunidad, sin embargo, no fue aprovechada plenamente. Tal como sostienen los autores de un reciente estudio del East-West Institute: «Se perdió la oportunidad única de utilizar el final de la guerra fría y el derrumbe de los regímenes comunistas para lograr un nuevo orden mundial basado en el consenso entre las grandes potencias, en la creciente influencia y eficacia de la ONU, en una nueva arquitectura de seguridad europea destinada a sustituir el antiguo sistema de equilibrio militar entre las dos alianzas enemigas, y en la redefinición de unas nuevas garantías de seguridad para el Lejano Oriente, Asia central y del sur y otras regiones. Tampoco se aprovechó la oportunidad sin precedentes de conseguir un avance histórico en el desarme y en la reducción de los arsenales nucleares, heredados de la guerra fría, garantizando la no-proliferación de armas de destrucción masiva y la reducción de las armas convencionales en Europa y el Lejano Oriente. No se alcanzó un acuerdo que hubiera establecido un mecanismo para la imposición y el mantenimiento de la paz, basado en las decisiones colectivas de Rusia y de Occidente acerca de la aplicación de la fuerza en caso necesario y en la implementación conjunta»[28].

Pero ¿cuáles han sido las principales razones de ese fracaso? Una de ellas radica en que la dimensión real de los problemas y de los retos surgidos tras el desplome del sistema bipolar resultó ser de mayor envergadura de lo que cabía suponer a principios de los noventa.

La estabilidad de varios Estados e incluso de regiones enteras se vio comprometida merced a los conflictos étnicos, el extremismo y el separatismo militante. Creció el peligro de proliferación de armas nucleares y de otras armas de destrucción masiva y de sus vehículos. Se amplió el abismo entre los países industrializados y los países subde-

---

[28] Véase *Rossia i mir. Novyi kurs. Politicheskie rekomendatsii osnovannie na mezhdunarodnom proekte «Okruzhaiushaia sreda rossiiskoi bezopasnosti» (Rusia y el mundo. El nuevo curso. Recomendaciones políticas derivadas del proyecto internacional «El entorno de la seguridad de Rusia»),* Moscú, 1999, p. 11.

sarrollados, algo que de por sí constituye una fuente de potenciales antagonismos y conflictos.

Resultó dañado el equilibrio climático y medioambiental de nuestro planeta. La humanidad está amenazada por diversas y nuevas enfermedades infecciosas. El tráfico ilícito de drogas crece como la espuma, coincidiendo con el progresivo crecimiento del crimen organizado.

En el contexto de un mundo abierto e interdependiente semejantes desafíos adquieren carácter transnacional, amenazando la seguridad de todos los Estados. Lo confirma la proliferación del terrorismo internacional, que se ha convertido en uno de los retos más peligrosos a afrontar por la comunidad de naciones. El eje de la «internacional terrorista», que se ha extendido desde los Balcanes hasta Filipinas e Indonesia, pasando por el Cáucaso septentrional y Asia central, amenaza con desestabilizar la situación no sólo en los correspondientes Estados, sino en regiones enteras, comprometiendo la seguridad internacional.

Los ataques terroristas del 11 de septiembre en Nueva York y Washington, cuya dimensión y crueldad no conocen precedentes, han demostrado cruentamente que en el contexto de un mundo global e interdependiente ningún Estado tiene las espaldas cubiertas contra los nuevos peligros y desafíos. De ahí que sea preciso buscar respuesta a la amenaza terrorista de manera colectiva, mediante un esfuerzo común de toda la comunidad internacional que aproveche al máximo el potencial de la ONU. Rusia, que conoce en carne propia lo que es el terrorismo internacional, fue de los primeros países en convocar a los Estados a aliarse contra el enemigo común y ha participado de forma activa en la creación de la coalición antiterrorista global.

Es preciso reconocer que la comunidad internacional no estaba preparada en general para afrontar estos retos. Cierto es que en las últimas décadas el mundo ha acumulado una extensa experiencia en la solución constructiva de problemas y conflictos internacionales, incluida la que se ha adquirido en las operaciones de mantenimiento de la paz y de solución política de las crisis. Sin embargo, no se ha formulado todavía una estrategia para el mantenimiento de la paz y de la seguridad internacionales que corresponda a las exigencias de la época moderna. Parece cada vez más evidente que este problema requiere un enfoque sistémico. Ante la comunidad internacional se plantea una cuestión fundamental: ¿cuál tiene que ser el futuro orden mundial?

Al término de la guerra fría las relaciones internacionales se quedaron sin los mecanismos tradicionales de mantenimiento de la estabilidad propios de aquella época. Sin embargo, aún no han aparecido mecanismos alternativos que correspondan adecuadamente a los cambios fundamentales que se producen en la situación internacional. Para el director del Instituto Internacional de Estudios sobre los Problemas de la Paz de Estocolmo, A. Rotfeld, «todavía no se ha elaborado ni un solo principio institucional acerca de la seguridad global»[29].

En el mundo occidental existe la convicción de que la amplia difusión de los valores democráticos y la transición de cada vez más países a la economía de libre mercado constituyen en sí mismos poderosos factores de estabilidad en el ámbito internacional. Un explícito ejemplo de esta ideología es la visión que sobre las relaciones internacionales comparten los analistas del Institute for National Strategic Studies, que funciona bajo la égida del Pentágono[30].

La parte esencial del concepto es la clasificación que categoriza cuatro tipos de Estados dependiendo del nivel de desarrollo y de estabilidad democrática alcanzados. Serían los «Estados del núcleo» *(core states),* los «Estados en transición» *(transition states),* los «Estados proscritos» *(rogue states)* y los «Estados fracasados» *(failed states).* De acuerdo con esta clasificación, a cada uno de los Estados se les pone una «nota de comportamiento», cuyo criterio esencial es la afinidad del país en cuestión con el ideal democrático encarnado por el sistema político de Estados Unidos.

---

29 Véase *Yezhegodnik SIPRI:* Anuario de SIPRI, Moscú, 1997, p. 35.

30 Véase *Strategic Assessment,* Institute for National Strategic Studies, Washington, 1999, p. 14.

Se evidencia, sin embargo, el hecho de que el proceso de democratización, no obstante su influencia positiva, no es por sí solo el «elemento constitutivo de la seguridad global» al que nos hemos referido antes. Lo confirma, especialmente, la naturaleza de los conflictos locales que hoy se producen. Pese a que la mayoría de ellos son de carácter interno, no proceden de un enfrentamiento entre la democracia y la dictadura, sino que se alimentan de conflictos interétnicos y religiosos, de la corrupción social y del separatismo militante. Más aún, la experiencia de distintos países desarrollados, como el Reino Unido, España, Francia o Bélgica, demuestra que los Estados con un sistema democrático estable corren el riesgo asimismo de enfrentarse a conflictos étnicos y religiosos. En el mejor de los casos, el régimen democrático impide la escalada de tales problemas y permite hallar una solución civilizada a los mismos, aunque ello no erradica sus orígenes fundamentales.

La democratización, como tal, no es el remedio contra los retos a los que se enfrenta la comunidad internacional. Al contrario, la propia democracia necesita ser protegida de las amenazas del terrorismo y del crimen organizado. En lo que se refiere a la proliferación de armas de destrucción masiva, la práctica internacional ha demostrado que en muchas ocasiones respetables Estados democráticos resultan implicados en la carrera armamentista y en conflictos regionales.

Todo ello permite concluir que la definición del carácter del futuro orden mundial constituye hoy el problema central de las relaciones internacionales. ¿Será un sistema multipolar que tenga en cuenta los intereses de la comunidad internacional o se tratará de un orden que imponga los intereses de un único Estado o de un grupo de Estados al resto del mundo? La capacidad de la humanidad para controlar los procesos mundiales y evitar el deslizamiento hacia el caos en los asuntos internacionales dependerá de manera crucial de cuál sea la respuesta a esta pregunta.

Entretanto, la conformación de un nuevo sistema de relaciones internacionales ha adquirido un complejo y prolongado carácter. Los observadores internacionales se han mostrado incapaces de hallar una definición exhaustiva para la actual etapa de relaciones internacionales. Unos la caracterizan como «el nuevo desorden mundial» (Henry Kissinger), otros como un «amorfo sistema de seguridad que carece de la estructura bipolar y de la transparencia ideológica de los tiempos de la guerra fría»[31].

No faltan los pronósticos que sostienen que la actual etapa de incertidumbre puede durar varios decenios. Los escenarios previstos oscilan entre el advenimiento de la era del bienestar universal en un mundo globalizado y el imperio de la anarquía total en los asuntos internacionales.

Sea como sea, lo cierto es que el sistema internacional se encuentra en un período de transición, más aún desde la tragedia del 11 de septiembre, y que su futuro depende de la voluntad política de los Estados. Son precisamente las potencias mundiales las que deben asumir la tarea de determinar los parámetros del nuevo orden mundial, y establecer mecanismos fiables para el mantenimiento de la seguridad y de la estabilidad en las relaciones internacionales. Dada la actual situación de la humanidad, la formación del nuevo sistema internacional requiere de un deliberado y concreto esfuerzo común de todos los Estados. En caso contrario, la marea de la globalización enfrentada a la inacción y al egoísmo nacional, cuando no al resurgimiento de la rivalidad y de los intentos de garantizar los intereses propios a costa de los demás, no hará más que agravar las tendencias negativas haciéndolas cada vez menos controlables para la comunidad internacional.

Desgraciadamente, todavía no existe un consenso conceptual sobre esta cuestión en el ámbito internacional. Más aún, en los años noventa se contraponían dos conceptos radicalmente distintos sobre el nuevo orden mundial. Uno de ellos abogaba por el modelo unidimensional al proponer el dominio de los países más desarrollados sobre la base del poderío económico y militar de Estados Unidos y la OTAN. Pero como demostraron los recientes acontecimientos de

---

[31] Véase *Strategic Assessment,* Institute for National Strategic Studies, Washington, 1999, p. 12.

Yugoslavia, este modelo no ofrece a los demás ninguna otra opción que la de aceptar las reglas del juego establecidas y a veces hasta impuestas por ese «club de países privilegiados».

Este concepto tiene raíces muy profundas que se derivan, como se ha mencionado antes, de una estimación errónea de los cambios producidos en el ámbito internacional a principios de los años noventa. Según confiesa el ministro de Asuntos Exteriores francés Hubert Vedrine: «Occidente, que se consideraba vencedor de la Tercera Guerra Mundial, o de la guerra fría, ha acabado pensando que sus capacidades no tenían límite y, apoyándose en la superioridad tecnológica, no encuentra razones que le impidan imponer sus ideas por doquier»[32].

Pese a la insistencia en que se trata de establecer la democracia en todo el mundo, Estados Unidos y sus aliados comenzaron a «aplicar métodos oligárquicos en las relaciones internacionales», según el acertado comentario del ex director general de la UNESCO Federico Mayor Zaragoza[33].

El concepto unidimensional provocó lógicamente una revisión de los principios democráticos en el ámbito de las relaciones internacionales, que habían comenzado a abrirse camino tras la caída del muro de Berlín. Así, la idea de la unificación europea iba siendo gradualmente sustituida por el concepto de «OTAN-centrismo», que pretendía basar la seguridad europea en la única alianza político-militar existente. La OTAN, que no limitaba sus ambiciones sólo a la expansión hacia el Este, aprobó una nueva estrategia que ampliaba el marco de sus actividades más allá de los límites establecidos en el Tratado del Atlántico Norte. La nueva estrategia toleraba el ejercicio de la fuerza sin sanción previa del Consejo de Seguridad de la ONU, en una evidente violación de la Carta de la ONU y de los principios básicos del derecho internacional.

---

[32] Véase *Colloque de l'Institut de Relations Internationales et Strategiques sur morale et relations internationales, 16 mai 2000. Intervention d'ouverture du Ministre des Affaires Etrangeres,* p. 4.

[33] Véase *Izvestia,* 15.5.1999.

La operación militar de la OTAN en Yugoslavia, que provocó la crisis internacional más seria de la posguerra fría, fue el campo de entrenamiento que sirvió para perfeccionar el concepto de «OTAN-centrismo». Son bien sabidas las consecuencias de esta crisis, que asentó un potente golpe a los pilares del derecho internacional y de la estabilidad. Los aspectos militares de la seguridad volvieron a primer plano, en tanto se opinaba en muchos países que el armamentismo acelerado es el único camino para protegerse de la agresión. Como consecuencia de estos procesos ha brotado una visible amenaza adicional al estatuto de la no-proliferación de armas de destrucción masiva y de sus vehículos.

Actualmente, el mundo occidental está reconsiderando con desgana su percepción de esta acción arbitraria, cediendo a la presión de los hechos reales. Se está llegando a la conclusión de que la operación en Yugoslavia no puede servir de «modelo» para las futuras actividades de la Alianza en este ámbito[34].

Rusia tenía plena conciencia desde el principio de que la OTAN había tomado una ruta equivocada. Las advertencias y las preocupaciones manifestadas por la diplomacia rusa durante las tentativas para prevenir la acción agresiva de la Alianza se han cumplido, por desgracia. La operación militar no sólo no logró solucionar ni uno solo de los problemas de los Balcanes sino que, por el contrario, los condujo a un callejón sin salida, de modo que su solución requiere hoy de enormes esfuerzos diplomáticos. Por último, la operación de la OTAN ocasionó nuevos daños a la población civil del enclave, cuando pretendía poner fin al sufrimiento de los civiles.

En aquellas circunstancias, para Rusia era igualmente inaceptable desentenderse de sus compromisos en el ámbito internacional, o entrar en un conflicto con la OTAN. La diplomacia rusa eligió un camino constructivo que hizo posible detener la agresión y reanudar el proceso de negociación política del problema yugoslavo, cuyas conclusiones y principales parámetros recoge la resolución 1.244 del Consejo de Seguridad de la ONU.

---

[34] Véase Karl-Heintz Kamp: «L'OTAN après le Kosovo, ange de paix ou gendarme de monde», Politique Étrangère, núm. 2, 1999, p. 255.

La crisis de los Balcanes planteó a la comunidad internacional varios problemas fundamentales. A fin de justificar la acción militar de la OTAN, el mundo occidental intensificó la propaganda alrededor de conceptos como «intervención humanitaria» y «soberanía restringida». Se intentó imponer la tesis de que la defensa de los derechos humanos y la prevención de catástrofes humanitarias admite el ejercicio de la fuerza contra Estados soberanos sin sanción previa del Consejo de Seguridad de la ONU.

Claro está que la comunidad internacional ni puede ni debe tolerar flagrantes violaciones de los derechos humanos que hagan sufrir a los pueblos, sobre todo porque las crisis de carácter humanitario pueden afectar al mantenimiento de la estabilidad regional e internacional. No obstante, resulta inadmisible combatirlas con métodos que atenten contra el derecho mismo. La falta de respeto a los principios de soberanía e integridad territorial de los Estados, consagrados por la Carta de la ONU, puede hacer estallar la estabilidad de todo el sistema internacional.

El concepto de «intervención humanitaria» parte de la errónea idea de que, en las condiciones de la globalización, el papel del Estado como sujeto y agente de las relaciones internacionales está inevitablemente de capa caída. Sin embargo, la experiencia de Rusia y de algunos otros países que optaron por las reformas democráticas demuestra lo contrario: precisamente, son los gobiernos débiles los que propician la proliferación del terrorismo internacional, el separatismo militante y la criminalidad organizada. Desde este punto de vista, al reforzar el sistema democrático, la soberanía y la integridad territorial, Rusia persigue no sólo sus propios intereses nacionales, sino que además vela por la estabilidad y la seguridad globales.

En un contexto en el que se recrudece la lucha acerca de cuestiones clave del desarrollo internacional, adquiere nuevo protagonismo el modelo de mundo multipolar avanzado por Rusia, que otorga el papel central a los mecanismos colectivos de mantenimiento de la paz y de la seguridad globales. El modelo ruso se sustenta en el derecho internacional y en unas garantías de seguridad iguales para todos los Estados. Estos puntos de referencia quedaron plasmados de manera sintética en el concepto de la paz para el siglo XXI, elaborado por Rusia en 1999, y que es una recopilación de los valores y los principios que deben guiar unas relaciones internacionales empeñadas en establecer un orden mundial libre de guerras y violencia. De esta suerte, Rusia inspiró en la práctica los preparativos conceptuales de la Cumbre del Milenio, celebrada en septiembre de 2000 en Nueva York.

Es preciso destacar que la idea de mundo multipolar no es una consigna abstracta, sino la filosofía de las actividades internacionales que admite la realidad de la época de la globalización.

Tal como observan determinados analistas internacionales, el mundo multipolar ya se ha hecho realidad en cierta forma. Hoy, ningún país o grupo de países tiene los suficientes recursos como para imponer su voluntad monopolista en el marco de un mundo unipolar que otorga «soberanía restringida» a los demás. En particular, ni los Estados Unidos ni la OTAN están en condiciones de garantizar por sí solos la seguridad internacional, desempeñando el papel de «gendarme mundial».

El repentino agravamiento de la crisis en Oriente Próximo en el bienio 2000-2001 resulta altamente ilustrativo de que esta estimación es acertada. Los dramáticos sucesos acaecidos en la zona demostraron, una vez más, que en la época de la globalización ningún Estado, por influyente y poderoso que sea, es capaz de controlar la situación de una sola región y mucho menos a escala mundial. Para mantener la estabilidad y resolver los conflictos pendientes se requiere el esfuerzo colectivo de la comunidad internacional. Esfuerzo que resulta todavía más imprescindible si consideramos el creciente papel desempeñado por los nuevos centros de influencia económica y política, aparte de Estados Unidos y Europa. Entre ellos destacan Rusia, China, India, Japón y los países del mundo islámico. Los procesos de integración que se producen en el sudeste asiático, América Latina y África tienen cada vez una mayor potencia. Con todo, cuanto más elevado sea el nivel de integración económica, más fuertes serán las tendencias a formular posiciones comunes sobre problemas internacionales y a establecer una coordinada en política exterior.

Según estima el prestigioso politólogo norteamericano S. Huntington, la actual orientación de la política estadounidense hacia un mundo unipolar resulta contraproducente, puesto que provoca un conflicto de intereses con la comunidad internacional.

«Estados Unidos —escribe Huntington— hubiera preferido, evidentemente, un sistema unipolar que asegure su hegemonía, y actúa a menudo como si semejante sistema ya existiera en la realidad. Las grandes potencias, por el contrario, son partidarias de un sistema multipolar dentro del cual puedan asegurar sus intereses, tanto de manera unilateral como sobre una base multilateral, sin ser objeto de ninguna clase de disuasión, ni de presiones por parte de la gran potencia más poderosa. Se sienten amenazadas por lo que consideran la aspiración de Washington: la hegemonía global»[35].

Ciertos observadores rusos opinan que el concepto multipolar no es práctico, dada la escasez de recursos internos, y porque «en cierto modo le ata las manos a Rusia implicándola en un enfrentamiento con Estados Unidos y en parte con Occidente en general»[36].

Resulta difícil compartir semejante punto de vista. Nuestra opción favorable a un mundo multipolar se halla condicionada, ante todo, por los intereses nacionales. Sería precisamente, en un sistema basado en mecanismos colectivos de mantenimiento de la seguridad global, donde Rusia tendría la mejor oportunidad de garantizar su propia posición en la comunidad internacional.

Cabe subrayar que la promoción del concepto multipolar no se lleva a efecto en el curso de debates abstractos, sino mediante la búsqueda de soluciones colectivas a los problemas internacionales más urgentes que afectan de modo directo a los intereses vitales de Rusia. Nos referimos al mantenimiento de la estabilidad estratégica, a la intervención negociada en los conflictos locales bajo la égida de la ONU, a la creación de un sistema universal e indivisible de seguridad

---

[35] Véase S. Huntington: «The Lonely Superpower», *Foreign Affairs,* marzo-abril, 1999, p. 37.

[36] Véase *Strategia dlia Rossii: povestka dnia Presidenta 2000 (La estrategia para Rusia: agenda 2000 del presidente),* Moscú, 2000, p. 91.

europea. Mientras se despliegan los esfuerzos diplomáticos encaminados a hallar soluciones equitativas a estos problemas, se está cimentando en esencia el futuro sistema multipolar.

La política exterior de Rusia, que compagina la estricta defensa de los intereses nacionales con la búsqueda de soluciones mutuamente aceptables a los puntos de fricción, en modo alguno implica un inevitable enfrentamiento con Occidente. Los hechos demuestran lo contrario. En el Consejo de Seguridad de la ONU, Rusia ha logrado una visión compartida sobre la mayoría de las cuestiones con los demás miembros permanentes del órgano (Estados Unidos, Reino Unido, Francia y China), lo que permite aprobar resoluciones constructivas en intereses de toda la comunidad internacional. Además, el formato multidimensional de las organizaciones y foros internacionales le otorga a la diplomacia rusa la oportunidad de desarrollar una activa labor, cuyo propósito es ampliar el círculo de los partidarios de nuestros planteamientos conceptuales.

La lucha por el sistema multipolar no entraña un enfrentamiento con nadie, es una estrategia coherente que persigue una nueva arquitectura de las relaciones internacionales.

Una de las principales líneas de esta estrategia es la elaboración de una respuesta común a los retos que plantea a la comunidad internacional la civilización contemporánea. Mientras la segunda mitad del siglo XX estuvo marcada por los esfuerzos tendentes a evitar una catástrofe nuclear de carácter global, las tareas actuales son mucho más amplias y complejas. En primer término, es preciso garantizar el desarrollo sostenible de la humanidad en condiciones de una estabilidad permanente, utilizar los avances científicos para el bien común del conjunto y equilibrar los niveles de desarrollo de los distintos Estados.

Para conseguirlo son precisos eficaces mecanismos de control sobre los procesos mundiales. Esos mecanismos deben garantizar a los Estados la posibilidad de participar en los asuntos internacionales sobre una base equitativa y su propia aportación a la solución de los problemas globales. Cuantos más Estados participen en este proceso, más sólidos serán los acuerdos internacionales que se alcancen en este ámbito y, por consiguiente, en todo el sistema mundial en general.

El sistema multipolar, que ya es una realidad, requiere de una nueva arquitectura de la seguridad internacional. De hecho, ya existen suficientes «materiales de construcción». Me refiero al diversificado sistema de organismos internacionales, encabezados por la ONU, a las influyentes alianzas regionales y al denso tejido de relaciones bilaterales. El objetivo principal consiste en asociar las diversas estructuras a un sistema único que garantice la conformidad entre las necesidades de los Estados particulares y los intereses de la comunidad internacional.

Al ser un eje del orden multipolar, la ONU debe desempeñar el papel central en el sistema junto con otros organismos y foros de carácter universal, como la Organización de las Naciones Unidas para la Educación, la Ciencia y la Cultura (UNESCO), la Organización Mundial de la Salud (OMS) o el Organismo Internacional de Energía Atómica (OIEA). Las organizaciones regionales y subregionales constituirían el siguiente eslabón. Los procesos de integración en las distintas regiones del mundo son hoy una de las tendencias principales de las relaciones internacionales. A este respecto es muy ilustrativa la estimación del presidente francés Jacques Chirac: «Para lograr en el siglo XXI una mejor organización del sistema internacional es preciso que se produzca un continuo avance hacia un mundo multipolar. En la búsqueda de una respuesta a la globalización, la mayoría de los Estados optan por la vía de la unificación a escala regional a fin de convertirse en dueños de su propia suerte. La Unión Europea supone el ejemplo más acabado de esta imprescindible integración regional»[37].

No obstante, el diseño de la nueva arquitectura europea tiene en realidad una importancia mucho mayor. Europa ha desempeñado durante varios siglos el papel central de la política mundial y el de «legislador» de los principios y las normas que han regido las relaciones internacionales. En ella nacían y morían las diversas alianzas político-militares y se producían los enfrentamientos, origen de las guerras

[37] Véase Jacques Chirac: «La France dans un Monde Multipolar», *Politique Étrangère,* núm. 4, 1999, p. 85.

más cruentas de la historia de la humanidad. Europa continúa siendo hoy un modelo que refleja en miniatura la diversidad y la multipolaridad real del mundo contemporáneo. De ahí que, como es lógico, el futuro sistema internacional esté condicionado en buena medida por el sistema de seguridad que se adopte en Europa.

Los procesos de integración sin precedentes que han tenido lugar últimamente en Asia y el Pacífico prueban la creciente importancia del factor regional en la política mundial. Esos procesos integracionistas traen aparejada una búsqueda activa de mecanismos fiables que permitan el mantenimiento de la seguridad regional, y de vías para fomentar el diálogo político entre los Estados asiáticos y los principales «polos» de influencia global. Aparte de la consolidación del organismo central de integración de los países de Asia y el Pacífico —el Foro de Cooperación Económica de Asia y el Pacífico (APEC)—, han progresado asimismo otros foros de diálogo político, como la Asociación de Naciones de Asia Sudoriental (ASEAN), el Mecanismo de Consultas y Diálogo Permanente entre Asia y Europa (ASEM) y otros. La Organización de Cooperación de Shanghai (OCSH), creada por iniciativa rusa en junio de 2001, goza de buenas perspectivas. Los países interesados estudian la posibilidad de crear un mecanismo que impulse ampliamente el diálogo en el ámbito asiático, cuya dimensión abarcaría desde Oriente Próximo hasta el Lejano Oriente. Su base sería la Conferencia para la Cooperación y las Medidas de Confianza en Asia, convocada a instancias de Kazajstán.

El sistema mundial de organizaciones regionales también incluye diversos mecanismos de integración económica y cooperación política progresivos que congregan a los países del mundo árabe, a los Estados de América Latina y de África. La creación de la Unión Africana (UA)* en 2001 prueba que estas estructuras desempeñarán un papel cada vez más importante en un futuro próximo.

---

* Unión Africana: la trigésimo sexta Cumbre de la Organización para la Unidad Africana (OUA) aprobó en Lomé en julio de 2001 el borrador del texto fundacional de una nueva asociación panafricana, la Unión Africana, que seguirá el modelo

Por último, el tercer elemento básico del nuevo orden multipolar es el denso tejido de los contactos bilaterales. En un mundo global es ésta la forma más natural y tradicional de las relaciones entre los Estados, y como tal conserva su invariable valor.

De esta forma, la futura arquitectura global aparece como una «pirámide» en cuya cúspide se hallaría la ONU, el instrumento central de mantenimiento de la paz. Su misión se vería complementada con la cooperación en el marco de los organismos globales y mediante los contactos bilaterales. El respeto universal e incondicional al imperio de la ley en los asuntos internacionales desempeñaría el papel de «mortero» del edificio.

La evolución de los procesos globales exige, sin duda alguna, la adaptación de las normas del derecho internacional a las nuevas realidades. Me refiero, en particular, a la necesidad de dotar a la comunidad internacional de un mecanismo que procure respuestas más operativas y mejor coordinadas a las crisis humanitarias o, lo que sería mejor, que permita prevenirlas. Esta labor necesita de un esfuerzo colectivo que sólo debe ser realizado considerando la Carta de la ONU. Nadie tiene el privilegio de ignorar que cualquiera de los instrumentos del derecho internacional humanitario existentes establecen el correspondiente mecanismo para reaccionar ante cualquier violación de las normas de derecho, lo que incluye, en última instancia, la apelación al Consejo de Seguridad de la ONU. Este procedimiento, ratificado por numerosos acuerdos y convenios, resulta de obligado cumplimiento si de lo que se trata es del posible ejercicio de la fuerza en respuesta a una crisis humanitaria. Rusia ha avanzado en la ONU una iniciativa que propone precisar, mediante un análisis colectivo, los aspectos jurídicos del uso de la fuerza en las relaciones internacionales en las condiciones de la globalización. El estímulo de una diplomacia preventiva que ofrezca soluciones pacíficas a las con-

---

de la actual Unión Europea. La nueva asociación sustituirá a la OUA, existente desde 1936, y supondrá la creación de una Conferencia de Jefes de Estado y de Gobierno de los países miembros que tendrá el poder de decisión. *(N. del T.)*

troversias y el perfeccionamiento de los actuales regímenes de sanciones merecen igualmente un estudio detallado.

La política de Estados Unidos respecto de los llamados *problem states*, que se ha convertido en una guerra no declarada, ha sido en los últimos tiempos una de las principales fuentes de tensión a escala internacional y regional y ha constituido el problema central desde el punto de vista del derecho internacional. Así, Estados Unidos impone unilateralmente sanciones y embargos económicos, ejerce presión política y militar, incluido el uso de la fuerza, como ha ocurrido con Irak y Yugoslavia y recurre a la injerencia directa en los asuntos internos de Estados soberanos.

No cabe duda de que esta línea resulta contraproducente. En ninguna ocasión ha logrado Estados Unidos derrocar a los regímenes indeseados, mientras la población civil se convertía cada vez en la verdadera víctima de las sanciones o de intervención militar. Resulta sintomático que en Washington sean también cada vez más conscientes de ello.

Rusia tiene la convicción de que el uso de la fuerza, incluidas las medidas sancionadas por la comunidad internacional, contra los Estados acusados de vulnerar los derechos humanos u otras normas del derecho internacional debe ejercerse con la máxima prudencia y cautela, para que el remedio no sea peor que la propia enfermedad. Es preciso garantizar que ningún Estado, por muy crítica que sea su situación interna o la de su entorno, se sienta arrinconado ni amenazado. Cualquiera que sea la situación, es preciso ofrecer a esos Estados una salida real para que rompan su aislamiento y se incorporen a los mecanismos de cooperación regionales y a la política mundial. Un ilustrativo ejemplo de esto es el esfuerzo desplegado por Rusia y encaminado a promover un proceso negociador en la península de Corea capaz de lograr la reconciliación nacional entre Corea del Norte y Corea del Sur.

En general, la adhesión más amplia posible de los Estados al fortalecimiento de la seguridad y la estabilidad debe convertirse en uno de los principios fundamentales del nuevo orden mundial. Sólo si se cumple esta condición será posible conformar un entorno previsible en los asuntos internacionales, y desarrollar el potencial suficiente de esfuerzos diplomáticos de diversa índole que permitan solucionar los conflictos existentes y prevenir las posibles y futuras controversias.

La vida ha probado que la actitud de Rusia ante el futuro orden mundial cuenta con un creciente apoyo en el ámbito internacional. Cuando Rusia, China e India se pronunciaron en marzo de 1999 contra la campaña de la OTAN en Yugoslavia y advirtieron del peligro devastador que entraña el concepto de «intervención humanitaria», su voz, que representa la opinión de la mayor parte de la población de nuestro planeta, no sonó en vano, sino que influyó en la posición de otros Estados miembros de la ONU. A partir de entonces, crece en el mundo el frente unido en defensa de los principios básicos de la Carta de la ONU. En los documentos finales de la XIII Conferencia ministerial del Movimiento de Países No-Alineados, celebrada en Cartagena en abril de 2000, y de la Cumbre del Grupo de los 77 (en el marco de la UNCTAD), que se celebró en La Habana en abril del mismo año, se dice: «Descartamos el llamado derecho a la intervención humanitaria sin fundamentos jurídicos en la Carta de la ONU, ni en los principios básicos del derecho internacional»[38].

El Movimiento de Países No-Alineados reiteró unánimemente en Cartagena su «firme condena a cualquier acción militar de carácter unilateral, incluidas las operaciones que se lleven a cabo sin una sanción propia de la ONU»[39].

2. La comunidad internacional ante los retos de la globalización

El final de la guerra fría acarreó profundos cambios en el ámbito mundial e hizo más abierta la estructura de las relaciones internacionales al hundirse las barreras artificiales que dividían al mundo en

[38] Véase *The Final Documents of the XIII Ministerial Conference of the Non-Aligned Countries,* Cartagena, 8-9 de abril, 2000. Parágrafo 263; *Declaration of the South Summit,* La Habana, 10-14 April, 2000. Parágrafo 54.

[39] Véase *The Final Documents of the XIII Ministerial Conference of the Non-Aligned Countries,* Cartagena, 8-9 de abril, 2000. Parágrafo 11.

bloques cerrados. Los modelos de desarrollo basados en el autoaislamiento y la autarquía quedaron enteramente desacreditados. La transición de la gran mayoría de los Estados a la economía de libre mercado y la liberalización del comercio exterior permitieron que se produjera un avance cualitativo hacia un clima económico y social común.

Estos procesos dieron un potente impulso a la globalización en las diversas esferas, que se ha convertido ya en el factor central del desarrollo mundial en el siglo XXI. Hoy resulta imposible realizar un detallado análisis del desarrollo interno de Rusia o del desarrollo mundial a medio y menos aún a largo plazo, sin tener en cuenta el fenómeno de la mundialización.

Entretanto, en el mundo científico no existe aún una opinión común sobre la naturaleza de la globalización, que todavía carece de una definición acertada. Unos sostienen que es un fenómeno completamente nuevo que tiene sus orígenes, ante todo, en los avances científicos y tecnológicos, y en el crecimiento sin precedentes del flujo de fondos de carácter transnacional, cuya densidad excede varias veces la tasa de producción y de comercio internacional. Sus oponentes creen que la globalización no es sino una nueva etapa del proceso de internacionalización que se estrenó en los umbrales del siglo XX, mas resultó interrumpido a causa de dos guerras mundiales y la consiguiente división de la comunidad internacional en dos sistemas económico-sociales de carácter contrapuesto. Los expertos del Fondo Monetario Internacional definen la globalización como una «progresiva interdependencia económica entre los Estados debida a la creciente dimensión y diversidad del comercio transnacional de mercancías, a los flujos de servicios y de fondos, y a la difusión cada vez más amplia y acelerada de las altas tecnologías»[40].

Sea cual sea nuestra percepción de la globalización, es evidente que se trata de un factor que influye cada vez más sobre todas las esferas de la vida y de la actividad humana. Esta influencia se manifiesta en una pujante internacionalización de los procesos mundiales y

---

[40] Véase *World Economic Outlook,* mayo 1997, p. 45.

en la creciente interdependencia entre los Estados. No obstante, su repercusión ha sido bastante ambigua.

Aparentemente, lo lógico hubiera sido que el acercamiento multidimensional entre los países y las regiones, potenciado por la globalización, creara unos potentes estímulos para solucionar los problemas mundiales mediante una vasta cooperación internacional. Aparecieron unas posibilidades inéditas para conseguir un rápido avance en la construcción de un nuevo orden mundial basado en los principios de una seguridad equitativa, una responsabilidad solidaria y la cooperación entre todos los Estados. A principios de los noventa, Rusia y el mundo entero tenían la esperanza de que la época de la paz y la seguridad, la época del desarme y de la asociación constructiva desplazara a las décadas del enfrentamiento nuclear y de la división global.

Parecían abrirse igualmente halagüeñas perspectivas de solución a los problemas globales que afronta la humanidad, en vista de que las modernas tecnologías pueden facilitar la búsqueda de soluciones idóneas que garanticen la protección del medio ambiente, consigan la erradicación de la pobreza, de las graves enfermedades y el analfabetismo, aseguren el acceso a la enseñanza, a los valores culturales, etcétera.

En realidad, sólo un limitado grupo de países desarrollados ha podido disfrutar del efecto positivo de la globalización. Mientras tanto, sus consecuencias negativas se han hecho sentir en toda la comunidad internacional.

Existen cada vez mayores evidencias de que una globalización no controlada por la comunidad internacional no sólo no acorta las distancias entre los «polos» de riqueza y de pobreza en los ámbitos nacional e internacional, sino que incrementa las diferencias. Así, según el informe de la ONU «La globalización con rostro humano», publicado en 1999, la proporción entre los ingresos de los cinco países más ricos y los de los cinco países más pobres, que en 1960 se situaba en torno al 30:1, en 1990 creció hasta el 60:1, para alcanzar siete años después el 74:1.

Una de las paradojas de la globalización consiste en que la revolución en el terreno de las comunicaciones, que en teoría debería haber facilitado un acercamiento entre las naciones, está profundizando sin embargo las líneas de demarcación, puesto que garantiza el acceso a la enorme corriente del conocimiento y la tecnología en primer lugar a los países más desarrollados.

Desde el punto de vista de diversos Estados, también resulta preocupante la excesiva «comercialización» de las relaciones internacionales, fruto de la globalización, de modo que éstas están cada vez más dominadas por el imparcial «factor» mercado, que ha desplazado hacia un segundo plano los motivos tradicionales de toma de decisiones de carácter político y social, y aún más los motivos humanitarios y ético-morales. Crece la preocupación ante el hecho de que los Estados se muestran incapaces de determinar su propio destino, siendo como son dependientes de unos mecanismos y estructuras de mercado de carácter transnacional que, en esencia, no están sometidas a ningún tipo de control. La oleada de las crisis financieras que sacudió al mundo en 1998, ocasionando un importante perjuicio a la economía rusa, es un vivo ejemplo que demuestra lo vulnerable que es la seguridad económica de los Estados y de regiones enteras en las condiciones de la globalización.

No es casual que la globalización llege a ser comparada en ocasiones con una dura carrera deportiva que concede los laureles al campeón a la vez que posterga al perdedor. La revista francesa *Defense Nationale* señaló a este respecto que «el incontrolado liberalismo económico», defendido por Estados Unidos (que sin embargo no sigue esa dirección), ha ido ampliando el abismo entre los países desarrollados y los menos avanzados. Esta situación causa indignación debido a la desigualdad y la injusticia que provoca, abonando el terreno para las insurrecciones y el florecimiento del terrorismo en los países subdesarrollados. La búsqueda del beneficio como motivo rector de la actividad humana conduce a la corrupción moral y empujan a la humanidad hacia un «rumbo suicida»[41].

---

41 Véase Paul Arnaud de Foiard: «Liberalisme et humanisme». *Defense Nationale,* núm. 11, 1999, pp. 10-11.

En las condiciones de creciente subdesarrollo de los países más pobres, la reducción de las ayudas internacionales a ellos asignadas es también un síntoma alarmante. Decrece la atención prestada por la comunidad internacional a los problemas sociales que pesan sobre los países en desarrollo, mientras se les exige exclusivamente que ejecuten las reformas económicas liberales. Sin embargo, es un hecho que el avance hacia la economía de libre mercado no garantiza por sí solo la afluencia masiva de inversiones extranjeras. Al contrario, la parte del león del capital financiero se destina a los propios países más industrializados.

De modo que, en vez de un clima de bienestar común, estamos asistiendo a la proliferación de los «espacios de pobreza» y de degradación social que alimentan, a su vez, los desafíos a los que se enfrenta nuestro mundo: el terrorismo internacional, el crimen organizado, el tráfico ilícito de drogas y de armas, el nacionalismo y el fanatismo religioso. Conviene destacar que estos fenómenos negativos están progresando de una manera mucho más acelerada que los mismos procesos de internacionalización en áreas en las que realmente podrían actuar en beneficio de la humanidad: la sanidad pública, la ciencia y la cultura. Esta tendencia la ha destacado acertadamente el vicesecretario general de la ONU, Pino Arlacci: «Jamás han existido tantas perspectivas económicas para tantas personas. Pero jamás se han ofrecido tantas posibilidades a las organizaciones criminales»[42].

Resulta igualmente evidente que, en el curso de la globalización, la comunidad internacional no ha conseguido ser más eficiente en la resolución de los problemas comunes de la humanidad, tales como la prevención de desastres ecológicos y de los desastres provocados por el hombre, la lucha contra las enfermedades epidémicas y otros. Más bien, al contrario, debido al dominio de las tendencias del mercado resulta cada vez más difícil encontrar soluciones a los desafíos globales.

---

[42] Véase *Tenth United Nations Congress on the Prevention of Crime and Treatment of Offenders,* UN DPI/2088/F-003219, p. 1.

Por último, las paradojas de la globalización se entrometen de un modo notable en la vida intelectual y cultural de la humanidad. Mediante los nuevos medios de comunicación se han abierto unas perspectivas únicas al enriquecimiento mutuo de las culturas, a la mejora de los sistemas educativos y a la promoción de los intercambios científicos. La interdependencia e identificación de las culturas nacionales se está convirtiendo en factor dominante. No obstante, los «daños colaterales» de la globalización son cada vez más perceptibles también en este ámbito. La opinión pública de distintos países, incluida Rusia, da la voz de alarma para advertir de la creciente amenaza de nivelación de las culturas nacionales, de la posible pérdida de la idiosincrasia cultural y la extinción de varias lenguas. Balzac solía decir que la cultura es el «ropaje de la nación». Adaptando esta metáfora a la época contemporánea, se podría afirmar que el mundo corre el riesgo de acabar disfrazado con el «uniforme» de la cultura americanizada de masas. No es casual que numerosos Estados —tanto industrializados como menos desarrollados— planteen en los distintos foros internacionales la tarea de salvaguardar la diversidad cultural de modo simultáneo a problemas globales de mayor importancia. Entre la comunidad internacional se está dando gradualmente un amplio consenso acerca de la idea de que la pluralidad cultural tiene el mismo valor para el futuro de la humanidad que el equilibrio medioambiental. La positiva influencia de la globalización debe suponer la creciente compenetración entre culturas y no el dominio de una de ellas.

Resulta del todo comprensible que un sistema internacional, que mantiene discrepancias y controversias tan marcadas, no puede ser estable. La situación se agrava aún más debido a que, en las condiciones de la globalización, al «Norte» industrializado le resulta cada vez más difícil apartarse del «Sur» subdesarrollado, creando una zona cerrada de bienestar económico. Lo confirma, particularmente, un fenómeno como el de la inmigración masiva a los países más desarrollados de Europa y América, que pesa cada vez más sobre las estructuras públicas de esos Estados. Entretanto, la fuga de cerebros debilita aún más las vulnerables economías de los países en transición.

Uno de los problemas centrales que se plantean en el proceso de la globalización es el del adecuado papel a desempeñar por los Estados soberanos en las relaciones internacionales.

Pongamos por caso fenómenos como el del nacionalismo militante o el separatismo. Los separatistas camuflan sus acciones bajo una retórica acerca del imperio absoluto del derecho de autodeterminación, a la vez que desacreditan Estados multinacionales, incitan a la discordia nacional y la intolerancia, y atizan focos de conflictos interétnicos cuya resolución requiere importantes esfuerzos. El separatismo, además, no limita sus ambiciones a los Estados vulnerables y económicamente subdesarrollados únicamente, sino que tiene asimismo un terreno abonado en los países industrializados. De ahí, la perentoria necesidad de aplicar un criterio bien definido a conceptos como los de soberanía e integridad territorial del Estado, derecho a la libre autodeterminación y derechos de las minorías étnicas. Es preciso establecer en este ámbito unos planteamientos concertados, que eviten la utilización de dobles varas de medir, a fin de no sentar precedentes preñados de consecuencias.

No obstante, las instituciones estatales se ven igualmente amenazadas también por otros retos menos evidentes. Ciertos apasionados partidarios de la globalización opinan que en la época contemporánea el Estado se ha convertido en un anacronismo condenado a la extinción paulatina. Insisten en que la seguridad del individuo debe tener prioridad absoluta sobre la del Estado. Sin embargo, no se molestan en explicar quién, si no las instituciones estatales, garantizará esa seguridad. Circulan diversas concepciones que sostienen que el respeto de los derechos humanos debe prevalecer de manera absoluta sobre los principios de no-injerencia en los asuntos internos e igualdad soberana de los Estados en las relaciones internacionales.

Precisamente, ése es el lema que abandera los conceptos de «soberanía restringida» y de «intervención humanitaria» mencionados anteriormente. Ambos radican en el postulado erróneo de que el sistema estatal constituye por sí mismo un obstáculo para la observancia de los derechos humanos en el mundo. Aparte, en los últimos decenios asistimos en varias ocasiones a ejemplos concretos que prueban lo contrario: precisamente la decadencia o, en algunos casos, la completa destrucción de las instituciones del Estado originaba un caos y una anarquía tales que la misma comunidad internacional se quedaba sin los mecanismos necesarios para limitar los abusos masivos en el terreno de los derechos humanos, y sin una base interna para hallarle solución al conflicto del país en cuestión.

Todo ello nos conduce a la conclusión de que, por amplia que fuera la multitud de los participantes en las relaciones internacionales hoy, los Estados soberanos seguirán siendo protagonistas clave de ellas. En lo referido a los llamamientos que urgen a una reorientación de la cooperación internacional para que atienda las necesidades del individuo, garantizando en primer lugar su seguridad, dignidad y bienestar, hay que reiterar que sólo el Estado es capaz de responsabilizarse de esta misión. Éste, precisamente, ha sido su papel original.

Evidentemente, no se puede negar que en el mundo contemporáneo, y precisamente en los países industrializados, se está produciendo un cambio en la tradicional división de funciones entre el Estado y la sociedad civil a favor de la segunda. Esta tendencia también existe en las relaciones internacionales. Cada vez más cuestiones que eran anteriormente competencia exclusiva de los Estados soberanos llegan hoy a ser objeto de debate en el ámbito internacional. En particular, la observancia del derecho humanitario ya no es considerada como una responsabilidad interna del Estado, mientras el principio de no-injerencia en los asuntos internos de los Estados está cada vez más estrictamente condicionado a una política estatal transparente en el campo de los derechos humanos y a la colaboración generosa con los organismos internacionales. Conviene reiterar que se trata de una colaboración verdaderamente voluntaria. Sin embargo, todo ello no significa que el principio de igualdad soberana esté cediendo en sus posiciones. Al contrario, se trata de ejercerlo de manera más acertada y civilizada. Es obvio que este proceso puede sólo llevarse a cabo sobre una base igualitaria, para que no desafíe al derecho internacional y progrese mediante la plena observancia del mismo. El principio de igualdad soberana de todos los Estados, precisamente, es el que ofrece a las naciones la posibilidad de mostrar su buena voluntad cooperando con la comunidad internacional.

Las doctrinas de la «intervención humanitaria» y de la «soberanía restringida» suponen inevitablemente, sin embargo, una desigualdad en las relaciones entre los Estados y la aplicación de dobles varas de medir. Es obvio que tales doctrinas no han sido concebidas para ser aplicadas en los países más prósperos que disponen de un gran poderío militar. En esencia, se trataría de crear un sistema mundial en el cual una sacralizada desigualdad en el campo de las relaciones internacionales sustente las crecientes discrepancias de carácter económico. Como ocurre en la conocida sátira de George Orwell *Rebelión en la granja,* todos son iguales, pero algunos «son más iguales que otros».

En resumen, cabe afirmar que la globalización en su dimensión actual todavía no se ha convertido en un nuevo factor de coordinación de los procesos mundiales. Al contrario, a menudo provoca una desorganización adicional en el ámbito de las relaciones internacionales y, por consiguiente, requiere una gestión y un control externo en favor de los intereses de la comunidad internacional.

Partiendo de una percepción realista de la globalización, es preciso evitar caer en el otro extremo. La globalización es un proceso natural y, evidentemente, irreversible. Resultan totalmente absurdos los intentos de «abolirla» o «frenarla» emprendidos por sus militantes adversarios en diversos países, de la misma manera que sería imprudente tratar de «anular» determinados descubrimientos científicos por peligrosos que sean para la humanidad.

Cosa distinta es que la comunidad internacional pueda y deba esforzarse para establecer un razonable control sobre el proceso a fin de acrecentar su componente social y humanitario, dándole un carácter más civilizado. Tanto los países industrializados como los emergentes apoyan cada vez en mayor grado esta hipótesis.

Rusia, indudablemente, comparte ese planteamiento, ante todo porque su actual situación económica se corresponde con la de los Estados vulnerables a los riesgos que entraña la globalización. No obstante, por alarmantes que resulten esos riesgos, Rusia no puede renunciar a su curso estratégico hacia una economía abierta ni a la integración en el sistema económico mundial. Una de las tareas de la política exterior consiste en facilitar este proceso mediante la cooperación, a fin de favorecer mecanismos internacionales capaces de crear un entorno favorable al desarrollo estable y sin crisis de la economía rusa, así como a su incorporación natural a la economía mundial con tal de que se consideren debidamente los factores que condicionan la seguridad económica de Rusia.

En su discurso de bienvenida dirigido a los participantes de la cumbre del G-77, celebrada en La Habana en abril de 2000, el presidente de la Federación Rusa, Vladímir Putin, destacó: «Es preciso no sólo prevenir la proliferación de los daños colaterales derivados de la globalización, sino conseguir que sus beneficios estén al alcance de todos los Estados. La globalización debe servir al progreso social ayudando a reducir la tasa de desempleo y a erradicar la pobreza».

No cabe duda de que la comunidad internacional todavía tiene ante sí la tarea de aprender a controlar los procesos globales. Será una labor ardua, sobre todo en lo que se refiere a los terrenos económico y financiero. Simultáneamente, ya existen diversos y potentes mecanismos internacionales que, de hecho, se están resistiendo a los aspectos destructivos de la globalización. Nos referimos, en primer lugar, a los procesos de integración a escala regional que han ido en progreso en todo el mundo desde el sudeste asiático hasta América Latina.

También existen unos «mecanismos de salvaguarda» fiables en el ámbito de la política internacional. No obstante, para que sean verdaderamente eficaces, se necesita la manifiesta voluntad política de construir un sistema mundial democrático y equitativo, regido por el principio de la solidaridad, que compagine la legítima defensa de los intereses nacionales con la búsqueda de soluciones colectivas y recíprocamente aceptables a los principales problemas internacionales.

En una palabra, todavía nos queda un largo camino que recorrer para que la globalización responda verdaderamente a las necesidades de la sociedad. Para ello, habrá que diseñar una vasta y bien concertada estrategia de desarrollo continuo y bienestar duradero, basada en los principios de la estabilidad estratégica.

3. Rusia y los problemas de estabilidad estratégica

Las profundas transformaciones habidas en el terreno internacional a principios de los noventa han requerido un replanteamiento fundamental de las garantías de seguridad y estabilidad en el mundo.

Con el fin de la guerra fría las relaciones internacionales perdieron su pilar institucional, cuyo papel desempeñó durante más de cincuenta años la estricta disciplina de los dos bloques político-militares antagónicos. A pesar de haber logrado superar esa división ideológica, el mundo no ha conseguido ser más estable. Han surgido nuevos retos y amenazas a la seguridad global, entre ellos, como se ha mencionado antes, los conflictos regionales e interétnicos, el separatismo militante, el terrorismo internacional y el crimen organizado.

Es patente que, en la época de la globalización, es imposible contrarrestar esas amenazas sin un esfuerzo común de la comunidad internacional. Las relaciones internacionales previsibles y estables, en primer lugar entre las grandes potencias nucleares, resultan imprescindibles para alcanzarlo.

Entre los logros más destacados del ámbito de las relaciones internacionales, conseguidos en la segunda mitad del pasado siglo, ninguno, quizás, tuvo una importancia tan esencial para la humanidad como la erradicación de la amenaza de guerra nuclear de carácter global. El esfuerzo colectivo desplegado por Rusia, Estados Unidos y otros países no sólo minimizó el peligro de un conflicto nuclear, sino que inició la vía de la limitación y reducción de los arsenales nucleares. Ese avance se apoyaba en el reconocimiento común del concepto de estabilidad estratégica, cuya piedra angular fue el Tratado sobre Misiles Antibalísticos (ABM)* firmado en 1972.

* Las negociaciones norteamericano-soviéticas sobre desarme nuclear comenzaron en noviembre de 1969 en Helsinki y finalizaron en 1972, con la suscripción de dos documentos: el Tratado sobre Misiles Antibalísticos (Tratado ABM) y el Acuerdo Provisional sobre Limitación de Armas Estratégicas Ofensivas. Ambos se firmaron el 26 de mayo de 1972 en Moscú. *(N. del T.)*

La esencia del concepto de estabilidad estratégica, elaborado sobre la base del Tratado ABM, consistía en una deliberada renuncia recíproca a la idea de construir sistemas nacionales de defensa estratégica contra misiles balísticos intercontinentales (MBI). Precisamente, ese compromiso privó a la URSS y a Estados Unidos de los estímulos para aumentar sus arsenales nucleares ofensivos, permitiéndoles optar por una disuasión recíproca, basada en los niveles inferiores de los armamentos estratégicos. En otras palabras, la renuncia a un hipotético «escudo» nuclear hizo menos ofensiva la «espada» nuclear[43].

Sobre la base del Tratado ABM emergió un diversificado sistema de acuerdos internacionales en los ámbitos del control de armas y del desarme. Entre ellos destacan los tratados SALT I y SALT II, y el Tratado para la eliminación de los misiles balísticos de alcance medio (MRBM) y corto (SRBM), que hizo posible la destrucción de las dos clases de armas nucleares. Después, fueron suscritos los acuerdos START I y START II, cuya aplicación iba a reducir casi a las tres cuartas partes las ojivas nucleares estadounidenses y soviéticas con base en tierra. Han surgido perspectivas viables para realizar una reducción incluso más radical de las armas estratégicas ofensivas.

Este proceso traía aparejada la creación de los estatutos de noproliferación de armas nucleares a escala mundial y regional, y la firma de varios tratados de prohibición de las pruebas nucleares, eliminación de las armas químicas y reducción de las armas convencionales y los ejércitos.

Todos esos acuerdos permitieron diseñar la actual arquitectura de seguridad internacional. Conviene destacar que se trata de un sistema interdependiente. Un posible desmantelamiento de sus cimientos

---

[43] Véase *Sovetsko-amerikanskie otnoshenia v sovremennom mire (Las relaciones norteamericano-soviéticas en el mundo contemporáneo),* edición preparada por G. A. Trofimenko y P. T. Podlesni, Moscú, 1997; A. Dobrinin: *Sugubo doveritelno. Posol v Vashingtone pri shesti prezidentaj SSHA (1962-1986) (Con acento sincero. El embajador en Washington bajo seis presidentes de EEUU),* Moscú, 1996; Henry Kissinger: *Diplomatia (La diplomacia),* Moscú, 1997.

amenazaría todo el «edificio», construido durante tres décadas de intensos esfuerzos en el ámbito del desarme.

Precisamente por ello, la pretensión de Estados Unidos de desplegar un sistema estratégico de defensa antimisiles, expresamente prohibido por el Tratado ABM, provoca un profundo recelo en la comunidad internacional. Bajo el gobierno de Bill Clinton la idea cristalizó en el plan nacional de defensa antimisiles (NMD), mientras la administración de George Bush la trasformó en el proyecto de «escudo» antimisiles de carácter global (GMD).

La firme oposición de Rusia a los planes estadounidenses de crear la GMD no ha sido fruto de una rivalidad entre dos grandes potencias, como solía ocurrir en los tiempos de la implacable polémica entre la URSS y los Estados Unidos acerca de la Iniciativa de Defensa Estratégica (IDE), defendida por el presidente Ronald Reagan. Desde entonces se han producido cambios radicales en la propia naturaleza de las relaciones bilaterales. Nuestros Estados ya no se consideran mutuamente adversarios. Más aún, actualmente ambos países están haciendo frente, prácticamente, a los mismos desafíos y amenazas a su seguridad nacional, entre ellos el peligro de proliferación de armas de destrucción masiva y de sus vehículos. Rusia, de igual modo que Estados Unidos y otros países, está interesada en encontrar respuestas acertadas a esos desafíos. Sin embargo, estamos convencidos de que es preciso buscarlas conjuntamente para que no representen un perjuicio para nadie.

Es precisamente por ello por lo que Rusia está negociando con Washington los problemas de estabilidad estratégica no con el espíritu de confrontación propio de la guerra fría, que atendía en primer lugar a los intereses unilaterales de cada cual, sino con ánimo de encontrar soluciones acertadas y bien calculadas que, por un lado, permitan garantizar la seguridad de nuestros países y la estabilidad estratégica en el mundo, y, por otro, resguardan la vasta experiencia positiva de las relaciones bilaterales de los últimos años con vistas al futuro.

Durante 2001, el destino del Tratado ABM ha sido el tema central del diálogo ruso-norteamericano sobre estabilidad estratégica. En las cuatro reuniones cumbre celebradas, los presidentes ruso y estadounidense lo han considerado minuciosamente.

La posición de Rusia al respecto es altamente constructiva y transparente: el Tratado ABM mantiene su vigencia actual. Al mismo tiempo, en consideración a los cambios que se están produciendo en el mundo estamos dispuestos a dialogar sobre las posibles preocupaciones de la parte americana e iniciar la conformación de un nuevo marco de cooperación estratégica.

Evidentemente, nuestro marco guía ha sido el de garantizar la seguridad nacional del país. Además, Rusia partía de la necesidad de conservar el diversificado sistema de tratados en el ámbito del desarme y del control de armas creado en los últimos decenios, puesto que su subversión tendría graves consecuencias para la estabilidad estratégica mundial.

Desgraciadamente, la administración estadounidense ha preferido acogerse a su derecho a abandonar unilateralmente el Tratado ABM. El presidente George Bush anunció esta decisión de manera oficial el 13 de diciembre de 2001. La referencia a la amenaza de un ataque con misiles contra Estados Unidos desde el territorio de los países llamados proscritos, justificativa de este paso, apenas logra convencer a nadie. La decisión de Washington, desde luego, se debe a motivos puramente políticos derivados de los intereses estadounidenses.

No obstante, merece la pena recordar que los debates sobre el futuro del Tratado ABM no han sido de manera alguna de carácter escolástico.

Como es sabido, la parte central del tratado prohíbe el despliegue del sistema de defensa antimisiles y la creación, por tanto, de una base para el mismo en el territorio de los países firmantes. La renuncia a esa prohibición supondría colocar un signo negativo sobre el Tratado AMB tergiversando su punto esencial.

Otro artículo clave del tratado plantea la continuación del proceso negociador en el ámbito de la reducción de las armas estratégicas ofensivas. En el caso de que también éste resulte desvirtuado, podría hundirse el sistema de los vigentes acuerdos internacionales en el término del control internacional de armas. Así, conforme a la Declaración de la URSS, anexa al tratado START I, Rusia sería libre de considerar la denuncia del Tratado ABM o cualquier importante violación de este documento por Estados Unidos como excusa suficiente para abandonar START I. En esencia, la misma cortapisa la estableció el Parlamento ruso en relación con el tratado START II en el momento de su ratificación. Resulta innecesario recordar que la misma correlación se mantiene en el tratado START III.

De esta suerte, incluso desde el punto de vista formal, la denuncia del Tratado ABM por Estados Unidos ha puesto en cuestión todo el proceso de desarme nuclear.

Últimamente se ha insistido desde Washington que, dados los cambios experimentados a escala mundial, el sistema de tratados y convenios en el área del desarme podría ser sustituido por medidas voluntarias, de carácter unilateral o recíproco, encaminadas a reducir las armas nucleares. Sin embargo, este planteamiento enseguida provoca una pregunta lógica: ¿no se tratará de un intento de obtener ventaja en el ámbito militar y tecnológico, evitando cualquier tipo de control externo? La necesidad de ese control ha quedado explícitamente demostrada a raíz de distintas violaciones del START I por parte de Estados Unidos, pese a la existencia de mecanismos de verificación. ¿Qué ocurriría, entonces, si no hubiera ningún tipo de control?

De modo que la preocupación de Rusia y de otros Estados no es meramente formal. El mundo es cada vez más consciente de que la lucha por mantener la estabilidad estratégica no es una responsabilidad que recaiga exclusivamente en Rusia, sino que es una misión colectiva de la comunidad internacional. Una vez liberado el «genio de la lámpara» armamentista, ya no será la evolución de las amenazas externas, sino los intereses del complejo militar y el avance de las tecnologías militares los que dicten las reglas del juego o, más bien, un juego sin reglas. Resulta fácil deducirlo revisando la historia de la carrera armamentista norteamericano-soviética de los años setenta y ochenta.

Precisamente por ello no ha escatimado Rusia esfuerzos para mantener la vigencia del Tratado ABM, que ha demostrado en la práctica haber desempeñado un papel central en el mantenimiento de la estabilidad estratégica. Este documento facilitaba la búsqueda de soluciones fructíferas a problemas relacionados con la proliferación de armas de destrucción masiva y con la tecnología de los misiles.

A la vez, estamos abiertos a la consideración colectiva de las «nuevas amenazas nucleares» de las que hablan nuestros socios estadounidenses. No obstante, también es cierto que nuestro análisis tiene carácter puramente hipotético en el momento actual. En cualquier caso, la dimensión real de esas amenazas no precisa que se revisen los fundamentos de la estabilidad estratégica para contrarrestarlas.

En opinión de distintos observadores, desde el punto de vista técnico, ninguno de los llamados Estados proscritos dispone hoy de misiles capaces de alcanzar el territorio estadounidense y es difícil que dispongan de ellos en el futuro inmediato. Incluso, es poco probable que algún día se les ocurra ejercer el «chantaje nuclear» y, menos aún, atacar a Estados Unidos lanzando contra él misiles balísticos intercontinentales. Los programas nucleares de tales Estados están basados normalmente en planteamientos de carácter regional. Por ello sería más correcto referirse, en vez de a «países problemáticos», a «regiones problemáticas» en las que existe la amenaza de un conflicto militar. No obstante, para solucionar este tipo de crisis se requieren medidas muy distintas, principalmente de género político y diplomático.

En síntesis, el despliegue unilateral del «escudo nuclear» de carácter global contiene un considerable potencial para desestabilizar el sistema de seguridad internacional que ya se encuentra en situación precaria. Es evidente que este planteamiento perjudicaría no sólo a las relaciones norteamericano-rusas en el ámbito estratégico. Cabe suponer que determinados países, como China, tomen también medidas recíprocas. Aparte, no hay que descartar la posibilidad de una nueva etapa de la carrera armamentista en el sur de Asia y en otras regiones del mundo.

Resulta fácil imaginar el posible efecto destructor de un escenario así sobre el estatuto de la no-proliferación de armas nucleares. En la Conferencia sobre el Tratado de No Proliferación Nuclear (NPT), que se celebró en Nueva York en la primavera de 2000, varios Estados se manifestaron explícitamente a favor de unas medidas dinámicas en el ámbito del desarme nuclear, establecidas como condición imprescindible para fortalecer ese tratado. Un bloqueo del proceso de reducción de armas nucleares que, como hemos visto, está estrechamente relacionado con el futuro del ABM, tendría consecuencias en el tratado de no-proliferación de armas nucleares. Y eso que algunos países ya sostienen que el NPT resulta obsoleto y necesita una revisión.

Es evidente que en tales condiciones sería imposible ejercer una política de disuasión hacia los denominados países proscritos. Al contrario, un incremento de la inestabilidad a escala mundial y regional impulsaría la carrera armamentista en diversas áreas, incluidas las que hoy sólo existen hipotéticamente. Por ejemplo, los expertos militares han estado llamando la atención sobre el peligro de fabricación y empleo de los llamados «maletines nucleares», que sirven como vehículo de transporte clandestino de las armas de destrucción masiva al país de destino. Estos métodos desvirtúan el inminente castigo de los terroristas, a la vez que convierte en innecesaria la defensa antimisiles.

En definitiva, cualquiera que sea la percepción de este problema, es preciso constatar que la creación de un escudo antimisiles a escala global no sólo no ofrece una respuesta eficaz a las amenazas nucleares, sino que puede originar nuevos problemas de mantenimiento de la seguridad internacional, incluida la seguridad de los propios Estados Unidos.

Rusia, al desarrollar una política activa, cuyo propósito es mantener y reforzar la estabilidad estratégica, en modo alguno pretende subestimar el problema de la proliferación de la tecnología de misiles. La posición rusa mantiene la convicción de que el problema requiere un planteamiento radicalmente distinto, que no tenga carácter «destructivo». En primer lugar, es preciso reconocer que la amenaza de un ataque con misiles nucleares no ha sido el origen de algunos de los retos más serios a los que se enfrenta la comunidad internacional, sino consecuencia de ellos. Es decir, hay que curar la enfermedad en vez de tratar de eliminar sus síntomas. Para ello se requieren unos acertados mecanismos políticos y diplomáticos de control sobre los procesos mundiales, capaces de favorecer un entorno estable y previsible en el ámbito de las relaciones internacionales, y fortalecer igualmente su base jurídica. Todos los Estados, tanto las grandes potencias como los pequeños países, deben tener sólidas garantías de que su seguridad nacional podrá ser protegida por medio de instrumentos políticos concordes con el derecho internacional. A falta de semejante confianza, parece lógico que incluso los Estados mejor bienintencionados no encuentren otra solución que la de aumentar sus arsenales militares adquiriendo armas que tengan la máxima capacidad disuasiva.

Rusia cree en la necesidad de asegurar la más amplia participación de la comunidad internacional en los esfuerzos colectivos encaminados a reforzar la estabilidad estratégica. El mundo tiene un interés vital en que Rusia y Estados Unidos prosigan la vía de la reducción y limitación de las armas nucleares. No es casual que ya en 1999, cuando el problema del ABM aún no tenía carácter de urgencia en el orden del día de la comunidad mundial, ochenta países miembros de la ONU se pronunciaran en el marco de la Asamblea General a favor de una resolución que urgiera a conservar ese tratado. Un mayor número de Estados han apoyado la resolución propuesta por Rusia, Bielorrusia y China en el mismo sentido en las sesiones de la Asamblea General celebradas entre 1999 y 2001.

Es igualmente importante que Washington haya llegado a ser consciente de que los problemas de la estabilidad estratégica trascienden del marco del diálogo ruso-norteamericano; hecho que se ha constatado a raíz de diversas consultas sobre el tema del ABM entre expertos estadounidenses y sus homólogos de un amplio círculo de países.

Como demuestran los debates en los diversos foros internacionales, el mundo sigue con redoblada atención los pasos de Rusia y Estados Unidos en el terreno del desarme nuclear. En lo que a Rusia se refiere, avanzó en esa dirección a lo largo del año 2000. Basta con mencionar la ratificación por el parlamento ruso del tratado START II, y del Tratado de Prohibición Total de Pruebas Nucleares (CTBT).

Más aún, no observamos obstáculo alguno que impida profundizar en el proceso de reducción de las armas estratégicas defensivas.

Este planteamiento se plasmó en la declaración del presidente Vladímir Putin del 13 de noviembre de 2000, que mantiene la propuesta de reducir los arsenales nucleares de Rusia y de Estados Unidos hasta un número máximo de 1.500 ojivas por cada parte en el año 2008. Esta cifra tampoco significaría el límite definitivo, pues Moscú está dispuesto a considerar unos niveles inferiores. A ello se debe que Rusia haya aplaudido la declaración del presidente George Bush referida a la intención de Washington de reducir sus arsenales nucleares a 1.700-2.200 cabezas. La comparación de los parámetros de reducción de las armas estratégicas ofensivas ofrecidas por las dos potencias nucleares demuestra que es factible llegar a un entendimiento en este ámbito.

Conviene destacar que para conseguir posibles ajustes no sería necesario comenzar desde cero unas largas negociaciones, dada la extensa experiencia acumulada en relación con los tratados START I y START II que permitió sentar los mecanismos jurídicos. Lo importante es que exista la voluntad expresa de conseguir un avance común en la reducción drástica de los límites marcados para las ojivas nucleares. Es posible avanzar también en esa dirección por caminos paralelos. Sin embargo, ya nos hemos referido a la deficiencia de semejantes conceptos.

La ratificación en 2000 del paquete de acuerdos bilaterales, suscritos en Nueva York en 1997, que introducen unos criterios precisos para diferenciar entre defensa antimisiles de carácter estratégico y no-estratégico, ha significado un importante avance de Rusia en la consolidación de la estabilidad estratégica. La consecución de estos acuerdos, si es que también los ratifica Estados Unidos, abriría amplias perspectivas de cooperación bilateral en lo relativo a los sistemas de defensa antimisiles no-estratégicos, puesto que será precisamente ese tipo de armas la que constituirá una amenaza real en el futuro cercano.

En el 2001 hemos continuado el extenso diálogo con Estados Unidos en torno a los problemas de la defensa antimisiles y las posibles nuevas amenazas en este ámbito. Hay que reconocer que estas conversaciones no han sido fáciles, puesto que Moscú y Washington mantenían posiciones contrarias acerca del futuro del Tratado ABM.

No obstante, hemos seguido cooperando en el área de los sistemas de defensa antimisiles diseñados para los teatros de guerra. Así, en consonancia con la declaración conjunta de los presidentes estadounidense y ruso sobre estabilidad estratégica y seguridad nuclear, firmada en septiembre de 1994, Rusia y Estados Unidos han organizado a partir de 1996 una serie de maniobras militares y de operaciones conjuntas de planificación a fin de perfeccionar sus sistemas de defensa antimisiles no-estratégicos. Las últimas se celebraron en febrero de 2001.

La iniciativa del presidente de la Federación Rusa, Vladímir Putin, de crear un sistema paneuropeo de defensa contra los misiles no-estratégicos, de junio de 2000, fue fruto de la congruente evolución de la idea de cooperación internacional en ese campo. En ella propuso una serie de medidas específicas:

- Desarrollar un análisis colectivo del carácter y la dimensión de la proliferación de misiles, así como de las amenazas derivadas de ello.
- Elaborar conjuntamente el concepto de sistema paneuropeo de defensa contra misiles no-estratégica, elaborando un reglamento para su creación y despliegue.
- Crear un centro europeo que advierta de lanzamientos de misiles.
- Desarrollar un programa conjunto de estudios y experimentos.
- Cooperar en la elaboración del sistema de defensa antimisiles de carácter no-estratégico.
- Crear fuerzas de defensa contra misiles no-estratégicos que protejan conjuntamente o coordinadamente las fuerzas pacificadoras y la población civil.

Rusia ha propuesto que el sistema de defensa no-estratégica europea tenga carácter verdaderamente común, de modo que sus copartícipes no estén divididos por los intereses de los distintos bloques aislados. Este planteamiento tiene evidentes ventajas, puesto que permitiría en un futuro no muy lejano instalar sistemas de defensa similares en otras regiones, precisamente en aquellas de las que puedan surgir problemas relativos al fortalecimiento de la estabilidad y la prevención de conflictos. De esta forma, una hipotética EuroNMD, cuyos rasgos y objetivos concretos serían especificados por Rusia en las sugerencias remitidas a la OTAN y a otros socios occidentales, no sería un proyecto aislado, sino que podría servir de modelo de la futura defensa antimisiles regional.

La cooperación colectiva encaminada a crear el Sistema Global de Control de Misiles y la Tecnología de Misiles es también una importante línea. En el curso de distintas reuniones de expertos internacionales se ha confirmado que la comunidad mundial tiene una visión positiva de la iniciativa rusa. No se trata de un intento de sustituir el Régimen de Control de Tecnología de Misiles (MTCR) existente, sino, por el contrario, de intentar fortalecerlo, creando un enlace entre los países integrantes del régimen y los Estados no-alineados*.

Por último, Rusia ha saludado el empeño desplegado por la comunidad internacional tendente a fomentar un diálogo constructivo con aquellos países que provocan determinadas inquietudes a Estados Unidos. En particular, la apertura del diálogo con la República Democrática Popular de Corea** y, en especial, los esfuerzos encaminados a impulsar la reconciliación entre las dos Coreas han demostrado que tales inquietudes son factibles de resolverse mediante el diálogo político y diplomático. Conviene destacar que Rusia ha hecho una considerable aportación a este proceso, que entró en una nueva etapa tras la visita del presidente Vladímir Putin a la República Democrática Popular de Corea, realizada en julio de 2000.

---

* El Régimen de Control de Tecnología de Misiles (MTCR) fue establecido en abril de 1987. Se han adscrito a él 33 países, incluidos los Estados miembros de la OTAN y de la UE, además de Australia, Argentina, Brasil, Nueva Zelanda, Ucrania, Suiza, Suráfrica, República de Corea y Japón. Rusia ha sido miembro de pleno derecho desde 1995. *(N. del T.)*

** Corea del Norte. *(N. del T.)*

Existe, pues, una alternativa viable al desmantelamiento del actual sistema de seguridad estratégica. Se trata de un programa de esfuerzos comunes de carácter constructivo a fin de garantizar la seguridad de Rusia, de Estados Unidos y de toda la comunidad mundial. Tenemos la firme convicción de que este programa podría hacerse realidad. Más aún, estamos convencidos de que no existe ningún otro camino razonable.

Hay que reconocer que en los años noventa se consiguieron importantes logros en ese sentido. Una viva constatación de ello es el acuerdo entre el presidente de Rusia y su homólogo estadounidense para instalar en Moscú un centro de intercambio de datos sobre lanzamiento de misiles y cohetes espaciales. Rusia considera que sería oportuna la participación de representantes de la UE, China y de otros Estados en ese proyecto.

También existe la perspectiva de conseguir un destacado avance en el ámbito de la prevención de la proliferación de la tecnología de los misiles. Por último, la cooperación ruso-norteamericana en el área de la defensa antimisiles no-estratégica beneficiaría no sólo a Rusia, sino también a la comunidad internacional. Se podrían crear varios sistemas de defensa regionales contando con la amplia participación de todos los países interesados que observen los principios del Tratado sobre No-Proliferación de Armas Nucleares (TNP) y del Tratado de Prohibición Total de Pruebas Nucleares (CTBT).

El mantenimiento de la estabilidad estratégica no es una misión momentánea. Requiere una permanente atención de la comunidad internacional. Más aún, en las condiciones actuales la comprensión misma de la estabilidad estratégica adquiere nuevas dimensiones. A medida que el «glosario» de la seguridad internacional abarca un círculo cada vez más amplio de desafíos y amenazas diversos, está surgiendo la necesidad de considerar el mantenimiento de la seguridad estratégica global como una estrategia universal para la construcción en el siglo XXI de un nuevo orden mundial democrático. En otras palabras, se trata de la estabilidad estratégica en el sentido más amplio.

Precisamente fue ese enfoque el que cimentó la posición de Rusia en la Asamblea General y en la Cumbre del Milenio, celebradas en

2000. La delegación rusa propuso un detallado concepto de estabilidad estratégica que ofrecía soluciones específicas a los problemas más urgentes de la contemporaneidad.

Ese concepto plantea en primer lugar el permanente desarrollo del proceso de desarme y la garantía de la proliferación de armas de destrucción masiva. Hoy, el desarme nuclear y el control sobre la proliferación han dejado de ser una responsabilidad exclusiva de Rusia, Estados Unidos y otras potencias nucleares. Es preciso que se incorporen a esos procesos los mecanismos multilaterales de la ONU y de la comunidad internacional. Para ello resultan imprescindibles constantes esfuerzos encaminados a lograr las siguientes metas: la observancia de manera estricta de todo el conjunto de acuerdos vigentes; la reducción por etapas de las armas nucleares con vistas a su desaparición definitiva, compaginando esto con un eficaz control internacional sobre otros tipos de armamentos y su limitación; la prevención de una posible carrera armamentista en nuevas esferas.

Rusia ha avanzado una serie de propuestas concretas relativas a los problemas clave de la actual agenda del desarme. Se trata de dar un nuevo impulso a las actividades de la conferencia sobre el desarme, de tomar medidas para acelerar la entrada en vigor del Tratado de Prohibición Total de Pruebas Nucleares (CTBT), de consolidar el Tratado de No-Proliferación de Armas Nucleares (TNP). En la Cumbre del Milenio, el presidente ruso Vladímir Putin planteó la iniciativa de elaborar y desarrollar, bajo la égida del Organismo Internacional de Energía Atómica (OIEA), un proyecto internacional encaminado a abandonar por etapas la utilización del uranio enriquecido y del plutonio en la industria nuclear.

En noviembre de 2000 el presidente Putin planteó varias importantes iniciativas para reforzar la estabilidad estratégica y profundizar la reducción de arsenales nucleares.

Rusia entiende por estabilidad estratégica el fortalecimiento de la paz y de la seguridad a escala mundial, así como la solución y la prevención de conflictos regionales. Ese propósito se logrará sólo mediante el esfuerzo colectivo de los Estados que comparten la responsabilidad del futuro de la humanidad. El uso de la fuerza con carácter unilateral, según ha demostrado la práctica, no sirve para encontrar soluciones justas y duraderas a las crisis.

La estabilidad estratégica comprende igualmente medidas que garanticen la seguridad de la información a escala mundial, y la resistencia a los intentos de utilizar los avances científicos y tecnológicos con fines contrarios al progreso universal y al fortalecimiento de la paz internacional. Consciente de la urgencia de encontrar soluciones a esos problemas, Rusia ha promovido en el marco de la ONU un debate sobre la correlación que existe entre los «avances en los ámbitos de la informatización y las telecomunicaciones y la seguridad internacional de la información».

La estabilidad estratégica significa la seguridad y la paz para la sociedad civil y para el individuo. Para lograrla es preciso un esfuerzo colectivo de la comunidad internacional en su lucha contra los retos y las amenazas actuales que incluyen, en particular, el separatismo militante, el fanatismo religioso, el tráfico ilegal de armas y el crimen organizado.

Como hemos dicho antes, el terrorismo internacional, al ser una mutación del extremismo, constituye una amenaza directa a la seguridad y la estabilidad. Los últimos acontecimientos han demostrado, desgraciadamente, que los terroristas de toda laya actúan en ocasiones con mejor coordinación que la comunidad internacional que les hace frente. Rusia no ha dejado de insistir en que la cooperación internacional en la lucha antiterrorista tenga su base jurídica en los principios de la Resolución 1.269 del Consejo de Seguridad de la ONU: ningún tipo de apoyo o refugio a los terroristas, castigo inminente a cada acto terrorista. El Consejo de Seguridad, en consonancia con la Carta de la ONU, debe tomar medidas contra cualquier país que no observe esas reglas.

Rusia tiene la intención de ratificar la Convención para la prevención de la protección al terrorismo, que se ha elaborado bajo la égida de la ONU. Opinamos que hay que completar con la mayor urgencia la Convención para la prevención del terrorismo nuclear y acelerar los preparativos de la Convención universal contra el terrorismo. Dado que el terrorismo viene a menudo asociado con el tráfico de drogas y con el crimen organizado, Rusia aboga por la organización de la Convención para la lucha contra el crimen organizado. Una convención internacional para la lucha contra la corrupción también podría desempeñar un importante papel.

La estabilidad estratégica significa una amplia promoción de los derechos y libertades del individuo. Esa línea de trabajo representa un elemento sustancial en las actividades de organismos internacionales que buscan consolidar un nuevo orden mundial basado en la legalidad. Rusia ha hecho una destacada aportación a la consolidación del régimen jurídico universal. Hemos suscrito el Estatuto de Roma del Tribunal Penal Internacional, los protocolos facultativos de la Convención sobre los derechos del niño y el protocolo facultativo de la Convención para la eliminación de todas las formas de discriminación contra la mujer.

Hay que reconocer que, más de medio siglo después de la gran victoria sobre el fascismo, fenómenos negativos como la xenofobia, el nacionalismo militante, la intolerancia étnica y religiosa, están todavía lejos de ser completamente erradicados, de manera que en muchas ocasiones siguen dañando la situación internacional y la de algunos países. No es posible tolerar las condiciones creadas en algunos Estados, en particular en Letonia, cuyas autoridades impiden a la gente usar su lengua materna*, privando de la nacionalidad letona a las personas de habla rusa y quitándoles el trabajo por motivos étnicos. Las autoridades letonas encarcelan a los veteranos de la lucha antifascista y favorecen, a la vez, a sus antiguos adversarios. La ONU, la OSCE, el Consejo de Europa y otros organismos internacionales deben reaccionar decididamente contra tales prácticas, evitando una actitud benévola y el empleo de dobles varas de medir.

La estabilidad estratégica requiere un sólido fundamento económico. El siglo XXI pasará a la historia como la época del gran avance hacia un nivel cualitativamente nuevo de desarrollo de la humanidad, siempre que se consiga comunicar una dinámica y profundidad ade-

---

* Les impiden hablar el ruso. *(N. del T.)*

cuadas al proceso de equilibrio económico y tecnológico entre el amplio entorno de los países emergentes y un grupo relativamente reducido de Estados-líderes. Es imposible conseguirlo de inmediato. Con este propósito es preciso crear, apoyándose en el papel dirigente y de enlace que tiene la ONU, un mecanismo colectivo de control democrático de los sistemas internacionales financiero, monetario y comercial, de modo que sean más racionales y equitativos, y dirigidos hacia la eliminación de la pobreza y el subdesarrollo.

Es importante aprovechar al máximo las posibilidades abiertas por el cambio tecnológico para reducir el abismo existente entre los niveles de desarrollo de los distintos países, y no para ampliarlo. Las nuevas tecnologías de la información y de las comunicaciones, cuyo potencial para acelerar el desarrollo global podría ser tal vez comparado con el invento de la escritura, tienen la capacidad de convertirse en la fuerza motriz de ese proceso. Se da la oportunidad de «saltar» varias etapas de la evolución tal como se conocía hasta ahora mediante una familiarización global con la informática y el empleo de las nuevas tecnologías. Equipada con este potente instrumento, la humanidad recibe la oportunidad real de crear las condiciones propicias para lograr una vida digna y el desarrollo universal del individuo en nuestro planeta. Hay que saber aprovecharla con toda eficacia.

La estabilidad estratégica también comprende la protección de nuestro entorno común, a fin de liberar a la humanidad y a las futuras generaciones de la amenaza de habitar un planeta irremediablemente dañado por las actividades del hombre. La ONU no ha escatimado esfuerzos para movilizar los recursos de la comunidad internacional con tal propósito. Rusia aboga por la intensificación de la cooperación internacional en el marco del Convenio sobre Biodiversidad, la Convención de la lucha contra la desertificación y por la conservación y desarrollo sostenible de los diversos tipos de bosque.

El incremento del número de desastres naturales y desastres provocados por el hombre registrado en los últimos años, que ha ocasionado unas crecientes pérdidas materiales y humanas, ha hecho que la coordinación de respuestas ante ellos adquiera la misma importancia que la solución que se ha de dar a otros desafíos globales. Al encaminar los esfuerzos de la ONU hacia la cooperación en este campo, se debe prestar especial atención al uso de las tecnologías más actualizadas para prevenir y luchar contra las catástrofes, lo mismo que a la búsqueda de mecanismos innovadores para su empleo en intereses de la comunidad internacional.

Resumiendo, se podría decir que Rusia entiende la estabilidad estratégica como una base conceptual para aunar los esfuerzos de la comunidad mundial y dirigirlos a la solución de los problemas globales más urgentes con el propósito de fomentar la creación de un orden mundial democrático que responda a los intereses del desarrollo sostenible y del bienestar común de la humanidad.

4. Rusia y la ONU

Uno de los elementos clave del concepto de política exterior rusa tiene que ver con el fortalecimiento de la ONU como instrumento universal para el mantenimiento de la paz y la seguridad internacionales. El interés de Rusia por desarrollar una política activa en el marco de este foro mundial central se debe a dos circunstancias fundamentales desde el punto de vista de sus intereses nacionales: la primera, a su estatuto de miembro permanente del Consejo de Seguridad, que supone una especial responsabilidad en el mantenimiento de la paz; la segunda, al papel indispensable de la ONU como base orgánica para la construcción de un sistema multipolar y democrático de relaciones internacionales.

Rusia participó en la gestación de la ONU, cuya creación llegó a ser uno de los acontecimientos clave del siglo XX, dando forma a la antigua ilusión humana de establecer una organización universal de carácter supraestatal, destinada a promover la unificación a escala de la comunidad internacional y cuyo propósito debía ser construir un mundo libre de guerras y basado en el imperio de la ley y la justicia. Al igual que cualquier otro proyecto que no se sustente en esquemas abstractos, sino en la resolución operativa de problemas concretos que surgen en el curso de la vida cotidiana, la ONU no pudo evitar cometer errores ni sufrir reveses. Sin embargo, la valoración de sus actividades, en el umbral del nuevo milenio, es marcadamente positiva.

Pese a que, en el período transcurrido desde el nacimiento de la ONU en 1945, el mundo no ha conseguido ser ideal, mientras los conflictos militares se repetían continuamente en distintas regiones, el mérito histórico de la ONU consiste en la prevención de una nueva guerra mundial que, posiblemente, hubiera sido la última para la humanidad. Frente a los profundos cambios estructurales habidos en el sistema mundial desde su creación, la ONU sigue demostrando su viabilidad, mientras su Carta fundacional ha mantenido durante más de cincuenta años su papel de documento central del derecho internacional y de sostén de las relaciones civilizadas entre los Estados.

Como ha destacado con toda razón el secretario general de la ONU, Kofi Annan, el valor perenne y la fuerza esperanzadora de los propósitos y los principios de la Organización no sólo no han disminuido, sino que, por el contrario, han seguido creciendo[44].

Hoy, se reconoce generalmente que sin la ONU y los principios establecidos por su Carta, que contienen varias metas clave, incluidas el no ejercicio de la fuerza, la no injerencia en los asuntos internos de los Estados, el derecho de autodeterminación, la igualdad, el respeto de los derechos y libertades del individuo, el mundo hubiera sido mucho menos seguro y estable.

Uno de los logros sustanciales de la ONU fue la conformación y consolidación de la tendencia a conseguir una compatibilidad entre las posiciones de distintos Estados a fin de posibilitar una coordinación colectiva en el ámbito de las relaciones internacionales. Precisamente fue la ONU la que implantó en el tejido de esas relaciones la cultura del diálogo multilateral, sin el cual es imposible imaginar la actualidad internacional.

---

[44] Véase *Mi narodi: rol OON v XXI veke. Doklad gensekretaria OON (Nosotros pueblos: el papel de la ONU en el siglo* XXI*)*, Informe del secretario general, A/54/2000, p. 362.

La creación en los últimos cincuenta años de numerosas organizaciones regionales, subregionales y de otro género tampoco ha debilitado el papel y la importancia de la ONU. Al contrario, todas ellas buscan la de uno u otro modo cooperación con la Organización, que sabe involucrar a sus socios regionales en la realización de los propósitos y principios de la Carta.

Al velar para que los Estados abandonen el uso de fuerza en los conflictos internacionales, la ONU ha elaborado la teoría y la práctica del mantenimiento de la paz, que sigue desarrollando en el contexto de una nueva realidad. Ello prueba que, acabada la guerra fría, la mayoría de los conflictos surgidos en el mundo ya no están relacionados con disputas entre Estados, sino que son de carácter interno.

Como destacó en su informe sobre el quincuagésimo período de sesiones de la Asamblea General el entonces secretario general de la ONU Butros Gali: «Se creía en general que sería posible extinguir de inmediato numerosos conflictos emergentes en distintas regiones del mundo... Desgraciadamente, la marcha de los acontecimientos internacionales de los últimos años frustró en buena medida tales estimaciones optimistas. Varios de los antiguos conflictos siguen sin solución a pesar de los esfuerzos realizados por la comunidad internacional para resolverlos, al tiempo que se siguen desencadenando nuevas guerras, la mayoría de ellas de carácter interno»[45].

Este dictamen, emitido a mediados de los años noventa, ha mantenido su vigencia e interés hasta el presente. Las diferencias en el nivel de desarrollo de grupos de Estados y de regiones enteras hicieron que la independencia de unos se convirtiera en una dura prueba para otros. Por lo cual, el empeño en conseguir un equilibrio equitativo a escala mundial debe seguir siendo una de las prioridades de la futura agenda de la ONU.

La reputación de la ONU como árbitro justo e imparcial se pone de manifiesto en el hecho de que las partes antagónicas de los diver-

---

[45] Véase *Doklad generalnogo sekretaria o rabote organizatsii (Informe del secretario general sobre el quincuagésimo período de sesiones),* Documentos oficiales de la Asamblea General, anexo I (A/50/1), pp. 2-3.

sos conflictos buscan, como norma, la mediación de la Organización, recurriendo a su «servicio» de mantenimiento de la paz. Desde la creación de la ONU se han realizado 55 Operaciones de Paz (OP), de las cuales 44 fueron sancionadas entre 1998 y 2000. No sería exagerado decir que muchas de ellas jugaron un papel histórico. Las Operaciones de Paz de la ONU previnieron la desintegración del Congo en los años sesenta, y dieron una decisiva contribución a la resolución de los conflictos de Mozambique, Namibia, Camboya, El Salvador, Nicaragua, Guatemala y Tayikistán.

En la mayor parte de las 15 OP que se están llevando a cabo bajo la égida de la ONU, el despliegue de las fuerzas pacificadoras viene acompañado por una activa participación de la Organización en la solución política de los conflictos en las respectivas regiones. Uno de los ejemplos más patentes de las fructíferas actividades en este ámbito fue la solución, con la participación activa de la ONU y de la CEI, del conflicto interno en Tayikistán, que permitió cumplir plenamente el acuerdo de reconciliación nacional.

Los padres fundadores de la ONU estipularon en la Carta de la Organización la posibilidad de involucrar organismos regionales en las operaciones pacificadoras, imponiendo como condición imprescindible para cualquier acción coercitiva la sanción previa del Consejo de Seguridad. La vida real ha demostrado en más de una ocasión la clarividencia de los autores de la Carta. Es bien sabido que los intentos de usar la fuerza de manera unilateral, omitiendo esta norma básica, nunca fueron fructíferos. Para ilustrarlo basta considerar con imparcialidad la profunda crisis en torno a Irak, o bien la explosiva situación que se ha creado en la región yugoslava de Kosovo y su entorno.

El mundo es cada vez más consciente de que las tentativas de apartar a la ONU de la solución de los problemas de la guerra y la paz no tienen perspectiva alguna. En particular, si hasta hace poco hubo quienes ponían en duda la conveniencia de una participación activa de la Organización en el proceso de paz en Oriente Próximo, hoy se ha acabado por reconocer universalmente el papel decisivo desempeñado por la Fuerza Provisional en el Líbano para el mantenimiento de la estabilidad en la frontera meridional con Israel tras la retirada de sus tropas.

La ONU se ha consolidado como foro central del desarme internacional que moviliza el apoyo político a la no-proliferación de armas nucleares y propulsa las negociaciones entre Rusia y Estados Unidos acerca de la reducción de armas estratégicas ofensivas. Desde este enfoque, las resoluciones de la Asamblea General, que advirtieron que el desmantelamiento del Tratado ABM de 1972 sería inadmisible, tuvieron una gran importancia. La ONU se ha dedicado directamente a la prevención del tráfico ilegal de armas pequeñas y ligeras, que se ha convertido en una de las prácticas principales para provocar y alimentar los conflictos interétnicos.

Es importante que la ONU no sólo ha estado acumulando una experiencia positiva de la actividad pacificadora internacional, sino que haya sabido sacar lecciones de la práctica negativa. Nos referimos, particularmente, a la técnica de imposición de sanciones contra Estados que no respetan el derecho internacional. Tras concluir las sanciones impuestas a la República de Sudáfrica y a Rhodesia en los años setenta, que impulsaron la progresiva desaparición del *apartheid*, es difícil encontrar otros ejemplos de consecución de unos propósitos justos por medio de este instrumento de la política internacional. A principios de los noventa, la inclinación a imponer indiscriminadamente sanciones indefinidas (13 de los 15 regímenes sancionadores de toda la historia de la ONU fueron aprobados a partir de 1991) no consiguió más que hacer sufrir a la población civil de los países afectados y a la de sus vecinos. En el caso de Irak estas sanciones tuvieron una repercusión sumamente negativa sobre las condiciones de vida de la población, la economía y la sociedad civil en general.

La comunidad internacional ha abierto hoy un profundo debate conceptual a fin de encontrar una práctica adecuada que permita abandonar la viciada costumbre de imponer sanciones indiscriminadamente, de manera que las medidas adoptadas se dirijan concretamente contra los responsables de infringir la ley internacional e ignorar las resoluciones del Consejo de Seguridad. Precisamente fue este modelo de acertadas y bien asignadas sanciones el aplicado contra los talibanes afganos con el propósito de conseguir que cesaran su apoyo al terrorismo internacional; un apoyo confirmado, una vez más, por la existencia de una vasta ayuda del movimiento integrista destinada a los guerrilleros chechenos. Además, Rusia, junto con sus partidarios, ha estado gestionando que el Consejo de Seguridad no imponga en adelante sanciones indefinidas, sino por un período estrictamente delimitado, y a condición de que se realice un análisis de posibles daños colaterales en el ámbito humanitario y de que se prevenga el sufrimiento de la población civil y la repercusión negativa de las sanciones sobre terceros. Este planteamiento lo recogerían las recomendaciones de la Asamblea General de la ONU que, con anterioridad, se había pronunciado a favor, precisamente, de este tipo de sanciones. La nueva visión sobre el uso de las sancciones corresponde a las aspiraciones de países no-alineados, cuyos representantes en la Conferencia ministerial del Movimiento de Países No-Alineados, celebrada en Cartagena el 8 y 9 de abril de 2000, subrayaron que las sanciones deben ser impuestas con plazo delimitado y con propósitos claramente definidos sobre una base jurídica, de modo que no sean utilizadas como instrumento de presión política[46].

La ONU juega un papel sumamente positivo en la coordinación de los esfuerzos de la comunidad internacional encaminados a hacer frente a las nuevas amenazas y desafíos, particularmente mediante el fomento de una base jurídica internacional con este propósito. Así, en el marco de la ONU, se ha aprobado la organización de varias nuevas convenciones para la lucha contra el terrorismo y su financiación y para la prevención del tráfico ilegal de drogas. La Convención contra el crimen organizado transnacional aprobada en la quincuagésima quinta sesión de la Asamblea General de la ONU, y su posterior suscripción en la Conferencia de Palermo de diciembre de 2000, señalaron el inicio de una etapa cualitativamente nueva de la cooperación contra el crimen en el ámbito internacional.

[46] Véase *Final Document of the XIII Ministerial Conference of the Movement of the Non-Aligned Countries,* Cartagena, 8-9 de abril de 2000, parágrafos 29-30.

En general, la ONU ha adquirido el prestigio de creador central de las normas jurídicas internacionales. Desde su creación, se han elaborado en el marco de la Organización más instrumentos del derecho internacional que a lo largo de toda la anterior historia de la humanidad.

Se está llevando a cabo también un importante trabajo en el ámbito socioeconómico. La estructura de la ONU que, junto con la Asamblea General y el Consejo Económico y Social (ECOSOC) con sus respectivas comisiones y comités, integra diversos fondos, programas y 14 organismos especializados, abarca la cooperación interestatal en todas las esferas de la vida contemporánea, incluidas la economía y las finanzas, la agricultura, la sanidad pública, las relaciones laborales, la propiedad intelectual, la meteorología, el transporte aéreo y marítimo, las telecomunicaciones, el correo, la ciencia, la cultura y otras.

Pese a que la misma ONU no dispone de abundantes recursos financieros para realizar proyectos de desarrollo en diversos países, la Organización ha influido notablemente sobre la reforma del sistema monetario internacional. Varias conferencias internacionales de la ONU convocadas en los años noventa, que abordaron temas relacionados con el medio ambiente y el desarrollo, los derechos humanos, la demografía y los asentamientos humanos, el desarrollo social y los derechos de la mujer, sentaron los fundamentos conceptuales de los esfuerzos colectivos encaminados a establecer un orden económico internacional que no ignore los acuciantes problemas sociales y medioambientales. El empeño de la ONU en plantear estos problemas ha conseguido que los organismos financieros internacionales de carácter central, como el Fondo Monetario Internacional (FMI) o el grupo del Banco Mundial, estén empezando a considerar entre sus objetivos prioritarios la lucha contra la pobreza y las enfermedades, la asignación de ayuda a los países más pobres y la adaptación de las reformas del mercado a las necesidades sociales. En el fondo, la ONU garantiza hoy la orientación social de la política internacional económica y financiera y promueve una democratización de la economía mundial. Precisamente, fue en el marco de la ONU donde se ha concebido y ha ganado renombre universal el concepto de desarrollo sostenible que, por primera vez, integró en un todo las tareas de carácter económico, social y medioambiental.

La ONU encabezó también los esfuerzos internacionales dirigidos a solucionar el problema de los refugiados. Gracias a este empeño, según la estadística del Alto Comisionado de Naciones Unidas para los Refugiados (ACNUR), el número total de refugiados ha disminuido de 17,6 millones de personas en 1992 y de 13,6 millones en 1997 a 11,5 millones en 1999[47].

Dado el carácter principalmente interno de la mayoría de los actuales conflictos, que producen no tanto refugiados como personas desplazadas dentro de su país natal y cuyo número ronda los 25 millones de personas, la ONU ha ido adaptándose ágilmente a las nuevas condiciones con el fin de contribuir a la solución de este problema[48].

La ONU fue la primera en responder al nacimiento de un nuevo grupo de Estados, incluida Rusia, que llegaron a denominarse «países con economías en transición», y en aprobar una serie de resoluciones para apoyar sus intentos de llevar a efecto las reformas económicas y sociales, y su voluntad de integrarse en un entorno propicio al sistema económico y comercial mundial. Sobre la base de estas resoluciones, Rusia ha estado obteniendo recursos de diversos fondos y programas de la ONU, cuyo propósito es desarrollar proyectos concretos, principalmente a escala regional, en apoyo de sus reformas y programas sociales.

La enumeración de los éxitos de la ONU, cada uno de los cuales corresponde a los intereses nacionales de Rusia, es un importante argumento a favor del papel actual que se le otorga a la Organización en la política exterior rusa. Al ser un foro universal, la ONU ejerce la función central de velar para que las actividades de Estados y organismos internacionales no se salgan de los límites establecidos por el de-

---

47 Véase *Informe de la ONU* E/CN, 4/1998/53, 11.2.1998, p. 2.

48 Véase *World Refugee Survey*, 1998, p. 3.

recho internacional. Todas las estructuras mundiales y regionales sin excepción están representadas en la ONU. Un entendimiento mutuo entre ellas garantiza las mejores condiciones para establecer unos planteamientos equilibrados, mutuamente aceptables y, por lo tanto, alcanzables de los asuntos internacionales.

La ONU y la estructura de organismos por ella creada representa un centro orgánico que auna los esfuerzos de todos los Estados miembros, de cuya voluntad política dependerá el prestigio y el futuro de la Organización. Últimamente se ha hablado bastante de la necesidad de una reforma de la ONU que la adapte a los nuevos desafíos. Rusia entiende que esta reforma debe pasar, en primer lugar, por la adopción de medidas a fin de reforzar el papel de la ONU en la palestra mundial. En vista del ritmo cada vez más acelerado de los cambios en el ámbito internacional, la reforma de la ONU, según observa acertadamente su secretario general, Kofi Annan, no debe ser un acto momentáneo, sino un proceso que permita a la Organización mantener continuamente el ritmo de la vida real.

En la etapa actual de la reforma adquieren una especial importancia propósitos como: la creación de mecanismos eficaces de prevención de las crisis; el perfeccionamiento de las actividades pacificadoras y su consolidación, en estrecha colaboración con las organizaciones regionales, otorgando un papel reglamentario central al Consejo de Seguridad; la promoción del desarme multilateral y de la no-proliferación de armas de destrucción masiva; la lucha contra el terrorismo internacional y el crimen organizado; la intensificación de los esfuerzos encaminados a erradicar la pobreza y a proteger nuestro entorno natural; la resolución del problema de los refugiados y el ordenamiento de los movimientos migratorios.

El Consejo de Seguridad tampoco puede mantenerse al margen de los cambios, pues debe llegar a ser más representativo conservando a la vez su eficiencia y la capacidad para actuar con rapidez.

Es difícil aceptar las afirmaciones que aseguran que en el marco del Consejo de Seguridad es imposible conseguir a menudo el consenso para sancionar el uso de la fuerza a fin de poner término a una crisis humanitaria. Con este pretexto se pretende dejar libres las manos a determinados países y organizaciones, como, por ejemplo, la OTAN, para que puedan «castigar a los responsables del sufrimiento de la población civil» y «restablecer la justicia».

Al mismo tiempo, se sostiene que en semejantes cuestiones la eficiencia del Consejo de Seguridad resulta limitada por el derecho de veto. A este respecto hay que tener presente lo siguiente. En primer lugar, el derecho de veto se funda en el principio de unanimidad de los cinco miembros permanentes del Consejo, establecido por la Carta de la ONU. No se trata de ningún tipo de privilegio, sino de una piedra angular del sistema de relaciones internacionales creado al término de la Segunda Guerra Mundial, y está concebido como una garantía de que ningún Estado pueda llevar a cabo en la palestra mundial una acción en contra de los intereses de una de las grandes potencias. La viabilidad de la ONU reside en este principio clave, que contiene un gran potencial para la conformación de un mundo multipolar imprescindible para asegurar una situación internacional estable.

Esto no significa que los miembros permanentes del Consejo de Seguridad sean libres de utilizar el derecho de veto a su propio gusto. Al contrario, a medida que crezca la interdependencia entre los países, se fomenten los mecanismos de cooperación internacional y se amplíen los procesos de democratización, se estará incrementando la influencia de todos los Estados sobre los planteamientos de los miembros del Consejo de Seguridad, incluidos los del «quinteto» permanente. En la actualidad, ninguna resolución del Consejo de Seguridad se aprueba sin la consideración de las aspiraciones de todos los Estados miembros interesados, y menos aún cuando se trata de una acción coercitiva. En las condiciones actuales es prácticamente imposible utilizar el derecho de veto sin haber presentado unas explicaciones claras de tal posición. Resulta igualmente difícil utilizarlo para defender una intención maligna o para bloquear decisiones inspiradas en el empeño de la comunidad internacional de poner coto a una violación masiva de derechos humanos.

Rusia no sólo ha desempeñado con absoluta responsabilidad su papel de miembro permanente del Consejo de Seguridad, sino que además ha estado abogando por aumentar su capacidad de reacción ante las crisis humanitarias. Como se ha mencionado antes, Rusia ha presentado a la ONU una iniciativa que propone matizar, mediante el diálogo colectivo, los aspectos jurídicos del uso de la fuerza en las relaciones internacionales y en las condiciones de la globalización. También merecen ser estudiadas extensamente las vías concretas para estimular una diplomacia de la prevención y de la pacificación, y para perfeccionar el régimen de imposición de sanciones, la metodología y la práctica de la consolidación de la paz y de la reconstrucción después de los conflictos.

Los padres fundadores de la ONU previeron la posibilidad de reaccionar, sobre una base legítima, ante cualquier vulneración de la paz y la seguridad[49].

Como es sabido, la comunidad internacional también puede recurrir a una acción coercitiva. Sin embargo, debe hacerlo conforme a la Carta de la ONU y con una sanción previa del Consejo de Seguridad, puesto que los métodos arbitrarios no van sino en descrédito de los propósitos bienintencionados. Es preciso que se aplique un planteamiento especialmente cauteloso respecto al uso de la fuerza y, más todavía, que no se permita que ésta se convierta en instrumento para ejercer presión sobre pueblos y Estados que disgustan a algunos.

La evolución de los procesos mundiales dicta, desde luego, la necesidad de desarrollar las normas del derecho internacional de manera que se adapten a la nueva realidad. Sin embargo, este proceso debe realizarse mediante un debate colectivo del que salga la aprobación de las resoluciones pertinentes que no partan de una página en blanco, sino de las normas vigentes del derecho internacional.

En resumen, a condición de que exista una voluntad política de todos los Estados será posible y necesario llevar a término las reformas razonables que permitan fortalecer el papel central de la ONU en los asuntos mundiales, pero basándose en la Carta de la Organización y en su extensa experiencia práctica. La Carta de la ONU con-

[49] Véase *Carta de la ONU*, capítulo VI (artículos 33-38); capítulo VII (artículos 39-51).

tiene todo el potencial necesario para encontrar unas acertadas respuestas globales a los desafíos globales de nuestra época. No obstante, sólo es posible desarrollar este potencial de manera colectiva, sin que ningún Estado o grupo de Estados pretenda obtener el liderazgo absoluto a escala mundial o bien imponer a otros países su visión del nuevo orden mundial. El futuro reside en la capacidad de la ONU para compaginar las nuevas ideas y tendencias del desarrollo mundial con los principios básicos probados del derecho internacional.

Capítulo 3

Las directrices regionales de la política exterior rusa

1. La política de Rusia en relación con la Comunidad de Estados Independientes (CEI)

Para la nueva Rusia no ha existido problema más actual en el ámbito de la política exterior, desde el primer momento, que el del fomento de las relaciones interestatales en el marco de la CEI.

El desmembramiento de la Unión Soviética desencadenó cambios de una amplitud sin precedentes dentro de un enorme espacio geopolítico, poblado por representantes de varias decenas de etnias. Los cambios producidos tuvieron una repercusión directa y a veces dramática sobre el destino de millones de nuestros antiguos compatriotas. Es por ello que la solución de los problemas relacionados con la formación de un nuevo sistema de relaciones internacionales en el territorio de la antigua URSS siempre ha sido considerada por los líderes de Rusia como una prioridad central de la política exterior del país. Sin embargo, a lo largo del último decenio, la vida real hizo matizar repetidamente tanto la concepción de la política rusa respecto a la CEI, como el contenido de sus actividades prácticas en este ámbito.

En la etapa inicial de la CEI, a muchos les daba la impresión de que los tradicionales vínculos históricos entre las antiguas repúblicas soviéticas, que integraron el organismo político y económico de la URSS, eran premisas suficientes para que la CEI se transformara a un ritmo rápido en una verdadera alianza integracionista. Estas estimaciones dejaron una destacada huella en los documentos constituyentes de la CEI. En el momento de firmar el Tratado de Creación de la CEI, el marco guía de los Estados signatarios* fue el empeño en mantener un espacio común en los ámbitos socioeconómico, estratégico, militar y de transporte. Se proponían los siguientes objetivos: garantizar en el plazo más corto la permeabilidad de las fronteras interiores de la CEI, compaginándola con una defensa colectiva de sus fronteras externas; coordinar la política exterior de los Estados miembros; colaborar recíprocamente en la solución de los problemas de seguridad social y jubilación del personal militar y de sus familiares; garantizar a todos los ciudadanos de la CEI, independientemente de su nacionalidad y país de residencia, derechos iguales de conformidad con las normas internacionales universalmente reconocidas; fomentar un amplio intercambio en los ámbitos cultural y de la información y en otros.

Sin embargo, la política real de los países de la CEI ha sido desde el principio cada vez más divergente respecto de los propósitos mencionados. Las tendencias «centrífugas» en los ámbitos político, económico, comercial, humanitario y en otras áreas crearon importantes obstáculos en el camino hacia una cooperación activa y mutuamente provechosa.

Este proceso tenía en gran medida carácter objetivo. La interrelación económica entre las republicas de la URSS se fomentó en el marco del sistema administrativo soviético, que funcionaba, mayormente, mediante una rigurosa centralización y el férreo control del Partido Comunista. A finales de los ochenta este sistema ya se encontraba en una situación bastante precaria, mientras que con la desintegración de la URSS y el comienzo de la transición a la economía de libre mercado prácticamente dejó de existir. Este proceso originó de manera inevitable una profunda crisis de toda la estructura de coope-

* Los Estados constituyentes de la CEI fueron: Armenia, Azerbaiyán, Bielorrusia, Georgia, Kazajstán, Kirguistán, Moldavia, Rusia, Tayikistán, Turkmenistán, Uzbekistán y Ucrania. *(N. del T.)*

ración económica que existía en el antiguo espacio soviético. Las reformas económicas en Rusia y en otros países de la CEI, que se produjeron a ritmos distintos y a veces con contenidos marcadamente diferentes, tampoco estimulaban una aproximación económica entre los Estados miembros. Por último, en la política de algunos Estados de la CEI se perfiló la tendencia a reorientar sus vínculos económicos y comerciales hacia nuevas regiones.

Todo ello ha conducido a un repentino declive del comercio interior en el marco de la CEI. Mientras en 1991 suponía el 60 por 100 de las exportaciones y las importaciones de la zona CEI, en 1999 esta cifra disminuyó hasta el 30 por 100. El comercio de mercancías entre las repúblicas de la URSS, que en el trienio 1988-1990 representaba la cuarta parte del Producto Interior Bruto del país, actualmente supone menos del 10 por 100 del PIB conjunto de la CEI. Por último, la aportación de los países de la CEI al comercio exterior ruso ha decrecido durante el último decenio hasta el 22 por 100.

A raíz de las marcadas diferencias entre las políticas de los distintos países miembros de la CEI, el concepto de unión económica, plasmado en el correspondiente tratado que se firmó el 24 de septiembre de 1993, no ha llegado a realizarse. Tampoco se ha creado el convenio de pagos ni se ha producido la unión monetaria de la CEI. En definitiva, el rasgo distintivo de aquella etapa fue la creciente discrepancia entre las declaraciones y los acuerdos políticos, que, en apariencia, orientaban la Comunidad hacia un desarrollo ulterior, y el grado real de su realización. Así, entre 1991 y 1998 en el marco de la CEI se suscribieron 1.030 acuerdos y convenios multilaterales de carácter internacional. Sin embargo, muchos de ellos se quedaron sólo sobre el papel. Hasta el 1 de febrero de 2000, de los 164 documentos aprobados por el Consejo de Jefes de Estado y por el Consejo de Jefes de Gobierno, que requerían ratificación o cumplimiento de trámites por cada Estado, sólo siete habían entrado en vigor en todos los países miembros de la CEI.

La repercusión de las tendencias «centrífugas» también se notó en el ámbito político. Se perfilaron diferencias en los enfoques de los Estados miembros ante los propósitos y las metas primordiales de la Comunidad, así como ante su papel en la política mundial. En buena medida estas controversias fueron fruto de la difícil transformación psicológica relacionada con la transición a un nuevo modelo de relaciones interestatales en el marco de la CEI. Las antedichas complicaciones resultaron especialmente severas para los nuevos Estados independientes, que al principio no tenían experiencia alguna, ni un Cuerpo diplomático profesional para desarrollar una política exterior autónoma. En calidad de nuevos partícipes en las relaciones internacionales tenían por delante la inevitable etapa de formación de la conciencia nacional y estatal. A menudo este proceso avanzaba a costa de debilitar los vínculos bilaterales con Rusia. Al fin y al cabo, incluso desde el punto de vista técnico, se requería un tiempo para encauzar las relaciones de Rusia y sus socios de la CEI hacia unos contactos diplomáticos consonantes con la práctica mundial.

Sin embargo, sería incorrecto considerar la etapa inicial de la CEI como una experiencia sumamente negativa. La trascendencia histórica de aquella época radica en que el fomento de la cooperación en el marco de la CEI, pese a todas sus imperfecciones y puntos flacos, había permitido evitar el caos en el antiguo territorio soviético. Las consecuencias de una evolución conforme al «modelo balcánico» parecen evidentes, dada la cantidad de armas de destrucción masiva almacenadas, en las ex repúblicas de la URSS. Desde esta perspectiva, los acuerdos que clarificaron el futuro de las armas nucleares estacionadas en Ucrania, Bielorrusia y Kazajstán, ofreciendo unas sólidas garantías de seguridad en el ámbito de la CEI, ponen de relieve el indudable logro histórico de los diplomáticos rusos y de sus colegas de los demás Estados de la Comunidad.

En septiembre de 1995 el presidente de la Federación Rusa* aprobó mediante decreto la política estratégica de Rusia en relación con los Estados miembros de la CEI[50].

---

[50] Véase *Strateguicheskii kurs Rossii s gosudarstvami-uchastnikami Sodruzhestva Nezavisimikh Gosudarstv//Diplomaticheskii vestnik (El curso estratégico de la política de Rusia en relación con los Estados miembros de la CEI), La Gaceta Diplomática*, núm. 10, 1995.

* El presidente de la Federación Rusa era Boris Yeltsin. *(N. del T.)*

Este documento confirmó el carácter prioritario de este vector de la política exterior rusa. El curso estratégico de la política rusa partía del hecho de que la situación en la antigua URSS afecta a sus intereses vitales en los campos económico, de la defensa y la seguridad, así como a la defensa de los derechos de ciudadanos rusos y, por consiguiente, requería esfuerzos para consolidar la CEI.

Rusia ha fijado como objetivo central de las relaciones con los Estados de la CEI la garantía de una estabilidad duradera en todas sus facetas, incluidas la estabilidad política, militar, económica, humanitaria y jurídica. Este empeño comprende también la asistencia prestada a los países miembros con el fin de convertirles en Estados con sistemas políticos y económicos estables que mantengan unas relaciones amistosas con Rusia; la consolidación de Rusia como la fuerza motriz de la formación del nuevo sistema de relaciones interestatales en los ámbitos político y económico; la ampliación y profundización de los procesos integracionistas en el marco de la CEI.

Los documentos doctrinales de la política rusa en relación con la CEI establecían a mediados de los noventa como marco guía la conservación del antiguo territorio soviético en calidad de zona de interés especial para Rusia, así como una profunda integración de la Comunidad, que la convertiría en influyente protagonista de la economía y la política mundiales. El papel de la fuerza motriz y organizadora de este proceso, necesariamente, se le otorgaba a Rusia. La creación de una alianza interestatal política y económicamente integrada y capaz de reclamar un papel honroso en la comunidad internacional fue definida como el propósito clave de la política rusa en relación con la CEI.

Al mismo tiempo, a mediados de los noventa ya empezaron a sentarse las premisas para introducir correcciones en la política exterior de Rusia respecto a la CEI, de manera que fuera más realista su visión sobre las perspectivas de desarrollo integracionista.

Como resultado de estos cambios, el curso de la política de Rusia en el marco de la CEI ya admitía la posibilidad de un desarrollo a «distintas velocidades», es decir, la formación de un «núcleo integracionista» que incluyera los Estados preparados para ascender a un nivel de cooperación más alto con la posibilidad de adhesión en el futuro de otros países miembros.

Este concepto reflejó el proceso de una progresiva estratificación política y económica en el ámbito de la CEI, que se estaba llevando a efecto desde principios de los noventa. En el marco de este proceso el modelo de integración a «distintas velocidades» empezó a cobrar forma real.

Los procesos integracionistas alcanzaron el máximo nivel en las relaciones entre Rusia y Bielorrusia. El 2 de abril de 1996 se suscribió el Tratado de la Comunidad de Repúblicas Soberanas, integrada por Rusia y Bielorrusia, que un año más tarde fue completado con el Tratado de la Unión entre la Federación Rusa y la República de Bielorrusia y, posteriormente, con el Tratado de la Confederación entre Rusia y Bielorrusia, ratificado el 8 de diciembre de 1999[51].

Se desplegó una activa labor para poner en práctica este último acuerdo. Se formaron y pusieron en marcha los órganos de poder de la Confederación, así como los mecanismos de coordinación también en el ámbito de la política exterior. La tarea de dotar las nuevas infraestructuras de contenido concreto, precisamente en el ámbito económico, apareció en primer plano. Es evidente que el logro de este propósito supondría un potente impulso a los procesos integracionistas en el marco de la CEI.

El 29 de marzo de 1996 se suscribió el Acuerdo cuatripartito para la profundización de la integración en los ámbitos económico y humanitario entre Bielorrusia, Kazajstán, Kirguistán y Rusia, al cual se incorporó en 1999 como quinto signatario Tayikistán[52].

---

[51] Véase *Dogovor o sozdanii Soiuznogo gosudarstva Rossii i Belorusii//Rossiiskaia gazeta (Tratado de la Confederación entre Rusia y Bielorrusia), El Periódico de Rusia,* 29.1.2000.

[52] Véase *Dogovor mezhdu Respublikoi Belorussiia, Respublikoi Kazajstán, Kirguizskoi Respublikoi i Rossiiskoi Federatsiei ob uglublenii integratsii v ekonomicheskoi i gumanitarnoi oblastiaj. Moscú, 29 de marzo de 1996 (Acuerdo cuatripartito para la profundización de la integración en los ámbitos económico y humanitario entre Bielorrusia, Kazajstán, Kirguistán y Rusia),* «La Política exterior y seguridad de la Rusia contemporánea», *Crestomatía,* vol. 2, Moscú, 1999, pp. 353-358.

Estos Estados adoptaron la política de la cooperación en el marco de la Unión Aduanera, que en octubre de 2000 fue transformada en Comunidad Económica de Euroasia, una verdadera organización internacional. El antedicho «quinteto», más Armenia, han estado desarrollando una cooperación de carácter privilegiado en el ámbito político-militar y en el marco del Tratado de Seguridad Colectiva. Kazajstán, Kirguistán, Tayikistán y Uzbekistán crearon la Comunidad Económica de Asia Central, en la cual Rusia mantiene el estatuto de observador.

Georgia, Ucrania, Uzbekistán, Azerbaiyán y Moldavia integraron asimismo su propia alianza denominada GUUAM.

Turkmenistán adoptó una actitud especial, declaró el principio de neutralidad como la piedra angular de su política exterior, de modo que los dirigentes turcomanos se han abstenido hasta la fecha de suscribir las resoluciones aprobadas en el curso de las sesiones de diversos organismos de la CEI.

Al mismo tiempo, todos los Estados de la CEI han mostrado su interés en crear una zona de libre comercio en el antiguo territorio soviético. A instancias de Rusia se firmaron: el Acuerdo para coordinar la lucha contra los monopolios, el Convenio sobre trámites y controles aduaneros referentes al comercio de mercancías entre Estados miembros de la CEI, el Protocolo para la reglamentación de las consultas relativas a la eliminación por etapas de las restricciones sobre la libre circulación de mercaderías y el Acuerdo sobre restricciones no arancelarias en la zona de libre comercio.

Los comienzos del siglo XXI han estado marcados por la presencia de una nueva etapa en la conformación de la política rusa con respecto a la CEI. La conclusión de que se requería una percepción de futuro más realista para transformar la CEI en una verdadera alianza integracionista ha sido nuestro punto de partida para replantear esta política. En esencia, Rusia se ha encontrado ante un dilema que consistía, por un lado, en seguir considerando la integración como un valor absoluto, que justifica cualquier esfuerzo económico o concesión a los aliados o, por otro, optar por un curso más pragmático que, en primer lugar, tenga en cuenta los intereses primordiales de la seguridad y desarrollo económico del país.

Finalmente, Rusia optó por profundizar las relaciones bilaterales con los Estados miembros de la CEI entendidas como una premisa imprescindible para que continuara el desarrollo de los procesos integracionistas. Las relaciones con cada país miembro desde entonces se han construido dependiendo de que tenga interés recíproco en cooperar con Rusia y de que respete debidamente los intereses rusos, incluidas las cuestiones de seguridad y la salvaguarda de los derechos de nuestros compatriotas.

Este curso pragmático ya ha empezado a dar frutos. Con la mayoría de los Estados de la CEI se están estableciendo unas relaciones estables y de respeto mutuo.

Así, en los años 2000-2001 se consiguió establecer un diálogo profundo y multidimensional con Ucrania al más alto nivel político, y lograr un avance en la solución de varias cuestiones complicadas referentes a la cooperación bilateral, en primer lugar, en el campo económico. Se perfiló la tendencia a una aproximación entre las posiciones de los dos países acerca de varios temas clave de la actualidad internacional.

En el mismo período Rusia añadió más dinamismo a su política en Asia Central. El esfuerzo principal se concentró en fortalecer la cooperación en el ámbito de la seguridad, en primer lugar para ofrecer una resistencia colectiva a la amenaza del terrorismo internacional. Por primera vez en varios años no sólo conseguimos frenar el descenso del volumen comercial con los Estados de Asia Central, sino que logramos una notable expansión.

El intenso diálogo al máximo nivel político también permitió conseguir importantes avances en las relaciones con Azerbaiyán, mientras que los contactos con Armenia tienen desde el principio el carácter de una cooperación entre aliados. Al mismo tiempo, las relaciones con Georgia evolucionaban de una manera difícil. Rusia está abierta a negociar la normalización de los contactos con Tiflis, con la condición indispensable de que se consideren adecuadamente sus intereses, en primer término, en el ámbito de la lucha contra el terrorismo internacional.

Rusia considera su curso político encaminado a desarrollar las relaciones bilaterales con los países de la CEI como una etapa imprescindible en la profundización de la cooperación integracionista multilateral. Hemos demostrado siempre nuestro interés y empeño en conseguirla. Sin embargo, conviene destacar que no vemos la integración como un fin en sí mismo. Tiene que desarrollarse de manera natural y orgánica, de modo que ofrezca respuestas a problemas específicos, cuya resolución colectiva es conveniente y a veces imprescindible. La experiencia mundial de la integración demuestra que este proceso no admite una estimulación forzada. Su desarrollo requiere que exista un conjunto de premisas objetivas de carácter político y económico. En América Latina, por ejemplo, las primeras alianzas integracionistas empezaron a formarse ya en los años sesenta. Sin embargo, el verdadero avance cualitativo en sus actividades sólo llegó tres décadas después.

La experiencia de todas las alianzas integracionistas existentes también indica que es vital un alto nivel de comprensión mutua y de confianza en el ámbito político para la integración con éxito. A nadie le sorprende, pongamos por caso, el papel central de Estados Unidos en la zona de libre comercio establecida por el Tratado de Libre Comercio Norteamericano (TLC), o bien la destacada importancia que tiene la economía alemana para la Unión Europea. Con lo cual, parece lógico que Rusia protagonice el papel de eje central de la CEI, fundamentado, particularmente, en factores objetivos tales como la dimensión de su territorio, el número de habitantes y el potencial económico.

Rusia no impone la integración a nadie, pero tampoco tiene la intención de alejar de los procesos integracionistas a los países realmente interesados. Consideramos natural que los Estados miembros de la CEI busquen una diversificación más profunda de sus contactos internacionales y nuevos socios comerciales. Lo que resulta inadmisible para Rusia es la pretensión de terceros de actuar en la zona CEI en perjuicio de los intereses rusos, así como los intentos de desplazar a nuestro país o bien debilitar sus posiciones de manera artificial. Este tipo de rivalidad y la lucha por «esferas de influencia» representa un evidente anacronismo en el ámbito de la política mundial y no hace más que añadir tensión y desconfianza a las relaciones internacionales.

Los países miembros de la CEI, que tienen múltiples intereses, comparten el empeño de carácter objetivo de fomentar una cooperación mutuamente beneficiosa en varios ámbitos concretos. Así, la mayoría de los Estados demuestran estar preparados para buscar colectivamente las respuestas a los nuevos desafíos y amenazas, tales como el terrorismo, las acciones del separatismo militante y del extremismo religioso, el crimen transnacional y el contrabando de drogas y de armas.

La sesión del Consejo de jefes de Estado de países miembros, celebrada el 21 de junio en Moscú, aprobó el programa de la lucha contra el terrorismo internacional y otras facetas del extremismo hasta el 2003, y tomó la decisión de establecer en Moscú, sobre la base del Servicio Federal de Seguridad de Rusia (antiguo KGB), el Centro Antiterrorista de los Estados miembros de la Comunidad.

La cumbre de Moscú también estuvo marcada por un acontecimiento que señaló un avance esencial en el ámbito de la cooperación política en el marco de la CEI. Por primera vez, los presidentes consideraron por iniciativa rusa una importante cuestión de la política global, aprobando de mutuo acuerdo un documento concertado al respecto. La reacción de la comunidad internacional a la Declaración de Jefes de Estado acerca del mantenimiento de la estabilidad estratégica, que confirmó el valor permanente del Tratado de ABM de 1972, advirtiendo del peligro que acarrearía su derogación, demuestra que este paso aumentó la autoridad de la CEI en el ámbito mundial.

En la actualidad, el principal instrumento unificador para el mantenimiento de la seguridad y de la cooperación técnica y militar en el marco de la CEI es el Tratado sobre Seguridad Colectiva (TSC)*.

En 1999 se aprobó la prórroga del TSC por cinco años más. La sesión del Consejo de Seguridad Colectiva (CSC), celebrada en mayo

* Los países miembros del TSC son Armenia, Bielorrusia, Kazajstán, Kirguistán, Rusia y Tayikistán. *(N. del T.)*

de 2000, ratificó un paquete de resoluciones diseñadas para adaptar el TSC a la nueva realidad geopolítica, fortaleciendo, en particular, el componente antiterrorista del Tratado. Esta línea se consolidó en el curso de las actividades del CSC y de sus organismos a lo largo de 2000.

Rusia ha estado abogando por promover la cooperación multilateral en otros ámbitos, incluidos el de la política exterior, la cultura, la enseñanza, la sanidad y el intercambio de información. A fin de conseguir las metas establecidas en las principales áreas de colaboración por la Declaración de Jefes de Estados Miembros de la CEI, aprobada el 2 de abril de 1999, se ha elaborado un programa de medidas concretas hasta el 2005.

Hoy, en el marco de la CEI, se está haciendo un esfuerzo para reducir el «coste» de la integración, lo que es característico de todas las alianzas regionales del presente. Los ambiciosos proyectos de crear una Unión Económica profundamente integrada se ven desplazados a un segundo plano por la necesidad de una reforma estructural. Desde 1999 Rusia ya no ha insistido en otorgar poderes supranacionales a los organismos de la CEI; propuesta a la que se oponía la mayoría de Estados miembros.

Desde abril de 1999 se está llevando a cabo una labor concreta para reformar los institutos de la CEI. Se creó un organismo único permanente de ejecución, gestión y coordinación: el Comité Ejecutivo. También se aprobó el estatuto del Comité Económico de la CEI, que garantizará el cumplimiento de las resoluciones de los organismos directivos de la Comunidad referentes a la formación y el funcionamiento de la zona de libre comercio y a otras cuestiones de la cooperación económico-social.

La solución de los conflictos en el marco de la CEI constituye un problema aparte. A raíz de los esfuerzos desplegados por Rusia, en colaboración con la ONU y la OSCE, en distintos focos conflictivos del antiguo territorio soviético (Abjasia, Osetia del Sur, Nagorno-Karabaj, la República de Trans-Dniéster), se ha conseguido un cese de las hostilidades, se mantiene el alto el fuego y se han creado las premisas para la solución política de los conflictos. El propósito de la etapa actual consiste en respaldar a las partes en conflicto en la búsqueda de soluciones mutuamente aceptables, evitando la reapertura de las hostilidades.

Las fuerzas de paz rusas, conforme a los respectivos acuerdos bilaterales y resoluciones del Consejo de Jefes de Estado de la CEI, se hallan desplegadas en Abjasia, Osetia del Sur y la República de Trans-Dniéster. Por varias razones, Rusia está cargando prácticamente por sí sola con las operaciones de paz. Pese a los intentos de determinados círculos occidentales de cuestionar el papel de nuestras fuerzas pacificadoras, su decisiva contribución al mantenimiento de la estabilidad en los focos conflictivos de la CEI ha sido ampliamente reconocida por la comunidad internacional.

Un logro sustancial en este ámbito, conseguido en los últimos años, fue la culminación, con la intervención decisiva de Rusia, del proceso de resolución de la crisis en Tayikistán, que permitió regresar a sus hogares a casi un millón de personas. A finales de marzo de 2000 empezó a funcionar en Dushambé el recién elegido organismo legislativo, Majlis Oli*. Una vez cumplida su misión principal, la Comisión para la reconciliación nacional anunció su disolución.

Sin embargo, todavía queda mucho por hacer para devolver Tayikistán a la normalidad. Se trata de un proceso largo. La permanente confrontación armada en Afganistán también perjudica al mantenimiento de la estabilidad en Tayikistán. Rusia ha hecho continuas gestiones para ampliar el apoyo internacional a las transformaciones internas en Tayikistán, lo que incluye, en particular, la creación de una oficina de la ONU para la reconstrucción tras el conflicto y la convocatoria de una conferencia internacional o de una mesa redonda de los países donantes para atraer ayuda financiera a ese país.

El mantenimiento de un estado intermedio entre la guerra y la paz en la región del Cáucaso, colindante con Rusia, afecta directamente a nuestros intereses. Igual sucede con la confrontación entre Armenia y Azerbaiyán en torno al problema de Nagorno-Karabaj.

---

* Majlis Oli: Asamblea legislativa. *(N. del T.)*

Este conflicto dificulta el fomento ulterior de la cooperación económica y comercial de Rusia con Azerbaiyán y Armenia e impide encauzar una comprensiva coordinación multilateral en el Cáucaso, a la vez que provoca tensión en las fronteras meridionales de nuestro país.

La clave para solucionar esta crisis está en manos de los dos Estados sobre los cuales recae la principal responsabilidad de resolver el nudo del conflicto de Nagorno-Karabaj. Se requiere una solución que establezca en Transcaucasia una paz «sin vencedores, ni vencidos», permitiendo mantener la estabilidad en la región tras el conflicto. Es esencial que Bakú y Ereván encuentren una solución sobre la base de la buena voluntad.

Precisamente por esta razón la diplomacia rusa, que actúa tanto por su propia cuenta como en el marco de los mecanismos de mediación internacionales, pone el acento en la necesidad de continuar el proceso negociador entre Armenia y Azerbaiyán al más alto nivel. Por su parte, Rusia estaría dispuesta a aceptar un esquema de solución a esta controversia que sea mutuamente aceptable para las propias partes en conflicto, y a desempeñar el papel de garante del compromiso.

Guiándose por este enfoque, Rusia contribuyó a la reapertura del diálogo al máximo nivel político entre Armenia y Azerbaiyán. Cada una de las reuniones de los dirigentes de los dos países aumentaba el grado de confianza mutua, abriendo el camino hacia el establecimiento de la paz. Se inició el intercambio de prisioneros de guerra, se está consolidando el alto el fuego y se han establecido contactos de carácter permanente entre representantes diplomáticos y militares de ambos países.

No cabe duda de que la resolución justa y duradera del conflicto de Nagorno-Karabaj favorecería los esfuerzos colectivos de Azerbaiyán, Armenia, Georgia y Rusia encaminados a convertir el Cáucaso en una región pacífica donde reinen la buena vecindad y el bienestar común. Bajo esta condición, el mecanismo del llamado «cuarteto caucasiano» se pondría en marcha a toda máquina. Las cumbres del «cuarteto», que ya se han hecho tradicionales, están creando un favorable entorno político para ello.

Desgraciadamente, la búsqueda de un compromiso que resuelva el conflicto entre Georgia y Abjasia se ha visto dificultada desde hace tiempo por la obstinación recíproca de las partes. El estatuto político de Abjasia y la repatriación de los refugiados figuran entre las cuestiones pendientes de carácter central. Otro problema clave consiste en elaborar una fórmula de paz que garantice la integridad territorial de Georgia, que sea a la vez aceptable para los abjasios.

La esencia de nuestro enfoque ante el conflicto de la República de Trans-Dniéster es la promoción activa de una solución política en beneficio de los miles de moldavos, rusos y ucranianos cuyo destino común es vivir en las orillas del Dniéster. Existen posibilidades reales para conseguirla. Desde nuestro punto de vista, la fórmula de la solución política tiene que integrar dos elementos clave: la salvaguarda de la soberanía e integridad territorial de Moldavia dentro de las fronteras establecidas en 1990 y la concesión a Trans-Dniéster del estatuto de autonomía territorial dentro de Moldavia.

El problema de la retirada y destrucción de los arsenales rusos acumulados en la República de Trans-Dniéster a lo largo de varias décadas está objetivamente relacionado con las perspectivas de resolución del conflicto. Esta misión se llevará a cabo en consonancia con los compromisos asumidos por Rusia en la cumbre de la OSCE en Estambul.

*

La experiencia adquirida a lo largo del último decenio ha demostrado explícitamente tanto la complejidad del proceso integracionista en el marco de la CEI, como sus destacadas perspectivas potenciales. La política rusa parte de la firme convicción de que la CEI tiene capacidad para convertirse en una influyente organización regional que promueva el bienestar, la cooperación y la buena vecindad en todo el antiguo espacio soviético. Existen premisas objetivas para ello. Como destacaba acertadamente el primer ministro de la República de Kazajstán, Kasymzhomart Tokaev: «En las condiciones de la crisis económica experimentada por todas las antiguas repúblicas soviéticas adquieren especial interés sus actividades concertadas, la cooperación constructiva y la búsqueda colectiva de compromisos mutuamente aceptables. Sin ello, es imposible mantener la estabilidad, garantizar la seguridad, llevar a cabo las reformas económicas y adherirse a la comunidad internacional»[53].

No obstante, la experiencia de la primera década de la CEI demuestra que es preciso actuar sobre la base de una percepción realista. Para el futuro inmediato los objetivos de la Comunidad tienen que ser la buena vecindad y las relaciones bilaterales mutuamente beneficiosas entre todos los países miembros.

El tiempo transcurrido desde la aprobación por el presidente Vladímir Putin de los nuevos principios de la política rusa en relación con la CEI ha demostrado que su realización entraña cambios positivos en las relaciones de Rusia con sus socios. Basándose en el sólido principio de la consideración recíproca de los intereses de cada cual, estas relaciones han llegado a ser más pragmáticas, más transparentes y más previsibles. A ello hay que añadir que se ha perfilado una dinámica favorable en el terreno de los contactos económico-comerciales. Así, en 2000 el comercio de mercancías entre Rusia y los Estados de la CEI creció el 40 por 100 respecto a 1999, superando la cifra de los 25.000 millones de dólares.

Entretanto, la actual etapa de desarrollo de la Comunidad no sólo ofrece nuevas perspectivas, sino que plantea nuevos problemas. En primer lugar, están relacionados con la búsqueda de una combinación óptima entre la cooperación bilateral y multilateral, así como con la consideración de los factores económicos y políticos y de los objetivos inmediatos y duraderos.

2. Rusia y Europa

El tema de las relaciones entre Rusia y Europa trasciende el marco de la política exterior, puesto que atañe a aspectos fundamentales relacionados con la elección de una vía de desarrollo para nuestro

[53] Véase *Kasymzhomart Tokaev, Vneshniaia politika Kazajstana v usloviiaj globalizatsii (La política exterior de Kazajstán en el contexto de la globalización),* Alma Atá, 2000, p. 224.

país. El pensamiento político-social ruso entendía tradicionalmente por «Europa» no sólo un fenómeno geográfico, sino también cultural y de civilización. Como hemos destacado ya en el primer capítulo de este libro, dedicado a los fundamentos de la política exterior de Rusia desde la época de las reformas de Pedro el Grande, Europa ha simbolizado en la conciencia social rusa un determinado sistema de principios políticos y económicos, de valores morales y un espacio cultural. Los debates sobre la actitud de Rusia ante la civilización europea reflejaban la lucha en torno a la interdependencia con Europa, por un lado, y la originalidad nacional, por otro, así como respecto de la elección de su camino histórico.

Cualesquiera que fueran los enfoques ante estas cuestiones en distintas etapas del desarrollo de nuestro país, el vector europeo ha sido durante varios siglos la clave y el determinante de la política exterior rusa. En el curso de su evolución histórica, Rusia no sólo venía aproximándose a Europa, sino que era parte esencial del sistema paneuropeo de relaciones internacionales. En todos los momentos históricos del viejo continente, ya fuese la aniquilación del Imperio de Napoleón o la creación de la Triple Entente, Rusia desempeñó el papel de partícipe indispensable del «concierto» paneuropeo, constituyendo un factor sustancial para su equilibrio.

En el siglo XX, este papel se incrementó aún más, pese a la división ideológica y político-militar sufrida por Europa a raíz de las conmociones sociales de Rusia. La victoria rusa sobre el fascismo en la Segunda Guerra Mundial había convertido a nuestro país en uno de los arquitectos del proceso de posguerra en Europa. Incluso en los tiempos de la guerra fría y del «telón de acero» se llevaban a cabo contactos diversificados entre la URSS y los países de Europa Occidental en los ámbitos político, económico, cultural y en otras esferas. Con la participación y a instancias de la Unión Soviética alborearon precisamente en Europa las tendencias a la distensión y, posteriormente, las premisas de la seguridad y la cooperación paneuropea, culminadas con la firma del Acta Final de Helsinki en 1975. Por último, a raíz de los radicales cambios que se habían producido en nuestro país, Europa llegó a ser el epicentro de un giro histórico en el ámbito de las relaciones internacionales, cuyos símbolos fueron la caída del muro de Berlín y la reunificación alemana.

Por supuesto, los turbulentos procesos habidos en la segunda mitad del siglo XX introdujeron diversas enmiendas al papel de Europa en el ámbito internacional. Al quedarse en buena medida sin los tradicionales instrumentos de fuerza para influir sobre la situación mundial, Europa, al tiempo, mantiene su carisma de centro intelectual y de foco de la cultura mundial, a la vez que crece su potencial político y económico. Lo segundo también es importante, puesto que para muchas regiones el viejo continente sirve de modelo de desarrollo de procesos integracionistas, demostrando su capacidad de autorrenovación, asociación solidaria e intermediación en la gestión de los problemas internacionales.

Al ser la patria del derecho internacional contemporáneo, Europa recibió tras el final de la guerra fría la oportunidad única de consolidar con su ejemplo positivo la primacía de la ley y de la cultura de la paz en las relaciones entre Estados. Las premisas para conseguirlo corresponden a 1990, con la aprobación de la Carta de París para la Nueva Europa. Los países signatarios se comprometieron a «construir, consolidar y fortalecer la democracia como única forma de gobierno», reafirmando su adhesión a la observancia de los derechos humanos, incluida la participación en unas elecciones libres y limpias y el derecho a un arbitraje justo y público. Entre los propósitos compartidos por los copartícipes del proceso paneuropeo figuraban el fomento de la economía de mercado, la aplicación de los principios del Estado de Derecho y el respeto de la libre determinación del individuo.

La firma de la Carta de París abría la perspectiva de plasmar, por primera vez en la historia europea, el ideal de una Europa unida y democrática. Sin embargo, el desarrollo real de los acontecimientos en el viejo continente no encajó con este ideal.

No cabe duda de que a lo largo del último decenio Europa ha avanzado sustancialmente hacia la conformación de un espacio común estable y seguro de bienestar económico y democracia firme. Fue la región mundial que más se benefició del cese del enfrentamiento entre ambos bloques. El desmoronamiento del «telón de acero» abrió unas perspectivas inéditas a la cooperación y aproximación ente los Estados y naciones sobre la base de los valores democráticos compartidos.

No obstante, el fin último de crear una Gran Europa sigue siendo todavía la asignatura pendiente. La razón principal de esto radica en que el progreso en los ámbitos de la seguridad y la integración económica desde entonces ha sido fomentado por organismos que están lejos de integrar a todos los países europeos. El curso hacia la ampliación de la OTAN y la operación militar contra Yugoslavia, iniciada en la primavera de 1999, demostraron que existe la amenaza real de que aparezcan nuevas líneas de demarcación en el viejo continente y dispersión de la base jurídica internacional de la cooperación paneuropea.

Es absolutamente evidente que semejantes tendencias no hacen más que debilitar el papel de Europa en la política mundial. Otras regiones del mundo, particularmente el sudeste asiático y América Latina han ofrecido ejemplos en varias ocasiones de un grado de unidad y coordinación políticas más elevado que el que existe en Europa frente a los problemas clave de la comunidad internacional. El potencial de las estructuras comunitarias europeas, en primer lugar de la OSCE, no se utiliza plenamente e incluso a veces resulta intencionadamente ignorado.

La política rusa con respecto a Europa parte de la convicción de que el viejo continente puede y tiene que convertirse en el generador de la estabilidad estratégica mundial. En primer lugar, debe hacerlo con miras a lograr un progreso capital en el desarme, bajo la condición de que permanezca vigente y consolidado todo el conjunto de tratados y convenios en ese ámbito.

Moscú aprecia enormemente el hecho de que varios países europeos de primer orden, junto con una mayoría aplastante de Estados, acudieran en defensa del sistema de acuerdos internacionales y bilaterales en el ámbito del desarme suscritos en los últimos treinta años. Abrigamos cumplidas esperanzas de que este asunto se acabe convirtiendo en foco de una activa cooperación paneuropea.

Tampoco se ha aprovechado plenamente el potencial colectivo de Europa en la solución de otros problemas centrales de la actualidad, particularmente en lo que se refiere a la resolución de conflictos regionales. Así, Rusia, al ser uno de los proponentes del proceso de paz en Oriente Próximo, considera importante que se consiga una participación activa de la Unión Europea en la actividad de intermediación y promoción de la paz. Dada la semejanza de sus enfoques ante esta crisis, Moscú y Bruselas pueden actuar más coordinadamente y, si fuera necesario, conjuntamente en aquella región.

Sin duda, también existen posibilidades reales para que se lleve a cabo una cooperación más estrecha entre los Estados miembros de la UE en otras zonas, incluido el Mediterráneo, el Lejano Oriente y Asia en general.

Uno de los fundamentos de la política rusa en Europa es el fomento de las relaciones bilaterales con los países europeos. Conviene destacar lo principal: en el transcurso de cada giro que daba la situación europea —lo que queda demostrado por su turbulenta historia— los contactos bilaterales siempre han jugado el papel de factor positivo y estabilizador de las relaciones internacionales en la región europea.

Rusia seguirá con su política encaminada a propulsar la cooperación con los Estados de Europa Occidental. A lo largo del último decenio, las relaciones bilaterales de Rusia prácticamente con todos estos países han alcanzado un nivel cualitativamente nuevo. Ha adquirido rango de privilegio nuestra cooperación con socios principales como Alemania, Italia, Reino Unido, Francia, España y otros. Concedemos la máxima importancia a esta línea.

En lo que se refiere a las relaciones con los países de Europa Central, el renovado concepto de la política exterior de Rusia destaca que «sigue siendo de palpitante actualidad el objetivo de mantener los contactos establecidos en los ámbitos humano, económico y cultural, así como superar los elementos de crisis existentes, dando un impulso adicional a la cooperación en consonancia con las nuevas condiciones e intereses rusos».

El concepto también indica que existen buenas perspectivas para el fomento de las relaciones bilaterales con Lituania, Letonia y Estonia: «Rusia ha abogado por encauzar estas relaciones de modo que se fomenten en un ambiente de buena vecindad y de cooperación mutuamente beneficiosa. Para conseguirlo es imprescindible que dichos Estados respeten los intereses de Rusia, incluida la cuestión central de observancia de los derechos de las personas de habla rusa».

En general, no existe ningún Estado europeo con el cual Rusia mantenga controversias o discrepancias insuperables que impidan fomentar la buena vecindad y la cooperación recíprocamente beneficiosa. Tampoco existen obstáculos para que se fomente una verdadera colaboración paneuropea en las cuestiones clave del mantenimiento de la paz y la estabilidad internacionales.

Para que pueda desempeñar el influyente papel de fuerza motriz en la formación del nuevo, equitativo y democrático sistema de relaciones internacionales, Europa tiene que convertirse en un potente «polo» independiente.

En su discurso ante los diputados del Bundestag* de septiembre de 2001, el presidente Vladímir Putin destacó de manera particular que Europa podrá consolidar su reputación de poderoso y verdaderamente independiente centro de la política mundial siempre y cuando una sus propios recursos a los recursos humanos, territoriales y naturales de Rusia, así como al potencial económico, cultural y defensivo de nuestro país. Es ésta la condición imprescindible para la construcción de la Gran Europa, concebida como un espacio común de estabilidad y seguridad, de bienestar económico y democracia estable; la mensajera de un mundo indivisible y seguro.

La línea principal de la política europea de Rusia se orienta hacia la formación de un estable, equitativo y comprensivo sistema de seguridad europea.

Los fundamentos de este sistema fueron establecidos en 1975 mediante la firma del Acta Final de Helsinki. Los principios doctrinales concertados en este documento son de plena conformidad con la Carta de la ONU y con las normas universales del derecho internacional.

---

* Bundestag: Cámara baja del Parlamento alemán. *(N. del T.)*

Si la creación de un sistema común de seguridad constituye la directriz del desarrollo paneuropeo, el centro neurálgico de este proceso ha sido la Organización para la Seguridad y la Cooperación en Europa (OSCE), la única estructura que integra a todos los países del continente y, por lo tanto, es capaz de poner en práctica el principio de seguridad equitativa y garantizada a todos los Estados, independientemente de su adhesión a alianzas político-militares y a otras agrupaciones de carácter privado.

Desde que la cumbre de Budapest refrendara en 1994 la transformación de la Conferencia sobre Seguridad y Cooperación en Europa (CSCE) en la OSCE, Rusia ha estado abogando por su fortalecimiento a fin de que se convierta en una auténtica organización regional. La OSCE debe transformarse en el foro que elabore los enfoques comunes de los Estados europeos ante los problemas clave de la actualidad, ofreciendo a la vez un mecanismo de diálogo con otros organismos regionales. Ésta es la misión esencial y la función política clave de la OSCE, que debe ser reforzada y desarrollada. Esta transformación de la OSCE significaría también un avance real hacia la nueva estructura de relaciones internacionales, fundamentada en la cooperación entre las principales organizaciones regionales, a condición de que el papel dominante le corresponda a la ONU y de la observancia estricta del derecho internacional.

Desde su nacimiento, la OSCE ha transitado un largo camino de desarrollo estructural, acumulando una vasta experiencia en la concertación, mediante el consenso mutuo, de las posiciones de los Estados miembros. La cumbre de Budapest creó nuevos órganos permanentes de la OSCE: el Secretariado, el Consejo de Ministros de Asuntos Exteriores, la Asamblea Parlamentaria, el Centro de Prevención de Conflictos y la Oficina de Control de Elecciones, que posteriormente se transformaría en la Oficina de Instituciones Democráticas y Derechos Humanos[54].

---

[54] Véase *Ot Helsinki do Budapeshta. Istoria SBSE/OBSE v dokumentaj. 1973-1994 (Entre Helsinki y Budapest. La historia de la SCCE/OSCE a través de sus documentos, 1973-1994),* t. 3, Moscú,1997, pp. 464-512.

La cumbre de Budapest aprobó la nueva versión de la Convención de Viena relativa a las medidas de confianza, que estipulaba el compromiso de facilitar una información más amplia acerca de las fuerzas armadas, y de la planificación en el ámbito de la defensa y de los gastos militares.

En la Declaración de Lisboa sobre el Modelo de Seguridad Común y Universal para Europa en el siglo XXI (aprobada en diciembre de 1996), los jefes de Estado y de Gobierno de los países miembros de la OSCE destacaron el carácter global e indivisible de la seguridad europea.

En el curso de los preparativos de la cumbre de la OSCE en Estambul, celebrada en noviembre de 1999, la diplomacia rusa tenía ante sí diversas misiones. Se trataba de asegurar en beneficio propio un conjunto de intereses en el ámbito de la política exterior, de gestionar la aprobación, con redacciones convenientes para Rusia, de los documentos que sentarían las bases de la seguridad paneuropea en los albores del siglo XXI, impidiendo que la cumbre se convirtiera en una especie de proceso público a Rusia a raíz de los acontecimientos de Chechenia. Al mismo tiempo, fue preciso tomar medidas para que la reunión tuviera un carácter constructivo, evitando una desviación hacia la confrontación con Occidente. En conjunto, logramos esas metas.

La cumbre de Estambul marcó un nuevo hito en la historia de la OSCE. Sin embargo, pese a que se habían aprobado varias resoluciones de la mayor importancia, cuyos resultados iba a notar cada ciudadano europeo, este foro tuvo una cobertura parcial en los medios de comunicación internacionales.

El principal resultado político de la reunión fue la reiteración por todos los Estados miembros de la OSCE de su adhesión a los principios fundamentales de la Carta de la ONU y del Acta Final de Helsinki. Con lo cual quedó demostrado que las relaciones entre los países europeos se siguen desarrollando sobre la base del respeto a la igualdad soberana de los Estados y a su integridad territorial, sobre la base de la inviolabilidad de las fronteras y el no ejercicio de la fuerza o de la amenaza de usar la fuerza, sobre la base de la resolución pacífica de las controversias, la no injerencia en los asuntos internos y la observancia de los derechos humanos. Son principios sobre los cuales deben sustentarse la seguridad y la estabilidad europeas en el porvenir.

La diplomacia rusa no ha escatimado esfuerzos para fortalecer el potencial operativo de la OSCE en el ámbito de la seguridad, partiendo de la convicción de que la Organización todavía está lejos de agotar sus recursos al respecto. La OSCE es capaz de asumir en el futuro el papel de elemento coordinador del sistema de seguridad europea que, además, contaría con el aporte de otros organismos internacionales conforme a sus experiencias y posibilidades reales. Es preciso desarrollar los mecanismos de la OSCE relacionados con las distintas facetas de la seguridad, aprovechando de manera más intensa la capacidad del Foro de la OSCE para promover la cooperación en este ámbito. En las resoluciones aprobadas en Estambul, particularmente las de la Plataforma para la Seguridad Cooperativa, esta línea de desarrollo de la OSCE quedó plasmada de forma concreta.

Al mismo tiempo, es imposible cerrar los ojos a los obstáculos que impiden el subsiguiente fortalecimiento de la OSCE. Varios países occidentales han pretendido últimamente recortar las facultades de la OSCE, convirtiéndola en un foro provinciano con un limitado círculo de funciones, en primer lugar de género humanitario. Esta línea se puso de manifiesto en la sesión del Consejo de Ministros de Asuntos Exteriores de la OSCE celebrada en Viena en noviembre de 2000. De este modo, la OSCE corría el riesgo de convertirse del mecanismo universal que viene elaborando la voluntad colectiva de los países miembros, en un instrumento de presión sobre determinados Estados, o bien en una especie de «arma de democratización forzosa». Detrás de los intentos de reducir el papel de la OSCE al tratamiento de los problemas humanitarios y a la protección de los derechos humanos se perfilaba, ante todo, el afán de construir el edificio de la seguridad europea sobre la base de organismos cerrados, la OTAN en primer lugar.

Rusia está convencida de que ésta es una ruta equivocada. No sólo se trata de que el camino no encaje con los compromisos de los

Estados miembros acerca del papel internacional de la OSCE ni con las directrices de desarrollo de la seguridad europea que cimentaron la Carta de Estambul. La propia dinámica de los procesos mundiales y europeos indica que la construcción de la nueva arquitectura de estabilidad y seguridad en Europa no puede ser monopolizada por unos Estados «privilegiados». La historia ha demostrado más de una vez que los intentos de imponer a un país cualquier tipo de esquemas prefabricados desde fuera siempre han estado condenados al fracaso.

La sesión del Consejo de Ministros de Asuntos Exteriores de la OSCE celebrada en Bucarest el 3 y el 4 de diciembre de 2001 demostró que la crisis que se vislumbró en el seno de la organización ha empezado a provocar una creciente preocupación entre los países miembros. A raíz de esta tendencia se consiguió aprobar varios documentos importantes, en particular los relacionados con la lucha antiterrorista, algo que ha confirmado una vez más el gran potencial desaprovechado de este foro único en su geénero.

El Consejo de Europa (CE) es otro importante organismo europeo que tiene por delante la misión de hacer una destacada contribución a la construcción de una auténtica Gran Europa unida por valores democráticos compartidos. Creado el 5 de mayo de 1949, el Consejo de Europa proclamó como objetivos centrales suyos el logro de la unidad entre los europeos en aras de la materialización de los ideales y principios de la democracia pluralista, el imperio de la ley, la primacía de los derechos humanos y el respaldo al avance económico y social en Europa[55].

Sin embargo, en las condiciones de la guerra fría que dividió el viejo continente, este foro no pudo objetivamente llevar a cabo su misión a escala de toda Europa.

Los cambios fundamentales en el paisaje político europeo que se habían estrenado a finales de los ochenta otorgaron una nueva dinámica a las actividades del Consejo de Europa. Al abrir sus puertas a

---

[55] Véase *Ustav Soveta Ievropy//Diplomatichskii vesnik (Carta del Consejo de Europa), La Gaceta Diplomática,* núm. 4, 1996, pp. 30-50; Robertson A. H., *The Council of Europe. Its Structure, Functions and Achievements,* Londres, 1956.

las nuevas democracias, este foro obtuvo la oportunidad real de ayudar a los europeos a «construir conjuntamente una nueva Gran Europa sin líneas de demarcación».

La entrada de Rusia en el CE, que se produjo el 28 de febrero de 1996, impulsó la transformación de esta organización en un instituto de carácter auténticamente paneuropeo[56].

Este paso se dio a raíz de una deliberada opción estratégica de los dirigentes de Rusia, de la Asamblea Federal* y por los círculos más activos de la sociedad civil rusa. Se cimentaba en la convicción de que la adhesión al Consejo de Europa contribuiría al progreso de las instituciones democráticas y del Estado de Derecho en Rusia, así como a la consolidación de los derechos y libertades fundamentales del hombre, que se hallan entre los logros más importantes conseguidos por los ciudadanos rusos en el curso de las reformas.

Hubo también, por supuesto, quienes ponían en duda la conveniencia de la adhesión al Consejo de Europa, temiendo que Rusia en su situación actual fuera incapaz de cumplir los compromisos derivados de este paso, convirtiéndose entonces en objeto de críticas y sanciones.

Conviene destacar que estas predicciones no se han confirmado en general, pese a las «represalias» ejercidas por la Asamblea Federal del Consejo de Europa con el pretexto de la situación en Chechenia. El hecho de que Rusia adoptara las normas jurídicas universalmente reconocidas y suscribiera 28 convenciones europeas tuvo un gran impacto positivo sobre la conformación del Estado de Derecho y de la sociedad civil en nuestro país[57].

---

[56] Véase *Konventsii Soveta Yevropy i Rossiiskaia Federatsiia. Sbornik dokumentov (Las Convenciones del Consejo de Europa y la Federación Rusa. Colección de documentos),* Moscú, 2000; *Glotov S. A.: Rossia i Sovet Ievropy: politico-pravovie aspekty vzaimodeistvia (Rusia y el Consejo de Europa: aspectos políticos y jurídicos de la cooperación),* Krasnodar, 1998.

* Asamblea Federal: Parlamento bicameral ruso. *(N. del T.)*

[57] Véase *Konventsii Soveta Ievropy i Rossiiskaia Federatsiia. Sbornik dokumentov (Las convenciones del Consejo de Europa y la Federación Rusa. Colección de documen-*

Repercutiría igualmente sobre importantes áreas de la vida del Estado y de la sociedad, como la defensa de los derechos humanos y de las minorías étnicas, la educación, la cultura y el deporte. Rusia tiene la intención de suscribir otra decena de actas europeos relacionadas con estos ámbitos. Algunas de ellas someten al país firmante al control de los organismos internacionales, en particular del Tribunal Europeo de Derechos Humanos, fomentando de esta manera garantías adicionales de consolidación de la democracia y del imperio de la ley. Aunque el proceso de formación de una sólida base económico-social para las libertades individuales resultó mucho más arduo de lo que pudiera parecer a principios de los noventa, en general la sociedad rusa ha consolidado su percepción de la primacía de los derechos del individuo y la convicción de la necesidad de defenderlos también por medio de mecanismos internacionales. Los dramáticos acontecimientos del último decenio han probado que, incluso en los momentos más críticos, los ciudadanos rusos no cuestionaban la necesidad de elecciones libres, de división de poderes, de libertad de expresión, siendo cada vez más conscientes de que forman parte de una comunidad democrática y civilizada de Estados europeos.

Rusia aprecia enormemente la posibilidad de tener acceso al amplio círculo de expertos y al legado intelectual del Consejo de Europa. Es posible instrumentalizar gran parte de esta extensa experiencia a fin de continuar el proceso de democratización. Al mismo tiempo, en buena medida gracias al Consejo de Europa, nuestras ideas e iniciativas empiezan a ser más comprensibles a otras naciones europeas.

Conviene subrayar que, a medida que se están cumpliendo los compromisos asumidos al adherirse al Consejo de Europa, Rusia hace su propia aportación a las actividades de esta organización y mantiene una actitud activa ante las cuestiones esenciales referentes a su desarrollo. Consideramos que es prioritario consolidar el «espíritu

---

tos), Moscú, 2000; *Pravo Soveta Ievropy i Rossiia. Sbornik dokumentov i materialov (El derecho del Consejo de Europa y Rusia. Colección de documentos)*, Krasnodar, 1996; *Rossiia v Sovete Ievropy (Rusia en el Consejo de Europa)*, Moscú, 1999.

de Estrasburgo», proclamado en el curso de la segunda cumbre del CE. Su esencia consiste en lograr una auténtica unificación europea sin crear nuevas barreras y ampliar el campo de acción a la fuerza del derecho, a diferencia del derecho a la fuerza, que se apoya en las respectivas estructuras militares. Desde esta perspectiva cabe aplaudir la Declaración para una Gran Europa sin Fronteras, aprobada por la centésima cuarta sesión del Consejo de Ministros del CE en Budapest, que apunta precisamente en esa dirección[58].

Al mismo tiempo, Rusia no oculta su actitud negativa ante distintas muestras de parcialidad y de aplicación de dobles varas de medir por parte del Consejo de Europa.

En particular, la posición de esta organización frente a los bombardeos de la OTAN sobre Yugoslavia justificaba en el fondo la acción arbitraria de la alianza. La Asamblea Parlamentaria del Consejo de Europa ha sido parcial en su estimación de las actividades de Rusia en Chechenia, tolerando al mismo tiempo señaladas violaciones de los derechos humanos y de los derechos de las minorías étnicas en Letonia y Estonia.

La diplomacia rusa ha subrayado que para ser fiel a las tradiciones del humanismo europeo, que ha proclamado la persona individual como medida de todas las cosas, el Consejo de Europa tiene que prestar una especial atención al logro de un control más eficaz sobre observancia de los derechos humanos, incluidos los derechos de miles de personas apátridas que residen en los Estados bálticos. En particular, el CE podría utilizar con más energía mecanismos tales como la Comisión Europea para la Lucha contra el Racismo y la Intolerancia y el Comisionado de Derechos Humanos, establecido en la segunda cumbre de Budapest, para influir sobre Letonia y Estonia a fin de que la situación de la población rusa en estos países se adapte a las normas europeas universalmente reconocidas. La diplomacia rusa ha estado trabajando de manera activa en esta dirección.

---

58 Véase *Diplomaticheski vestnik (La Gaceta Diplomática)*, núm. 6, 1999, pp. 36-37.

Una responsabilidad primordial del Consejo de Europa, que se deriva de la propia misión de esta organización, es el respaldo a las reformas democráticas en los países de reciente adhesión a fin de nivelar los grados del desarrollo democrático en las distintas partes del viejo continente. Este equilibrio es un importante elemento de la estabilidad en Europa, el mejor antídoto contra situaciones conflictivas de todo tipo.

La esfera económica y social es otro ámbito en el cual el CE podría intensificar sus esfuerzos. No es ningún secreto para nadie que en la Europa de hoy las barreras ideológicas han sido sustituidas por las discrepancias económicas, mientras muchos Estados, y no sólo los del Este, están sujetos a conflictos sociales. De ahí que la consigna de «cohesión social» a escala paneuropea, tanto entre países como en el interior de los mismos, divulgada desde la tribuna de la segunda cumbre del Consejo de Europa, no deba quedarse sólo sobre el papel. Su encarnación en medidas específicas debe ser respaldada por actividades concretas del Consejo de Europa, que puede apoyarse en los principios de su Carta Social y en otros instrumentos internacionales[59].

Por último, hay que recordar las palabras de Jean Monnet, uno de los padres de la idea de creación de la Unión Europea, quien decía que la Europa común no puede ser sólo una «Europa del carbón y del acero», para indicar que sería imperdonable dejar la cultura en el olvido. Rusia ha abogado por la intensificación del papel del Consejo de Europa en el fomento de la cooperación cultural.

Por tanto, el Consejo de Europa tiene todas las perspectivas para convertirse, junto a la OSCE, en uno de los pilares de la arquitectura europea en construcción, desempeñando el papel de organismo clave en el fomento de las dimensiones democrática, social y cultural de la seguridad europea. Conformando hoy el espacio jurídico, social y cultural de Europa, el CE pone los cimientos de la futura y plena cooperación política entre los Estados a escala paneuropea.

---

[59] Véase *Postanovlenie pravitelstva Rossiiskoi Federatsii ot 12.04.2000,* núm. 33. *Ob odobrenii predlozhenia o podpisanii Yevropeiskoi sotsialnoi jartii // Sobranie zakonodatelstva Rossiiskoi Federatsii,* 2000, núm. 16, p. 1.732.

En el proceso de fortalecimiento de la seguridad y desarrollo de la cooperación en Europa recae un importante papel sobre la Unión Europea. Es del todo natural, puesto que, a medida que está profundizando su integración, la UE se convierte en un factor cada vez más importante de la política europea y mundial.

En el marco de la UE se desarrollan a marchas forzadas procesos como la subsiguiente ampliación de la Unión, la consolidación de la moneda única, la constitución de nuevas estructuras integracionistas en los ámbitos político, militar, policial y en otras áreas. Resulta evidente que estos procesos, que en buena medida ya están repercutiendo en el desarrollo de la situación a escala de todo el continente europeo, determinarán en alto grado su imagen en el siglo XXI.

Rusia considera la cooperación diversificada con la UE como una de sus prioridades, planteándose la meta de elevarla al nivel de una asociación estratégica. Más aún, porque la UE ya es de hecho uno de los socios más importantes de Rusia, tanto en el ámbito del diálogo político como en el terreno del desarrollo de la cooperación económica y comercial y de las inversiones.

El presidente de Rusia, Vladímir Putin, en su discurso sobre el Estado de la Nación de 2001, dirigido a la Asamblea Federal, destacó de manera especial el creciente valor de nuestros esfuerzos encaminados a encauzar una asociación más estrecha con la UE, subrayando que «el curso hacia la asociación entre Rusia y Europa se está convirtiendo en una de las líneas directrices de la política exterior rusa».

Los contactos con países miembros de la UE recibieron un impulso positivo con la firma del Acuerdo de Colaboración y Cooperación entre Rusia y la UE, que entró en vigor en diciembre de 1997[60].

Hasta ahora se han dado sólo los primeros pasos para aprovechar el amplio potencial de este acuerdo. El carácter dinámico de nuestras

---

[60] Véase *Soglashenie o partnerstve i sotrudnichestve mezhdu Rossiiskoi Federatsiei i Yevropeiskim Soiuzom.//Dokumenti, kasaiushiesia vzaimootnoshenii mezhdu Yevropeiskim soiuzom i Rossiei (Acuerdo de Colaboración y Cooperación entre Rusia y la UE. Documentos referentes a las relaciones entre la UE y Rusia),* Moscú, 1994, pp. 84-210.

relaciones ha quedado demostrado por la existencia de unas estrategias recíprocas para el desarrollo de los contactos entre Rusia y la UE.

La Estrategia de Desarrollo a Medio Plazo de las Relaciones de la Federación Rusa con la Unión Europea, ratificada por el presidente Vladímir Putin en junio de 2000, resuelve una serie de problemas relacionadas entre sí, referentes al estatuto de polo independiente del mundo multipolar mantenido por Rusia, así como a la cooperación y colaboración bilaterales con la UE.

La estrategia rusa plantea varias metas esenciales al respecto: ampliar el marco del diálogo político entre Rusia y la UE de modo que se incrementen sus resultados; fomentar el comercio y las inversiones recíprocas; asegurar los intereses nacionales de Rusia en el curso de la ampliación de la UE; fomentar una infraestructura paneuropea de cooperación; fomentar la cooperación en el área científica y técnica; ampliar los contactos transfronterizos entre regiones colindantes; y aproximar los respectivos sistemas de legislación económica y los estándares técnicos. Una vez alcanzadas estas metas, la cooperación entre Rusia y la UE se elevaría a un nivel cualitativamente nuevo.

La elaboración de una política común en el ámbito de la seguridad y la defensa es una nueva línea en las actividades comunitarias de la UE. En general, el empeño de los europeos en garantizar su propia seguridad y resolver las crisis por sí mismos es bastante natural. Estamos dispuestos a cooperar con ellos de manera constructiva en esta materia, puesto que Rusia y la UE son socios naturales en la búsqueda de respuestas colectivas a las nuevas amenazas y desafíos que se ciernen sobre la seguridad europea e internacional. Es preciso realizar este potencial de cooperación en beneficio de una paz global más sólida y de la seguridad regional, basándose en la estricta observancia de los principios fundamentales del derecho internacional.

Precisamente, es este enfoque el que alienta la Declaración conjunta sobre el fortalecimiento del diálogo y la cooperación en cuestiones políticas y de seguridad, aprobada en la cumbre Rusia-EU de París de 30 de octubre de 2000, que sentó las bases para la colaboración bilateral en el ámbito de la seguridad y la defensa. Con arreglo a los acuerdos conseguidos en París se establece, en particular, un mecanismo de consultas especiales sobre temas de seguridad y defensa, a la vez que se amplía el marco de consultas en materia de desarme y de diálogo estratégico. Se ha aprobado una resolución para fomentar la cooperación en el área de la gestión operativa de las crisis, y para estudiar la posible aportación de Rusia al despliegue de las correspondientes operaciones de la UE. Claro está que para esta cooperación se necesitará una base jurídica y mecanismos particulares que consideren los intereses de ambas partes.

La introducción del Alto Comisionado para la Política Exterior Comunitaria y su subsiguiente fusión con el cargo de secretario general de la Unión Europea Occidental (UEO) también ha abierto nuevas perspectivas de cooperación en el ámbito internacional. Estamos dispuestos a colaborar con la UE en la resolución de un amplio abanico de problemas en el área de la estabilidad estratégica, del desarme, de la no proliferación de armas de destrucción masiva y de la seguridad regional. Más aún, estamos abiertos a esta cooperación no sólo con Europa, sino con todas las regiones en las que nuestro esfuerzo común pueda contribuir a la consolidación de la seguridad y la estabilidad internacionales.

En una palabra, Rusia está siguiendo atentamente el desarrollo de los procesos integracionistas en el marco de la UE, en especial en aquellas esferas en las que se perfilan los enfoques comunes de los Estados miembros ante los problemas más actuales a escala europea e internacional. No es lo mismo para nosotros en qué dirección evolucionen estos procesos, puesto que propician una estructura fundamentalmente nueva de las relaciones internacionales en Europa.

En su discurso a la cumbre de la UE en Estocolmo, celebrada el 23 de marzo de 2001, el presidente Vladímir Putin reiteró que Rusia no se propone adherirse a la Unión en el futuro inmediato. Sin embargo, tampoco podemos mantenernos al margen de las transformaciones integracionistas de gran alcance que se están produciendo en nuestro continente. Es digno de mención que ya en los albores del siglo XIX el pensamiento político europeo ofrecía distintos proyectos para la construcción de una Europa común, que incluían también una reforma social[61].

Incluso en aquella lejana época, todos los planes de una u otra manera otorgaban determinado papel al Imperio ruso, pese a la diversa percepción que de él tenían los personajes clave de la Ilustración.

Hoy, en condiciones de la globalización, una cooperación estrecha entre Rusia y la UE es capaz de convertirse en un potente factor estabilizador que no sólo abriría nuevos horizontes a la seguridad y la colaboración en el viejo continente, sino que garantizaría a la Europa unida un digno papel en la política internacional. Rusia está dispuesta a actuar en consonancia con esta línea en el marco de la asociación estratégica con la UE.

La Alianza del Atlántico Norte (OTAN) también ejerce una marcada influencia sobre la situación en Europa, así como sobre otras regiones del mundo. Pese a todas las declaraciones respecto a su «transformación», la alianza sigue siendo, ante todo, un bloque militar, lo cual es una de las realidades de la Europa del presente.

A lo largo del último decenio los dirigentes rusos no han escatimado esfuerzos para mejorar la opinión que nuestro país tiene de la OTAN, formada en buena medida bajo la influencia del legado histórico de la guerra fría. Rusia ha hecho un gran avance de aproximación a la OTAN, tanto en el marco de las relaciones bilaterales, como mediante su adhesión a la Asociación por la Paz. En mayo de 1997 Moscú consintió en ratificar el Acta Fundacional sobre las Relaciones de Cooperación y Seguridad Mutuas entre la OTAN y la Federación Rusa[62].

Sobre su base se creó un nuevo foro para hacerla realidad: el Consejo Conjunto Permanente OTAN-Rusia (CCP), destinado a consi-

---

61 Véase *Traktaty o vechnom mire (Los tratados sobre la paz eterna),* Moscú, 1963.

62 Véase *Osnovopolagaiushii akt o vzaimnij otnosheniiaj, sotrudnichestve i bezopasnosti mezhdu Organizatsiei Severoatlanticheskogo dogovora i Rossiiskoi Federatsiei // Diplomaticheskii vestnik (Acta Fundacional sobre las Relaciones de Cooperación y Seguridad Mutuas entre la Alianza del Atlántico Norte y la Federación Rusa), La Gaceta Diplomática,* núm. 6, 1997, pp. 4-9.

derar las cuestiones de seguridad que preocupan a ambos. En el marco de este organismo se han desarrollado fructíferos debates sobre cuestiones de seguridad europea, acerca de la no proliferación de armas de destrucción masiva y sobre resolución de conflictos regionales y mantenimiento de la paz. Hemos estado colaborando con la OTAN en el ámbito militar, particularmente en la operación de paz en Bosnia, así como en la gestión de las situaciones de emergencia y en la lucha contra los desastres naturales.

Desgraciadamente, estos esfuerzos resultaron seriamente desacreditados por el proceso de ampliación de la OTAN hacia el Este y, de manera más espectacular, por la agresión de la alianza contra la república soberana de Yugoslavia. La nueva concepción estratégica de la OTAN demuestra más bien su dependencia del pasado europeo que la apertura al futuro. Sin embargo, Rusia sigue construyendo sus relaciones con la alianza sobre la base de un concepto pragmático, poniendo el acento en el fomento del diálogo y de la cooperación en los ámbitos de interés mutuo.

Cabe considerar como un momento crucial de las relaciones entre Rusia y la OTAN la reunión del Consejo Conjunto Permanente que congregó a los ministros de Asuntos Exteriores en Bruselas el 7 de diciembre de 2001. Las partes acordaron dar un nuevo impulso y contenido a la asociación entre Rusia y los países miembros de la OTAN con el fin de crear un nuevo Consejo que «considere y realice las posibilidades de despliegue de acciones conjuntas por la veintena de asociados». Además, las partes expresaron su determinación de intensificar la cooperación en la lucha antiterrorista y en ámbitos como el de la gestión de las crisis, la no proliferación, el control de armas, la consolidación de las medidas de confianza, los sistemas de defensa antimisiles para los teatros de guerra, la búsqueda y el rescate en el mar y la lucha contra las emergencias y desastres naturales.

De esta forma, se ha abierto la perspectiva real de alcanzar un nivel cualitativamente nuevo de colaboración entre Rusia y la OTAN a fin de garantizar la seguridad en el Euroatlántico.

Resulta bastante evidente que ningún sistema de seguridad europeo será sólido sin que encontremos una práctica eficiente para apagar los focos conflictivos de carácter local sobre nuestro continente, en primer lugar en los Balcanes. Ahora se ofrece una posibilidad única para solidarizarse con los nuevos dirigentes de Yugoslavia, haciendo un esfuerzo común a fin de ayudarles a consolidar la democracia y, por consiguiente, la seguridad y la estabilidad a escala de toda la región de los Balcanes. Es preciso aportar una urgente ayuda a la República Federal de Yugoslavia para la reconstrucción de su economía tras el conflicto. En lo que se refiere a Rusia, a pesar de sus propios problemas económicos, no cesa en sus intentos de ayudar al pueblo yugoslavo.

Es evidente que el futuro de la democracia en Yugoslavia dependerá en gran medida de la situación en Kosovo. Desgraciadamente, muchas de las actividades que se han desarrollado a la sombra de las estructuras internacionales desplegadas en aquella región reforzaban en la práctica las posiciones de los separatistas, lo que quedó plenamente demostrado en los acontecimientos acaecidos al sur de Serbia y en Macedonia en la primera mitad de 2001. La región de Kosovo se ha convertido en la principal amenaza para la seguridad regional, en la fuente fundamental de inestabilidad, criminalidad y terrorismo en el sur de Europa.

Actualmente es difícil hacer un pronóstico sobre el posible final del «drama de Kosovo». Lo que sí queda claro es el hecho de que en Kosovo se está sentando un precedente que es atentamente observado desde distintas partes del mundo. En el caso de que los separatistas kosovares consigan su fin último de desunir el enclave de Yugoslavia, el separatismo militante y el extremismo recibirán un potente impulso, tanto en los Balcanes como en cualquier otra región. Estoy convencido de que semejante escenario va en contra de los intereses de la comunidad internacional en su conjunto.

En lo que se refiere a los Balcanes, ha llegado su «hora de la verdad». O bien los Estados de la región con el apoyo de la comunidad internacional adoptan entre sí un sólido curso hacia el reconocimiento recíproco de la soberanía y de la integridad territorial, que incluya una cooperación en la lucha contra el separatismo y el terrorismo, o bien se producirá una nueva explosión de violencia en los Balcanes.

El dramático desarrollo de los acontecimientos en Macedonia ha probado explícitamente que no existe ninguna otra alternativa.

La estabilidad en los Balcanes también influirá notablemente sobre el desarrollo en la región del Mediterráneo, que es especialmente sensible a las crisis tanto en el sur de Europa como en Oriente Próximo.

Por su carácter históricamente precario y vulnerable la seguridad en el Mediterráneo requiere un enfoque sistémico además de prudente. Cualquier estrategia eficiente para fortalecer la seguridad regional en esa zona debe estar fundamentada sobre el concepto de Gran Mediterráneo abierto, que propugna el principio de amplia cooperación asociada entre los Estados de la región del Mar Negro, del Mediterráneo, del sur de Europa y de Oriente Próximo.

Éste tiene que ser el propósito de las distintas iniciativas a escala regional y subregional que se están planteando en el Mediterráneo. Lo mismo en lo que se refiere al diálogo Euromediterráneo impulsado por el Proceso de Barcelona. Pese a todas las complicaciones en el logro de resultados palpables, esta iniciativa adquiere cada vez más pujanza, facilitando de manera objetiva la normalización de la situación en la región. Actualmente, en el marco del proceso Euromediterráneo se está elaborando la Carta de Paz y Estabilidad en el Mediterráneo. La participación de todos los países interesados sólo favorecería este trabajo. Por su parte, Rusia podría hacer una aportación a la ampliación del contenido concreto de este documento destinado a ser un código de conducta para los Estados del Mediterráneo en el siglo XXI. Desde luego, será preciso armonizar su contenido con la Carta de Seguridad Europea.

La misma importancia tiene el objetivo de proyectar sobre el Mediterráneo las medidas de confianza y seguridad, en particular en el ámbito de las actividades navales. Se trata de convenir la notificación previa de determinados tipos de actividades navales en la zona, el intercambio anual de la planificación en este ámbito, el control sobre las marinas de guerra y la ampliación de la cooperación entre ellas.

Se requieren intensos esfuerzos por parte de la comunidad internacional a fin de prevenir la proliferación de armas de destrucción masiva en el Mediterráneo. La idea de crear en Oriente Próximo una zona libre de este tipo de armamento y de sus vehículos merece un firme respaldo.

En el contexto de los complejos y contradictorios procesos que se están desarrollando en el sur de Europa, la parte septentrional del viejo continente puede y tiene que ofrecer un modelo de cooperación regional fructífero y mutuamente beneficioso. Incluso en la época de la guerra fría se consiguió mantener en el norte de Europa un nivel más alto de estabilidad y coordinación que en otras partes del continente europeo. La nueva situación en Europa ha abierto perspectivas aún más amplias para la cooperación internacional, puesto que en el norte europeo se unen los intereses de grandes y pequeños Estados que se diferencian entre sí no sólo por su orientación política y económica, sino también por sus enfoques de la seguridad nacional. Por ello, precisamente en el norte de Europa es posible perfilar una parte funcional del sistema general europeo de seguridad y cooperación. Efectivamente, se cuenta con los requisitos precisos para tal ejercicio, incluidas la tradicional estabilidad y la ausencia de conflictos, así como el avanzado nivel de cooperación multilateral logrado en el marco de organizaciones regionales como el Consejo de los Estados del Mar Báltico o el Consejo Euroártico de Barents.

Más aún, los países del norte europeo, unidos por su posición geográfica, historia común y por su empeño recíproco en fortalecer los contactos multilaterales y en buscar colectivamente las respuestas a los retos de la actualidad, han acumulado una experiencia única en su género relativa a la cooperación equitativa entre Estados. El ejemplo positivo de aquella región tiene que convencer al resto de europeos de que es factible garantizar la seguridad, la estabilidad y el bienestar común mediante una profunda y equitativa colaboración internacional. Este planteamiento, en opinión de Rusia, es el objetivo político central del concepto de Dimensión Norte, cuya realización fue iniciada por la cumbre de la Unión Europea celebrada en Feira (Portugal) en junio de 2000.

Ante todo, hay que aprovechar la oportunidad histórica agrupando los recursos únicos económicos, científicos, intelectuales y de materias primas en aras del desarrollo armonioso de los Estados de la región, de la elevación de los niveles de vida de sus pueblos, de la resolución de urgentes problemas económico-sociales y medioambientales. Es viable lograr un avance cualitativo en la cooperación interregional de carácter comercial, en el ámbito de las inversiones y entre distintos sectores. El desarrollo de estos procesos en el norte y noroeste de Europa de ningún modo pretende dejar al margen a Rusia y al resto de países europeos. El alcance de los proyectos a realizar es tal que permite a todos los europeos conseguir beneficios reales. Las arterias energéticas y de transporte en construcción estarán al servicio de todo el continente.

Rusia puede contribuir a la Dimensión Norte de manera sustancial. Tenemos mucho que aportar: no se trata sólo de los enormes recursos naturales y de materias primas, sino de las bases para la producción industrial, los recursos científicos, los altos profesionales y los conocimientos especializados. Por su parte, Rusia quisiera ocuparse directamente de la modernización industrial, de la agricultura, de las esferas social y cultural, y de reconvertir su industria armamentística e instalaciones militares. Se han acumulado bastantes problemas que requieren una solución urgente. En particular, se trata de cuestiones medioambientales y de la necesidad de elevar el nivel de seguridad nuclear y de protección radiológica. La Dimensión Norte se plantea, pues, como un marco de cooperación integral a largo plazo que requiere se consideren todos los aspectos enumerados. En otras palabras, la participación de Rusia en este programa será tanto más amplia y extensa, cuanto más adecuadamente corresponda a nuestras necesidades reales.

El desarrollo de la situación en el norte del Báltico, en el contexto de los intereses rusos, se verá influido en alto grado por el factor de la futura ampliación de la UE. Se espera que en los próximos años Polonia y los países Bálticos se integren en la Unión, a raíz de lo cual han surgido varias cuestiones que requieren especial consideración. Una de ellas se refiere a la posible conversión de la región de Kaliningrado en un enclave ruso dentro de la UE. En tales condiciones es necesario elaborar un modelo de desarrollo económico-social de la región y de su mantenimiento en calidad de unidad administrativa de la Federación Rusa que corresponda a la nueva realidad. Este modelo tiene que basarse en la cooperación mutuamente beneficiosa entre Rusia y la UE, con la condición de que los intereses rusos sean respetados plenamente. Kaliningrado podría llegar a ser la base de vanguardia de la Federación Rusia en el marco de su cooperación económica con los Estados europeos. Todas estas cuestiones se han convertido ya en objeto de intenso diálogo entre Rusia y la UE.

A la luz de la próxima entrada de Polonia y de los países Bálticos en la UE, las perspectivas de un instrumento de cooperación multilateral tan rentable como el Consejo de los Estados del Mar Báltico obtienen evidentemente una nueva dimensión. Por lo cual adquiere una especial importancia la elaboración colectiva de un concepto que rubrique las actividades del Consejo en el período posterior a la ampliación de la UE, con el fin de mantener su papel independiente en el subsiguiente desarrollo de la cooperación regional.

En una palabra, en el norte europeo existe hoy día una posibilidad única para llevar a cabo a largo plazo una colaboración estable y mutuamente beneficiosa, y es preciso aprovecharla con conocimiento de causa.

Como síntesis del análisis del vector europeo de la política exterior rusa se puede afirmar con certeza que a largo plazo seguirá siendo prioritario para nosotros. Europa ha entrado en el nuevo siglo en un clima en el cual ya se ha eliminado el peligro de conflicto militar a gran escala, mientras todos los Estados del continente se están desarrollando sobre la base de valores democráticos comunes. Ahora Europa tiene por delante una meta que constituye un reto igualmente importante, la de convertirse en la fuerza propulsora de la creación de un orden mundial democrático y equitativo que sea capaz de generar la estabilidad y el bienestar generales. Pero sólo será posible alcanzar este noble propósito mediante el esfuerzo común de todos los europeos, mediante la construcción de una sólida y avanzada arquitectura de seguridad paneuropea que sirva de base para fomentar un entorno de estabilidad y cooperación. Sin ello no conseguiremos edificar la Gran Europa unida.

3. Rusia y Estados Unidos

Los radicales cambios que se produjeron a escala mundial en los años noventa del pasado siglo garantizaron a Estados Unidos el estatuto de potencia mucho más avanzada que otros Estados en todos los componentes fundamentales, incluido el poder militar, el desarrollo económico y financiero y el potencial técnico y científico.

Sin embargo, como ha quedado demostrado en el curso de los acontecimientos mundiales, incluso esta ventaja tan enorme en apariencia no es suficiente para obtener el liderazgo incondicional a escala mundial. Es demasiado complicado y denso el tejido de las relaciones internacionales del presente como para ser dominado por un único «non plus ultra». Actualmente, ningún estado es capaz de resolver por sí solo ni un aislado conflicto regional. Ello ha quedado plenamente demostrado por el desarrollo de la crisis de Oriente Próximo.

Es un hecho universalmente reconocido que las relaciones ruso-norteamericanas siguen constituyendo un potente factor que influye sobre el clima político del mundo. Al ser miembros permanentes del Consejo de Seguridad de la ONU y a la vez las principales potencias nucleares, Rusia y Estados Unidos tienen la especial responsabilidad del mantenimiento de la paz y la seguridad internacionales. Ambos Estados plantean sus propios intereses globales, llevan a cabo sus respectivas políticas multivectoriales, son copartícipes activos del proceso de limitación y reducción de armas y de resolución de las crisis mundiales. Apenas existe problema internacional de importancia cuya solución sea posible sin la intervención de Moscú y Washington.

A la vez, el carácter y contenido de las relaciones entre Rusia y Estados Unidos han cambiado esencialmente, puesto que ya no obedecen a la lógica de la confrontación y del irreconciliable enfrentamiento político-militar. Más aún, el potencial común de Rusia y Estados Unidos es capaz de convertirse en un factor decisivo para el mantenimiento de la seguridad y la estabilidad estratégica en el mundo.

Desde luego, estos recursos sólo podrán ser aprovechados mediante una cooperación entre socios y el respeto recíproco a los intereses de cada cual en un amplio marco de colaboración internacional. Es esencialmente importante que este enfoque quedara plasmado en la Declaración Conjunta sobre los Desafíos Comunes a la Seguridad en el Umbral del Siglo XXI, firmada por el presidente Borís Yeltsin y su homólogo estadounidense Bill Clinton en septiembre de 1998 en Moscú. Este documento indicaba directamente que los desafíos comunes a la seguridad en los albores del siglo XXI pueden ser contrarrestados sólo a través de una constante movilización de los esfuerzos de toda la comunidad internacional. Al mismo tiempo, reafirma que Rusia y Estados Unidos seguirán desempeñando un papel central en el logro de los fines comunes en el ámbito de la seguridad, tanto en el marco de las relaciones bilaterales como multilaterales.

No obstante, en el transcurso de la década de los noventa los intereses de las dos potencias en el ámbito internacional no siempre coincidían e incluso a veces resultaban antagónicos. Así ocurría por regla general en las ocasiones en las que Washington mostraba inclinación a actuar unilateralmente y cuando pretendía no sólo imponer su voluntad a los Estados soberanos, sino usar la fuerza contra ellos vulnerando las normas del derecho internacional. Las diferencias de enfoque de rusos y estadounidenses respecto de la situación internacional creada en el mundo al término de la guerra fría repercutieron en cierta medida sobre el estado de las relaciones bilaterales. Al elegir el curso de las profundas transformaciones en el ámbito político y económico-social, Rusia rompió definitivamente con los estereotipos de la época de la confrontación para edificar su política exterior con miras a la formación de un nuevo orden mundial democrático. Moscú aspiraba de buena fe a una cooperación equitativa con Estados Unidos, lo cual corresponde a sus intereses nacionales de manera objetiva, puesto que un prolongado enfrentamiento con Washington, sobre todo en el ámbito técnico-militar, complicaría seriamente el logro de un desarrollo estable de Rusia y de su economía.

Mientras tanto, la política exterior de Estados Unidos se estaba conformando en buena medida bajo el impacto del «síndrome de vencedor» de la guerra fría. De ahí, su declarada línea de restar importancia al papel internacional de la ONU, su pretensión de actuar ignorando las normas del derecho internacional universalmente reconocidas, su inclinación a los métodos de presión que llegan hasta el extremo de recurrir al uso de la fuerza, especialmente en el Golfo Pérsico y en los Balcanes. Los intentos de Estados Unidos de desalojar a Rusia del antiguo espacio soviético, proclamándolo zona de «intereses vitales de Washington» con miras a desplegar allí la correspondiente infraestructura militar, se han convertido en un tema cada vez más conflictivo entre los dos Estados. Aparece la evidente sobrestimación que de sus propias capacidades hace Washingrton, que ya no se muestra dispuesto a tomar en consideración los procesos de carácter objetivo que se están desarrollando en las relaciones internacionales.

Todo ello ha provocado determinados desvíos en las relaciones ruso-norteamericanas de la década de los noventa. No obstante, cabe subrayar que en los momentos decisivos siempre han prevalecido en ellas la percepción realista y la concepción de que el marco de intereses convergentes de ambos países en el mundo contemporáneo es mucho más amplio que el de sus puntos conflictivos, dado que Rusia y Estados Unidos actúan como socios y no como adversarios en cuestiones estratégicas tales como el mantenimiento de la paz y de la estabilidad. Gradualmente, se iba elaborando un nuevo estilo de cooperación entre Moscú y Washington, fundamentado en la consideración recíproca de los intereses de cada uno y en el empeño compartido de conservar, a pesar de todos los obstáculos, perspectivas positivas para el desarrollo de las relaciones ruso-norteamericanas.

Este planteamiento ha permitido a Moscú y Washington establecer un intenso diálogo político, en primer lugar, al más alto nivel. Sólo a lo largo de 2000 el presidente de Rusia, Vladímir Putin, se reunió en cuatro ocasiones con su homólogo estadounidense, Bill Clinton. Durante el primer año del gobierno de la administración republicana se han celebrado cuatro encuentros de Vladímir Putin con el nuevo presidente norteamericano George Bush.

La reducción de las armas nucleares continuó siendo el tema central de las relaciones ruso-norteamericanas, puesto que nuestros países entraron en los años noventa con unos arsenales que alcanzaban niveles de 11.000 ó 12.000 mil cabezas nucleares estratégicas por cada parte.

Dados el total descrédito de la lógica de la guerra fría y el cambio radical en el carácter de las relaciones bilaterales, la existencia de tales cantidades de armamento nuclear resultaba anacrónica. Por lo cual la firma del Tratado para la Reducción de Armas Estratégicas (START I) fue dictada por el espíritu de la época. Con arreglo a este tratado, que se suscribió el 31 de julio de 1991 y entró vigor el 5 de diciembre de 1994, las partes se comprometían a reducir en el curso de siete años el número de sus misiles balísticos estratégicos hasta 1.600 unidades y el número de cabezas nucleares hasta 6.000 por cada parte. De este modo, el Tratado START I suponía la eliminación de casi el 40 por 100 de las armas estratégicas en posesión de Rusia y de Estados Unidos. Moscú ha cumplido los compromisos derivados de este documento; confiamos en que Washington haga lo mismo.

El siguiente avance de gran alcance en el proceso de desarme nuclear conseguido por Moscú y Washington llegó el 3 de enero de 1993 con la firma del Tratado START II. En él se acordaban nuevas reducciones de armas estratégicas hasta un nivel de 3.000-3.500 cabezas nucleares por cada parte para el año 2003. Al mismo tiempo, debido a que la ratificación del Tratado START II sufrió una dilación, en 1997 las partes acordaron prorrogar el plazo para la reducción hasta el 31 de diciembre de 2007. Desgraciadamente, con la posición estadounidense ni el Tratado START II ni su protocolo anexo, firmado en septiembre de 1997, han llegado a entrar en vigor. Por su parte, Rusia ratificó estos documentos ya en abril de 2000.

En consonancia con los acuerdos alcanzados por los presidentes de Rusia y de Estados Unidos, desde agosto de 1999 se han celebrado varias consultas bilaterales sobre el Tratado START III encaminadas a conseguir mayores reducciones de armas estratégicas ofensivas por parte de ambas naciones. Al principio, de conformidad con la Declaración Conjunta, que se suscribió en marzo de 1997, se trataba de reducir hasta 2.000-2.500 el número de ojivas nucleares por cada parte hasta el 31 de diciembre de 2007. Sucesivamente, como se ha mencionado antes, el presidente Vladímir Putin ofreció en noviembre de 2000 colocar el listón en 1.500 cabezas o menos. Un poco antes, en la cumbre del G-8 de Okinawa, entregamos a los norteamericanos nuestras propuestas sobre las posibles directrices del Tratado START III, que catalogaban, en particular, las medidas encaminadas a garantizar el principio de transparencia y la observancia del Tratado, y comprendía todos los tipos de armas estratégicas ofensivas, la prevención de la posibilidad de recomponer las armas desmanteladas y la liquidación de la clase de misiles intercontinentales balísticos con bases marítimas. Lo que falta ahora es iniciar las negociaciones concretas, pese a los intentos de determinados círculos de Washington de sustituirlas por declaraciones de que es preferible optar por medidas unilaterales, sobre las cuales no pesan compromisos contractuales recíprocos, incluidos los del control de armas.

Para retrasar la elaboración del Tratado START III, Estados Unidos argumenta la supuesta superioridad de Rusia en el ámbito de las armas nucleares no estratégicas. No sólo estamos dispuestos a dialogar sobre este tema, sino a tomar medidas bien concretas. Así, si nos referimos a las armas nucleares tácticas, Rusia ha desmantelado todos sus misiles balísticos con base en buques de guerra, submarinos y aviación naval con bases terrestres. Hemos eliminado también un tercio de las municiones para misiles tácticos con bases marítimas y en caza-bombarderos de la aviación naval. Está concluyendo la liquidación de las cabezas nucleares para misiles tácticos, de proyectiles artilleros nucleares, así como de minas nucleares. Se han eliminado la mitad de las cabezas nucleares para misiles tierra-aire y la mitad de las bombas nucleares.

Otro importante tema del diálogo ruso-norteamericano es la cooperación que se encamina a prevenir la proliferación de armas de destrucción masiva y de sus vehículos. La colaboración en este ámbito es constante en el marco de un diversificado sistema de contactos públicos y confidenciales. Siete grupos de expertos americano-rusos han hecho en los últimos años una labor útil en el terreno del control de las exportaciones, que se convierte en un instrumento cada vez más importante para garantizar la seguridad nacional y la estabilidad estratégica.

En el curso de las negociaciones entre los presidentes ruso y estadounidense, celebradas en Moscú en junio de 2000, las partes se comprometieron a continuar cooperando en el campo de la no proliferación de armas, lo que se corresponde con los intereses de la seguridad de ambas naciones. Al mismo tiempo, la parte rusa ha reiterado que esta cooperación no debe limitar el legítimo derecho de los dos Estados a desarrollar diversificadas relaciones multilaterales con terceros, incluida la colaboración en el ámbito técnico-militar y en el del empleo de la energía nuclear con fines pacíficos que no vulnera los acuerdos vigentes de no proliferación. Los intentos de usar cualquier tipo de sanciones para ejercer presión sobre Rusia resultan inevitablemente contraproducentes, puesto que no favorecen el fortalecimiento de la cooperación entre nuestros Estados en materia de no proliferación.

La cooperación rusa-norteamericana también ha contribuido de forma destacada a los esfuerzos encaminados a deshacerse de los vestigios de la época de la confrontación. Pasó a la historia el Comité de Coordinación para el Control Multilateral de Exportaciones (CCME), sustituido por los acuerdos universales de Wassenaar (AW) que permiten tomar decisiones sobre la base del consenso con la participación de Rusia[63].

Nos hemos incorporado al Grupo de los Siete Países más Industrializados (G-7) y al Foro de Cooperación Económica de Asia y el Pacífico (APEC). Por cierto, bajo la presidencia estadounidense del G-7 esta organización se transformó de manera definitiva en el «Grupo de los Ocho» en la cumbre de Denver, celebrada en 1997. Rusia y Estados Unidos están coordinando en la medida de lo posible sus esfuerzos para reformar la ONU.

No es ningún secreto que Rusia y Estados Unidos influyen en buena medida en el proceso de unificación europea, de modo que de su actitud al respecto depende de si serán eliminadas o no las líneas divisorias sobre el viejo continente. Rusia es plenamente consciente de la necesidad objetiva y del impacto estabilizador de la dimensión transatlántica. En manera alguna somos partidarios de la idea de «de-

---

[63] Los Acuerdos de Wassenaar para el Control de Exportaciones de Armas Convencionales, Productos y Tecnologías de Doble Uso.

salojar» de Europa a los Estados Unidos, lo mismo que no deseamos que Rusia sea desplazada al «último plano» europeo. El propósito de la diplomacia rusa consiste en asegurar un sólido eje transatlántico desde California hasta el Lejano Oriente que ofrezca un papel digno tanto a Moscú como a Washington. En el caso de que exista buena voluntad por ambas partes se podrían conseguir importantes logros en colaboración con la OSCE. Sin esfuerzos coordinados de Moscú y Washington es difícil imaginar la realización de la sustanciosa y abierta al futuro Carta de Seguridad Europea, aprobada por la cumbre de la OSCE en Estambul[64].

Una vez que las relaciones internacionales se desprendieron de la «coraza» de la guerra fría, se multiplicaron los conflictos regionales. Sin integrar los esfuerzos de Rusia y Estados Unidos en una acción conjunta será imposible resolver estos problemas. Afortunadamente, Moscú y Washington tienen una extensa experiencia en cooperación. En primer lugar, en su papel de copropulsores del proceso de paz en Oriente Próximo. Hoy tenemos por delante varias metas importantes relativas al cumplimiento de las resoluciones del Consejo de Seguridad de la ONU sobre Kosovo, especialmente, toda vez que ya hay un gobierno democrático en Belgrado. La cooperación ruso-norteamericana en Afganistán ha sido también bastante fructífera, lo cual es una señal más de los nuevos tiempos.

Todavía nos queda mucho por hacer para contrarrestar los nuevos retos que incluyen la proliferación de armas de destrucción masiva, el despliegue de la criminalidad transnacional y la amenaza de una crisis económica y financiera de carácter global. La cooperación ruso-norteamericana en la lucha contra el terrorismo internacional ha obtenido formas concretas, algo imposible en la época de la confrontación.

Asimismo, han evolucionado de manera dinámica las relaciones económicas bilaterales. Ha crecido la circulación de mercadurías, se ha ampliado el marco de la cooperación comercial y su dimensión

---

[64] Carta de Seguridad Europea, Estambul, 18 de noviembre de 1999.

geográfica, ha avanzado el proceso de consolidación de la base legislativa y contractual de los contactos económicos bilaterales, y se han intensificado los contactos en el nivel regional.

Este proceso ha sido favorecido en gran medida por el hecho de que las dos partes consiguieron cimentar una eficiente base institucional para sus relaciones, que corresponde a las necesidades actuales de la cooperación bilateral en el ámbito económico.

Se han conseguido importantes avances en la eliminación de las restricciones sobre la colaboración económica, heredadas de la época de la guerra fría. Sobre la base de la Ley de la Amistad con Rusia y con otros nuevos Estados independientes, aprobada en 1993, Estados Unidos reconsideró más de 70 actos legislativos de carácter discriminatorio. Rusia se halla incluida en el Sistema General de Preferencias Comerciales de Estados Unidos, con lo cual gran parte de nuestras exportaciones están libres de impuestos. Hoy, con la llegada de la administración de George Bush es preciso crear un eficaz mecanismo de coordinación de los esfuerzos encaminados a desarrollar la cooperación económica y comercial entre las dos naciones.

En general, los vínculos económicos ruso-norteamericanos ya han demostrado su fortaleza tanto en los períodos de tensiones políticas, como ante la crisis financiera mundial de 1998.

En 2000, el volumen del comercio bilateral ascendió a 10.200 millones de dólares estadounidenses, con una tasa de cobertura del 57 por 100 para Rusia.

También ha avanzado suficientemente la cooperación en el ámbito de las inversiones recíprocas. Estados Unidos es el más importante inversor en la economía rusa y proporciona el 35 por 100 de todas las inversiones extranjeras directas. Al mismo tiempo, la mayor parte de estas inversiones están relacionadas con el sector petrolero y energético, en el cual se están llevando a cabo varios proyectos de explotación petrolera de gran alcance, en primer lugar en la isla Sajalín. Se están desarrollando también importantes proyectos en sectores como el de la producción de maquinaria, las telecomunicaciones, la industria alimentaria, la industria hotelera y los servicios financieros.

Asimismo, se ha producido un progreso en el ámbito de las relaciones económicas bilaterales, en el cual seguían existiendo problemas en su mayoría «provocados por el hombre» y relacionados con coyunturas políticas y no comerciales. Washington está cada vez más cerca de reconocer que la economía rusa reúne todos los requisitos del libre mercado, y de abandonar definitivamente las prácticas restrictivas en el comercio con Rusia. No obstante, determinados círculos estadounidenses mantienen su intención de usar los aspectos económicos para ejercer presiones políticas sobre Rusia.

Desde luego, tales condicionamientos, de amplia difusión en la época de la guerra fría, resultan hoy día extemporáneos y, más aún, están condenados. En lo que se refiere a los problemas reales, que dificultan el logro de una cooperación económica más activa, impidiendo, en particular, un flujo más amplio de inversiones estadounidenses hacia Rusia, somos plenamente conscientes de ellos; procuraremos tenerlos en cuenta y conseguir su eliminación en el curso de las reformas en marcha.

Lo más importante es que existe una dinámica positiva y la voluntad de seguir desarrollando en adelante la asociación económica rusa-norteamericana. Sus principales orientaciones han sido rubricadas en la Declaración Conjunta sobre las relaciones comerciales ruso-norteamericanas, aprobada por los presidentes de Rusia y de Estados Unidos en Washington en noviembre de 2001.

Claro está que cada nueva administración estadounidense puede matizar su actitud ante las relaciones económicas con Rusia. Sin embargo, a fin de cuentas, cualquier gobierno norteamericano debe guiarse por los intereses económicos internos y externos de Estados Unidos, y por los de sus círculos empresariales que aspiran a explorar el enorme mercado ruso y obtener acceso recíproco a las modernas tecnologías y a los recursos humanos.

A mediados del siglo XIX, el canciller Gorchakov escribía sobre Estados Unidos: «Esta Unión* desde nuestro punto de vista no sólo

* Los Estados Unidos de América. *(N. del T.)*

constituye un elemento sustancial del equilibrio político mundial, sino que, además, es una nación a la cual nuestro soberano y toda Rusia profesan el más amistoso interés, puesto que los dos países, ubicados en los extremos de los dos mundos, en los períodos anteriores de su desarrollo estaban en cierta medida predestinados a mantener una solidaridad de intereses y simpatías mutuas, de lo cual ya se han ofrecido varias pruebas recíprocas»[65].

Esta tesis ha mantenido su vigencia hasta hoy. La filosofía de la «asociación pragmática» no ha dejado de pesar en las relaciones bilaterales, aunque no tanto como hubiéramos querido. Este desarrollo es bastante lógico, puesto que corresponde a los intereses de ambos países a largo plazo. Más todavía, los objetivos estratégicos de Rusia y de Estados Unidos en la resolución de la mayoría de los problemas internacionales son parecidos o tienen puntos de convergencia. Otra cosa es que en muchas ocasiones contemplemos caminos y métodos distintos para conseguir los fines últimos, lo cual provoca a veces controversias. En tales condiciones es preciso continuar con paciencia e insistencia el diálogo político bilateral, buscar los puntos de convergencia de nuestras posiciones, procurar que se resuelvan las diferencias mediante el respeto mutuo a los intereses de cada parte y al derecho internacional. Simplemente, no existe otro camino.

Desde luego, no estamos de acuerdo en todos los puntos. El hecho de que Rusia y Estados Unidos tengan sus propios intereses nacionales, que no tienen obligatoriamente por qué coincidir entre sí, es algo normal y no hay que dramatizarlo. Por ejemplo, nuestros países pueden tener diferentes puntos de vista sobre cómo hay que construir las relaciones con estos o aquellos Estados del mundo. Así, estamos en contra de que Estados Unidos nos imponga su idea sobre los «malos» y «buenos» países, y de que nos aconseje con quién podemos fomentar relaciones bilaterales y a quién hay que tratar como «proscrito» hasta el extremo de la invasión militar para derrocar el régimen político existente. Nuestros contactos con terceros se establecen de ri-

[65] Véase *Kantsler A. M. Gorchakov (El canciller Gorchakov)*, pp. 271-272.

gurosa conformidad con las vigentes normas del derecho internacional, reconocidas por la comunidad mundial y, por consiguiente, no admitimos las pretensiones estadounidenses de desempeñar el papel de «árbitro final». Tampoco admite Rusia la filosofía del doble juego profesada por Estados Unidos de manera evidente, que permite «ascender» de la noche a la mañana al rango de socio de Washington a un Estado con el que se nos había recomendando no mantener relaciones mutuamente beneficiosas por su supuesta «mala conducta» y cuyo mercado enseguida se llena de compañías estadounidenses.

Algunas de las tendencias alarmantes en las relaciones bilaterales se perfilaron a finales de los noventa del pasado siglo, cuando determinadas fuerzas en Washington, que apostaban por el dominio global, intentaron sacrificar los intereses duraderos de cooperación con Rusia para seguir esa línea. Para alcanzar sus propósitos, estas fuerzas utilizaron desvergonzadamente incluso la campaña presidencial en Estados Unidos. Los medios de comunicación estadounidenses lanzaron una campaña antirrusa de una dimensión y hostilidad hacia nuestro país sin precedentes en la época de la posguerra fría.

Hay que reconocer que el comienzo de nuestras relaciones con la administración republicana no ha sido fácil. Washington emprendió varias medidas hostiles contra Rusia, incluida la expulsión injustificada de un importante grupo de diplomáticos rusos. La parte rusa, fiel a su línea principal de defensa de los intereses nacionales, tomó medidas recíprocas.

Los contactos entre los presidentes Putin y Bush a lo largo de 2001 demostraron que en Washington están empezando a comprender lo que ha sido nuestra convicción desde siempre: sólo sobre la base de un diálogo equitativo y mutuamente beneficioso y de una colaboración realista entre Rusia y Estados Unidos es posible hacer frente a los nuevos desafíos y amenazas. Más aún, los trágicos acontecimientos del 11 de septiembre confirmaron que tal colaboración es una meta primordial.

Estoy convencido de que ni Rusia ni Estados Unidos están interesados hoy en debilitar las posiciones o el papel de su homólogo en el mundo. Como ha declarado en varias ocasiones el presidente Bush, la época de la guerra fría ha pasado a la historia definitivamente. Han llegado tiempos nuevos. En lo que se refiere a la parte rusa, somos plenamente conscientes de los cambios globales que se han producido a escala mundial, de modo que apoyamos decididamente el fundamento de las relaciones renovadas. Al referirse a las perspectivas de las relaciones ruso-norteamericanas en una rueda de prensa conjunta con su homólogo estadounidense, celebrada en Shanghai en octubre de 2001, el presidente Vladímir Putin destacó que «en el nuevo siglo nuestra prioridad estratégica es una asociación duradera. Se trata de una asociación basada en valores compartidos por la civilización mundial que trabaje en aras de conseguir fines comunes de desarrollo global y de progreso. Precisamente, en esta dirección tenemos la intención de avanzar de ahora en adelante».

Este concepto doctrinario se ha consolidado en la antes mencionada declaración sobre las nuevas relaciones entre Rusia y Estados Unidos, ratificada en el curso de la cumbre americano-rusa en Washington. Este documento indica de manera directa que «nuestros países (Rusia y Estados Unidos) han pisado el terreno de las nuevas relaciones del siglo XXI, fundamentadas en la adhesión a los valores democráticos, al libre mercado y al imperio de la ley. Rusia y Estados Unidos han sabido superar el legado de la guerra fría. [...] Estamos decididos a llevar a cabo un esfuerzo común, colaborando también con otros Estados y organismos internacionales, incluida la ONU, en aras de fortalecer la seguridad, conseguir un Estado del bienestar económico, promover la paz, la prosperidad y la libertad en el mundo».

La decisión de Washington de abandonar el Tratado ABM no ha sido una sorpresa para nosotros. Otra cosa es que consideremos que se trata de un paso erróneo. Al mismo tiempo, el nivel actual de las relaciones bilaterales no sólo tiene que ser mantenido, sino que es preciso aprovecharlo para elaborar lo antes posible un nuevo marco de relaciones estratégicas.

En general, Rusia tiene especial interés en que Estados Unidos siga desempeñando un papel activo en los esfuerzos internacionales encaminados a construir un mundo estable y bien organizado, contribuyendo al desarrollo progresivo del sistema económico-financiero global. Esto permitiría ampliar el marco de la cooperación ruso-norteamericana en el ámbito mundial.

La vida misma dicta la necesidad de construir unas relaciones pragmáticas, constructivas y previsibles entre Moscú y Washington. Este concepto comprende un aprovechamiento constructivo de los recursos de la cooperación bilateral en las direcciones que se correspondan con nuestros intereses nacionales, una firme defensa de las posiciones rusas en cuestiones en las que resulta imposible conseguir un entendimiento mutuo por una u otra razón, y la prevención de un derrotero hacia la confrontación estratégica con Estados Unidos. Precisamente, estos planteamientos serán la clave para los dirigentes rusos en su colaboración con la nueva administración estadounidense.

4. Rusia en la región de Asia y el Pacífico

Rusia tiene una amplia gama de intereses vitales en Asia. La implicación tanto en los asuntos europeos como en los asiáticos no es sólo una característica geopolítica del Estado ruso, sino su indiscutible ventaja. Precisamente, la cohesión dialéctica entre la dimensión euroatlántica y la de Asia y el Pacífico, que no su contraposición, constituye la esencia de la política exterior de Rusia tanto a escala mundial como regional.

Nuestra intensa atención a Asia no sólo se debe al hecho de que dos terceras partes del territorio ruso pertenezca a ella. Allí es donde convergen los intereses de las principales potencias nucleares que disponen del mayor poder militar y económico. El clima político mundial y los rasgos distintivos de nuestro planeta en el nuevo milenio dependerán en gran medida de cómo evolucionen las relaciones internacionales en esta parte del mundo y de qué camino se escoja para conciliar los intereses legítimos de todas las naciones que pueblan el continente asiático.

Asia, que aloja a más de la mitad de la población del planeta, se ha convertido hoy en un potente centro mundial de desarrollo económico y tecnológico que concentra la mayor parte de los recursos financieros internacionales. La importancia de los procesos integracionistas que se están llevando a cabo en el ámbito económico a escala regional trasciende del marco de la economía asiática.

En los albores del nuevo milenio, la extensa región asiática ha transitado la etapa de formación en todas sus coordenadas, incluidas la económica, la política, la militar, la social, la cultural y de civilización. El rasgo distintivo de esta etapa fue la paradójica combinación entre el empeño en la cooperación y en la búsqueda de nuevas formas de colaboración, por un lado, y la rivalidad que traían aparejados los intentos de compensar el «déficit de fuerza» que se manifestó al término de la guerra fría, por otro.

Sin embargo, pese a toda la complejidad de la situación en Asia, lo determinante para su desarrollo en el último decenio del siglo XX ha sido la estabilidad, que se apoya en una dinámica positiva adquirida en el período posterior a la guerra fría. La mayoría absoluta de los países asiáticos han captado con sensibilidad las tendencias prometedoras del mundo contemporáneo, optando por el desarrollo y el crecimiento económico en el contexto de un orden mundial democrático y estable basado sobre la equidad y la paridad de intereses.

Con esa percepción se han desplegado en Asia procesos integracionistas en el ámbito económico sin precedentes en la historia del continente, que traían aparejada la búsqueda de mecanismos para el mantenimiento de la seguridad y de la paz sobre la base de los contactos bilaterales y multilaterales. Al mismo tiempo, la diversidad política, económica e histórico-cultural de la región se ha convertido en una circunstancia que predeterminó el carácter multipolar de las relaciones interestatales en Asia, encaminadas a consolidar el equilibrio entre distintos centros de fuerza.

No obstante, sería inadecuado presumir que el avance de Asia hacia el sistema multipolar constituirá por sí mismo una circunstancia suficiente para mantener la estabilidad y una paz sólida en la región. La diversidad del continente asiático también genera un entorno propicio para que se mantenga el potencial explosivo del área, acumulado en buena medida en épocas anteriores, que se alimenta del problema de los Estados divididos y de los conflictos fronterizos y territoriales.

Tampoco se ha superado definitivamente la desconfianza mutua generada durante los años de enajenación, agravada en varios casos por amargas experiencias históricas.

Asia también está sujeta a la influencia directa de todo el espectro de los contradictorios procesos globales, en primer lugar en el ámbito político-militar. Esta influencia se perfila de manera más evidente en el ámbito de las armas estratégicas y los sistemas de defensa antimisiles. Precisamente, en Asia el problema de la proliferación de armas de destrucción masiva y de sus vehículos es especialmente acuciante.

La región de Asia y el Pacífico se enfrenta a desafíos de la actualidad tales como el terrorismo, el extremismo religioso y el separatismo, el tráfico ilícito de armas y de drogas, el crimen transnacional y otros. El desarrollo de la región también está influido por el recrudecimiento de los problemas globales, entre los que se hallan el agotamiento de los recursos naturales, la lucha por las fuentes de materias primas y recursos energéticos, el aumento incontrolable de la tasa de población y la destrucción paulatina de la biosfera.

Los intereses nacionales de Rusia orientan las actividades de su diplomacia en Asia, ante todo, hacia el objetivo de garantizar la seguridad de sus fronteras, y crear un entorno propicio para el crecimiento económico y social de las regiones rusas que se hallan al sur y al este de los montes Urales.

Es posible alcanzar estos propósitos, en primer lugar, mediante la incorporación activa, en los marcos bilateral y multilateral, a los esfuerzos internacionales encaminados a mantener la paz y la estabilidad político-militar en la región, así como a través de la creación de un espacio de seguridad, que descanse no tanto sobre el equilibrio de fuerzas, como sobre la comunión de intereses e interdependencia económica de los Estados. En segundo lugar, es preciso profundizar nuestra implicación en los pujantes procesos de integración política y económica, e intensificar la búsqueda de nuevas formas de amplia y mutuamente beneficiosa cooperación con los países de Asia. Tales propósitos cuentan con la comprensión de los socios de Rusia en la región, que consideran nuestro país como copartícipe natural de los procesos regionales.

En los últimos años la política exterior rusa ha dado un giro decisivo hacia Asia. La continuidad de esta línea se mantendrá en adelante. Lo confirma la continuidad de nuestro curso de desarrollo de las relaciones bilaterales con los principales Estados de la región, así como nuestra implicación activa en los mecanismos integracionistas regionales, en primer lugar en la región del océano Pacífico.

El fomento de las relaciones con China, el vecino más importante de Rusia en Asia, conforma una de las directrices de la política exterior rusa. El diálogo político ruso-chino ha sido intenso y fructífero desde hace varios años. El objetivo común de las relaciones bilaterales fue formulado en la Declaración Conjunta sobre el Mundo Multipolar y la Formación del Nuevo Orden Mundial, aprobada en Moscú en 1997, entendido como el establecimiento de una «cooperación equitativa y de confianza mutua encaminada a la asociación estratégica en el siglo XXI»[66].

Esta cooperación ya ha evolucionado hasta convertirse en un potente factor de conservación de la estabilidad global, lo que quedó demostrado en el curso de la visita del presidente Vladímir Putin a Pekín en el verano de 2000. Durante la visita del presidente de la República Popular China, Jiang Zemin, a Moscú en el verano de 2001 se suscribió el amplio Acuerdo ruso-chino de amistad, cooperación y buena vecindad, que rige los principios fundamentales de las relaciones bilaterales a largo plazo. Actuando en calidad de dos polos independientes del mundo contemporáneo, Moscú y Pekín están dispuestos a trabajar conjuntamente para que el nuevo orden mundial en formación sea más equitativo y democrático. La similitud de los conceptos fundamentales de Rusia y China se pone de manifiesto en su política en Asia. Los dos países consideran prioritario el objetivo de garantizar la seguridad en la región, se empeñan en crear un entor-

[66] Véase *Rossiisko-kitaiskaia sovmestnaia deklaratsia o mnogopoliarnom mire i formirovanii novogo mezhdunarodnogo poriadka. Moskva, 23 aprelia 1997//Vneshniaia política i bezopasnost sovremennoi Rossii. Jrestomatia (Declaración Conjunta Ruso-China sobre el Mundo Multipolar y la Formación del Nuevo Orden Mundial),* Moscú, 23 de abril de 1997. *La política exterior y la seguridad de la Rusia actual,* t. 2, pp. 478-480.

no propicio para una cooperación política de carácter multilateral que excluya la posibilidad de causar daño a los intereses de los países de la región.

Se están poniendo los cimientos de una sólida base económica para la cooperación en el ámbito comercial. Los proyectos comunes de gran alcance pueden y tienen que convertirse en la fuerza motriz de esta cooperación. El amplio potencial de colaboración también existe en el ámbito energético, incluida la energía nuclear, en el de la construcción de redes de transporte y de transporte entubado, en el de la construcción de maquinaria, los estudios científicos y tecnológicos y la aplicación de las nuevas tecnologías.

Desde esta perspectiva es difícil sobrestimar la importancia de la tradicional cooperación entre Rusia e India, que está dando una enorme contribución al fortalecimiento de la estabilidad en Asia, así como a la institución de un equilibrado sistema de relaciones internacionales a escala mundial. Las perspectivas de desarrollo de los contactos bilaterales son esperanzadoras hoy día en todas sus dimensiones, desde la política y económica hasta la técnica, militar y humanitaria. Este panorama es fruto de la convergencia de los intereses fundamentales de ambos países, de su adhesión mutua a los valores democráticos y del gran interés por mantener la estabilidad interna y a escala mundial como condición imprescindible para el crecimiento económico acelerado. De ahí, la destacada comunidad de enfoques de Moscú y Delhi ante los principales problemas de la política mundial.

Hoy día, el objetivo prioritario en las relaciones con la India es elevar hasta el más alto nivel del diálogo político las relaciones económicas y comerciales que, obviamente, no se corresponden con las oportunidades que existen al respecto. En este contexto, tienen una importancia primordial los resultados de la visita realizado por el presidente ruso Vladímir Putin a la India en octubre de 2000. En el curso de esta visita se suscribió un documento de valor sustancial: la Declaración sobre la Asociación Estratégica entre Rusia e India. El viaje a Rusia del primer ministro indio Atal Bihari Vajpayee en otoño de 2001 también marcó un jalón en las relaciones bilaterales.

Se vienen produciendo cambios cualitativos en nuestras relaciones con Japón. En los últimos años hemos conseguido importantes avances en esta dirección, puesto que las cumbres ruso-japonesas han adquirido carácter permanente. En noviembre de 1998 se produjo la primera visita de un primer ministro japonés a Moscú en los últimos veinticinco años. Su resultado central fue la aprobación de la Declaración de Moscú cuyo objetivo principal es la creación de una asociación estratégica constructiva y duradera.

Las relaciones ruso-japonesas adquirieron una mayor importancia y recibieron un nuevo impulso a raíz de la visita de Vladímir Putin a Japón en septiembre de 2000. Por primera vez en la historia de los contactos bilaterales, el presidente ruso y el primer ministro japonés firmaron una declaración conjunta sobre cooperación entre los dos países en el ámbito internacional. Tokio destacó que cree especialmente importante que Rusia se incorpore a la Organización Mundial del Comercio (OMC), mientras Moscú apoyó la candidatura de Japón como miembro permanente del Consejo de Seguridad de la ONU. En general, el año 2000 llegó a ser el más fructífero por lo que se refiere a las cumbres ruso-japonesas.

Entretanto, todavía sigue sin solución jurídica la cuestión de la frontera ruso-japonesa en la zona sur de las islas Kuriles. Es del todo evidente que la solución a este complicado problema debe ser mutuamente aceptable, de manera que no resulte perjudicada la soberanía y la integridad territorial de la Federación Rusa. Es preciso que también corresponda a los intereses nacionales rusos, que se base en la situación real, que cuente con el amplio apoyo de la opinión pública y con la aprobación de los respectivos cuerpos legislativos conforme a los procedimientos constitucionales.

En general, Rusia tiene como objetivo intensificar a largo plazo todo el conjunto de sus relaciones con Japón, profundizando la cooperación en el escenario internacional y ampliando la colaboración económica, comercial y en otras esferas.

La política rusa en la península de Corea parte de la necesidad de mantener unas equilibradas relaciones de socios y de buena vecindad con los dos Estados coreanos. El año 2000 llegó a marcar un hito en nuestras relaciones con la República Democrática Popular de Corea. La firma de un nuevo acuerdo interestatal de gran alcance señaló el final de una década de enfriamiento en las relaciones entre ambos países. Se realizó la primera visita de un presidente ruso a Corea del Norte en la historia de las relaciones bilaterales. También se celebró una visita recíproca a Rusia del máximo dirigente de la República Democrática Popular de Corea, Kim Jong Il. En 2001 el presidente Putin viajó a Corea del Sur consolidando la dinámica positiva de la cooperación ruso-surcoreana. Este planteamiento capacita a Rusia para desempeñar un papel constructivo, contribuyendo al proceso de reconciliación nacional entre los dos Estados coreanos, así como al fortalecimiento de la seguridad y la estabilidad en la península.

Los resultados de la primera cumbre intercoreana, celebrada en Pyongyang a mediados de junio de 2000, han abierto la perspectiva de la coexistencia pacífica de las dos Coreas. La promoción de la cooperación de Rusia con Pyongyang y Seúl también es importante para el desarrollo del diálogo político sobre la resolución del problema coreano con Estados Unidos, China y Japón.

La posición geográfica, el creciente potencial económico y político-militar de Asia meridional y suroccidental no admiten ninguna otra alternativa que no sea la decidida intensificación de los esfuerzos encaminados a fomentar una amplia cooperación de Rusia con los países de la región. El objetivo principal de estos esfuerzos es lograr convertir esta parte del continente asiático de zona de confrontación en un espacio previsible y estable, lo que tendría una influencia positiva en la situación de las fronteras orientales y meridionales de Rusia.

En consideración al papel clave de India y Pakistán en la región de Asia meridional, Rusia aboga por la normalización de las relaciones entre los dos países, y por la continuación del diálogo bilateral que incluya la creación de medidas de confianza entre las partes. Lo mismo en lo que se refiere a la antigua disputa sobre la posesión de Jammu y Cachemira, que debe solucionarse con medios pacíficos sobre la base del Acuerdo de Simla, firmado por la India y Pakistán en 1972, y de los acuerdos de Lakhora, suscritos en 1999.

Rusia ha impulsado que India y Pakistán suscriban el Tratado de Prohibición Total de Pruebas Nucleares y que se adhieran al Tratado de No-Proliferación de Armas Nucleares. Conviene destacar que, pese a la serie de pruebas nucleares realizadas por Pakistán e India en mayo de 1998, consideramos a estos países como Estados libres de armas nucleares, puesto que precisamente en tal calidad les invitamos a adherirse al estatuto de no-proliferación. Nuestra posición al respecto es compartida por el resto de las cinco potencias nucleares.

El Gobierno ruso ha declarado de forma expresa que, en su opinión, las pruebas nucleares en la India y Pakistán no favorecen el desarrollo positivo de la situación en Asia meridional. Al mismo tiempo, Rusia se ha pronunciado contra la imposición de cualquier tipo de sanciones contra los dos Estados, puesto que serían injustificadas tanto desde el punto de vista del derecho internacional como desde la perspectiva humanitaria.

El permanente conflicto en Afganistán también ha adquirido una importante dimensión internacional. Devastado por varios años de guerra civil, este país se ha convertido en el principal foco de expansión del terrorismo y del extremismo religioso, constituyendo una amenaza real para los intereses de la seguridad nacional de Rusia y para la seguridad de sus socios en Asia Central y otros países. Más de una vez hemos informado a la comunidad internacional sobre la instrucción que reciben, en los territorios controlados por los talibanes, las guerrillas reclutadas en la región rusa del norte del Cáucaso, en países centroasiáticos, árabes y otros. Al disponer de importantes recursos financieros procedentes del tráfico ilícito de drogas y de otras actividades ilegales, los terroristas han comenzado a concentrar fuerzas.

Sus planes delictivos quedaron plasmados de la manera más siniestra en los trágicos acontecimientos del 11 de septiembre.

Rusia, que ha convocado repetidamente a la comunidad internacional a redoblar esfuerzos para reaccionar coordinadamente y decididamente contra los desafíos procedentes de Afganistán, respaldó de manera eficaz a la coalición antiterrorista que se enfrentó a los talibanes y los grupos terroristas. Es evidente que el retorno de Afganistán a la familia internacional será un largo proceso que requiere de la ayuda constante de la comunidad mundial. La ONU también tiene que jugar un destacado papel en el proceso de paz en Afganistán.

Por su parte, Moscú está dispuesta a seguir haciendo el máximo aporte al restablecimiento de la paz en Afganistán y a la superación de las consecuencias catastróficas de la guerra civil.

Irán también es un importante socio de Rusia en Asia. La influencia y el prestigio de Teherán en el mundo islámico son universalmente reconocidos. No sólo los tradicionales vínculos de buena vecindad unen a nuestros países, sino la similitud de enfoques para la solución de diversos problemas regionales y de carácter global. La progresiva cooperación entre Rusia e Irán se ha convertido en un factor positivo de la política regional, lo que quedó constatado en el proceso de paz en Tayikistán. Rusia e Irán hicieron una aportación decisiva al logro del acuerdo entre las partes en conflicto, a la vez que actuaron como garantes de su realización. Las actividades de los dos países en relación con el actual Afganistán también están basadas en una percepción común.

La fructífera cooperación política ruso-iraní se apoya en importantes perspectivas de colaboración mutuamente beneficiosa en el ámbito económico y comercial. Actualmente se están elaborando una serie de proyectos bilaterales de gran alcance en sectores tales como la industria petrolífera, el gas, la energética, la producción de aviones y el transporte.

En los últimos años, cada vez han sido más pujantes los procesos integracionistas y de cooperación en la región de Asia y el Pacífico, tanto en el ámbito económico como en el político. Se ha ido desarrollando de manera intensa la principal estructura de integración económica de los países de la región, el Foro de Cooperación Económica de Asia y el Pacífico (APEC), a la vez que se han consolidado la Asociación de Naciones de Asia Suroriental (ASEAN), el organismo para el diálogo político, el Foro Regional de la ASEAN, el Foro para las Consultas y el Diálogo Permanentes entre Asia y Europa (ASEM) y otros. Los países interesados contemplan la idea de crear un mecanismo para propiciar un amplio diálogo en el ámbito asiático que integre a las naciones desde Oriente Próximo hasta el Lejano Oriente sobre la base de la Conferencia para la Cooperación y las Medidas de Confianza en Asia, convocada por iniciativa de Kazajstán. También está creciendo el papel de las alianzas subregionales: la Organización de Cooperación de Shanghai (OCSH), integrada por Rusia, China, Kazajstán, Kirguistán, Tayikistán y Uzbekistán; el mecanismo de consultas de la ASEAN más 3 (China, Japón, República de Corea); la Asociación para la Cooperación Regional de los Países de la Zona Litoral del Océano Índico; las estructuras de cooperación económica entre Bangladesh, India, Myanmar, Sri Lanka y Tailandia.

Rusia desarrolla de manera activa sus contactos con la ASEAN, a la vez que está creando una infraestructura para ellos. Hoy, esta influyente agrupación integra prácticamente a todos los Estados de la amplia región de Asia suroriental. El centro neurálgico de los esfuerzos comunes encaminados a crear un sistema de seguridad colectiva en la región de Asia y el Pacífico es el Foro Regional de la ASEAN para los Problemas de Seguridad (FRA), integrado por las principales potencias de la región, incluidos Estados Unidos, China, Japón, India y la UE.

Al actuar de manera activa en el marco de este foro, Rusia asegura su participación de pleno derecho en los debates sobre palpitantes problemas regionales y aplica los instrumentos de la diplomacia multilateral con el fin de crear un sistema de seguridad colectiva en Asia. Mientras aboga por aumentar aún más el papel del FRA como mecanismo regional clave para el diálogo en el ámbito político y de seguridad, Rusia concede especial importancia a la elaboración del concepto y de los principios de la diplomacia preventiva para la región de Asia y el Pacífico, que se está llevando a cabo en el marco de este foro. Este concepto podría abarcar los principios rectores de las relaciones internacionales en la región, pues el Acuerdo del Pacífico, propulsado por Rusia, es una especie de «código de conducta» regional. Paralelamente, en el marco del FRA se están intensificando los esfuerzos para implementar las medidas de confianza adoptadas en el ámbito político-militar y elaborar unas nuevas medidas, a la vez que se amplía el diálogo en otras áreas de colaboración que también cooperan a la consolidación de la seguridad regional.

La tarea de incorporarse al sistema económico de la región de Asia y el Pacífico es una de las metas primordiales de la política exterior rusa en esta parte de Asia. Nuestras prioridades en la región están enfocadas a lograr una aplicación eficaz del potencial económico de la zona oriental de Rusia, a estimular y fortalecer el sector industrial del país, a sanear su sistema financiero, a crear un clima favorable que estimule la afluencia del capital extranjero. Rusia sí que tiene recursos que compartir con sus socios de la región de Asia y el Pacífico, puesto que en torno a 400 empresas funcionan allí con la participación de capital ruso. Se han creado más de 1.000 empresas mixtas en el extremo oriente ruso. Rusia reúne todos los requisitos para realizar el proyecto de nuevo corredor de transporte que acorte las distancias entre el Euroatlántico y la región de Asia y el Pacífico. Tampoco hay que olvidar la capacidad que tiene nuestro país de atender a las crecientes necesidades de la región en lo que al suministro de energía eléctrica se refiere. Más aún, los recursos energéticos de Siberia y del Lejano Oriente permiten considerar detenidamente la perspectiva de crear en el nuevo siglo un sistema energético común para Europa y Asia.

En la última década, Rusia se ha asociado a la mayoría de las organizaciones regionales y subregionales de Asia y el Pacífico, convirtiéndose en miembro de pleno derecho de la integración regional. En noviembre de 1998 Rusia entró en el APEC, el organismo de integración más importante que agrupa a 21 paises de la región.

El foro del APEC ha desempeñado el papel de fuerza motriz de los procesos integracionistas en Asia y el Pacífico. Sus países miembros representan un 60 por 100 del Producto Interior Bruto mundial, totalizando la mitad del comercio internacional. Mediante su incorporación al APEC Rusia acentuó su adhesión a la integración económica con la región, así como su intención de aprovechar plenamente las ventajas de la división internacional del trabajo. La participación rusa en los proyectos regionales del APEC tiene las mejores expectativas en los ámbitos científico y tecnológico, en el energético, en el de la industria del transporte, la explotación de los recursos marítimos, la protección del medio ambiente, el turismo y en otras áreas. En lo que se refiere a la liberalización del régimen comercial y de inversiones, que se está llevando a cabo bajo la égida del APEC, este tema está estrechamente vinculado con la entrada de Rusia en la Organización Mundial del Comercio (OMC).

En el curso de los preparativos de la cumbre del APEC en Brunei, celebrada en noviembre de 2000, el presidente Putin ha subrayado: «La firme participación de Rusia en los procesos de cooperación económica en el espacio de Asia y el Pacífico es natural e inevitable... Hoy día tenemos por delante una amplia gama de posibilidades: desde la cooperación energética, económica y la exploración de la plataforma continental, hasta el desarrollo de la colaboración en la esfera de las vías de transporte y la realización de proyectos concretos en el ámbito económico e inversor»[67].

Un ejemplo positivo de la promoción de la cooperación multilateral en cuestiones de seguridad con la participación de Rusia es el llamado «quinteto de Shanghai». La realización de los compromisos contraídos por los países miembros para fortalecer las medidas de confianza y reducir recíprocamente las armas en la zona de sus fronteras comunes contribuye de manera real a la consolidación de la estabilidad en la región. Es importante que esta cooperación tenga un carácter abierto y no esté dirigida contra otros países. Partiendo de su empeño en ampliar el marco de la cooperación multilateral, los Estados miembros del «quinteto» convinieron en establecer una nueva estructura regional. El 15 de junio de 2001 en Shanghai, los jefes de Estado de Rusia, Kazajstán, China, Kirguistán, Tayikistán y Uzbekistán crearon la Organización de Cooperación de Shanghai (OCSH). Entre sus objetivos principales figuran: la promoción de las relaciones de confianza, amistad y buena vecindad entre los Estados miembros, el desarrollo de contactos en diversas esferas, la profundización de la cooperación en el mantenimiento de la paz y en la formación de un orden internacional político y económico sobre prin-

---

[67] Véase Putin V. V., *Rossiia: novie vostochnie perspektivi//Nezavisimaia gazeta (Rusia: las nuevas perspectivas orientales), El Periódico Independiente,* 14.11.2000.

cipios de democracia y equidad. En esencia, se trata de la formación de una nueva cultura de contactos interestatales, la cultura del desarrollo común en el complejo contexto del siglo XXI.

La importancia de Asia en la agenda de prioridades de la política exterior rusa ha venido creciendo constantemente. Es un proceso objetivo que procede, en primer lugar, del creciente papel de Asia en el desarrollo político y económico global. Hoy como nunca antes resultan de palpitante actualidad las palabras del destacado estadista indio Jawaharlal Nehru, quien dijo hace ya más de medio siglo que sin un papel activo de Asia será imposible garantizar la paz y la estabilidad sobre nuestro planeta. Rusia tiene una visión optimista sobre el futuro de la región, que reúne todos los requisitos para armonizar las relaciones entre Estados y conseguir un consenso para transformarla en una comunidad de paz y bienestar.

5. La política rusa en Oriente Próximo y en el norte de África

Rusia siempre ha considerado Oriente Próximo como una región especial, puesto que es la cuna de las tres grandes religiones mundiales. Desgraciadamente, a lo largo de los últimos decenios esta zona ha estado sometida a incesantes conflictos de importante repercusión internacional que desembocaban a intervalos en enfrentamientos militares. A ello se suma el papel de uno de los principales suministradores mundiales de recursos energéticos que corresponde a Oriente Próximo.

La participación activa de Rusia en los asuntos de Oriente Próximo resulta natural, dada la posición geopolítica de nuestro país. En la época de la globalización, la tensión que se mantiene en Oriente Próximo influye como nunca sobre la seguridad y la estabilidad en una extensa región adyacente a las fronteras meridionales de Rusia. Estamos interesados en que esta región se convierta en una zona de paz y de estabilidad.

Las relaciones de Rusia con los Estados de Oriente Próximo tienen una tradición histórica de varios siglos. Se ha acumulado un enorme potencial para la cooperación: desde el peregrinaje a Tierra Santa y la construcción en el pasado siglo de escuelas y hospitales rusos, hasta la formación de un cuerpo de profesionales y la construcción de importantes instalaciones industriales que impulsaban la consolidación de la economía nacional de varios Estados árabes. Baste con mencionar el milagro tecnológico del siglo XX: la presa de Asuán.

En el último decenio el carácter de la actitud rusa ante Oriente Próximo ha experimentado importantes modificaciones. Pasaron a la historia los tiempos en los que esta región era campo de confrontación entre las grandes potencias. A raíz del minucioso trabajo de la diplomacia rusa, se han creado las premisas para desarrollar relaciones bilaterales tanto con todos los países árabes como con Israel. Conviene destacar que no ha sido nada fácil conseguirlo. A principios de los noventa por diversas razones, tanto objetivas como subjetivas, Rusia tuvo que reducir sus tradicionales vínculos con el mundo árabe. A causa de ello resultaron comprometidas nuestras posiciones políticas y económico-comerciales en la región. Rusia estaba cediendo gradualmente su importante papel en Oriente Próximo a otros Estados. Con lo cual nos encontramos con la urgente necesidad de restablecer una amplia cooperación con nuestros socios en Oriente Próximo y África del Norte. Hay que reconocer que lo hemos conseguido en gran medida. Hoy Rusia mantiene un intenso diálogo político con los Estados de la región. En 2000-2001 el ministro de Asuntos Exteriores viajó a Egipto, Israel, la Comunidad Autónoma Palestina, Siria, Líbano, Kuwait, Irak y Arabia Saudí. Sólo durante la primera mitad del año 2001 Moscú recibió las visitas de los presidentes de Israel y Egipto, del líder palestino, del vicepresidente de Irak, así como de los ministros de Asuntos Exteriores de Siria, Israel y Yemen. Están creciendo también nuestros contactos con los países del África de Norte que forman parte de la región del Mediterráneo incluida en nuestra zona de intereses. Ha habido visitas del ministro de Asuntos Exteriores ruso a Argelia y Libia, mientras Moscú recibió al presidente de Argelia y al ministro de Asuntos Exteriores de Túnez.

El curso hacia una sustanciosa intensificación de los contactos con los Estados de la región está dando importantes frutos en el ámbito económico. Crece el comercio de mercancías con los países de Oriente Próximo y África del Norte, que totalizó en 2000 unos cinco millones de dólares estadounidenses. También se están perfilando diversas formas de colaboración económica. Un vivo ejemplo de este proceso son las inversiones egipcias en la industria aeronáutica rusa.

Esta equilibrada política capacita a Rusia para desempeñar un marcado papel en los esfuerzos internacionales encaminados a resolver las controversias en la región. En buena medida la política activa de nuestro país permitió acabar con el aislamiento internacional de Libia. En su calidad de copropulsor del proceso de paz en Oriente Próximo —puesto que se puede afirmar que sin la contribución de Moscú hubiera sido imposible relanzar este proceso en Madrid— Rusia está haciendo una importante aportación al progreso de las negociaciones árabe-israelíes. Procuramos que este proceso adquiera un carácter continuo sobre la base de las resoluciones 242 y 338 del Consejo de Seguridad de la ONU que parten del principio «paz a cambio de territorios». Rusia motiva de manera activa a las partes en conflicto a observar rigurosamente los acuerdos vigentes sobre la base de la reciprocidad, de modo que se eviten exigencias poco realistas y medidas unilaterales. Apoyamos el indudable derecho de los palestinos a organizar su propio Estado y a hacerlo en el marco del proceso de paz.

Rusia presta una especial atención a la necesidad de dotar, en el curso de las negociaciones, de un estatuto permanente a los territorios palestinos, así como a la solución mutuamente aceptable del problema de los refugiados palestinos. Al mismo tiempo, las partes en conflicto tienen que adoptar unos acuerdos y compromisos que eliminen las preocupaciones de Israel relativas a su seguridad ante la posible creación del Estado independiente de Palestina.

Rusia aboga por la amplia coordinación de los esfuerzos internacionales encaminados a promover el proceso de paz. La vida ha demostrado que resulta contraproducente una monopolización de las actividades mediadoras por un único Estado, por muy potentes que sean sus instrumentos de influencia sobre las partes en conflicto. La agravación de la situación en Oriente Próximo que se produjo en el otoño de 2000 volvió a demostrar la necesidad de utilizar no sólo los recursos de Estados Unidos, sino también de Rusia, la Unión Europea, los principales países árabes y, en particular, de Egipto y Jordania, así como la ONU.

Rusia mantiene intensos contactos con las partes en conflicto con el fin de elaborar, en cooperación con otros países, unas medidas dinámicas que permitan poner fin a los enfrentamientos entre israelíes y palestinos encauzando un proceso negociador estable. Estoy convencido de que, a pesar de todo el dramatismo de la situación en los territorios palestinos, no existe ninguna alternativa razonable al proceso de paz.

Los acontecimientos acaecidos en 2000-2001 demostraron que será imposible alcanzar una solución duradera a la crisis de Oriente Próximo sin lograr avances en todas las direcciones del proceso pacificador. Por ello Rusia sigue con permanente interés los esfuerzos de Siria y el Líbano en este ámbito. Desde que Israel se comprometiera en mayo de 2000 a retirar sus tropas del sur del Líbano conforme a la resolución 425 del Consejo de Seguridad de la ONU, Rusia ha estado contribuyendo de manera activa a la consolidación de las tendencias positivas en el desarrollo de la situación en aquella zona, así como a la prevención de nuevas complicaciones en la frontera libanesa con Israel. La diplomacia rusa no ha escatimado esfuerzos a fin de restablecer el diálogo entre Israel y Siria, que tiene una importancia clave para el futuro del proceso de paz en la región.

Los diplomáticos rusos trabajan con gran iniciativa para convertir la zona del Golfo Pérsico en un espacio de paz, seguridad y buena vecindad, lo cual permitiría evitar una repetición de guerras y conflictos en esta región de importancia estratégica. Las sugerencias de Rusia a este respecto plantean la realización de un conjunto de medidas de carácter político, económico y humanitario, así como la creación de un sistema de tratados que se apoyen en las correspondientes garantías internacionales.

En opinión de Rusia, los elementos clave de la reconstrucción tras la crisis en la zona del Golfo Pérsico tienen que ser la resolución de la situación en torno a Irak y la normalización de relaciones entre los Estados de la región. Es preciso garantizar la reducción del peligro de conflictos militares, poner límites a la carrera armamentista, reducir la presencia de las fuerzas internacionales en el área, elaborar unas medidas de confianza y encauzar una amplia cooperación regional. La creación de una zona libre de armas de destrucción masiva en Oriente Próximo tiene que ser parte integrante de estos esfuerzos. El proceso de paz podría ser consolidado por medio de la constitución de una nueva organización regional que controle el mantenimiento de la paz y de la estabilidad en colaboración no sólo con los Estados del Golfo Pérsico, sino también con los miembros permanentes del Consejo de Seguridad de Naciones Unidas y con otras partes interesadas.

Rusia está haciendo una importante y dinámica aportación a la resolución del problema de Irak, a la vez que juega un papel central en los esfuerzos internacionales encaminados a desbloquear la situación en torno a Irak con métodos exclusivamente políticos. En el marco de la ONU, y en contacto con los demás miembros permanentes del Consejo de Seguridad, Rusia aspira a acelerar el levantamiento de las sanciones contra Irak a condición de que éste observe las correspondientes resoluciones de la Organización.

El carácter arbitrario y, por consiguiente, contraproducente de los bombardeos aéreos sobre territorio iraquí, que realizan de continuo Estados Unidos y Gran Bretaña, resulta evidente. Precisamente fueron estas acciones las que ocasionaron en diciembre de 1998 el fracaso del plan de control internacional sobre los programas militares de Irak. Pese a ello, Rusia ha estado impulsando de manera activa el mantenimiento del diálogo entre Bagdad y la ONU al considerarlo un elemento importante del proceso de resolución de la situación de Irak.

Los constantes esfuerzos diplomáticos de Rusia encaminados a aliviar la situación del pueblo iraquí permitieron crear las premisas para la operación humanitaria de la ONU en el marco del programa «alimentos a cambio de petróleo». Las compañías rusas también participaron de manera eficaz en el programa. Se están creando las premisas para reanudar una cooperación económica y comercial de gran alcance entre Rusia e Irak tras el levantamiento de las sanciones.

La marcha de los acontecimientos en Oriente Próximo —una región que estuvo durante varios decenios acumulando su potencial explosivo— muestra que la normalización de la situación en las regiones con problemas, mediante unas garantías de seguridad equitativa para todos los Estados, es condición imprescindible para el logro de la estabilidad internacional y la formación de un nuevo y estable orden mundial.

6. El vector latinoamericano de la diplomacia rusa

Las relaciones con América Latina y los Estados caribeños son una línea independiente de la multivectorial política exterior rusa. Este curso hacia un acercamiento progresivo a los Estados de la región se debe a varios factores.

Rusia mantiene antiguos vínculos históricos con América Latina. Las relaciones diplomáticas con Brasil datan del año 1828, con Argentina de 1885 y con México de 1890. La historia de las relaciones ruso-latinoamericanas conoce no pocos ejemplos de manifestación de una sincera simpatía mutua, destacados encuentros de culturas nacionales, solidaridad y apoyo recíprocos incluso en el período de la guerra fría, cuando lo impedían numerosas barreras ideológicas.

El acelerado desarrollo de la economía latinoamericana y de los procesos integracionistas en el último decenio del siglo XX ha convertido a esta región en uno de los importantes polos independientes del nuevo mundo multipolar en formación. El papel de los países de América Latina en las relaciones internacionales está creciendo notablemente, puesto que en su política exterior no se limitan al marco regional, sino que se incorporan de manera cada vez más activa a la solución de los problemas mundiales. El interés en reforzar la diplomacia multilateral y en fortalecer el papel de la ONU, la tradicional adhesión al derecho internacional, son rasgos distintivos de la diplomacia latinoamericana que la acercan a Rusia. El marco guía de la política exterior latinoamericana, cuya esencia fue expresada en el siglo XIX por el héroe nacional mexicano Benito Juárez al afirmar que «el respeto de los derechos de los demás es la paz», es sumamente positivo desde el punto de vista de los intereses rusos.

En el campo económico, América Latina ha sido una de las regiones más pujantes de los años noventa. Varios índices económicos clave de los países latinoamericanos rozan ya los de las potencias industrializadas. A pesar de que la crisis financiera mundial ha repercutido de forma señalada en la economía de América Latina, este creciente mercado abre unas amplias perspectivas para la industria rusa, también en lo que se refiere a las posibilidades de promocionar allí productos y servicios de alta tecnología (aeronaves, automóviles, satélites espaciales y otros).

Para Rusia es especialmente interesante la experiencia que tiene América Latina en la creación de eficaces mecanismos de cooperación y alianzas regionales, tales como la Organización de Estados Americanos (OEA), la Asociación Latinoamericana de Integración (ALADI), el Grupo de Río, el Mercado Común del Sur (MERCOSUR), el Acuerdo de Integración Subregional Andino y otros.

Merece especial consideración el paralelismo que existe entre la historia contemporánea de Rusia y la de varios Estados latinoamericanos en lo que se refiere a los procesos de transición democrática y reformas económicas. Desde que acabaron con el caudillismo, los países de América Latina han acumulado una valiosa experiencia en la construcción y consolidación de las instituciones democráticas. América Latina también es un excepcional «laboratorio» para las reformas económicas basadas en el concepto de libre mercado, cuyos resultados con todos sus aspectos positivos y negativos provocan un elevado interés en los círculos políticos y sociales rusos.

El último decenio del siglo XX también significó un período de profundas transformaciones en las relaciones ruso-latinoamericanas. No obstante la complejidad de este proceso, la síntesis general de su desarrollo ha sido positiva. Se ha ampliado notablemente la zona de nuestra presencia diplomática en la región. Hemos establecido relaciones con varios Estados que anteriormente estaban completamente «aislados» de Rusia. Hoy, la Federación Rusa mantiene relaciones diplomáticas con 28 de los 33 Estados soberanos del continente (con excepción de algunos países isleños del Caribe).

Han aparecido nuevas posibilidades para fomentar los contactos con los Estados latinoamericanos sobre la base multilateral. El establecimiento de relaciones con organizaciones regionales y alianzas integracionistas y, en particular, la obtención por Rusia del estatuto de observador permanente de la Organización de Estados Americanos (OEA) en 1992 han favorecido este proceso.

Desde mediados de los noventa se ha perfilado un giro hacia la intensificación de las relaciones ruso-latinoamericanas. Las visitas del entonces ministro de Asuntos Exteriores de Rusia, Yevgeni Primakov, a México, Venezuela, Brasil, Argentina, Colombia, Costa Rica y Cuba en mayo de 1996 y en noviembre de 1997, así como los viajes a Moscú del presidente argentino (1998), del vicepresidente de Brasil (2000), del presidente de Venezuela (2001) y de los jefes de los servicios diplomáticos de varios países de América Latina marcaron un hito en las relaciones bilaterales.

Se logró un considerable avance en el fomento de los vínculos bilaterales con el primero de los viajes de más alto nivel realizados a América Latina en la historia de la Rusia moderna, la visita del presidente Vladímir Putin a Cuba en diciembre de 2000. En el curso de la Cumbre del Milenio, celebrada en Nueva York en septiembre de 2000 y, después, en la cumbre del APEC en Brunei de noviembre de 2000 se celebraron los primeros contactos personales del presidente ruso con los líderes de México, Venezuela y Chile. En diciembre de 2001 se produjo también la primera visita en la historia contemporánea de los contactos con América Latina del primer ministro ruso a la región, el viaje de Mijaíl Kasiánov a Brasil y Venezuela.

La base jurídica de las relaciones ruso-latinoamericanas ha sido actualizada y ampliada. En los años 1992-2000 se suscribieron más de 140 documentos bilaterales, incluidos los convenios y tratados de «nueva generación» que rigen nuestras relaciones y colaboración; los acuerdos de cooperación económico-comercial y científico-técnica; los acuerdos para el fomento y la protección recíproca de inversiones, la cooperación cultural, la exploración del espacio, la lucha contra el tráfico de drogas y otros.

Los contactos políticos de Rusia con el Grupo de Río adquirieron también un contenido cualitativamente nuevo. Desde 1997 los ministros de Asuntos Exteriores del grupo se han reunido de manera continua con sus homólogos rusos en el curso de las sesiones de la Asamblea General de la ONU en Nueva York. Hemos fijado un calendario de actuaciones y una agenda concreta para el diálogo común.

La diplomacia rusa ha establecido contactos con la Organización de Estados Iberoamericanos (OEI) integrada por los países de habla hispana y portuguesa.

Se han producido los primeros avances en el establecimiento del diálogo y contactos directos con el Mercado Común del Sur (MERCOSUR) y los países firmantes del Acuerdo de Integración Subregional Andino, y también se ha avanzado en el desarrollo del estatuto de observador permanente de la Asociación de Estados del Caribe (AEC) que mantiene Rusia.

Actualmente, los esfuerzos prácticos de la diplomacia rusa en el ámbito latinoamericano tienen por objeto cooperar lo máximo posible en la ampliación del marco de participación de nuestros países en la política mundial, intensificar la colaboración económica mutuamente beneficiosa, y los diversos contactos en las áreas cultural, educativa y de vinculación personal.

Rusia considera a los Estados latinoamericanos como sus socios naturales en el ámbito internacional, en primer lugar en la resolución de un problema clave como el de la formación de un equitativo y estable orden mundial basado en el imperio del derecho internacional, y en el terreno del fortalecimiento de los mecanismos democráticos multilaterales de control sobre los procesos mundiales. Estamos unidos por nuestra adhesión común a la idea de garantizar el papel central de la ONU y mantener la suprema responsabilidad que recae sobre el Consejo de Seguridad de conservar la paz y la seguridad, así como por nuestro interés común en reforzar la estabilidad estratégica y buscar respuestas colectivas a los nuevos desafíos y amenazas.

Así, en la quincuagésima quinta sesión de la Asamblea General de la ONU, quince Estados latinoamericanos y caribeños votaron a favor de la propuesta rusa de resolución en pro del mantenimiento del Tratado ABM del año 1972 en calidad de piedra angular de la estabilidad estratégica en el mundo. Entre ellos estaban no sólo importantes miembros de la comunidad interamericana, como México o Colombia, sino también Estados como Honduras y Panamá y países isleños del Caribe. Rusia aprecia mucho este apoyo.

América Latina está diseñando por etapas su propio concepto de seguridad regional, entre cuyos pilares principales figura el fundamento jurídico y contractual del estatuto de la región como zona libre de armas nucleares conforme al Tratado de Tlateloco, firmado en 1967. La posición de los principales Estados latinoamericanos, particularmente de Brasil y Argentina sobre esta cuestión, contribuye, indudablemente, de manera sustancial a la resolución del problema global de fortalecer el régimen de la no-proliferación de armas nucleares. Los Estados de la región se muestran también cada vez más activos en otras direcciones del proceso de desarme, en particular en los esfuerzos encaminados a proclamar el hemisferio occidental zona libre de minas terrestres, aprobar una convención regional que proscriba la fabricación ilícita y el tráfico de armas ligeras y en otros ámbitos.

El mantenimiento de la paz también constituye una importante esfera de la cooperación ruso-latinoamericana. Los Estados de la región han acumulado una valiosa experiencia en la resolución de diversos problemas internos y conflictos regionales por medios políticos. Rusia ha ofrecido constantemente su apoyo a estos esfuerzos pacificadores, de manera que desempeñó un papel constructivo en la resolución de una serie de incesantes conflictos en Centroamérica (Nicaragua, Salvador, Guatemala). La parte rusa también ha confirmado repetidamente su ánimo de prestar apoyo político a la resolución de la complicada situación interna en Colombia, donde convergieron el problema de los guerrilleros izquierdistas, la lucha contra el tráfico de drogas y la protección de los derechos humanos.

Conviene destacar el sustancial aporte de América Latina a la elaboración de los principios políticos y las técnicas de lucha contra la producción y el tráfico ilícito de drogas, incluida la convocatoria en 1997 de la sesión especial de la Asamblea General dedicada a este problema. También se ha puesto en marcha la cooperación entre Rusia y América Latina en este ámbito. Hemos firmado ocho acuerdos bilaterales de colaboración con los Estados de la región que permiten a nuestras autoridades policiales integrar sus esfuerzos en una lucha conjunta contra los traficantes de drogas latinoamericanos y los grupos criminales rusos.

La irresuelta situación respecto a Cuba sigue constituyendo un importante problema político del hemisferio occidental.

Para Rusia, al igual que para la mayoría de los Estados del mundo, resultan inadmisibles el bloqueo total y el embargo económico y comercial mantenidos por Estados Unidos contra Cuba desde hace más de cuarenta años. Esta política parece un evidente anacronismo que no favorece a nadie, tampoco a los propios Estados Unidos. La comunidad internacional también se ha manifestado contraria a los intentos de Washington de aplicar fuera de su territorio la Ley Helms-Burton, extendiendo de este modo las limitaciones y el boicot económico de Cuba, articulados por la legislación interna estadounidense, a terceros países soberanos.

Rusia aboga por una normalización completa de la situación cubana que comprenda el levantamiento del embargo y la reintegración del país a los organismos regionales de cooperación. Respetando la opción política del pueblo cubano, Rusia sigue fiel a su tesis tradicional que sostiene que los derechos humanos deben unir a las naciones y no dividirlas.

La visita oficial del presidente Putin a La Habana, de diciembre de 2000, demostró que los máximos dirigentes de ambos países mantienen la voluntad de intensificar las relaciones en el ámbito político, resolver los problemas de las relaciones bilaterales pendientes desde los noventa, y fijar las perspectivas de colaboración económica. En el curso de las negociaciones de La Habana se consiguió un acuerdo de esencial importancia: Rusia y Cuba están decididas a seguir fomentando una intensa cooperación, partiendo del elevado nivel de sus relaciones bilaterales y sobre la base de la amistad y la comprensión mutua entre nuestras naciones. Al mismo tiempo, tales contactos deben fundamentarse sobre una percepción realista de las respectivas situaciones internas de los dos Estados, basarse en los principios del derecho internacional, en el beneficio mutuo y en las normas de la competencia internacionales.

Para Rusia tiene una especial importancia la cooperación económico-comercial con América Latina. En los últimos años el comercio bilateral, tras sufrir un período de cierta recesión, ha empezado a crecer: en 1999 su volumen ascendió a unos 3.000 millones de dólares estadounidenses.

Las compañías privadas que adquieren productos alimenticios, los importan en un alto porcentaje de América Latina. Rusia se ha convertido en el principal importador de café brasileño y colombiano, y de café soluble de producción chilena. También están creciendo las importaciones de aceite vegetal, cacao, frutas tropicales y sus concentrados, refrescos y flores para el mercado. Nuestros principales socios comerciales en la región son Cuba, Brasil, Ecuador, Argentina y Chile. También se están llevando a cabo proyectos particulares de inversión con Argentina, Brasil, Cuba, Nicaragua y Ecuador.

Sin embargo, el actual volumen del comercio bilateral deja mucho que desear. Más aún porque las economías rusa y latinoamericana tienen unas importantes esferas que se complementan entre sí, de manera que no compiten, sino que son potenciales socios en los mercados internacionales.

Desde luego, la lejanía geográfica retiene de manera natural el desarrollo de los contactos económicos y comerciales. Entre los factores de influencia negativa también pueden citarse los elementos comunes de la crisis financiera de 1998, que perjudicó tanto a Rusia, como a América Latina. No ha sido erradicada todavía la competencia desleal en relación con los productos exportados por Rusia. No obstante, ya hemos conseguido un avance positivo en este ámbito, en particular en el marco del Acuerdo de Integración Subregional Andino.

Y, sin embargo, el problema fundamental radica en la escasa diversificación de nuestra colaboración, así como en la ausencia de un eficaz mecanismo que garantice las inversiones de manera recíproca.

La parte rusa está decidida, al más alto nivel político, a cooperar en la resolución de estas cuestiones.

En el plano práctico, ya se han restablecido las comisiones intergubernamentales para la cooperación económico-comercial y científico-técnica con Cuba, México, Argentina y Colombia. La creación de la comisión de alto nivel para la cooperación con Brasil ha incluido de hecho a este país en el círculo de los socios comerciales más importantes de Rusia, puesto que hasta ahora hemos establecido estructuras homologables sólo con Francia, China y Ucrania.

En 1998 se creó el Comité Nacional para el Fomento de la Cooperación Económica con los Países de América Latina, que promociona los contactos comerciales y el intercambio de información y estudia las líneas más prometedoras de colaboración, creando un clima favorable para las relaciones comerciales entre Rusia y América Latina.

Al superar a principios de los noventa una complicada y a veces penosa etapa de transformación, las relaciones ruso-latinoamericanas están alcanzando hoy día un nivel cualitativamente nuevo en su evolución, que se fundamenta en la colaboración constructiva y el beneficio mutuo.

7. Rusia y África

Rusia está abierta al desarrollo de relaciones amistosas y de cooperación mutuamente beneficiosa con los países africanos. Existe para ello un abonado terreno histórico: durante la segunda mitad del siglo XX, pese a todos los momentos negativos suscitados por la confrontación y la guerra fría, nuestro país respaldaba constantemente la aspiración de los Estados africanos a alcanzar su soberanía política y un estable crecimiento económico.

Hoy Rusia considera a los Estados de África, en primer lugar, como sus socios en el proceso de formación del nuevo orden mundial democrático. Resulta evidente que a los intereses de África corresponderá un sistema tal de relaciones internacionales que conceda prioridad a los mecanismos multilaterales de búsqueda de soluciones a los problemas globales, también en el ámbito del comercio y la economía mundial. Rusia y los Estados africanos están unidos por su interés compartido en impedir que se vulneren los intentos de dispersar los fundamentos y los principios del derecho internacional, imponiendo métodos de fuerza en la solución de las controversias.

Desde estas posiciones, Rusia está dispuesta a continuar un intenso diálogo con los Estados africanos, bien sea sobre la base bilateral, dentro de la ONU o bien en el marco de la cooperación con la Organización de Países No-Alineados, la Unión Africana y otras estructuras regionales. Además de los problemas internacionales, este diálogo podría abarcar el tema de la resolución de los conflictos en el continente africano. Rusia ha desempeñado un papel constructivo en los esfuerzos encaminados a restablecer la paz en Angola, a solucionar el conflicto entre Etiopía y Eritrea y en otros casos. La diplomacia rusa contribuye a la consolidación del potencial para la paz en África, así como al establecimiento de los fundamentos de la seguridad colectiva en el continente. También se está ampliando nuestra cooperación con las organizaciones regionales y subregionales, tales como la Organización para la Unidad Africana (OUA), la Comunidad para el Desarrollo Surafricano (CDS), la Comunidad Económica de los Estados de África Occidental (ECOWAS) y la Autoridad Intergubernamental para el Desarrollo (IGAD).

Al aplaudir los éxitos de la OUA y de las estructuras subregionales en el mantenimiento de la paz y en la integración, así como las iniciativas de algunos líderes africanos en este ámbito, Rusia está dispuesta a continuar su participación en los esfuerzos bilaterales y multilaterales encaminados a garantizar una sólida paz y estabilidad en la región.

Entre los problemas más urgentes de la política rusa en su dimensión africana figura la necesidad de encontrar un modelo óptimo para el desarrollo de la cooperación económica y comercial con África que corresponda a las capacidades reales de nuestro país. Tras los radicales cambios producidos en la situación económica y social de Rusia, este modelo sólo puede ser eficaz a condición de que exista una participación activa de las compañías privadas rusas y africanas. Pese al considerable declive del comercio entre Rusia y los países africanos —en 1994 su volumen descendió a 740 millones de dólares en comparación con 2.700 millones en vísperas de la desintegración de la URSS— existen marcadas perspectivas para un intercambio comercial mutuamente beneficioso. Rusia está dispuesta a ofrecer a sus socios africanos conocimientos especiales que podrían ser empleados en la industria, la agricultura, la construcción de viviendas, la medicina y en otras esferas. Al mismo tiempo, el carácter permanentemente deficitario para África del comercio bilateral sigue constituyendo un importante problema. Así, en 1998 las exportaciones rusas totalizaron 1.000 millones de dólares, mientras las importaciones sumaron 427,8 millones.

Rusia aplica un criterio universal a los acuciantes problemas africanos, abogando por su consideración y resolución en sus aspectos de carácter social, humanitario, económico, político y militar con el fin de garantizar un desarrollo continuo de los Estados del continente.

Capítulo 4

Los nuevos horizontes de la diplomacia

1. La política exterior y la economía: la evolución de una cohesión en los noventa

El propósito central de la política exterior rusa ha sido y sigue siendo el de fomentar la creación de un clima internacional favorable a la continuidad de las transformaciones internas en aras a fortalecer el sistema estatal, garantizar el crecimiento económico y mejorar las condiciones de vida de los ciudadanos.

La llamada «diplomacia económica» tiene un papel cada vez más importante en la política exterior rusa. En ello se refleja una tendencia global: el factor económico obtiene cada vez más protagonismo, influyendo sobre la política exterior de los Estados y en el desarrollo de las relaciones internacionales a escalas mundial y regional.

Desde la perspectiva práctica, se trata de la aplicación lo más amplia posible de los instrumentos diplomáticos y de la política exterior con el fin de contribuir a la solución de problemas como el logro de la estabilización económica y la garantía de un continuo crecimiento, la plena integración del país en la economía mundial, incluida su adhesión a las organizaciones económicas internacionales, el apoyo a las empresas privadas rusas que aspiran a abrir nuevos mercados, la creación de un entorno favorable al intercambio comercial equitativo con los socios extranjeros, el fomento de un clima propicio para atraer inversiones extranjeras y solucionar el problema de la deuda exterior.

Para alcanzar con éxito estas metas, resulta imprescindible una coordinación cada vez más estrecha de la política exterior del Estado con las diversificadas direcciones de la política económica estatal en los campos interior y exterior. Es evidente que existe una doble correlación al respecto: la política exterior sólo puede ser eficaz siempre que se apoye en el potencial conjunto del Estado y de la sociedad. En el contexto de un mundo global, la política exterior puede y debe desempeñar el papel de un potente instrumento para reforzar ese potencial mediante una cooperación internacional bien organizada que corresponda a los intereses nacionales. En otras palabras, en las condiciones actuales, como nunca antes, la política exterior debe considerarse parte integrante de la estrategia general de desarrollo del país.

Desde esta perspectiva, ofrece unas amplias posibilidades de utilizar los recursos de la política exterior en beneficio del crecimiento económico el programa de actividades, adelantado por el presidente de la Federación Rusa, Vladímir Putin, que persigue a consolidar y perfeccionar de una manera más completa el sistema estatal democrático de Rusia y, en primer lugar, el papel del Estado en el subsiguiente establecimiento de la economía de mercado de corte social. Uno de los elementos clave de este programa es el que complementa la estabilización macroeconómica con medidas concretas para reforzar los recursos materiales de la economía. En particular, se propone el objetivo de garantizar un entorno económico verdaderamente competitivo, aplicar unas estables y transparentes «reglas del juego» que sean iguales para todos los competidores, fortalecer las instituciones del mercado y luchar decididamente contra la corrupción. El «factor externo» desempeña un importante papel en todas estas cuestiones, puesto que los esfuerzos de Rusia encaminados a profundizar la integración del país en la economía mundial y en el sistema de organizaciones económicas internacionales traen aparejadas las correspondientes medidas para adaptar la economía rusa a las normas y parámetros de obligado cumplimiento por todos los copartícipes del sistema económico global.

Cabe destacar las siguientes directrices de las actividades prácticas de la diplomacia rusa.

No le es indiferente a Rusia cuál será el carácter real del sistema económico mundial al que tiene la intención de asociarse. Por lo tanto, estamos interesados en una búsqueda colectiva de los métodos para controlar los procesos de la globalización, puesto que no podemos mantenernos aislados de la toma de decisiones que condicionarán a largo plazo las tendencias de desarrollo de los procesos económicos en el mundo.

En los últimos años, el principal canal de participación de Rusia en los debates sobre tales decisiones, así como en su elaboración, ha sido su labor en el marco del G-8. Mientras en la etapa inicial de cooperación Rusia participaba en las cumbres de los jefes de los siete países más industrializados sólo en calidad de socio en el diálogo político, en la actualidad dialogamos con los máximos dirigentes de estos Estados prácticamente acerca de todas las cuestiones que están en discusión: desde los problemas de la economía mundial hasta los diferentes aspectos de la cooperación para la resolución de los problemas globales de carácter social, económico, jurídico y otros.

Otra destacada línea de la política exterior que atiende a los intereses de Rusia en la esfera de la economía mundial es el curso hacia la intensificación de la colaboración con los organismos económicos internacionales.

Una importante meta en el ámbito económico es conseguir en el futuro inmediato la incorporación de Rusia a la Organización Mundial del Comercio (OMC), que funciona desde el 1 de enero de 1995. El propósito central de esta organización consiste en promover la gradual liberalización del comercio mundial mediante la supresión arancelaria y la eliminación de otros obstáculos para el intercambio internacional de mercancías y servicios.

La diplomacia rusa respalda el proceso negociador relativo a la entrada de Rusia en la OMC. El tema de la OMC se añade a la agenda de los encuentros internacionales de los máximos dirigentes de Rusia con los líderes de países que son nuestros principales socios comerciales, en particular Estados Unidos, Alemania, Francia, Canadá,

Japón y otros. En la cumbre del G-8, celebrada en Colonia en 1999, los países más industrializados apoyaron el propósito de Rusia de ser miembro de la OMC. Los altos cargos diplomáticos rusos, en el marco de las organizaciones regionales europeas, asiáticas y de Asia y el Pacífico, mantienen un diálogo sobre los aspectos políticos del ingreso de Rusia en la OMC. A nivel bilateral, nuestros representantes diplomáticos plantean esta cuestión en el marco de las comisiones intergubernamentales para la cooperación económica y comercial, y en el curso de las distintas visitas y consultas entre oficinas diplomáticas.

En el proceso de negociación sobre su afiliación a la OMC, Rusia trabaja para conseguir ayuda a sus esfuerzos encaminados a mejorar la situación económica interna, erradicar las políticas discriminatorias en el ámbito del comercio, crear unas condiciones más favorables a las exportaciones rusas. Se trata de que Rusia entre en la OMC sobre la base de las condiciones habituales, obteniendo derechos completamente iguales a los de otros miembros. Al mismo tiempo, para la parte rusa es importante que sus socios de la OMC reconozcan la situación especial que atraviesa la economía rusa, derivada de las reformas de gran alcance, y que le concedan, si fuera necesario, un plazo prorrogable para su homologación con determinados requisitos de la OMC.

La tercera línea de importancia de los esfuerzos de la diplomacia rusa en el ámbito económico es el fomento de la cooperación económica y comercial en el área de las inversiones con sus socios extranjeros, y ello en el marco de las principales alianzas integracionistas y sobre la base bilateral.

Desde esta perspectiva el desarrollo a distintas velocidades de una cooperación diversificada en el marco de la Comunidad de Estados Independientes (CEI) es una prioridad para Rusia. Tras la caída en picado de la cooperación económica de Rusia con sus socios de la CEI, que se produjo en la primera mitad de los noventa, en los últimos años se ha perfilado una determinada tendencia a crecer. Sin embargo, el nivel actual de esta cooperación es insuficiente. La profundización de la colaboración económica y el fomento de los procesos integracionistas en el marco de la CEI son posibles únicamente sobre la base de relaciones que se rijan por los principios de la economía de libre mercado y con una participación cada vez más amplia en estos procesos del capital industrial y financiero. También es evidente que en la etapa actual una intensificación de la cooperación económica y comercial es posible sólo a condición de que exista un decidido apoyo y control estatal. Esta combinación de los mecanismos del libre mercado con el papel del sector público permite sintetizar de manera óptima la resolución de las tareas cotidianas con la perspectiva a medio y largo plazo, compaginando los aspectos económico-financiero, social y político de la colaboración.

El giro hacia el desarrollo de una cooperación de gran alcance entre Rusia y la Unión Europea también ha sido muy prometedor. Esta alianza integracionista, que es la más grande del mundo, totaliza el 60 por 100 de las exportaciones rusas en comparación con el 22 por 100 aportado por la CEI y el 3-6 por 100 por China, Estados Unidos y Japón, respectivamente[68].

Por su parte, Rusia ocupa la posición de quinto importador y sexto exportador más importante del comercio exterior de la UE.

El desarrollo de la cooperación económica y comercial entre Rusia y la UE se ve favorecido por su proximidad geográfica, por el hecho de que nuestras economías se complementan entre sí, así como por la existencia de una base jurídica para tal colaboración y por las antiguas tradiciones comerciales. Al disponer de un gran potencial industrial, financiero, comercial, científico y de inversiones, la UE, desde la perspectiva estratégica, jugará un papel crecientemente importante en las relaciones exteriores de Rusia. Precisamente la UE puede ser el mayor consumidor de los tradicionales productos de exportación rusos (gas, crudo y combustibles, carbón, madera y papel, metales, fertilizantes químicos, productos del ciclo nuclear, diamantes y otros).

La estructura de las exportaciones rusas no coincide con la composición general de las importaciones de la UE. Al mismo tiempo, las

---

[68] Estadística aduanera del comercio exterior de la Federación Rusa.

importaciones rusas satisfacen la tradicional estructura de exportaciones de la UE. Los productos industriales dominan tanto en las importaciones como en las exportaciones comunitarias. Lo cual significa que existen perspectivas para incrementar el volumen de las exportaciones rusas a la UE a medida que aumente la competitividad de la producción nacional rusa. Los bajos impuestos de importación establecidos por la UE también constituyen un importante factor para el perfeccionamiento de la estructura de las exportaciones rusas.

Otra circunstancia importante radica en el hecho de que la UE es un típico importador de productos energéticos y de materias primas. Por su parte, el comercio exterior ruso está orientado principalmente a la exportación de estos productos y es poco probable que la tendencia cambie en los próximos años. Con lo cual se mantiene la alta capacidad adquisitiva del mercado comunitario europeo con relación a los productos rusos, al igual que existe la posibilidad de mantener un balance positivo en el comercio con la UE.

Una de las esferas más importantes de la cooperación con la Unión Europea es la colaboración en el ámbito de inversiones. La UE es uno de los principales inversores en la economía rusa. Pese a todas las pérdidas y complicaciones, causadas por los acontecimientos de los últimos años, los inversores europeos no tienen la intención de abandonar el mercado ruso.

Según el Comité Estatal de Estadística ruso (Goskomstat), en julio de 1998 el total acumulado de las inversiones europeas en la economía rusa ascendía a 21.300 millones de dólares, totalizando más del 79 por 100 del total acumulado de la inversión extranjera. La inversión directa de los países europeos ha alcanzado los 5.340 millones de dólares o el 62 por 100 del total de las inversiones directas en la economía rusa. La cooperación con las compañías europeas en eficaces proyectos de inversión en territorio de la Federación Rusa se está llevando a cabo en la industria automovilística, aeroespacial y alimentaria, así como en los campos de la metalurgia, de la creación de medios de comunicación electrónicos y en otros. Los inversores europeos han sido especialmente activos en la esfera de la producción de petróleo y gas natural.

Al mismo tiempo, existen y siguen emergiendo diversos problemas en el ámbito de la cooperación económica y comercial entre Rusia y la UE que dificultan su subsiguiente profundización y desarrollo. En la política comercial de la UE se mantienen limitaciones de carácter discriminatorio sobre la importación de productos rusos.

El acuerdo de asociación y colaboración entre Rusia y la UE ha liberalizado el flujo de mercancías y servicios rusos hacia el mercado comunitario. Se ha reducido el nivel de protección arancelaria frente a las exportaciones rusas. La UE se ha comprometido a no imponer limitaciones cuantitativas sobre las mercancías rusas, con excepción de las medidas proteccionistas de general aceptación en el ámbito internacional (textiles, y manufacturas del acero de la nomenclatura de la Comunidad Europea del Carbón y del Acero). Sin embargo, en realidad el mercado europeo queda abierto para las exportaciones rusas sólo mientras mantengan su actual composición dominada por las materias primas.

La parte rusa está trabajando para eliminar los obstáculos al desarrollo de nuestra cooperación económica con la UE. Nos referimos, en primer lugar, al proteccionismo comunitario para evitar el *dumping* externo. La Comisión Europea, que sigue considerando a Rusia como un país de economía mixta y no de libre mercado como es en realidad, aplica estas medidas proteccionistas de carácter discriminatorio a las exportaciones rusas. Los impuestos introducidos para evitar el *dumping* dan como resultado la subida de los precios finales de las mercancías rusas, haciéndolas no competitivas para el consumidor europeo (se trata, por ejemplo, tubos de una piza, potásico, aleaciones de hierro, etc.). A la vez, las sanciones impuestas a compañías concretas se extienden en algunos casos al correspondiente sector de la economía nacional, lo cual ocasiona cada año unas pérdidas estimadas en 300 millones de dólares[69].

---

[69] Véase A. Shishaiev, *Sredstva torgovoi zashiti: antidempingovie meri (opit ES) (Protección arancelaria: medidas anti-dumping, la experiencia de la UE). Yuridicheski mir,* núm. 9-10, Moscú, 1998, pp. 48-57.

El 27 de abril de 1998, el Consejo Europeo acordó excluir a Rusia y China de la lista de países con economías centralizadas y, por consiguiente, reconsideró los reglamentos anti-*dumping* de la UE. Pese a que esta decisión tenía carácter parcial y establecía varias cortapisas, ha sido el primer paso en una dirección positiva. El nuevo reglamento anti-*dumping* entró en vigor el 1 de julio de 1998. Sin embargo, el subsiguiente comportamiento de la Comisión Europea ha demostrado que es imprescindible continuar los esfuerzos para que se reconozca plenamente el carácter de libre mercado de la economía rusa. Los principales instrumentos para restringir las exportaciones de productos industriales rusos son las barreras técnicas al comercio, en primer lugar la certificación (aviones, automóviles, maquinaria, productos químicos). También se están recrudeciendo las normativas de control medioambiental.

Es posible que las citadas tendencias negativas se acentúen en el curso de la ampliación de la UE.

En tales condiciones tiene cada vez mayor importancia la realización de la Estrategia de Desarrollo a Medio Plazo de las Relaciones de la Federación Rusa con la Unión Europea entre 2000 y 2010, ratificada por el presidente Vladímir Putin en junio de 2000.

Entre las prioridades del desarrollo de las relaciones entre Rusia y la UE figuran la expansión comercial y el aumento de las inversiones. Al mismo tiempo, la estrategia ha precisado los intereses nacionales rusos desde la perspectiva de la economía de libre mercado y ha expresado la intención de ampliar la cooperación con la UE. A la diplomacia rusa se le han asignado varias misiones importantes: lograr un completo reconocimiento del estatuto de Rusia como país de economía de libre mercado, crear unas condiciones favorables para la exportación de mercancías y servicios rusos a los mercados de la UE, erradicar las técnicas de su discriminación, fomentar la creación de un enfoque positivo en la UE respecto de las condiciones de integración de Rusia en la OMC y otras. Para alcanzar las metas planteadas tenemos previsto recurrir no sólo a nuestros recursos internos, sino también a los mecanismos internacionales. Es especialmente importante la elaboración del concepto de espacio económico común iniciada por Rusia y la UE.

Conviene destacar la incorporación de Rusia a una prestigiosa asociación intergubernamental de la región de Asia y el Pacífico como es el APEC. Desde el punto de vista económico, el acceso a los recursos del APEC facilitará el logro de los objetivos planteados en el proceso de desarrollo económico de Rusia: una participación más activa en los procesos integracionistas, la diversificación de la cooperación económica, el incremento del volumen de exportaciones a los países de la región y el perfeccionamiento de su estructura, la conexión con los flujos de inversiones, las garantías de que se tendrán en cuenta nuestros intereses en el proceso de elaboración de las reglas del comercio internacional.

Al entrar en el APEC, Rusia ha dado a la comunidad internacional una clara señal de su orientación hacia el fomento de una economía liberal. Según demuestra la experiencia mundial, una liberalización en el ámbito del comercio y de las inversiones contribuye al incremento de las exportaciones y al crecimiento económico. Para Rusia los beneficios obtenidos de la liberalización económica pueden ser especialmente notables en sectores en los que somos importantes exportadores. Me refiero a productos energéticos, químicos, madera, pescados y mariscos. La liberalización de las inversiones en el marco del APEC ayudará a atraer al capital extranjero, que resulta vital para el desarrollo de la economía rusa. La reducción de gastos relacionada con la liberalización, la simplificación y universalización de los procedimientos en el ámbito de la exportación e importación, así como con el aumento de su transparencia, será también directamente beneficioso para el consumidor y para los fabricantes rusos, actuando como estímulo adicional para la creación de una producción nacional competitiva.

Tal vez las reflexiones sobre las ventajas que ofrece la liberalización, en la actual etapa de desarrollo de la economía rusa, suenen más bien a un buen deseo que a un programa de acción concreto. Es evidente que hoy día para varios sectores y esferas de la economía rusa tienen más prioridad que la liberalización las medidas encaminadas a proteger los productores nacionales, es decir, las medidas de carácter proteccionista. Sin embargo, también es evidente que la liberalización seguirá siendo una tendencia determinante del desarrollo de las relaciones económicas internacionales. Sería erróneo tanto rechazar la idea de una deliberada liberalización por etapas, como dejarse arrastrar por su rápida corriente. La cooperación en el marco del APEC es una especie de «traje a medida» para Rusia. Y si hoy le queda un poco grande a causa de las dificultades experimentadas por la economía rusa, mañana, cuando solucionemos nuestros problemas económicos, le caerá perfectamente.

Los puntos de partida de la posición rusa a la hora de entrar en el APEC quedaron puntualizados en el plan individual de actividades para liberalizar el comercio y las inversiones, presentado la víspera de la cumbre de Kuala Lumpur. Este documento, fruto de una contribución colectiva de casi 40 ministerios y organismos federales, determinó las principales líneas orientadoras para el perfeccionamiento del régimen nacional de reglamentación de las actividades económicas en el exterior, así como de su homologación con la práctica mundial considerando las posibilidades reales de nuestra economía y en coordinación con el proceso de integración de Rusia en la OMC.

Otra importante dirección de las actividades económicas exteriores de la diplomacia rusa consiste en prestar apoyo activo a nuestros empresarios en el exterior, así como en el fomento de un clima político favorable para aumentar el flujo de las inversiones extranjeras en la economía rusa.

Desde luego, el requisito más importante para crear un entorno propicio para las inversiones es, ante todo, la realización de un conjunto de medidas encaminadas a hacer la política económica nacional transparente y previsible, reforzar el imperio de la ley, y consolidar la base legislativa que rige las inversiones extranjeras. La aprobación del nuevo Código Fiscal, que tiene como objetivo conseguir no sólo un efecto presupuestario, sino atraer inversiones, debe considerarse un paso en esta dirección. También hay que mencionar la aplicación de importantes mecanismos como la legislación que rige la división de la producción y protege los derechos de los inversores extranjeros. Por último, están previstas importantes medidas para luchar contra la corrupción y el crimen organizado.

La realización de todas estas propuestas debe acompañarse de intensos esfuerzos en el ámbito exterior que tiendan a fortalecer la estabilidad de las relaciones de Rusia con sus principales socios económicos, a crear una atmósfera previsible y de confianza, y a mejorar la imagen del Estado ruso a los ojos del mundo exterior.

Conviene destacar que, teniendo en cuenta los complejos y progresivos procesos que se están desarrollando en el ámbito de la economía mundial, son varios los aspectos de la estrategia económica rusa en el exterior los que están sujetos al permanente análisis y matización. Para ello es preciso partir de una percepción realista de los recursos de la economía rusa y de las perspectivas de su desarrollo en los próximos años. En particular, es imprescindible elaborar unas medidas a largo plazo para evitar que Rusia quede desplazada a la periferia del sistema económico mundial, a la vez que se convierte en un apéndice de los países industrializados rico en materias primas.

La eficacia de la estrategia de la política exterior está relacionada con la reforma de la estructura social de Rusia en consonancia con la nueva situación global. En particular, se podría considerar la posibilidad de hacer competitivos varios sectores económicos, de manera que actúen con éxito en los mercados internacionales aprovechando las fuentes protegidas de materias primas. Según demuestra la experiencia de los países de Asia y el Pacífico, una excesiva dependencia del mercado global en los períodos de crisis puede resultar no menos peligrosa que la autarquía. Al crear los mecanismos de protección activa contra la oscilación del mercado financiero internacional, Rusia puede fortalecer la estabilidad económica en el interior mediante la expansión de su presencia económica en aquellos países y regiones con los que tiene sólidos vínculos históricos.

Considerando los extremadamente serios problemas y desafíos a los que se enfrenta Rusia en los albores del siglo XXI, cabe suponer que el fomento y el perfeccionamiento de los mecanismos diplomáticos para asegurar el desarrollo económico del país será en el futuro inmediato el problema más urgente y acuciante de la política exterior y de la diplomacia rusa.

2. Las regiones rusas y la política exterior

Los vínculos interregionales se están convirtiendo en un componente cada vez más importante de las relaciones de Rusia con los países extranjeros. Ha crecido su dimensión, extensión geográfica, a la vez que se ha diversificado su contenido. Las regiones rusas se acercan cada vez más a la tendencia europea y mundial de desarrollo acelerado de los contactos entre autoridades locales, provincias, comunidades y, en general, entre las instituciones de la sociedad civil.

Al comienzo, este proceso estuvo acompañado de importantes dificultades ocasionadas, a principios de los noventa, por los inesperados y, en el fondo, improvisados contactos directos de las unidades administrativas de la Federación Rusa con los socios extranjeros que, en muchas ocasiones, no tenían marco político ni jurídico alguno. Con lo cual, en aquella etapa inicial la labor principal de la diplomacia rusa consistía en ayudar a las regiones, que durante un largo período de tiempo se encontraban en un aislamiento total, a establecer vínculos exteriores mutuamente beneficiosos pero que no fueran en detrimento de la unidad y la integridad territorial de la Federación Rusa. En otras palabras, fue preciso encontrar una fórmula adecuada para compaginar los intereses del Estado con los de sus unidades administrativas en el marco de una política exterior común.

Hoy día, resulta evidente para todos que la ampliación de los contactos exteriores de las regiones rusas es un proceso sano y natural. Con la transformación de la sociedad rusa y el despliegue de las reformas, la resolución de determinadas cuestiones, que anteriormente eran de incumbencia federal, pasaría inevitablemente a ser competencia de las autoridades regionales. No obstante, este proceso requiere una complicada y minuciosa labor con el fin de precisar, guiándose por la legislación interna y el derecho internacional, las respectivas competencias de las autoridades federales y regionales en el ámbito de los contactos exteriores. Se trata de mantener el equilibrio entre los intereses de un «todo» federal y los de sus partes integrantes, prestar una eficaz ayuda a las unidades administrativas de la Federación Rusa para que sus contactos exteriores sean más fructíferos, y coordinar los intereses de las regiones con el mecanismo de la política exterior de Rusia.

Conviene destacar que el problema de las competencias respectivas federales y regionales de ninguna manera es de carácter teórico. Tiene una importancia enteramente práctica, puesto que de su solución dependerá la eficacia de la cooperación económica de las regiones y de otras unidades administrativas de la Federación Rusa con el mundo exterior. Un desarrollo hábil y adecuado de tales vínculos fortalece el potencial conjunto del Estado ruso, mientras que el localismo y falso independentismo perjudican a los intereses propios y al prestigio de las regiones y de Rusia en general.

La Constitución rusa atribuye a los órganos federales competencia exclusiva sobre las relaciones internacionales (art. 71). Sin embargo, la coordinación de las relaciones internacionales y de los vínculos económicos exteriores, así como la observación de los tratados internacionales, es de competencia común del centro federal y de las regiones (art. 72). Esto no significa que las unidades administrativas rusas se mantengan al margen de la elaboración y realización de las directrices de la cooperación internacional de Rusia. Los líderes de las repúblicas y regiones hacen viajes oficiales al extranjero en calidad de jefes de delegaciones y firman importantes documentos internacionales por encargo del gobierno federal. En muchas ocasiones también acompañan al presidente en sus visitas oficiales al extranjero.

Las cuestiones de interacción entre el centro federal y las unidades administrativas quedaron plasmadas en la Ley sobre Control Estatal de las Actividades Económicas Exteriores, así como en la Ley sobre Tratados Internacionales de la Federación Rusa y en una serie de otros actos normativos. Sin embargo, la base legislativa en este ámbito todavía se encuentra en el proceso de formación. El vacío legislativo existente se cubre en parte gracias a los legisladores regionales que, desgraciadamente, no siempre toman decisiones acertadas. Pero, como es natural, el poder central no puede tolerar que este tipo de legislación entre en conflicto con la Constitución y las leyes federales de Rusia.

La Ley Federal sobre Coordinación de Contactos Internacionales y Económicos de las Unidades Administrativas de la Federación

Rusa, firmada por el presidente el 4 de enero de 1999, marcó un jalón en el proceso de perfeccionamiento de la legislación rusa en este ámbito[70].

Esta oportuna medida dio indudablemente un impulso a la intensificación de la cooperación internacional a escala regional, haciéndola más eficiente desde la perspectiva nacional.

Dado que casi la mitad de las regiones rusas tiene fronteras terrestres y marítimas con los Estados vecinos, la cooperación transfronteriza tiene una importancia especial para Rusia. Su desarrollo dinámico ha sido predeterminado en gran medida por las características de la actual etapa de las relaciones internacionales. Los vínculos directos entre regiones colindantes han ido en progreso en todas partes, haciendo realidad la existencia de una «Europa de las regiones». En particular, merece especial atención la experiencia de Europa occidental en la creación de las organizaciones integracionistas a escala regional, las llamadas «eurorregiones», que tienen órganos colectivos para la solución de problemas comunes. Estas alianzas son especialmente prometedoras para elaborar importantes proyectos multilaterales, así como para crear un clima favorable a la atracción de inversiones extranjeras. La importancia de este marco de cooperación entre los Estados trasciende los límites de intereses locales, puesto que de manera directa afecta a los intereses cotidianos más urgentes de los ciudadanos. Sus resultados reales repercuten de manera considerable en el clima político de las relaciones interestatales.

Este tipo de cooperación tenía un valor especial para Rusia, puesto que, en primer lugar, en ella participaban las regiones que en el pasado eran las zonas más cerradas a cualquier tipo de contacto exterior. Desde esta perspectiva, la resolución práctica de cuestiones como el fomento del comercio transfronterizo, la relajación de los controles fronterizos y el establecimiento de nuevos puestos de control para aumentar el flujo de personas y mercancías, y la creación de una infraestructura ha cambiado en buena medida el aspecto de varias regiones

---

[70] Véase *Rossiiskaia Gaceta (El Periódico de Rusia)*, 16.1.1999.

fronterizas rusas, en particular las zonas norte y noroeste, la región de Kaliningrado, el extremo oriente, incluido el territorio de Primorsk.

Así, en los últimos años se ha acumulado una notable experiencia en la cooperación de Karelia y la región de Múrmansk con las unidades territoriales fronterizas de Finlandia y Noruega, tanto sobre la base bilateral, como en el marco de la organización subregional del Consejo Euroártico de Barents. Las regiones de Kaliningrado, de Leningrado y otras del noroeste de Rusia se incorporan de manera cada vez más activa a la cooperación en el marco de su organización homóloga en el Báltico, el Consejo de los Estados del Mar Báltico.

Con la intensa participación de la diplomacia rusa se están ampliando las actividades de la Cooperación Económica del Mar Negro, que incorpora un amplio abanico de Estados de la zona y las regiones meridionales de Rusia a la órbita de diversificados vínculos subregionales.

Se han abierto nuevas perspectivas con la entrada en vigor del Acuerdo de Colaboración y Cooperación (ACC) entre la Comunidad Europea y la Federación Rusa que incluye un artículo que afirma directamente que las partes colaborarán en el desarrollo regional y en el fomento de vínculos entre regiones colindantes.

La participación de las regiones rusas en distintas alianzas multilaterales de carácter regional y subregional ofrece posibilidades adicionales para perfeccionar el mecanismo de reglamentación jurídica de la cooperación transfronteriza. Un importante avance en esta dirección podría ser la adhesión de Rusia a la Convención Marco Europea de Cooperación Transfronteriza entre las Comunidades y Autoridades Territoriales, firmada en 1980[71].

La suscripción de acuerdos marco interestatales en el ámbito de cooperación entre las regiones y autoridades locales se plantea también como una dirección prometedora.

---

[71] *Evropeiskaia ramochnaia konventsia o prigranichnom sotrudnichestve territorialnij soobshestv i vlastei* (Convención Marco Europea de Cooperación Transfronteriza entre las Comunidades y Autoridades Territoriales, 1980, Madrid). Véase *Konventsia Soveta Yevropi i Rossiiskaia Federatsiia* (Convención del Consejo de Europa y la Federación Rusa, Moscú, 2000, pp. 298-370).

En la práctica de los principios del federalismo resultan igual de peligrosos los dos extremos: por un lado, la estricta centralización y, por otro, la fragmentación y la supremacía de las características regionales. Para evitarlos es preciso, manteniendo el carácter abierto y flexible del sistema federal, garantizar en conjunto la integridad territorial, así como el espacio jurídico y económico de la Federación Rusa. La observancia de las leyes, normas y reglamentos federales sigue siendo una condición imprescindible para ello.

El tema de los vínculos de las regiones rusas con los Estados miembros de la CEI merece un estudio especial. En las condiciones de una integración a distintas velocidades en el marco de la Comunidad, la intensificación de la cooperación con los países miembros sobre la base bilateral tiene una gran importancia para Rusia. Al profundizar los vínculos interregionales, las regiones rusas están contribuyendo al logro de un objetivo estratégico: reforzar el tejido de las relaciones de Rusia con los países de la CEI.

Es evidente que el componente económico y comercial seguirá desempeñando un papel dominante en los contactos interregionales. La incorporación a ellos de las asociaciones para la colaboración económica que existen en la estructura de las regiones rusas aparece como una iniciativa prometedora. Este proceso ampliará las posibilidades de la cooperación y diversificará sus formas, permitirá solucionar en gran medida ta penoso problema como el de la injustificada competencia entre las regiones rusas en los mercados exteriores, aprovechada con mucho acierto por algunos de sus socios extranjeros. Hoy, las asociaciones regionales rusas están dando sólo los primeros pasos en este ámbito.

Aun reconociendo el papel central de la economía, no hay que olvidar importantes aspectos de los contactos interregionales, como el cultural y el humanitario. Así, la afinidad espiritual y cultural entre los pueblos de Rusia y las naciones de la CEI, que viene de antaño, constituye un inestimable capital estratégico. Esta afinidad todavía no se ha perdido, pero se requiere un esfuerzo común para mantenerla viva. A veces la solución de este problema resulta más fácil a escala regional que federal. Las regiones rusas también podrían jugar un papel más importante en la salvaguarda de los intereses de nuestros compatriotas que residen en países extranjeros.

Junto a la legislación interna, podría igualmente favorecer al ordenamiento de los vínculos exteriores de las regiones rusas la firma de acuerdos interestatales de carácter bilateral para la cooperación interregional, que todavía no existen, entre Rusia y los Estados de la CEI. Mientras tanto, la experiencia acumulada en el curso de la realización de acuerdos similares con China, Finlandia y otros países demuestra que son lo suficientemente eficaces para el establecimiento de los vínculos interregionales. La práctica de la creación de grupos especiales para la cooperación interregional en el marco de las diversas comisiones intergubernamentales ha quedado justificada del mismo modo.

La armonización recíproca de las legislaciones internas de los países miembros de la CEI sigue constituyendo una meta importante. La Asamblea Interparlamentaria de la CEI podría desempeñar un papel esencial en este proceso a medida que vaya ampliando la práctica de elaboración de las respectivas leyes-modelo, también en el ámbito de las relaciones transfronterizas.

3. La diplomacia y la cultura

La etapa contemporánea de las relaciones internacionales se caracteriza por una importante ampliación del círculo de cuestiones que se hallan en el marco de la cooperación multilateral y bilateral entre los Estados. En las condiciones de la globalización, prácticamente todas las dimensiones de las actividades humanas se incorporan a la órbita de tal cooperación. Este proceso también abarca la esfera intelectual: los temas científicos, educación, cultura, comunicaciones, etc. Más aún, se puede afirmar que en el mundo contemporáneo el prestigio y las posiciones de un Estado en el ámbito internacional, junto a los tradicionales factores del poder económico y militar, están determinados cada vez más por su potencial intelectual, así como por el atractivo de sus modelos de desarrollo científico, educativo y cultural.

En consideración al enorme valor que tiene la cultura rusa a escala mundial, así como a los notorios avances científicos y académicos conseguidos por nuestro país, la esfera intelectual adquiere una gran importancia para la política exterior, precisamente ante los intentos de algunos países de dar una imagen negativa y parcial de Rusia con el fin de obstaculizar el desarrollo de la cooperación.

La diplomacia rusa dispone de una amplia experiencia en la esfera de la cooperación intelectual a escala internacional, así como en la colaboración con la cultura nacional. En la historia de Rusia siempre ha existido una firme y profunda relación entre la diplomacia y la cultura. El padre fundador de la literatura rusa del siglo XVIII, Antioj Kantemir, fue embajador en Inglaterra y Francia. Los nombres de varios escritores y poetas rusos, como Alexandr Griboiédov, Denis Fonvizin, Konstantín Bátiushkov o Fiódor Tiútchev están estrechamente relacionados con el Servicio diplomático. Tras graduarse en el liceo de Tsárskoie Seló en 1817, Alexandr Pushkin fue destinado al entonces Ministerio de Asuntos Exteriores ruso en San Petersburgo.

Hoy, la importancia de la interacción entre la diplomacia y la cultura rusas está creciendo marcadamente. Las reformas democráticas han emancipado a la cultura nacional, creando un entorno propicio para su libre desarrollo y para su incorporación natural al proceso cultural mundial. Entretanto, a raíz de la creciente comercialización que se está llevando a cabo en el ámbito del desarrollo cultural, educativo y científico ha surgido la amenaza real de que su calidad resulte comprometida. Distintas esferas de las actividades intelectuales y culturales dependientes de la financiación estatal quedaron relegadas. Otro problema creciente es el efecto que a largo plazo producirá en Rusia la invasión de numerosos ejemplos de calidad cuestionable de la cultura de masas occidental, así como la llamada «fuga de cerebros».

Estas observaciones plantean ante la diplomacia rusa una serie de importantes tareas relacionadas con el apoyo a la cultura, la ciencia y la educación nacional y, por tanto, con la creación de un ambiente lo más favorable posible para su incorporación al sistema de vínculos internacionales. Es evidente que el logro de estos propósitos requiere, ante todo, un profundo conocimiento de la situación actual en el ámbito educativo, científico y cultural de Rusia, así como una estrecha relación con los principales expertos en estas esferas. Nuestro reconocimiento de tal necesidad ocasionó en 1999 la creación, bajo la égida del Ministerio de Asuntos Exteriores, de un Consejo formado por hombres de ciencia, personalidades de lo cultural y del mundo de la educación. Con la participación directa de sus miembros se han elaborado las Directrices del MAE para el Desarrollo de Vínculos Culturales de Rusia con Países Extranjeros.

En toda la historia de la diplomacia rusa no ha existido un documento conceptual semejante que, de manera completa y detallada, describa el papel del factor intelectual y cultural en el proceso de consolidación del prestigio de Rusia y de su imagen positiva en el mundo exterior. De esta manera, el fenómeno de la «política exterior cultural», que ya es familiar en la mayoría de los países, se está consolidando en la práctica de la diplomacia rusa.

En consonancia con la experiencia histórica y la situación actual, esta política integra varias líneas tanto tradicionales como nuevas.

Entre las primeras se halla, ante todo, el desarrollo de la cooperación cultural con países extranjeros sobre la base bilateral. Hasta la fecha hemos suscrito acuerdos bilaterales con un gran número de Estados que rigen la realización de los programas de intercambio cultural. Conviene destacar que el carácter de este proceso refleja las profundas transformaciones internas experimentadas por la política cultural rusa: una parte importante del intercambio cultural se desarrolla sobre la base comercial, sin intervención de los organismos estatales. Sin embargo, esta circunstancia en modo alguno significa que la diplomacia rusa se niegue a prestar apoyo a los contactos culturales de carácter privado. En particular, las embajadas rusas deben intervenir en muchas ocasiones cuando las personalidades culturales de Rusia se encuentran en situaciones comprometidas derivadas del «juego sucio» a que las someten sus socios extranjeros.

A los vínculos con los países de la CEI les corresponde un papel especial en la política exterior cultural. Aquí se pone de relieve la importantísima función política desempeñada por la cooperación cultural: se trata de la conservación y consolidación de la comunidad espiritual tradicional con Estados, con los que las relaciones bilaterales son prioritarias para Rusia. Sobre la cultura recae la responsabilidad de hacer una destacada contribución al acercamiento recíproco entre los pueblos de la CEI sobre los nuevos principios democráticos.

Hay que reconocer que el logro de esta meta no ha sido fácil hasta la fecha. Más aún, en muchas ocasiones, y en lo que a la cultura rusa se refiere, cuestiones como la difusión de la lengua rusa, la unificación de los sistemas educativos, la existencia de escuelas científicas estrechamente unidas, requieren una intervención y protección por parte del Estado ruso. Una línea especial dentro de las actividades de la diplomacia rusa es la atención a las necesidades culturales y educativas de nuestros compatriotas residentes fuera de Rusia, en primer lugar en las antiguas repúblicas de la URSS.

La experiencia de los últimos años demuestra que, en el ámbito de la política exterior cultural, resulta más eficaz la organización de acciones culturales de gran alcance que cuenten con la cooperación de varios países y de los amplios círculos culturales de la sociedad extranjera. Este tipo de actividades, como regla, está relacionado con la conmemoración de eventos clave de la historia cultural rusa, o bien con aniversarios de las personalidades culturales más destacadas.

El amplio programa de actos con motivo de la celebración del segundo centenario del nacimiento de Pushkin en 1999 dejó una profunda huella tanto en Rusia como en el extranjero. Esta acción, organizada con la participación directa del MAE y de las embajadas rusas, alcanzó prácticamente a todo el mundo y se destacó por su amplitud y diversidad. Aparte de las numerosas conferencias, exposiciones, festivales internacionales en memoria del gran poeta ruso, en varias ciudades del mundo se inauguraron monumentos a Pushkin, mientras el Comité Ejecutivo de la UNESCO, integrado por los representantes de más de 50 Estados, aprobó de manera unánime una resolución especial con motivo del aniversario. Por lo tanto, los actos en memoria de Pushkin celebrados fuera de Rusia no sólo demostraron el reconocido prestigio internacional de la cultura rusa, sino que dieron una señalada contribución a la creación de una imagen positiva del país en el exterior.

En las condiciones de la globalización está creciendo la importancia de la participación rusa en el diálogo y la cooperación multilateral en el ámbito académico, científico y cultural. Nuestro socio tradicional en este área ha sido la Organización para la Educación, la Ciencia y la Cultura de las Naciones Unidas (UNESCO), uno de los organismos de la ONU más reconocidos y populares en nuestro país. Desde hace muchos años mantenemos una intensa y fructífera cooperación con esta organización. En la complicada situación internacional, la UNESCO ha mantenido la adhesión a su noble misión originaria: estar al servicio de la «solidaridad intelectual y moral de la humanidad». Las ideas y los conceptos elaborados por la UNESCO en el ámbito de la educación de los pueblos en el espíritu de la paz, la conservación de la diversidad cultural de la especie humana han recibido un amplio reconocimiento a escala internacional y quedaron plasmados en una serie de programas y proyectos multilaterales. Lo confirma, en particular, la aprobación por la Asamblea General de la ONU de la Declaración y del Plan de Acción para la Cultura de la Paz, que se elaboró en el marco de la UNESCO.

Las actividades de la UNESCO, y los valores que rigen su labor, desmienten los conceptos, de gran difusión en el mundo occidental, que sostienen que el «conflicto de civilizaciones» resulta inevitable. Incluso si realmente llegara a producirse, este conflicto se debería exclusivamente a los intentos de imponer a determinados países unos modelos ideológicos, culturales y de civilización ajenos a ellos. Sin embargo, la mayoría absoluta de la comunidad mundial trata de plasmar en las relaciones internacionales el principio de «comunidad diversificada» de la especie humana.

Rusia ofrece un activo apoyo a la UNESCO, partiendo de la convicción de que es precisamente en la esfera de su competencia —la cooperación en el ámbito intelectual— donde se deben buscar soluciones a los problemas fundamentales de la civilización: la incapacidad del hombre para contrarrestar los daños colaterales del avance científico y tecnológico, la profundización de las diferencias entre los niveles de desarrollo de distintos países, la erosión de los valores morales, etc. Nuestro país es copartícipe activo de los programas internacionales de la UNESCO diseñados para perfeccionar y humanizar los sistemas educativos; cultivar el espíritu de la paz, la democracia y el respeto de los derechos humanos entre la gente joven; educar a los refugiados y los jóvenes marginados; investigar aspectos éticos del avance científico y tecnológico, así como en los ámbitos de la ingeniería genética, de los medios de comunicación y la informática.

En la ciencia, la cultura y la educación contemporáneas resulta cada vez más difícil trazar una distinción entre los valores universales y los de carácter nacional. Por ello es esencialmente importante el apoyo prestado por la UNESCO a la ciencia y la enseñanza superior rusas, al Museo de El Ermitage, a la Biblioteca Nacional de Rusia, al Teatro Bolshói, así como a los proyectos de conservación de los monumentos culturales, que pertenecen al legado de la humanidad, ubicados en territorio ruso. Todas estas actividades no sólo son una muestra de solidaridad con nuestro país, sino también una contribución a la conservación del legado cultural y del potencial intelectual de toda la humanidad.

4. La diplomacia y la ciencia

Las características de la actual etapa de las relaciones internacionales y, en primer lugar, la evidente ampliación del abanico de problemas y de los ámbitos que se están incorporando a la órbita de la cooperación entre los Estados, colocan a la diplomacia ante la necesidad de llevar a cabo una profunda renovación de sus herramientas profesionales. Esto incluye tanto las formas y métodos de la diplomacia, como el proceso de formación de un diplomático en la actualidad.

En este estudio monográfico resulta imposible analizar todos los aspectos de este problema que, sin duda alguna, merece un estudio singular. Mencionaremos sólo las directrices de la evolución de la actividad diplomática que, de manera objetiva, se derivan de las exigencias de la actual etapa de relaciones internacionales.

Según parece, aparte de la creciente significación de la diplomacia económica, cultural y de la información, ya mencionada en apartados anteriores, es preciso aumentar también, en el sentido más amplio, el papel del componente intelectual en el oficio diplomático. Este cambio está relacionado no sólo con la necesidad de analizar cada vez más complejos y diversificados fenómenos de la actualidad internacional contemporánea en el proceso de elaboración del propio curso exterior, sino también con la de tener cada vez más presentes los intereses de los demás Estados y de toda la comunidad internacional. En otras palabras, un curso exterior que se base exclusivamente sobre los intereses egoístas de determinado Estado, apoyándose en los tradicionales factores del poder económico y militar, entra en conflicto con las realidades de un mundo global e interdependiente. Esto significa que ante la diplomacia moderna se plantea la meta, bastante complicada, de llegar a dominar el arte de la compaginación y armonización de los intereses nacionales con los amplios intereses de la comunidad internacional.

Desde la perspectiva concreta, para aumentar el valor del componente intelectual de la actividad diplomática se requiere una interacción más estrecha y orgánica que nunca entre la diplomacia y la ciencia. Últimamente, tal cooperación se está convirtiendo en Rusia en parte integral del mecanismo de elaboración de las decisiones en el ámbito de la política exterior. La práctica contemporánea demuestra que ningún organismo diplomático es capaz de tomar una decisión sin haberla sometido a un análisis científico. En varios países los ministerios de Asuntos Exteriores respectivos cuentan con institutos científicos particulares. Conviene mencionar que una labor parecida se está desarrollando en Rusia. En el marco del MAE ruso se ha creado y está funcionando un consejo científico que se reúne con cierta regularidad para ofrecer recomendaciones a los dirigentes de la oficina diplomática, relacionadas con las directrices y formas concretas de las actividades exteriores. Importantes hombres de ciencia y rectores de centros docentes son miembros del consejo científico del MAE.

Sin duda alguna, el mecanismo de cooperación entre la diplomacia y la ciencia seguirá siendo perfeccionado, y ofrecerá, cuando sea necesario, respuestas a los desafíos cada vez más serios de la vida internacional que requieren un detallado dictamen pericial.

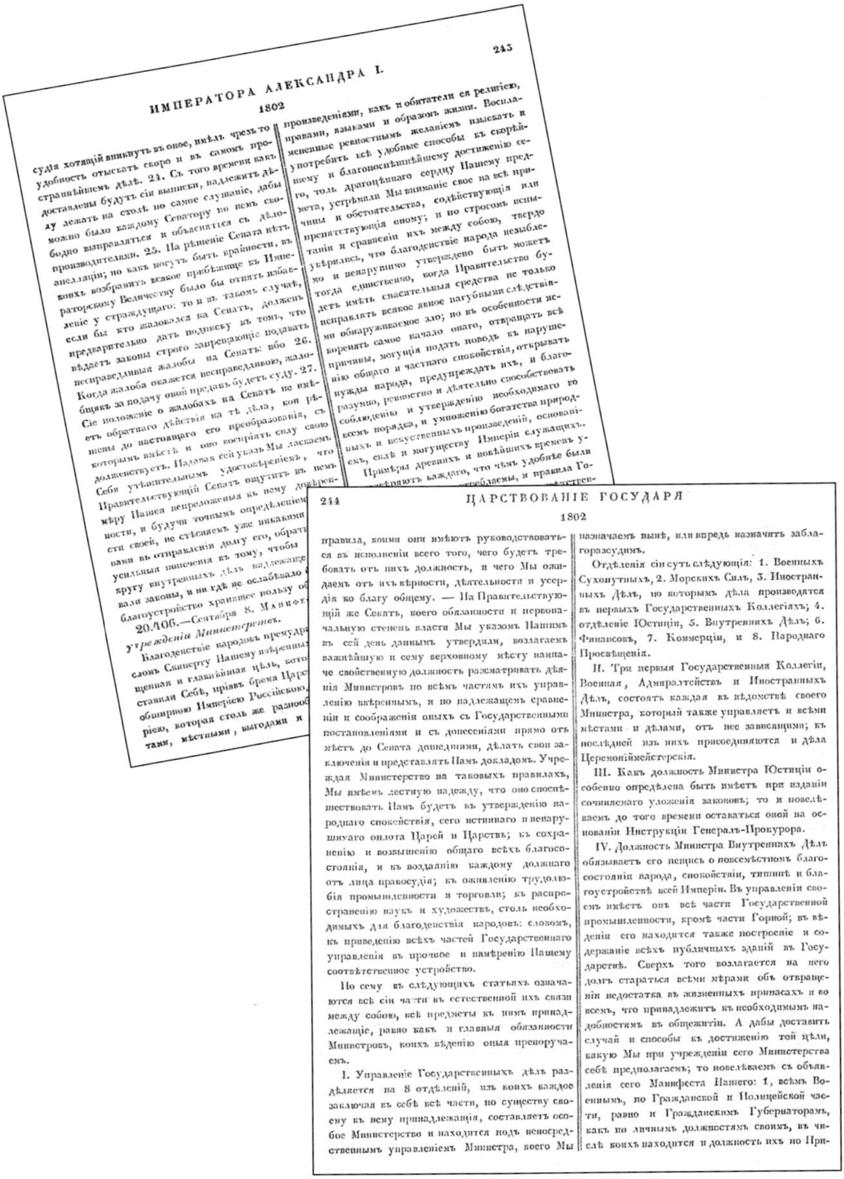

ИМПЕРАТОРА АЛЕКСАНДРА I. 243

1802

244 ЦАРСТВОВАНІЕ ГОСУДАРЯ

1802

правила, коими они имѣютъ руководствоваться въ исполненіи всего того, чего будетъ требовать отъ нихъ должность, и чего Мы ожидаемъ отъ ихъ вѣрности, дѣятельности и усердія ко благу общему. — На Правительствующій же Сенатъ, коего обязанности и первоначальную степень власти Мы указомъ Нашимъ въ сей день даннымъ утвердили, возлагаемъ важнѣйшую и сему верховному мѣсту наипаче свойственную должность разсматривать дѣянія Министровъ по всѣмъ частямъ ихъ управленію ввѣреннымъ, и по надлежащемъ сравненіи и соображеніи оныхъ съ Государственными постановленіями и съ донесеніями прямо отъ мѣстъ до Сената доходящими, дѣлать свои заключенія и представлять Намъ докладомъ. Учреждая Министерство на таковыхъ правилахъ, Мы имѣемъ лестную надежду, что оно споспѣшествовать Намъ будетъ въ утвержденію народнаго спокойствія, сего истиннаго и ненарушимаго оплота Царей и Царствъ; къ сохраненію и возвышенію общаго всѣхъ благосостоянія, и къ воздаянію каждому должнаго отъ лица правосудія; къ оживленію трудолюбія промышленности и торговли; къ распространенію наукъ и художествъ, столь необходимыхъ для благоденствія народовъ: словомъ, къ приведенію всѣхъ частей Государственнаго управленія въ прочное и намѣренію Нашему соотвѣтственное устройство.

По сему въ слѣдующихъ статьяхъ означаются всѣ сіи части въ естественной ихъ связи между собою, всѣ предметы къ нимъ принадлежащіе, равно какъ и главныя обязанности Министровъ, коихъ вѣденію оныя препоручаемъ.

I. Управленіе Государственныхъ дѣлъ раздѣляется на 8 отдѣленій, изъ коихъ каждое заключая въ себѣ всѣ части, по существу своему къ нему принадлежащія, составляетъ особое Министерство и находится подъ непосредственнымъ управленіемъ Министра, коего Мы назначаемъ нынѣ, или впредь назначить заблагоразсудимъ.

Отдѣленія сіи суть слѣдующія: 1. Военныхъ Сухопутныхъ, 2. Морскихъ Силъ, 3. Иностранныхъ Дѣлъ, по которымъ дѣла производятся въ первыхъ Государственныхъ Коллегіяхъ; 4. отдѣленіе Юстиціи, 5. Внутреннихъ Дѣлъ; 6. Финансовъ, 7. Коммерціи, и 8. Народнаго Просвѣщенія.

II. Три первыя Государственныя Коллегіи, Военная, Адмиралтействъ и Иностранныхъ Дѣлъ, состоятъ каждая въ вѣдомствѣ своего Министра, который также управляетъ и всѣми мѣстами и дѣлами, отъ нее зависящими; къ послѣдней изъ нихъ присоединяются и дѣла Церемоніймейстерскія.

III. Какъ должность Министра Юстиціи особенно опредѣлена быть имѣетъ при изданіи сочиняемаго уложенія законовъ; то и повелѣваемъ до того времени оставаться оной на основаніи Инструкціи Генералъ-Прокурора.

IV. Должность Министра Внутреннихъ Дѣлъ обязываетъ его пещись о повсемѣстномъ благосостояніи народа, спокойствіи, тишинѣ и благоустройствѣ всей Имперіи. Въ управленіи своемъ имѣетъ онъ всѣ части Государственной промышленности, кромѣ части Горной; въ вѣденіи его находится также построеніе и содержаніе всѣхъ публичныхъ зданій въ Государствѣ. Сверхъ того возлагается на него долгъ стараться всѣми мѣрами объ отвращеніи недостатка въ жизненныхъ припасахъ и во всемъ, что принадлежитъ къ необходимымъ надобностямъ въ общежитіи. А дабы доставить случай и способы къ достиженію той цѣли, какую Мы при учрежденіи сего Министерства себѣ предполагаемъ; то повелѣваемъ съ объявленія сего Манифеста Нашего: 1, всѣмъ Военнымъ, по Гражданской и Полицейской части, равно и Гражданскимъ Губернаторамъ, какъ по личнымъ должностямъ своимъ, въ числѣ коихъ находится и должность ихъ по При-

Manifiesto del zar Alejandro I sobre la creación de ministerios. Firmado el 8/20 de septiembre de 1802. La primera fecha corresponde al calendario juliano.

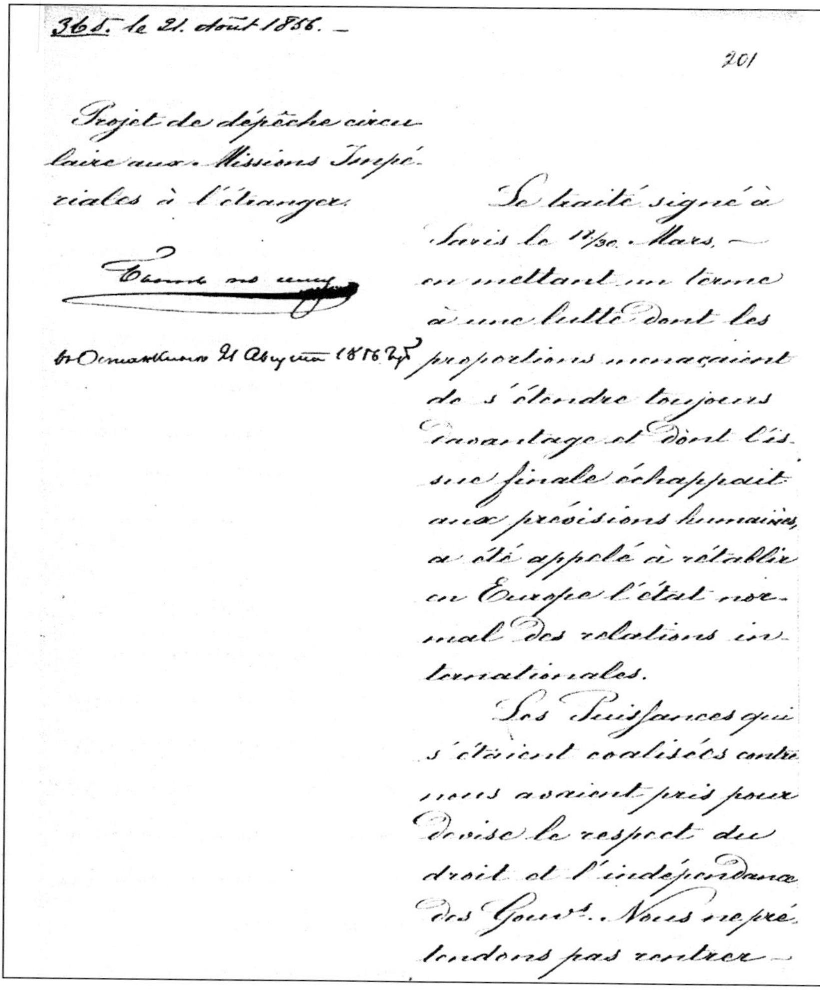

365. le 21. Août 1856. –

201

Projet de dépêche circulaire aux Missions Impériales à l'étranger.

Быть по сему

въ Ораніенбаумѣ 21 Августа 1856 г.

Le traité signé à Paris le 18/30 Mars, — en mettant un terme à une lutte dont les proportions menaçaient de s'étendre toujours davantage et dont l'issue finale échappait aux prévisions humaines, a été appelé à rétablir en Europe l'état normal des relations internationales.

Les Puissances qui s'étaient coalisées contre nous avaient pris pour devise le respect du droit et l'indépendance des Gouv^ts. Nous ne prétendons pas rentrer –

Circular del ministro de Asuntos Exteriores Alexander Gorchakov enviada a los responsables diplomáticos rusos en el extranjero para que la entregaran a los representantes de los respectivos gobiernos. (21 de agosto-2 de septiembre de 1856)
Por la presente carta quedan enunciadas las bases de la política exterior de Rusia: Rusia se abstiene de una intervención activa en los asuntos europeos y se concentra en su desarrollo interno. Rusia se considera libre de compromisos derivados de tratados suscritos con anterioridad y está en el derecho de actuar independientemente.
Autorización del zar Alejandro II: «Que sea así».

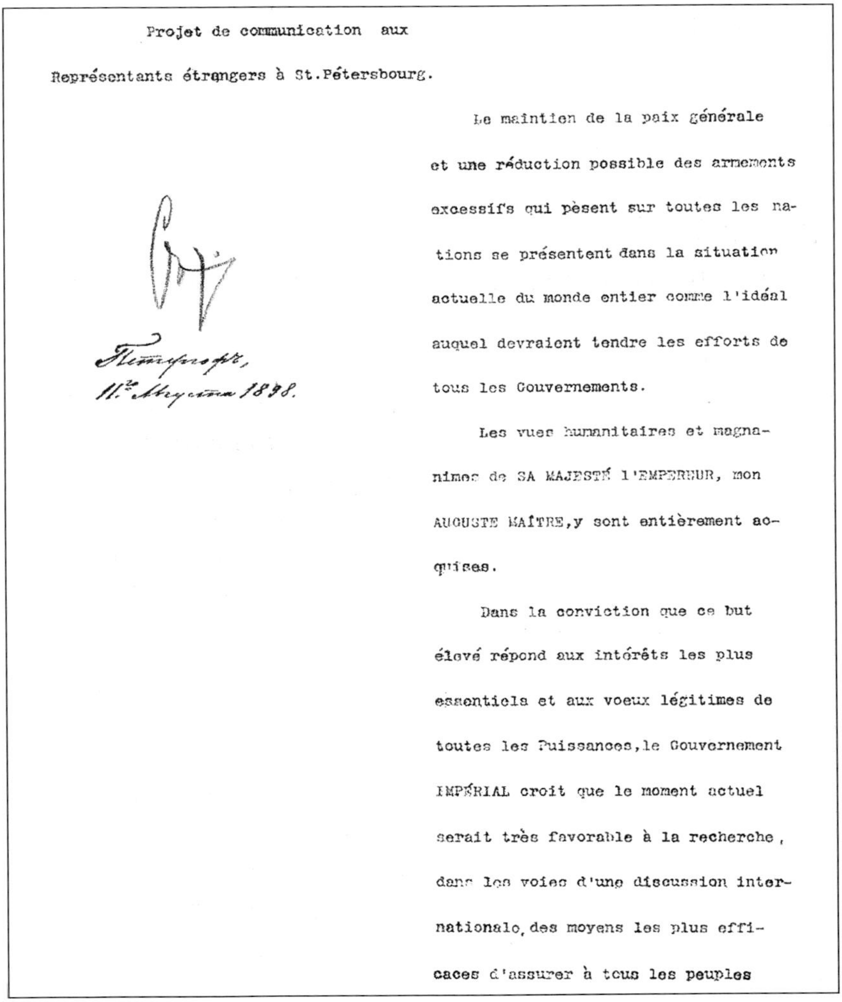

Projet de communication aux

Représentants étrangers à St.Pétersbourg.

Le maintien de la paix générale et une réduction possible des armements excessifs qui pèsent sur toutes les nations se présentent dans la situation actuelle du monde entier comme l'idéal auquel devraient tendre les efforts de tous les Gouvernements.

Les vues humanitaires et magnanimes de SA MAJESTÉ l'EMPEREUR, mon AUGUSTE MAÎTRE, y sont entièrement acquises.

Dans la conviction que ce but élevé répond aux intérêts les plus essentiels et aux voeux légitimes de toutes les Puissances, le Gouvernement IMPÉRIAL croit que le moment actuel serait très favorable à la recherche, dans les voies d'une discussion internationale, des moyens les plus efficaces d'assurer à tous les peuples

Петергофъ, 11го Августа 1898.

Nota del ministro de Asuntos Exteriores Mijaíl Muraviov enviada a los embajadores extranjeros en San Petersburgo con la proposición de convocar una conferencia internacional de la paz. (12/24 de agosto de 1898)
«...el Gobierno imperial considera que el momento actual se presenta muy oportuno para encontrar, mediante el diálogo internacional, los métodos más seguros para garantizar a todos los pueblos el disfrute de los bienes de una paz verdadera y sólida, en primer lugar, poniendo límite al desarrollo paulatino de las armas modernas».
Autorización del zar Nicolás II: «Estoy de acuerdo».

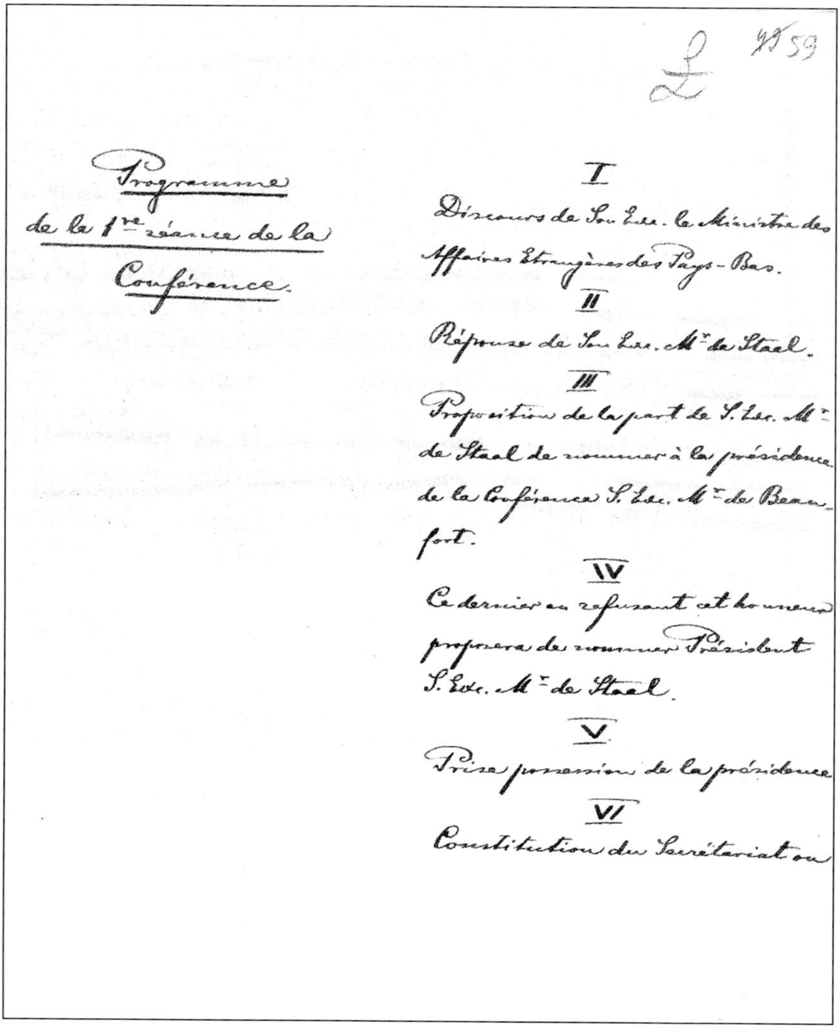

Programme de la 1re séance de la Conférence.

I

Discours de Son Exc. le Ministre des Affaires Etrangères des Pays-Bas.

II

Réponse de Son Exc. Mr de Staal.

III

Proposition de la part de S. Exc. Mr de Staal de nommer à la présidence de la Conférence S. Exc. Mr de Beaufort.

IV

Ce dernier en refusant cet honneur proposera de nommer Président S. Exc. Mr de Staal.

V

Prise possession de la présidence

VI

Constitution du Secrétariat ou

Programa de la primera sesión de la Conferencia de la Haya planteado por Fiódor Martens. (15 de abril de 1899)

El comisario del Pueblo de Asuntos Exteriores de la URSS, Gueorgui Chicherin, retratado con los miembros de la delegación soviética en la Conferencia de Génova de 1922.

Empleados del Comisariado del Pueblo de Asuntos Exteriores frente a la fachada de su sede en la calle moscovita Kuznetskii most, 21/5 en el día de inauguración del monumento a Vaslav Vorovski, diplomático, publicista y escritor ruso, 11 de mayo de 1924.

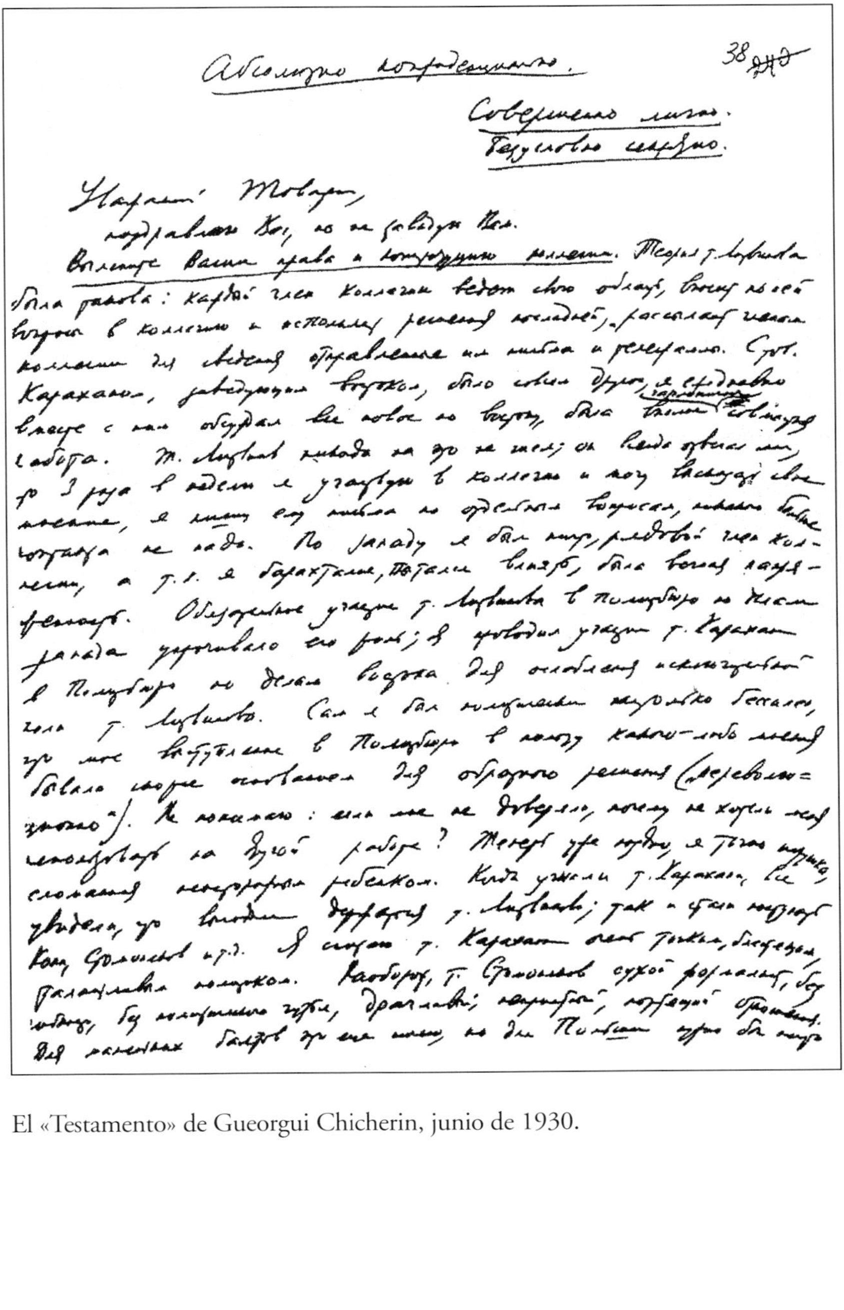

38

Абсолютно конфиденциально.

Совершенно лично.

Безусловно секретно.

Дорогой Товарищ,

поздравляю Вас, но не завидую Вам.

El «Testamento» de Gueorgui Chicherin, junio de 1930.

El embajador de la URSS en Estados Unidos, Andréi Gromiko, miembro de la delegación soviética en la Conferencia de las Naciones Unidas en San Francisco, firma la Carta de la Organización de las Naciones Unidas, 26 de junio de 1945.

La firma del Tratado sobre Misiles Antibalísticos (Tratado ABM) por el secretario general del Comité Central del PCUS, Leonid Brezhnev, y el presidente estadounidense, Richard Nixon. Moscú, 26 de mayo de 1972.

Leonid Brezhnev y el presidente estadounidense, Richard Nixon, aparecen en un momento de la recepción en honor del último. Moscú, 29 de mayo de 1972.

El ministro de Asuntos Exteriores de la URSS, Andréi Gromiko, y el secretario de Estado estadounidense, Henry Kissinger, retratados en el curso de una conversación. Moscú, marzo de 1974.

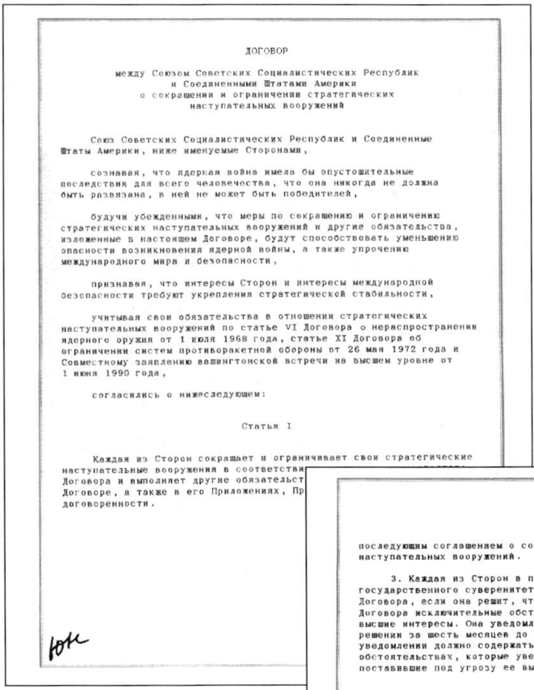

ДОГОВОР

между Союзом Советских Социалистических Республик
и Соединенными Штатами Америки
о сокращении и ограничении стратегических
наступательных вооружений

Союз Советских Социалистических Республик и Соединенные Штаты Америки, ниже именуемые Сторонами,

сознавая, что ядерная война имела бы опустошительные последствия для всего человечества, что она никогда не должна быть развязана, в ней не может быть победителей,

будучи убежденными, что меры по сокращению и ограничению стратегических наступательных вооружений и другие обязательства, изложенные в настоящем Договоре, будут способствовать уменьшению опасности возникновения ядерной войны, а также упрочению международного мира и безопасности,

признавая, что интересы Сторон и интересы международной безопасности требуют укрепления стратегической стабильности,

учитывая свои обязательства в отношении стратегических наступательных вооружений по статье VI Договора о нераспространении ядерного оружия от 1 июля 1968 года, статье XI Договора об ограничении систем противоракетной обороны от 26 мая 1972 года и Совместному заявлению вашингтонской встречи на высшем уровне от 1 июня 1990 года,

согласились о нижеследующем:

Статья I

Каждая из Сторон сокращает и ограничивает свои стратегические наступательные вооружения в соответстви
Договора и выполняет другие обязательст
Договоре, а также в его Приложениях, Пр
договоренности.

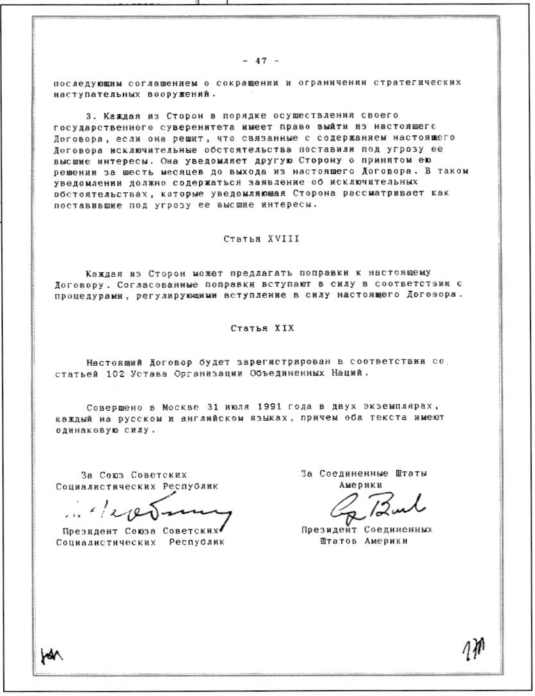

- 47 -

последующим соглашением о сокращении и ограничении стратегических наступательных вооружений.

3. Каждая из Сторон в порядке осуществления своего государственного суверенитета имеет право выйти из настоящегс Договора, если она решит, что связанные с содержанием настоящего Договора исключительные обстоятельства поставили под угрозу ее высшие интересы. Она уведомляет другую Сторону о принятом ею решении за шесть месяцев до выхода из настоящего Договора. В таком уведомлении должно содержаться заявление об исключительных обстоятельствах, которые уведомляющая Сторона рассматривает как поставившие под угрозу ее высшие интересы.

Статья XVIII

Каждая из Сторон может предлагать поправки к настоящему Договору. Согласованные поправки вступают в силу в соответствии с процедурами, регулирующими вступление в силу настоящего Договора.

Статья XIX

Настоящий Договор будет зарегистрирован в соответствии со статьей 102 Устава Организации Объединенных Наций.

Совершено в Москве 31 июля 1991 года в двух экземплярах, каждый на русском и английском языках, причем оба текста имеют одинаковую силу.

За Союз Советских Социалистических Республик	За Соединенные Штаты Америки
Президент Союза Советских Социалистических Республик	Президент Соединенных Штатов Америки

Tratado para la Reducción de Armas Estratégicas (START I) firmado por el presidente de la URSS, Mijaíl Gorbachov, y el presidente de Estados Unidos, George Bush (la primera y la última página). Moscú, 26 de mayo-31 de julio de 1991.

Firma de documentos americano-soviéticos por el presidente de la URSS, Mijaíl Gorbachov, y el presidente de Estados Unidos, George Bush. Washington, 2 de junio de 1990.

El presidente de Rusia, Borís Yeltsin, y el presidente de Estados Unidos, George Bush, tras la firma del Tratado para la Reducción de Armas Estratégicas (START II). Moscú, 3 de enero de 1993.

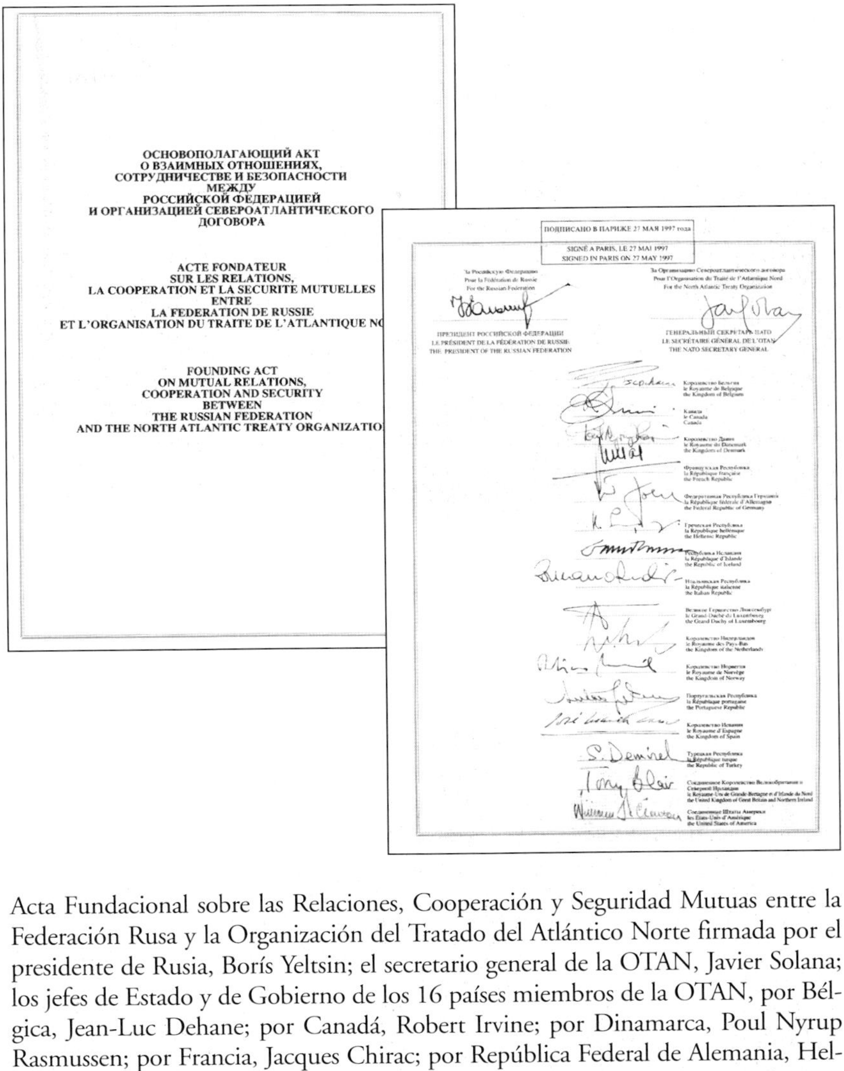

ОСНОВОПОЛАГАЮЩИЙ АКТ
О ВЗАИМНЫХ ОТНОШЕНИЯХ,
СОТРУДНИЧЕСТВЕ И БЕЗОПАСНОСТИ
МЕЖДУ
РОССИЙСКОЙ ФЕДЕРАЦИЕЙ
И ОРГАНИЗАЦИЕЙ СЕВЕРОАТЛАНТИЧЕСКОГО
ДОГОВОРА

ACTE FONDATEUR
SUR LES RELATIONS,
LA COOPERATION ET LA SECURITE MUTUELLES
ENTRE
LA FEDERATION DE RUSSIE
ET L'ORGANISATION DU TRAITE DE L'ATLANTIQUE NO

FOUNDING ACT
ON MUTUAL RELATIONS,
COOPERATION AND SECURITY
BETWEEN
THE RUSSIAN FEDERATION
AND THE NORTH ATLANTIC TREATY ORGANIZATIO

ПОДПИСАНО В ПАРИЖЕ 27 МАЯ 1997 года
SIGNÉ A PARIS, LE 27 MAI 1997
SIGNED IN PARIS ON 27 MAY 1997

За Российскую Федерацию
Pour la Fédération de Russie
For the Russian Federation

ПРЕЗИДЕНТ РОССИЙСКОЙ ФЕДЕРАЦИИ
LE PRÉSIDENT DE LA FÉDÉRATION DE RUSSIE
THE PRESIDENT OF THE RUSSIAN FEDERATION

За Организацию Североатлантического договора
Pour l'Organisation du Traité de l'Atlantique Nord
For the North Atlantic Treaty Organization

ГЕНЕРАЛЬНЫЙ СЕКРЕТАРЬ НАТО
LE SECRÉTAIRE GÉNÉRAL DE L'OTAN
THE NATO SECRETARY GENERAL

the Kingdom of Belgium
Canada
the Kingdom of Denmark
the French Republic
the Federal Republic of Germany
the Hellenic Republic
the Republic of Iceland
the Italian Republic
the Grand Duchy of Luxembourg
the Kingdom of the Netherlands
the Kingdom of Norway
the Portuguese Republic
the Kingdom of Spain
the Republic of Turkey
the United Kingdom of Great Britain and Northern Ireland
the United States of America

Acta Fundacional sobre las Relaciones, Cooperación y Seguridad Mutuas entre la Federación Rusa y la Organización del Tratado del Atlántico Norte firmada por el presidente de Rusia, Borís Yeltsin; el secretario general de la OTAN, Javier Solana; los jefes de Estado y de Gobierno de los 16 países miembros de la OTAN, por Bélgica, Jean-Luc Dehane; por Canadá, Robert Irvine; por Dinamarca, Poul Nyrup Rasmussen; por Francia, Jacques Chirac; por República Federal de Alemania, Helmut Kohl; por Grecia, Kostas Simitis; por Islandia, David Oddsson; por Italia, Romano Prodi; por Luxemburgo, Jean-Claude Junker; por Holanda, Wim Kok; por Noruega, Thorbjorn Jagland; por Portugal, António Manuel de Oliveira Guterres; por España, José María Aznar; por Turquía, Suleyman Demirel; por Gran Bretaña, Tony Blair; por Estados Unidos, Bill Clinton (la primera y la última página). París, 27 de mayo de 1997.

Borís Yeltsin en Estambul, 17 de noviembre de 1999.

Firma de documentos bilaterales referentes a la demarcación de la frontera ruso-china. El ministro de Asuntos Exteriores de Rusia, Igor Ivanov, y su colega chino, Tan Ziasiuan. Pekín, 9 de diciembre de 1999.

El presidente de Rusia, Vladímir Putin, e Igor Ivanov retratados en el curso de una sesión de la Cumbre del Milenio en la sede de la ONU. Nueva York, 6 de septiembre de 2000.

El presidente de Rusia, Vladímir Putin, con el primer ministro de India, Atal Bihari Vajpayee. Delhi, 3 de octubre de 2000.

Una reunión informal de los jefes de Estados Miembros del Foro de la Cooperación Económica de Asia y el Pacífico (APEC). Brunei, 17 de noviembre de 2000.

El presidente de Rusia, Vladímir Putin, y Muda Hassanal Bolkiah, sultán de Brunei, ataviados con camisas nacionales del país. Brunei, 17 de noviembre de 2000.

Los reyes de España con el presidente de Rusia, Vladímir Putin, y su mujer. Junio de 2000.

Igor Ivanov y la secretaria de Estado norteamericana, Madeleine Albright, tras la firma del Memorándum americano-ruso para la notificación recíproca sobre lanzamientos de misiles. Bruselas, 16 de diciembre de 2000.

Igor Ivanov con los jóvenes empleados del MAE de Rusia. Moscú, 2000.

La crisis en Oriente Próximo. El ministro de Asuntos Exteriores de Rusia, Igor Ivanov; el secretario general de la ONU, Kofi Annan, y Yasser Arafat.

Consejo de Jefes de Estado de la CEI. De derecha a izquierda: Vladímir Putin (Rusia), Leonid Kuchma (Ucrania) y Geydar Aliyev (Azerbaiyán). Bielorrusia, 1 de diciembre de 2000.

Cumbre de Jefes de Estado y de Gobierno de los 15 países miembros de la Unión Europea y de Rusia. Estocolmo, 23 de marzo de 2001.

El presidente de Rusia, Vladímir Putin, y el primer ministro de Suecia, Göran Persson, la víspera de la cumbre de Estocolmo, 23 de marzo de 2001.

Igor Ivanov con el ex presidente del Comité Olímpico Internacional, Juan Antonio Samaranch, en febrero de 2001.

Igor Ivanov con Javier Solana, responsable de la política exterior de la Unión Europea y ex secretario general de la OTAN, en abril de 2001.

El secretario de Estado estadounidense, Colin Powell, y el ministro de Asuntos Exteriores de Rusia, Igor Ivanov. Washington, 18 de mayo de 2001.

Las negociaciones entre el presidente de Rusia, Vladímir Putin, y el presidente de la Asamblea Parlamentaria de la OSCE, Adrian Severin. Moscú, 11 de mayo de 2001.

Cumbre Rusia-UE. De izquierda a derecha: el primer ministro de Suecia, Göran Persson; el presidente de Rusia, Vladímir Putin; el presidente de la Comisión Europea, Romano Prodi, y el secretario general del Consejo de Ministros de la UE (responsable de la PESC), Javier Solana. Moscú, 17 de mayo de 2001.

Jefes de Estado de los seis Estados Miembros del Tratado de Seguridad Colectiva. De izquierda a derecha: el presidente de Armenia, Robert Kocharian; el presidente de Bielorrusia, Alexandr Lukashenko; el presidente de Kazajstán, Nursultan Nazarbayev, el presidente de Kirguistán, Askar Akáiev; el presidente de Rusia, Vladímir Putin, y el presidente de Tayikistán, Imamoli Rajmanov. Ereván, 25 de mayo de 2001.

Encuentro de los presidentes de los países miembros de la «Cuarta caucasiana». De izquierda a derecha: el presidente de Armenia, Robert Kocharian; el presidente de Azerbaiyán, Geydar Aliyev; el presidente de Rusia, Vladímir Putin, y el presidente de Georgia, Eduard Shevardnadze. Igor Ivanov, al fondo. Minsk, 31 de mayo de 2001.

Sesión del Consejo de Jefes de Estado de la CEI. De izquierda a derecha: el presidente de Azerbaiyán, Geydar Aliyev; el presidente de Armenia, Robert Kocharian; el presidente de Bielorrusia, Alexandr Lukashenko; el presidente de Georgia, Eduard Shevardnadze; el presidente de Kazajstán, Nursultan Nazarbayev; el presidente de Kirguistán, Askar Akáiev; el presidente de Moldavia, Vladímir Voronin; el presidente de Rusia, Vladímir Putin; el presidente de Uzbekistán, Islam Karimov, y el presidente de Ucrania, Leonid Kuchma. Minsk, 1 de junio de 2001.

Encuentro entre el presidente del Gobierno de Rusia, Mijaíl Kasiánov, con el presidente de Austria, Thomas Klestil. Salzburgo, 3 de junio de 2001.

Creación de la Organización de Cooperación de Shanghai (OCSH). De izquierda a derecha: el presidente de Uzbekistán, Islam Karimov; el presidente de Kirguistán, Askar Akáiev; el presidente de Rusia, Vladímir Putin; el presidente de la República Popular de China, Jiang Zemin; el presidente de Kazajstán, Nursultan Nazarbayev, y el presidente de Tayikistán, Imamoli Rajmanov. Shanghai, 15 de junio de 2001.

El presidente de Estados Unidos, George Bush, y el presidente de Rusia, Vladímir Putin, retratados en la rueda de prensa conjunta dedicada a los resultados de la cumbre ruso-estadounidense en Liubliana, 16 de junio de 2001.

El presidente del Gobierno español, José María Aznar, recibe al presidente de Rusia, Vladímir Putin, junio de 2000.

El presidente del Gobierno español, José María Aznar, y su homólogo ruso, Mijaíl Kasiánov, pasan revista a la guardia de honor, en noviembre de 2001.

José María Aznar recibe en el palacio de la Moncloa a Igor Ivanov, en octubre de 1999.

Igor Ivanov con su homólogo español, Josep Piqué, en enero de 2002.

Igor Ivanov saluda al rey Juan Carlos en la entrega de credenciales del entonces embajador de la Unión Soviética en España, Sergei Bogomolov, el 5 de mayo de 1997.

Igor Ivanov presenta sus credenciales de embajador de la Unión Soviética en España al rey Juan Carlos, el 13 de diciembre de 1991.

Igor Ivanov, embajador de la Unión Soviética en España.

Igor Ivanov, ministro de Asuntos Exteriores de Rusia, con el Kremlin de fondo.

El rey Juan Carlos recibe en el palacio de la Zarzuela al ministro de Exteriores de Rusia, Igor Ivanov, en enero de 2002.

Reflexiones finales

La conformación de la política exterior rusa, al igual que el desarrollo conjunto de las relaciones internacionales, representa un proceso vivo, creativo y continuo. Por lo cual, a la hora de volver la última página de esta obra es preciso tener plena conciencia de que jamás se le podrá poner punto final.

Es posible comparar el mecanismo de elaboración de la política exterior de cualquier Estado con una fórmula matemática basada en la combinación de constantes y variables estrechamente correlacionadas. Entre las primeras se hallan los intereses y objetivos fundamentales del Estado. Las segundas representan un conjunto de factores internos y externos permanentemente cambiantes y de circunstancias con las que el Estado tiene que coordinar sus actividades prácticas en el escenario mundial. Al mismo tiempo, ambos componentes deben mantenerse en un equilibrio óptimo. La inclinación hacia uno u otro lado lleva al doctrinarismo, que trae aparejada la pérdida de la flexibilidad en política exterior, o bien a una falta de principios y a la vacilación coyuntural en los asuntos exteriores.

Al salir al escenario internacional en 1991 con unos nuevos rasgos geopolíticos, Rusia debía explicar al mundo y a sí misma en qué consistían sus intereses fundamentales y cuáles eran su papel y posición en los asuntos mundiales. Como acabaríamos sabiendo, la búsqueda de respuestas a las preguntas planteadas iba a ser inevitablemente larga y compleja. Hoy, cuando las constantes de nuestra política exterior en su conjunto han quedado claras, aparece en primer plano la necesidad de perfeccionar los mecanismos de realización de los intereses rusos en el ámbito mundial. Conviene subrayar que se trata de unos mecanismos adecuados al actual sistema de relaciones internacionales, diversificado y en permanente evolución.

Estamos viviendo en una época en la que las «técnicas» y las herramientas de la política exterior están sujetas a una incesante renovación. Un siglo atrás el marco de la política mundial estaba limitado en gran medida por las fronteras geográficas de Europa de aquel entonces, mientras el propio escenario europeo quedaba reducido a las relaciones entre cinco o seis grandes potencias. La elaboración y la ejecución de la política exterior estaban en manos de un limitado grupo de personas y, como regla, se desarrollaba a puerta cerrada y a espaldas de amplios círculos sociales. Los jefes de los servicios diplomáticos tenían a la vista un abanico relativamente limitado de problemas internacionales.

Una de las características distintivas del pasado siglo ha sido la inédita diversificación del sistema de relaciones mundiales. La comunidad internacional del presente integra cerca de doscientos Estados soberanos y decenas de organismos internacionales que abordan un sinnúmero de cuestiones de cooperación internacional tanto a escala global como regional. Los asuntos mundiales resultan cada vez más influidos no sólo por el capital financiero e industrial y por los medios de comunicación, sino además por la diversidad de nuevos copartícipes en la interacción internacional, tradicionalmente denominados sociedad civil.

Sólo en el marco de esta pujante y nueva estructura de relaciones internacionales se pueden concebir los rasgos de la política exterior y de la diplomacia rusa en el siglo XXI. La globalización se entromete decididamente en todas las esferas de la vida y de la sociedad moderna. Los científicos que han investigado este fenómeno coinciden en que gradualmente se está borrando la frontera entre la política interior y exterior. Si contemplamos este proceso como una cohesión sin precedentes entre las tareas en el ámbito exterior y las prioridades del desarrollo interno del país, esta percepción coincidirá con el enfoque que sustenta el nuevo concepto de política exterior rusa. Todas nuestras actividades en el campo exterior obedecen a la meta primordial de crear condiciones las más propicias posibles para el desarrollo progresivo de la economía y la sociedad rusa. La política exterior atiende cada vez más a la vida real del país. Por lo cual adquieren mayor protagonismo en ella objetivos como el de la defensa de los intereses de los ciudadanos rusos y de nuestros antiguos compatriotas soviéticos en el extranjero, el apoyo activo a los empresarios rusos en sus intentos por abrir nuevos mercados, y el fomento de los vínculos culturales, científicos y en otros ámbitos con el exterior.

Este planteamiento significa a su vez que toda la sociedad se convierte en cierta medida en copartícipe de la política exterior. A ello se debe que la principal garantía de éxito de la política exterior en adelante sea el apoyo de la opinión pública, el consenso entre las principales fuerzas políticas del país respecto a sus directrices y la mejora de su cobertura informativa.

Nuestra diplomacia necesitará imperiosamente una opinión pública ilustrada que esté al corriente de las cuestiones de política exterior. El mundo académico ruso protagonizará un importante papel en su formación. Pero desarrollar la política exterior en el contexto de la globalización requerirá también, sin duda, un nivel más elevado de análisis y de pronóstico científico de las tendencias duraderas en las relaciones internacionales y su rigurosa consideración en las actividades prácticas.

En el pasado, al oficio diplomático se le denominaba con frecuencia «arte de la diplomacia». Sin desestimar tal calificación, cabe suponer que en el nuevo siglo resulte más adecuado el término «ciencia diplomática».

El fortalecimiento de la cohesión orgánica entre la diplomacia y la ciencia es una exigencia imperiosa de nuestra época. El autor abriga sinceras esperanzas de que la experiencia histórica de la primera década de política exterior de la nueva Rusia, que ha sido el objeto de este estudio, siga siendo materia de minuciosas investigaciones, ayudando en lo sucesivo a la formación de una visión avanzada acerca de los objetivos de Rusia en la política internacional, y sobre su papel en la nueva arquitectura mundial.

Anexos

Concepto de política exterior de la Federación Rusa

(Aprobado por el presidente de la Federación Rusa, Vladímir Putin, el 10 de julio de 2000)

I. Disposiciones generales

El concepto de política exterior de la Federación Rusa comprende un sistema de enfoques sobre el contenido y las directrices de las actividades de la política exterior del país.

La base legislativa del presente concepto la proporciona la Constitución de la Federación Rusa, las leyes federales y otras actas normativas de la Federación Rusa que rigen las actividades de los organismos del poder estatal en el ámbito de la política exterior, así como las normas y principios universalmente aceptados del derecho internacional, los tratados internacionales suscritos por la Federación Rusa, y el concepto de Seguridad Nacional, aprobado mediante decreto del presidente de la Federación Rusa el 10 de enero de 2000 (núm. 24).

El panorama internacional en los albores del siglo XXI ha exigido volver a examinar la situación general en torno a la Federación Rusa, las prioridades de la política exterior rusa y la garantía de los recursos necesarios para su realización. Junto a cierto fortalecimiento de las posiciones internacionales de la Federación Rusa, se han perfilado también varias tendencias negativas. No han llegado a confirmarse ciertas estimaciones referentes al establecimiento de nuevas relaciones de socios, basadas en el principio de igualdad de intereses y mutuamente aceptables tanto para Rusia como para el mundo a su alrededor, como se presumía en las Principales Disposiciones del Concepto de Política Exterior de la Federación Rusa, aprobadas por la resolución del presidente de la Federación Rusa el 23 de abril de 1993 núm. 284-rp, y en otros documentos al respecto. La defensa de los intereses del individuo, de la sociedad y del Estado constituye la máxima prioridad del curso de la política exterior de Rusia. En el marco de este proceso deberán aplicarse los máximos esfuerzos encaminados a alcanzar las siguientes metas:

Mantener la seguridad del país al más alto nivel, conservar y fortalecer su soberanía e integridad territorial y sus posiciones firmes y de prestigio en la comunidad mundial, de modo que se correspondan en máximo grado con los intereses de la Federación Rusa como gran potencia, como uno de los centros influyentes del mundo actual y que resultan indispensables para el incremento de su potencial político, económico, intelectual y espiritual.

Influir sobre los procesos generales en el mundo con el fin de establecer un orden mundial estable, justo y democrático, fundado en las normas universalmente reconocidas del derecho internacional, incluidos en primer lugar los principios y las metas de la Carta de la ONU que rigen las relaciones de socios iguales entre los Estados.

Crear un entorno exterior propicio para el desarrollo progresivo de Rusia, el crecimiento económico, la mejora del nivel de vida de la población, la instauración con éxito de las reformas democráticas, el fortalecimiento de las bases del orden constitucional, el respeto de los derechos y las libertades del ciudadano.

Construir un pasillo de buena vecindad a lo largo de las fronteras rusas, contribuir a la eliminación de los focos de tensión existentes y prevenir los focos potenciales en las regiones limítrofes con la Federación Rusa.

Esforzarse en lograr el entendimiento y la concordancia de intereses con los países extranjeros y las uniones interestatales en el proceso de solución de los problemas definidos por las prioridades nacionales de Rusia, construir sobre esas bases un sistema de relaciones de socios y de aliados que permitan mejorar las condiciones y los parámetros de la interacción internacional.

Defender con todos medios los derechos e intereses de los ciudadanos rusos y de los compatriotas en el extranjero.

Contribuir a la percepción positiva de la Federación Rusa en el mundo, a la popularización del idioma ruso y la cultura de los pueblos de Rusia en los países extranjeros.

II. El mundo actual y la política exterior de la Federación Rusa

El mundo actual está viviendo cambios fundamentales y dinámicos que afectan profundamente a los intereses de la Federación Rusa y a los de sus ciudadanos. Rusia es copartícipe activo de ese proceso. Rusia es miembro permanente del Consejo de Seguridad de la ONU, dispone de potencial y recursos considerables en todas las esferas de actividad vital, mantiene relaciones intensas con los principales países del mundo y, por lo tanto, ejerce una notable influencia sobre la formación del orden mundial contemporáneo.

La transformación que se ha llevado a cabo en el ámbito de las relaciones internacionales, la erradicación de la confrontación, la superación por etapas de las consecuencias de la guerra fría y el avance de las reformas rusas han permitido ampliar considerablemente las posibilidades de colaboración en el ámbito mundial. Se ha reducido al mínimo la amenaza de un conflicto nuclear de carácter global. Aun conservándose la importancia del potencial militar en las relaciones entre los Estados, los factores económicos, políticos, científico-tecnológicos, ecológicos e informativos adquieren un papel cada vez más importante. Aparecen en primer plano, como componentes principales del poderío de la Federación Rusa, sus capacidades intelectuales, informativas y de comunicaciones, el bienestar y el nivel educativo de la población, el grado de cohesión entre los recursos científicos y productivos, la concentración del capital financiero y la diversificación de los vínculos económicos. Se ha producido una orientación estable de la mayoría aplastante de Estados hacia las técnicas de libre mercado para organizar la economía y hacia los valores democráticos. Se ha logrado un formidable avance en varias de las direcciones del progreso científico y tecnológico, lo cual trae aparejada la creación de un espacio informativo único a escala mundial. La profundización y diversificación de las relaciones económicas internacionales comunican carácter global a la interdependencia entre los Estados. Se están forjando las premisas para la creación de un orden mundial más estable y resistente a las crisis. Al mismo tiempo, en el ámbito internacional germinan nuevos desafíos y amenazas a los intereses nacionales de Rusia. Crece la tendencia a la creación de una estructura mundial unipolar con el dominio económico y de la fuerza de Estados Unidos. En la solución de las cuestiones de importancia primordial para la seguridad internacional se hace hincapié, en los institutos occidentales y foros de carácter privado, en el debilitamiento del papel del Consejo de Seguridad de la ONU.

La estrategia de las acciones unilaterales puede desestabilizar la situación internacional, provocar tensiones y suscitar la carrera armamentista, agravar las controversias entre los Estados, las discordias étnicas y religiosas. El recurso a la fuerza que elude los mecanismos legítimos internacionales no conseguirá eliminar las profundas contradicciones socioeconómicas, interétnicas y de otra índole que constituyen la base de los conflictos, y sólo servirá para socavar los fundamentos del orden jurídico.

Rusia seguirá con sus esfuerzos encaminados a edificar, en el marco del sistema de relaciones internacionales, un orden internacional multipolar que realmente refleje el carácter multifacético del mundo actual y la variedad de intereses existente.

La garantía de la eficacia y de la seguridad de semejante orden mundial radica en la consideración recíproca de los intereses. El orden mundial del siglo XXI deberá basarse en los mecanismos de la solución colectiva de los problemas centrales, en la primacía del derecho y en la amplia democratización de las relaciones internacionales.

Los intereses de Rusia están relacionados directamente con otras tendencias, entre las que figuran:

La globalización de la economía mundial. Junto a las posibilidades adicionales del progreso socioeconómico y de la ampliación de los contactos humanos, esa tendencia genera también nuevos peligros, especialmente a los países económicamente subdesarrollados, y aumenta la posibilidad de crisis económico-financieras a gran escala. Crece el riesgo de que el sistema económico y el espacio informativo de la Federación Rusa sean dependientes de efectos externos.

El fortalecimiento del papel de las instituciones y mecanismos internacionales en la economía y política mundiales (G-8, FMI, BIRD y otros), provocado por el crecimiento objetivo de la interdependencia entre los Estados y por la necesidad de mejorar la gobernabilidad del sistema internacional. Corresponde a los intereses de Rusia su participación plena y equitativa en la elaboración de los principios doctrinarios de funcionamiento del sistema mundial económico-financiero en las condiciones actuales.

El desarrollo de la integración regional y subregional en el ámbito europeo, de la región de Asia y el Pacífico, de África y América Latina. Las alianzas integracionistas están adquiriendo cada vez mayor importancia en la economía mundial, convirtiéndose en un marcado factor de seguridad y paz regional y subregional.

La rivalidad político-militar entre las potencias regionales, el incremento del separatismo, del extremismo étnico-nacional y religioso. Los procesos integracionistas, en particular en la región euroatlántica, tienen en muchos casos carácter selectivo y limitado. Los intentos de minimizar el papel del Estado soberano en su calidad de elemento básico de las relaciones internacionales crean la amenaza de injerencia indiscriminada en los asuntos internos. El problema de la proliferación de armas de destrucción masiva y de sus vehículos adquiere dimensiones alarmantes. Los conflictos armados, tanto los que todavía esperan su resolución, como los potenciales en el nivel regional y local, representan una amenaza para la paz y la seguridad internacionales. El crecimiento del terrorismo internacional y del crimen organizado transnacional, así como del tráfico ilícito de drogas y de armas, está ejerciendo una influencia considerable sobre la estabilidad global y regional.

Las amenazas derivadas de las tendencias enumeradas se agravan debido a la escasez de recursos al alcance de la política exterior de la Federación Rusa, lo cual dificulta la defensa con éxito de sus intereses económicos en el exterior, disminuyendo el alcance de su influencia informativa y cultural en el extranjero.

Al mismo tiempo, la Federación Rusa dispone de un potencial real para asegurarse una posición digna en el mundo. El desarrollo evolutivo del Estado ruso, la consolidación de la sociedad civil y la acelerada transición al desarrollo económico estable tienen importancia decisiva en este aspecto.

A lo largo del último decenio, Rusia ha sabido aprovechar posibilidades adicionales para la colaboración internacional, que aparecieron como resultado de las transformaciones radicales en nuestro país, y se avanzó considerablemente en el camino de la integración en el sistema de los vínculos económicos mundiales, adhiriéndose a varias prestigiosas organizaciones e institutos internacionales. Merced a esfuerzos se logró reforzar las posiciones de Rusia en el mundo en diversos ámbitos de importancia esencial.

La Federación Rusa desarrolla una política exterior independiente y constructiva. Ésta se basa en una actitud previsible y consecuente, en un pragmatismo mutuamente beneficioso. Esa política es sumamente transparente, toma en consideración los intereses legítimos de otros Estados y va dirigida hacia la búsqueda de soluciones conjuntas.

Rusia es un socio fiable en el marco de las relaciones internacionales. Todos reconocen su papel constructivo en la solución de acuciantes problemas internacionales.

El carácter equilibrado es rasgo distintivo de la política exterior rusa. Es resultado de su posición geopolítica como gran potencia euroasiática, lo cual exige una óptima aplicación de esfuerzos en todas las direcciones. Este enfoque predetermina la responsabilidad de Rusia en el mantenimiento de la seguridad en el mundo, tanto a escala global como regional, y supone el desarrollo y la profundización de las actividades de política exterior sobre las bases bilateral y multilateral.

III. Las prioridades de la Federación Rusa en la resolución de los problemas globales

Una exitosa política exterior de la Federación Rusa deberá apoyarse en el mantenimiento de un equilibrio razonable entre sus metas y posibilidades para su realización. La concentración de los medios políticos y diplomáticos, militares, económicos, financieros y otros en la solución de los problemas de política exterior deberá corresponder a su importancia real para los intereses nacionales de Rusia y el grado de su participación en los asuntos internacionales de la adecuada aportación real al fortalecimiento de las posiciones del país. El carácter multifacético y complejo de los problemas internacionales y la permanencia de situaciones críticas suponen la valoración adecuada de la prioridad de cada uno de éstos en la actividad política exterior de la Federación Rusa. Es necesario mejorar la eficiencia de los instrumentos políticos, legislativos, de economía exterior y demás para defender la soberanía estatal de Rusia y su economía nacional en el contexto de la globalización.

1. *La formación del nuevo orden mundial*

Rusia está interesada en asegurar un sistema estable de relaciones internacionales, basado en los principios de igualdad, respeto mutuo y colaboración equitativa. Ese sistema está destinado a garantizar una seguridad fiable a cada miembro de la comunidad mundial en el área política, militar, económica, humanitaria o de otra índole.

La Organización de Naciones Unidas debe ser el principal centro de coordinación de las relaciones internacionales en el siglo XXI. La Federación Rusa se opondrá decididamente a todos los intentos de reducir el papel de la ONU y de su Consejo de Seguridad en los asuntos internacionales.

El fortalecimiento del papel unificador de la ONU en el mundo comprende:

El cumplimiento incondicional de los principios básicos de la Carta de la ONU, incluida la preservación del estatuto de los miembros permanentes del Consejo de Seguridad de la ONU.

La razonable reforma de la ONU con el fin de desarrollar su mecanismo de respuesta rápida a los acontecimientos que suceden en el mundo, incluido el incremento de su capacidad para prevenir y solucionar crisis y conflictos.

El aumento continuo de la eficacia del Consejo de Seguridad de la ONU, que tiene la suprema responsabilidad en el mantenimiento de la paz y la seguridad internacionales, otorgando a ese organismo una mayor representatividad mediante la incorporación a él de nuevos miembros permanentes y, en primer lugar, de países en vías de desarrollo de reconocido prestigio. La reforma de la ONU deberá partir del carácter inamovible del derecho de veto de los miembros permanentes del Consejo de Seguridad de la ONU.

Rusia otorga gran importancia a su participación en el Grupo de los Ocho Países más Industrializados. Considerando el mecanismo de consultas y de conciliación de posiciones sobre los principales problemas de la actualidad como uno de los medios sustanciales de defensa y promoción de sus intereses de política exterior, la Federación Rusa se dispone a incrementar su interacción con los miembros asociados de este foro.

2. *El fortalecimiento de la seguridad internacional*

Rusia se manifiesta partidaria de la reducción gradual del papel de la fuerza en las relaciones internacionales, con el fortalecimiento simultáneo de la estabilidad estratégica y regional. Con este fin la Federación Rusa:

Cumplirá estrictamente los compromisos asumidos conforme a los tratados y acuerdos vigentes en el área de la limitación y reducción de los armamentos y participará en la elaboración y firma de nuevos convenios, que correspondan tanto a sus intereses nacionales como a los intereses de la seguridad de otros Estados.

Está dispuesta a seguir avanzando en la reducción de su potencial nuclear sobre la base de los acuerdos bilaterales con Estados Unidos y de forma multilateral con otras potencias nucleares a condición de que no resulte dañada la estabilidad estratégica en el área nuclear. Rusia se esforzará en conseguir la preservación y cumplimiento del Tratado sobre Misiles Antibalísticos (ABM) de 1972, piedra angular de la estabilidad estratégica. La realización por Estados Unidos de sus planes nacionales de defensa antimisiles obligará inevitablemente a la Federación Rusa a tomar las medidas adecuadas para mantener al nivel apropiado su seguridad nacional.

Confirma su invariable curso hacia la participación, junto con otros Estados, en la prevención de la proliferación de armas nucleares y de otros tipos de armamento de destrucción masiva, de los medios para su transporte, así como de los materiales y tecnologías correspondientes. La Federación Rusa es firme partidaria del fortalecimiento y desarrollo de los regímenes internacionales correspondientes, incluyendo la creación del Sistema Global de Control sobre la no-proliferación de misiles y la tecnología de misiles. La Federación Rusa tiene la intención de atenerse firmemente a sus compromisos derivados del Tratado de Prohibición Total de Pruebas Nucleares (CTBT) y llama a adherirse a éste a todos los Estados del mundo.

Presta especial atención a un aspecto del fortalecimiento de la estabilidad estratégica como es la preservación de la seguridad informativa.

Se dispone a seguir contribuyendo al fortalecimiento de la estabilidad regional mediante la participación en los procesos de reducción y limitación de los armamentos convencionales, así como a la aplicación de medidas de confianza en el área militar.

Considera que la pacificación internacional es el instrumento adecuado para la resolución de los conflictos armados y se manifiesta por el fortalecimiento de sus bases jurídicas en estricta consonancia con los principios de la Carta de la ONU. Rusia apoya las medidas de aumento y modernización del potencial de la ONU de respuesta rápida a las crisis, y se dispone a continuar participando de manera activa en las operaciones de mantenimiento de la paz que se desarrollan tanto bajo la égida de la ONU como, en casos concretos, por las organizaciones regionales y subregionales. La necesidad y el grado de esta participación serán coordinados con los intereses nacionales y los compromisos internacionales del país. Rusia parte de que sólo el Consejo de Seguridad de la ONU dispone de autoridad para sancionar el uso de la fuerza con el fin de imponer la paz.

Mantiene que el uso de la fuerza vulnerando la Carta de la ONU es ilegítimo y una amenaza a la estabilidad de todo el sistema de relaciones internacionales. Son inadmisibles los intentos de introducir en la práctica internacional los conceptos de «intervención humanitaria» y «soberanía restringida» con el fin de justificar el recurso a la fuerza de carácter unilateral que elude el Consejo de Seguridad de la ONU. La Federación Rusa sigue dispuesta al diálogo concreto para el perfeccionamiento de los aspectos legales de la aplicación de la fuerza a las relaciones internacionales en las condiciones de la globalización. La Federación Rusa mantiene que la búsqueda de formas concretas de reacción de la comunidad internacional ante las diversas situaciones críticas, incluyendo las crisis humanitarias, debe llevarse a cabo de forma colectiva, sobre la base del estricto cumplimiento del derecho internacional y de la Carta de la ONU.

Participará en los programas, desarrollados bajo la égida de la ONU o de otras organizaciones internacionales, para luchar contra las consecuencias de las catástrofes naturales o producidas por el hombre y otras situaciones de emergencia, así como en la prestación de ayuda humanitaria a los países afectados.

Considera como tarea importantísima de su política exterior la lucha contra el terrorismo internacional, capaz de desestabilizar la situación no sólo en algunos países, sino en regiones enteras. La Federación Rusa se manifiesta partidaria de la elaboración consecuente de medidas para reforzar la interacción entre los Estados en este área. La defensa de sus ciudadanos de los atentados terroristas, la prohibición en su territorio de actividades que pudieran cometer tales actos contra los ciudadanos y contra los intereses de otros países, y el rechazo a conceder asilo a los terroristas son obligaciones directas de cualquier Estado.

Combatirá organizadamente el tráfico ilícito de drogas y el incremento del crimen organizado, colaborando con otros Estados en el ámbito multilateral, ante todo en el marco de las organizaciones internacionales especializadas, así como en el ámbito bilateral.

3. *Las relaciones económicas internacionales*

La prioridad principal de la política exterior de la Federación Rusa en la esfera de las relaciones económicas internacionales consiste en contribuir al desarrollo de la economía nacional, lo que, en las condiciones de la globalización, es imposible sin la integración amplia de Rusia en el sistema de relaciones económicas mundiales. Para alcanzar esas metas es necesario:

Asegurar condiciones externas favorables para la formación en el país de una economía de libre mercado y para el fomento de una especialización renovada en la economía exterior de la Federación Rusa, garantizando el máximo efecto económico de su participación en la división internacional del trabajo.

Reducir al mínimo los riesgos durante la integración paulatina de Rusia en la economía mundial, tomando en consideración la necesidad de garantizar la seguridad económica del país.

Contribuir a la formación de un sistema comercial mundial equitativo, con la plena participación de la Federación Rusa en las organizaciones económicas internacionales, asegurando la defensa en ellas de los intereses nacionales del país.

Contribuir a la ampliación de las exportaciones nacionales y a la racionalización de las importaciones en el país, así como apoyar a los empresarios rusos en el extranjero; apoyar su interés hacia los mercados exteriores y luchar contra la discriminación de los productores y exportadores nacionales; garantizar el cumplimiento estricto por los empresarios nacionales de la legislación rusa en materia de actividad económica exterior al efectuar las operaciones.

Atraer inversiones extranjeras, en primer lugar al sector de la economía real y a los ámbitos prioritarios de la economía nacional.

Contribuir al mantenimiento y utilización óptima de la propiedad rusa en el extranjero; gestionar la deuda externa rusa en concordancia con las posibilidades reales del país, consiguiendo la máxima devolución de recursos a cuenta de los créditos a los países extranjeros.

Formar un sistema íntegro de legislación rusa y una base legislativa y contractual internacional en la esfera económica.

Rusia deberá estar preparada para la utilización de todas las herramientas económicas y recursos disponibles para defender sus intereses nacionales.

La Federación Rusa se manifiesta partidaria de la ampliación de la colaboración internacional, tomando en consideración el crecimiento de la amenaza de catástrofes globales de origen natural o las provocadas por el hombre, con el fin de lograr la seguridad ecológica, incluida la aportación de las altas tecnologías en interés de toda la comunidad internacional.

4. *Los derechos humanos y las relaciones internacionales*

Rusia, al ser partidaria de los valores de la sociedad democrática, incluyendo el respeto de los derechos y libertades del hombre, ve su misión en:

Conseguir el respeto de los derechos y libertades del hombre en todo el mundo basándose en el respeto de las normas del derecho internacional.

Salvaguardar los derechos e intereses de los ciudadanos rusos y de los compatriotas en el extranjero basándose en el derecho internacional y en los acuerdos bilaterales vigentes. La Federación Rusa realizará esfuerzos para conseguir las adecuadas garantías de los derechos y libertades de los compatriotas en los Estados donde residan permanentemente, apoyando y desarrollando los correspondientes contactos con ellos y con sus organizaciones.

Desarrollar la colaboración internacional en el marco del intercambio humanitario; ampliar la participación en las convenciones y acuerdos internacionales en el ramo de los derechos humanos.

Continuar la homologación de la legislación de la Federación Rusa con las obligaciones internacionales de Rusia.

5. *La cobertura informativa de la actividad de política exterior*

Hacer llegar a los amplios círculos de la sociedad mundial la información objetiva y acertada sobre los enfoques relativos a los principales problemas internacionales, sobre las iniciativas de política exterior y las acciones de la Federación Rusa, sobre los logros de la cultura, la ciencia y la creación intelectual rusas representa una importante dirección de la actividad de la política exterior de la Federación Rusa. Aparece en primer plano la tarea de formar en el extranjero una imagen positiva de Rusia y una actitud amistosa hacia ésta. Los esfuerzos dirigidos a explicar ampliamente en el extranjero la esencia de la política interior de Rusia y los procesos que se están llevando a cabo en el país, deberán ser un elemento invariable de la correspondiente labor. El desarrollo acelerado de eficaces medios de influencia informativa sobre la opinión pública foránea tiene cada vez mayor interés para la Federación Rusa.

IV. Las prioridades regionales

Lograr que la colaboración multilateral y bilateral con los Estados miembros de la Comunidad de Estados Independientes (CEI) corresponda a las tareas de la seguridad nacional del país es una prioridad de la política exterior de Rusia.

Se hará hincapié en el desarrollo de relaciones de buena vecindad y de asociación estratégica con todos los Estados miembros de la CEI. Es preciso estructurar relaciones prácticas con cada uno de ellos conforme a su disposición a colaborar y a considerar debidamente los intereses de la Federación Rusa, incluidas las garantías de los derechos de los compatriotas rusos.

Rusia determinará, partiendo del concepto de integración a distintas velocidades y a distintos niveles dentro de la CEI, los parámetros y el carácter de su interacción con los Estados miembros, tanto en el marco de la CEI como en el ámbito de uniones más estrechas, en primer lugar la Unión Aduanera y el Tratado de Seguridad Colectiva. El fortalecimiento de la unión con Bielorrusia, como forma superior de integración entre dos Estados soberanos en el momento actual, es una prioridad.

Tendrán importancia prioritaria los esfuerzos conjuntos que se encaminan a resolver los conflictos existentes en los Estados miembros de la CEI y el desarrollo de la colaboración en el área políticomilitar y de seguridad, especialmente en la lucha contra el terrorismo internacional y el extremismo.

Se prestará especial atención al desarrollo de la colaboración económica, incluyendo la creación de zonas de libre comercio, y a la realización de programas de utilización conjunta de los recursos naturales. En particular, Rusia se esforzará para que culmine la elaboración del estatuto del mar Caspio, de modo que permita a los Estados del litoral desplegar una colaboración mutuamente beneficiosa en la explotación de los recursos de la región sobre una base equitativa, considerando los intereses legítimos de cada uno de los Estados.

La Federación Rusa no escatimará esfuerzos para asegurar el cumplimiento de los compromisos mutuos en la conservación y desarrollo del legado cultural común de los miembros de la CEI.

Las relaciones con los Estados europeos han constituido una dirección prioritaria de la política exterior de Rusia. La creación de un sistema estable y democrático de seguridad y colaboración paneuropea es la tarea principal de la política exterior rusa en su dimensión europea. Rusia está interesada en el desarrollo continuo y bien equilibrado de carácter polifuncional de la Organización para la Seguridad y Cooperación en Europa (OSCE), de modo que emprenderá esfuerzos en esa dirección.

Es importante aprovechar al máximo la experiencia en la elaboración de normas internacionales acumulada por esta organización desde la firma del Acta Final de Helsinki en 1975, que mantiene por entero su interés en la actualidad. Rusia se opondrá decididamente a los intentos de recortar las facultades de la OSCE, en particular a los intentos de cambiar la orientación de sus actividades hacia el espacio postsoviético y el área de los Balcanes.

Rusia no escatimará esfuerzos para convertir el Tratado sobre Fuerzas Armadas Convencionales en Europa (FACE) en un instrumento eficaz de la seguridad europea, así como para que se conceda carácter universal a las medidas de confianza, incluyendo, en particular, la actividad de coalición y la actividad de las fuerzas navales.

Partiendo de sus propios recursos para la edificación de la sociedad civil, Rusia se dispone a continuar participando en las actividades del Consejo de Europa.

Las relaciones con la Unión Europea (UE) tienen importancia clave. Los procesos que se están llevando a cabo en el marco de la UE influyen crecientemente sobre la dinámica de la situación en Europa. Son la ampliación de la UE, la introducción de la moneda única, la reforma institucional, la formación de una política exterior y de seguridad común, así como la identidad defensiva. Al analizar esos procesos como componente objetivo del desarrollo de Europa, Rusia quiere asegurar la adecuada consideración de sus intereses, incluidos los de la esfera de las relaciones bilaterales con diversos países miembros de la UE.

La Federación Rusa considera la UE como uno de sus socios políticos y económicos más importantes y se dispone a desarrollar con ella a largo plazo una colaboración intensa, estable y libre de las fluctuaciones coyunturales.

El carácter de las relaciones con la UE queda especificado en el marco del Convenio de asociación y colaboración de 24 de junio de 1994, que establece la asociación entre la Federación Rusa, por una parte, y las Asociaciones Europeas y sus Estados miembros, por otra, y que todavía no ha llegado a funcionar plenamente. Los problemas concretos, y ante todo el problema de la adecuada consideración de los intereses de la parte rusa en el proceso de ampliación y reforma de la UE, se solucionarán sobre la base de la Estrategia de Desarrollo de las Relaciones de la Federación Rusa con la Unión Europea, aprobada en 1999. Deberá ser objeto de especial atención la dimensión político-militar de la UE en formación.

Rusia reconoce la importancia de la colaboración con la Organización del Tratado del Atlántico Norte (OTAN), partiendo de una percepción realista de su papel y del interés en mantener la seguridad y estabilidad en el continente, y está abierta a la interacción constructiva. La base indispensable para ello fue proporcionada por el Acta Fundacional sobre Relaciones de Cooperación y Seguridad Mutuas entre la Organización del Tratado del Atlántico Norte y la Federación Rusa de 27 de mayo de 1997. La intensidad de la colaboración con la OTAN dependerá del cumplimiento por ésta de los puntos clave de ese documento y, en primer lugar, de lo que se refiere a la no utilización de la fuerza y de la amenaza con la fuerza, y al no emplazamiento de armamentos convencionales, armas nucleares y medios de lanzamiento en el territorio de sus nuevos miembros.

Al mismo tiempo, varios parámetros de las premisas políticas y militares actuales de la OTAN no corresponden a los intereses de seguridad de la Federación Rusa y en algunos casos resultan contradictorios con ellos. Se trata en primer lugar de las disposiciones del nuevo concepto estratégico de la OTAN, que no descartan el despliegue de operaciones militares fuera de la zona de responsabilidad estipulada por el Tratado de Washington y sin autorización del Consejo de Seguridad de la ONU. Rusia mantiene su actitud negativa frente a la ampliación de la OTAN.

Una colaboración intensa y constructiva de Rusia con la OTAN sólo será posible cuando se construya sobre la base del respeto recíproco a los intereses de las partes y el cumplimiento incondicional de los compromisos mutuamente asumidos.

La interacción con los Estados de Europa Occidental y, en primer lugar, con países influyentes como el Reino Unido, Alemania, Italia y Francia, representa en sí un recurso importante para asegurar los intereses nacionales de Rusia en los asuntos europeos y mundiales y para la estabilización y el crecimiento de la economía rusa.

En las relaciones con los Estados de Europa Central y del Este sigue siendo de palpitante actualidad el objetivo de mantener los contactos establecidos en los ámbitos humano, económico y cultural, así como superar los elementos de crisis existentes, dando un impulso adicional a la cooperación en consonancia con las nuevas condiciones y los intereses rusos.

Existen buenas perspectivas en las relaciones de la Federación Rusa con Estonia, Letonia y Lituania. Rusia ha abogado por encauzar estas relaciones de modo que se fomenten en un ambiente de buena vecindad y de cooperación mutuamente beneficiosa. Para conseguirlo es imprescindible que dichos Estados respeten los intereses de Rusia, incluida la cuestión central de observancia de los derechos de las personas de habla rusa.

Rusia está decidida a contribuir a la resolución sólida y justa de la situación en los Balcanes, basada en soluciones acordadas por la comunidad internacional. Resulta de principal importancia conservar la integridad territorial de la República Federativa de Yugoslavia, anteponerse a la división de ese Estado, lo cual implicaría la amenaza de surgimiento de un conflicto en los Balcanes de consecuencias imprevisibles.

La Federación Rusa está dispuesta a superar los importantes obstáculos que han surgido en los últimos años en las relaciones con Estados Unidos, a conservar la infraestructura formada a lo largo de casi una década de colaboración ruso-norteamericana. A pesar de las divergencias que a veces tienen carácter fundamental, la interacción ruso-norteamericana sigue constituyendo una condición indispensable para mejorar la situación internacional en general y mantener la estabilidad estratégica global.

Ello tiene que ver, sobre todo, con los problemas del desarme, del control de armamentos y la no proliferación de armas de exterminio masivo, así como con la prevención y resolución de los conflictos regionales más amenazadores. Sólo mediante un intenso diálogo con Estados Unidos se podrán resolver las cuestiones de la limitación y reducción de las armas nucleares estratégicas. Resulta de interés mutuo mantener contactos permanentes bilaterales a todos los niveles, evitando pausas en las relaciones, así como fallos en los procesos de negociación sobre las principales cuestiones políticas, militares y económicas.

Asia ocupa un lugar crecientemente importante en la política exterior de la Federación Rusa debido a la pertenencia directa de Rusia a esa dinámica región en desarrollo y a la necesidad de fomentar el desarrollo económico de Siberia y Extremo Oriente. Se hará hincapié en intensificar la participación de Rusia en las principales estructuras integracionistas de la región de Asia y el Pacífico, en el foro de Cooperación Económica de Asia y el Pacífico (APEC), en el foro regional de la Asociación de Naciones del Asia Suroriental (ASEAN), y en la organización de los «cinco de Shanghai», creada por iniciativa de Rusia (Rusia, China, Kazajstán, Kirguistán, Tayikistán).

Una de las líneas más importantes de la política exterior rusa en Asia es el desarrollo de relaciones amistosas con los países punteros de Asia, en primer lugar China e India. La similitud de los principales enfoques de Rusia y China respecto de los problemas clave de la política mundial es uno de los pilares centrales de la estabilidad regional y global. Rusia se esfuerza por desarrollar la colaboración de interés mutuo con China en todas las esferas. La tarea principal sigue siendo elevar la dimensión de la interacción económica al nivel de las relaciones políticas.

Rusia tiene la intención de profundizar la cooperación tradicional con la India, incluida la interacción en los asuntos internacionales, contribuir a la superación de los persistentes problemas del sur de Asia y al fortalecimiento de la estabilidad en esa región.

Rusia considera la firma por India y Pakistán del Tratado sobre la prohibición total de pruebas nucleares y su adhesión al Tratado sobre la no-proliferación de armas nucleares como un importante factor para garantizar la estabilidad en la región de Asia y el Pacífico. Rusia apoyará el curso que se encamine hacia la creación en Asia de zonas libres de armas nucleares.

La Federación Rusa se manifiesta a favor de un desarrollo permanente de las relaciones de buena vecindad con Japón, que correspondan a los intereses nacionales de ambos países. En el marco de los vigentes mecanismos contractuales, Rusia continuará la búsqueda de una solución mutuamente aceptable al problema de la demarcación de una frontera ruso-japonesa que pueda conseguir el reconocimiento de la comunidad internacional.

La política exterior de Rusia busca la promoción de una dinámica positiva en las relaciones con los Estados de Asia suroriental.

Es importante seguir mejorando las relaciones con Irán.

El progreso general de la situación en Asia, región donde están creciendo las ambiciones geopolíticas de varios Estados, se incrementa la carrera armamentista y se mantienen las fuentes de tensión y conflictos, tiene una importancia fundamental para Rusia. Provoca la mayor preocupación la situación en la península de Corea. Los esfuerzos se concentrarán en asegurar que Rusia participe en la solución del problema coreano como socio igual y en mantener relaciones equilibradas con ambos Estados coreanos.

El prolongado conflicto de Afganistán representa una amenaza palpable a la seguridad de las fronteras meridionales de la CEI, afectando directamente a los intereses de Rusia. En cooperación con otros Estados interesados, Rusia seguirá haciendo los oportunos esfuerzos a fin de conseguir una resolución política, firme y justa del problema afgano que contrarreste la exportación del terrorismo y del extremismo que realiza ese país.

Rusia tratará de conseguir la estabilización de la situación en Oriente Próximo, incluida la zona del Golfo Pérsico y el norte de África, teniendo presente en ello la influencia de la situación regional sobre el panorama mundial. Utilizando su estatuto de copropulsor del proceso de paz, Rusia se propone seguir con su línea de participación activa en la normalización del clima regional después de la crisis. En ese contexto, la tarea prioritaria de Rusia será la de restablecer y consolidar sus posiciones, especialmente en el ámbito económico, en esa rica región mundial que resulta tan importante para nuestros intereses.

Considerando el Gran Mediterráneo como punto de cohesión entre regiones como Oriente Próximo, la región del mar Negro, el Cáucaso y la región del Caspio, Rusia se dispone a llevar un curso concretamente dirigido hacia su transformación en una zona de paz, estabilidad y buena vecindad, lo que deberá contribuir al avance de los intereses económicos rusos, incluida la cuestión de la selección de rutas para importantes flujos de fuentes de energía.

Rusia ampliará la interacción con los Estados africanos, contribuirá a la solución rápida de los conflictos militares en África. Es indispensable también desarrollar el diálogo político con la Organización para la Unidad Africana (OUA) y las organizaciones subregionales, y la utilización de sus posibilidades para la inclusión de Rusia en los proyectos económicos multilaterales del continente.

Rusia se esfuerza por elevar el nivel del diálogo político y de la colaboración económica con los países de América Central y del Sur, apoyándose en el notable progreso conseguido en las relaciones de Rusia con esa región en los años noventa. Rusia se esforzará por ampliar la interacción con los Estados de América Central y del Sur en las organizaciones internacionales, por fomentar las exportaciones de productos rusos de alta tecnología a los países latinoamericanos, por desarrollar con ellos una colaboración y cooperación en el ámbito técnico-militar.

Al determinar las prioridades regionales de su política exterior, la Federación Rusa tomará en consideración la intensidad de la conformación y la orientación de los principales centros mundiales y el grado de capacitación de sus participantes para lograr la ampliación de la interacción bilateral con Rusia.

V. Elaboración y realización de la política exterior de la Federación Rusa

El presidente de la Federación Rusa dirige, de acuerdo con sus poderes constitucionales, la política exterior del país y representa a la Federación Rusa en el escenario internacional en calidad de Jefe de Estado.

El Consejo de la Federación y la Duma Estatal de la Asamblea Federal realizan, en el marco de sus poderes constitucionales, una labor legislativa para asegurar el curso de la política exterior de la Federación Rusa y el cumplimiento de sus obligaciones internacionales.

El Consejo de Seguridad de la Federación Rusa prepara las decisiones del presidente de la Federación Rusa en la esfera de la seguridad internacional y del control de su cumplimiento.

El Ministerio de Asuntos Exteriores de la Federación Rusa realiza directamente el curso de la política exterior aprobado por el presidente de la Federación Rusa. El MAE de Rusia coordina las actividades de la política exterior de los organismos federales del poder ejecutivo y las controla, actuando de acuerdo con el decreto del presidente de la Federación Rusa núm. 375 de 12 de marzo de 1996 «Sobre el Papel Coordinador del Ministerio de Asuntos Exteriores en la Realización de la Línea Política Exterior Única de la Federación Rusa».

Las unidades territoriales de la Federación Rusa desarrollan sus contactos internacionales de acuerdo con la Constitución de la Federación Rusa, la Ley Federal sobre Coordinación de Contactos Internacionales y Económicos de las Unidades Administrativas de la Federación Rusa, así como con otras actas legislativas. El Ministerio de Asuntos Exteriores de Rusia y los demás organismos federales del poder ejecutivo prestan ayuda a los sujetos de la Federación Rusa en la realización de la colaboración internacional, observando estrictamente la soberanía e integridad territorial de la Federación Rusa.

Al preparar las decisiones que se encaminan a realizar el curso de la política exterior del Estado, los organismos federales del poder ejecutivo interaccionan si fuera necesario con las organizaciones no gubernamentales de Rusia. La cada vez mayor participación de las ONG en la política exterior del país se corresponde con la tarea de garantizar el apoyo de la sociedad civil a la política exterior del Estado y puede contribuir a su realización eficaz. La realización consecuente de la política exterior crearía las condiciones propicias para plasmar la opción histórica de los pueblos de la Federación Rusa favorable al Estado de Derecho, la sociedad democrática y la economía de libre mercado socialmente orientada.

Declaración del Milenio

(Resolución 55/2 aprobada por la Asamblea General de la ONU el 8 de septiembre de 2000)

La Asamblea General
aprueba la siguiente Declaración:

Declaración del Milenio

I. Valores y principios

1. Nosotros, jefes de Estado y de Gobierno, nos hemos reunido en la sede de las Naciones Unidas en Nueva York del 6 al 8 de septiembre de 2000, en los albores del nuevo milenio, para reafirmar nuestra fe en la Organización y su Carta como fundamentos indispensables de un mundo más pacífico, más próspero y más equitativo.

2. Reconocemos que, además de las responsabilidades que todos tenemos respecto de nuestras sociedades, nos incumbe la responsabilidad colectiva de respetar y defender los principios de la dignidad humana, la igualdad y la equidad a escala mundial. En nuestra calidad de dirigentes, tenemos un deber que cumplir respecto de todos los habitantes del planeta, en especial los más vulnerables y, particularmente, los niños del mundo, a los que pertenece el futuro.

3. Reafirmamos nuestra adhesión a los propósitos y principios de la Carta de las Naciones Unidas, que han demostrado ser permanentes y universales. A decir verdad, su pertinencia y su capacidad como fuente de inspiración han ido en aumento a medida que se han

multiplicado los vínculos y se ha consolidado la interdependencia entre las naciones y los pueblos.

4. Estamos decididos a establecer una paz justa y duradera en todo el mundo, de conformidad con los propósitos y principios de la Carta. Reafirmamos nuestra determinación de apoyar todos los esfuerzos encaminados a hacer respetar la igualdad soberana de todos los Estados, el respeto de su integridad territorial e independencia política; la solución de los conflictos por medios pacíficos y en consonancia con los principios de la justicia y del derecho internacional; el derecho de libre determinación de los pueblos que siguen sometidos a la dominación colonial y la ocupación extranjera; la no injerencia en los asuntos internos de los Estados; el respeto de los derechos humanos y las libertades fundamentales; el respeto de la igualdad de derechos de todos, sin distinciones por motivo de raza, sexo, idioma o religión, y la cooperación internacional para resolver los problemas internacionales de carácter económico, social, cultural o humanitario.

5. Creemos que la tarea fundamental a que nos enfrentamos hoy es conseguir que la mundialización se convierta en una fuerza positiva para todos los habitantes del mundo, ya que, si bien ofrece grandes posibilidades, en la actualidad sus beneficios se distribuyen de forma muy desigual al igual que sus costos.

Reconocemos que los países en desarrollo y los países con economías en transición tienen especiales dificultades para hacer frente a este problema fundamental. Por eso, consideramos que sólo desplegando esfuerzos amplios y sostenidos para crear un futuro común, basado en nuestra común humanidad en toda su diversidad, se podrá lograr que la mundialización sea plenamente incluyente y equitativa. Esos esfuerzos deberán incluir la adopción de políticas y medidas, a nivel mundial, que correspondan a las necesidades de los países en desarrollo y de las economías en transición y que se formulen y apliquen con la participación efectiva de esos países y esas economías.

6. Consideramos que determinados valores fundamentales son esenciales para las relaciones internacionales en el siglo XXI:

- **La libertad.** Los hombres y las mujeres tienen derecho a vivir su vida y a criar a sus hijos con dignidad y libres del hambre y del temor a la violencia, la opresión o la injusticia. La mejor forma de garantizar esos derechos es contar con gobiernos democráticos y participativos basados en la voluntad popular.
- **La igualdad.** No debe negarse a ninguna persona ni a ninguna nación la posibilidad de beneficiarse del desarrollo. Debe garantizarse la igualdad de derechos y oportunidades de hombres y mujeres.
- **La solidaridad.** Los problemas mundiales deben abordarse de manera tal que los costos y las cargas se distribuyan con justicia, conforme a los principios fundamentales de la equidad y la justicia social. Los que sufren, o los que menos se benefician, merecen la ayuda de los más beneficiados.
- **La tolerancia.** Los seres humanos se deben respetar mutuamente, en toda su diversidad de creencias, culturas e idiomas. No se deben temer ni reprimir las diferencias dentro de las sociedades ni entre éstas; antes bien, deben apreciarse como preciados bienes de la humanidad. Se debe promover activamente una cultura de paz y diálogo entre todas las civilizaciones.
- **El respeto de la naturaleza.** Es necesario actuar con prudencia en la gestión y ordenación de todas las especies vivas y todos los recursos naturales, conforme a los preceptos del desarrollo sostenible. Sólo así podremos conservar y transmitir a nuestros descendientes las inconmensurables riquezas que nos brinda la naturaleza. Es preciso modificar las actuales pautas insostenibles de producción y consumo en interés de nuestro bienestar futuro y en el de nuestros descendientes.
- **Responsabilidad común.** La responsabilidad de la gestión del desarrollo económico y social en el mundo, lo mismo que en lo que hace a las amenazas que pesan sobre la paz y la seguridad internacionales, debe ser compartida por las naciones del mundo y ejercerse multilateralmente. Por ser la organización más universal y más representativa de todo el mundo, las Naciones Unidas deben desempeñar un papel central a ese respecto.

7. Para plasmar en acciones estos valores comunes, hemos formulado una serie de objetivos clave a los que atribuimos especial importancia.

II. La paz, la seguridad y el desarme

8. No escatimaremos esfuerzos para liberar a nuestros pueblos del flagelo de la guerra —ya sea dentro de los Estados o entre éstos—, que, en el último decenio, se ha cobrado más de cinco millones de vidas. También procuraremos eliminar los peligros que suponen las armas de destrucción en masa.

9. Por todo lo anterior, decidimos:

- Consolidar el respeto del imperio de la Ley en los asuntos internacionales y nacionales y, en particular, velar por que los Estados miembros cumplan las decisiones del Tribunal Internacional de Justicia, con arreglo a la Carta de las Naciones Unidas, en los litigios en que sean parte.
- Aumentar la eficacia de las Naciones Unidas en el mantenimiento de la paz y de la seguridad, dotando a la Organización de los recursos y los instrumentos que necesita en sus tareas de prevención de conflictos, resolución pacífica de controversias, mantenimiento de la paz, consolidación de la paz y reconstrucción después de los conflictos. En este sentido, tomamos nota del informe del Grupo sobre las Operaciones de Paz de las Naciones Unidas, y pedimos a la Asamblea General que examine cuanto antes sus recomendaciones.
- Fortalecer la cooperación entre las Naciones Unidas y las organizaciones regionales, de conformidad con las disposiciones del capítulo VIII de la Carta.
- Velar por que los Estados parte apliquen los tratados sobre cuestiones tales como el control de armamentos y el desarme, el derecho internacional humanitario y el relativo a los derechos humanos, y pedir a todos los Estados que consideren la

posibilidad de suscribir y ratificar el Estatuto de Roma del Tribunal Penal Internacional.

- Adoptar medidas concertadas contra el terrorismo internacional y adherirnos cuanto antes a todas las convenciones internacionales pertinentes.
- Redoblar nuestros esfuerzos para poner en práctica nuestro compromiso de luchar contra el problema mundial de la droga.
- Intensificar nuestra lucha contra la delincuencia transnacional en todas sus dimensiones, incluidas la trata y el contrabando de seres humanos y el blanqueo de dinero.
- Reducir al mínimo las consecuencias negativas que las sanciones económicas impuestas por las Naciones Unidas puedan tener en las poblaciones inocentes, someter los regímenes de sanciones a exámenes periódicos y eliminar las consecuencias adversas de las sanciones sobre terceros.
- Esforzarnos por eliminar las armas de destrucción en masa, en particular las armas nucleares, y mantener abiertas todas las opciones para alcanzar esa meta, incluida la posibilidad de convocar una conferencia internacional para determinar formas adecuadas de eliminar los peligros nucleares.
- Adoptar medidas concertadas para poner fin al tráfico ilícito de armas pequeñas y armas ligeras, en particular dando mayor transparencia a las transferencias de armas y respaldando medidas de desarme regional, teniendo en cuenta todas las recomendaciones de la Conferencia de las Naciones Unidas sobre Comercio Ilícito de Armas Pequeñas y Ligeras.
- Pedir a todos los Estados que consideren la posibilidad de adherirse a la tercera Convención sobre la prohibición del empleo, almacenamiento, producción y transferencia de minas antipersonas y sobre su destrucción, así como al Protocolo enmendado relativo a las minas de la Convención sobre armas convencionales.

10. Instamos a los Estados miembros a que observen la tregua olímpica, individual y colectivamente, ahora y en el futuro, y a que

respalden al Comité Olímpico Internacional en su labor de promover la paz y el entendimiento humano mediante el deporte y el ideal olímpico.

III. El desarrollo y la erradicación de la pobreza

11. No escatimaremos esfuerzos para liberar a nuestros semejantes, hombres, mujeres y niños, de las condiciones abyectas y deshumanizadoras de la pobreza extrema a la que en la actualidad están sometidos más de 1.000 millones de seres humanos. Estamos empeñados en hacer realidad para todos ellos el derecho al desarrollo y a poner a toda la especie humana al abrigo de la necesidad.

12. Resolvemos, en consecuencia, crear en los planos nacional y mundial un entorno propicio al desarrollo y a la eliminación de la pobreza.

13. El logro de esos objetivos depende, entre otras cosas, de la buena gestión de los asuntos públicos en cada país. Depende también de la buena gestión de los asuntos públicos en el plano internacional y de la transparencia de los sistemas financieros, monetarios y comerciales. Propugnamos un sistema comercial y financiero multilateral abierto, equitativo, basado en normas, previsible y no discriminatorio.

14. Nos preocupan los obstáculos a que se enfrentan los países en desarrollo para movilizar los recursos necesarios para financiar su desarrollo sostenible. Haremos, por consiguiente, todo cuanto esté a nuestro alcance para que tenga éxito la Reunión intergubernamental de alto nivel sobre la financiación del desarrollo que se celebrará en 2001.

15. Decidimos, asimismo, atender las necesidades especiales de los países menos adelantados. En este contexto, nos felicitamos de la convocatoria de la Tercera Conferencia de las Naciones Unidas sobre los Países Menos Adelantados, que se celebrará en mayo de 2001, y donde haremos todo lo posible por lograr resultados positivos. Pedimos a los países industrializados:

- que adopten, preferiblemente antes de que se celebre esa Conferencia, una política de acceso libre de derechos y cupos respecto de virtualmente todas las exportaciones de los países menos adelantados;
- que apliquen sin más demora el programa mejorado de alivio de la deuda de los países pobres muy endeudados y que convengan en cancelar todas las deudas bilaterales oficiales de esos países a cambio de que éstos demuestren su firme determinación de reducir la pobreza; y
- que concedan una asistencia para el desarrollo más generosa, especialmente a los países que se están esforzando genuinamente por destinar sus recursos a reducir la pobreza.

16. Estamos decididos, asimismo, a abordar de manera global y eficaz los problemas de la deuda de los países de ingresos bajos y medios adoptando diversas medidas en los planos nacional e internacional para que su deuda sea sostenible a largo plazo.

17. Resolvemos asimismo atender las necesidades especiales de los pequeños Estados insulares en desarrollo poniendo en práctica rápida y cabalmente el Programa de Acción de Barbados y las conclusiones a que llegó la Asamblea General en su vigésimo segundo período extraordinario de sesiones. Instamos a la comunidad internacional a que vele por que, cuando se prepare un índice de vulnerabilidad, se tengan en cuenta las necesidades especiales de los pequeños Estados insulares en desarrollo.

18. Reconocemos las necesidades y los especiales problemas de los países en desarrollo sin litoral, por lo que pedimos encarecidamente a los donantes bilaterales y multilaterales que aumenten su asistencia financiera y técnica a ese grupo de países para satisfacer sus necesidades especiales de desarrollo y ayudarlos a superar los obstáculos de su geografía, mejorando sus sistemas de transporte en tránsito.

19. Decidimos, asimismo:

- Reducir a la mitad, para el año 2015, el porcentaje de habitantes del planeta cuyos ingresos sean inferiores a un dólar por día y el de personas que padezcan hambre; igualmente, para esa misma fecha, reducir a la mitad el porcentaje de personas que carezcan de acceso a agua potable o que no puedan costearlo.

- Velar por que, para ese mismo año, los niños y niñas de todo el mundo puedan terminar un ciclo completo de enseñanza primaria y por que tanto las niñas como los niños tengan igual acceso a todos los niveles de la enseñanza.
- Haber reducido, para ese mismo año, la mortalidad materna en tres cuartas partes y la mortalidad de los niños menores de cinco años en dos terceras partes respecto de sus tasas actuales.
- Para entonces, haber detenido y comenzado a reducir la propagación del VIH/SIDA, el flagelo del paludismo y otras enfermedades graves que afligen a la humanidad.
- Prestar especial asistencia a los niños huérfanos por causa del VIH/SIDA.
- Para el año 2020, haber mejorado considerablemente la vida de por lo menos 100 millones de habitantes de tugurios, como se propone en la iniciativa «Ciudades sin barrios de tugurios».

20. Decidimos también:

- Promover la igualdad entre los sexos y la autonomía de la mujer como medios eficaces de combatir la pobreza, el hambre y las enfermedades y de estimular un desarrollo verdaderamente sostenible.
- Elaborar y aplicar estrategias que proporcionen a los jóvenes de todo el mundo la posibilidad real de encontrar un trabajo digno y productivo.
- Alentar a la industria farmacéutica a que aumente la disponibilidad de los medicamentos esenciales y los ponga al alcance de todas las personas de los países en desarrollo que los necesiten.
- Establecer sólidas formas de colaboración con el sector privado y con las organizaciones de la sociedad civil en pro del desarrollo y de la erradicación de la pobreza.

- Velar por que todos puedan aprovechar los beneficios de las nuevas tecnologías, en particular de las tecnologías de la información y de las comunicaciones, conforme a las recomendaciones formuladas en la Declaración Ministerial 2000 del Consejo Económico y Social.

IV. Protección de nuestro entorno común

21. No debemos escatimar esfuerzos por liberar a toda la humanidad, y ante todo a nuestros hijos y nietos, de la amenaza de vivir en un planeta irremediablemente dañado por las actividades del hombre, y cuyos recursos ya no alcancen para satisfacer sus necesidades.

22. Reafirmamos nuestro apoyo a los principios del desarrollo sostenible, incluidos los enunciados en el Programa XXI, convenidos en la Conferencia de las Naciones Unidas sobre el Medio Ambiente y el Desarrollo.

23. Decidimos, por consiguiente, adoptar una nueva ética de conservación y resguardo en todas nuestras actividades relacionadas con el medio ambiente y, como primer paso en ese sentido, convenimos en lo siguiente:

- Hacer todo lo posible para que el Protocolo de Kioto entre en vigor, de ser posible antes del décimo aniversario de la Conferencia de las Naciones Unidas sobre el Medio Ambiente y el Desarrollo, en el año 2002, e iniciar la reducción de las emisiones de gases de efecto invernadero.
- Intensificar nuestros esfuerzos colectivos en pro de la ordenación, la conservación y el desarrollo sostenible de los bosques de todo tipo.
- Insistir en que se apliquen cabalmente el Convenio sobre la Diversidad Biológica y la Convención de las Naciones Unidas de lucha contra la desertización en los países afectados por sequía grave o desertización, en particular en África.

- Poner fin a la explotación insostenible de los recursos hídricos formulando estrategias de ordenación de esos recursos en los planos regional, nacional y local, que promuevan un acceso equitativo y un abastecimiento adecuado.
- Intensificar la cooperación con miras a reducir el número y los efectos de los desastres naturales y de los desastres provocados por el hombre.
- Garantizar el libre acceso a la información sobre la secuencia del genoma humano.

V. Derechos humanos, democracia y buen gobierno

24. No escatimaremos esfuerzo alguno por promover la democracia y fortalecer el imperio del derecho y el respeto de todos los derechos humanos y las libertades fundamentales internacionalmente reconocidos, incluido el derecho al desarrollo.

25. Decidimos, por tanto:

- Respetar y hacer valer plenamente la Declaración Universal de Derechos Humanos.
- Esforzarnos por lograr la plena protección y promoción de los derechos civiles, políticos, económicos, sociales y culturales de todas las personas en todos nuestros países.
- Aumentar en todos nuestros países la capacidad de aplicar los principios y las prácticas de la democracia y del respeto de los derechos humanos, incluidos los derechos de las minorías.
- Luchar contra todas las formas de violencia contra la mujer y aplicar la Convención sobre la eliminación de todas las formas de discriminación contra la mujer.
- Adoptar medidas para garantizar el respeto y la protección de los derechos humanos de los emigrantes, los trabajadores inmigrantes y sus familias, eliminar los actos de racismo y xenofo-

bia cada vez más frecuentes en muchas sociedades y promover una mayor armonía y tolerancia en todas las sociedades.

- Trabajar aunadamente para lograr procesos políticos más igualitarios, en que puedan participar realmente todos los ciudadanos de nuestros países.
- Garantizar la libertad de los medios de difusión para cumplir su indispensable función y el derecho del público a la información.

VI. Protección de las personas vulnerables

26. No escatimaremos esfuerzos para lograr que los niños y todas las poblaciones civiles que sufren de manera desproporcionada las consecuencias de los desastres naturales, el genocidio, los conflictos armados y otras situaciones de emergencia humanitaria reciban toda la asistencia y la protección que necesiten para reanudar cuanto antes una vida normal.

Decidimos, por consiguiente:

- Ampliar y reforzar la protección de los civiles en situaciones de emergencia complejas, de conformidad con el derecho internacional humanitario.
- Fortalecer la cooperación internacional, incluso compartiendo la carga que recae en los países que reciben refugiados y coordinando la asistencia humanitaria prestada a esos países; y ayudar a todos los refugiados y personas desplazadas a regresar voluntariamente a sus hogares en condiciones de seguridad y dignidad, y a reintegrarse sin tropiezos en sus respectivas sociedades.
- Alentar la ratificación y la plena aplicación de la duodécima Convención sobre los Derechos del Niño y sus protocolos facultativos relativos a la participación de niños en los conflictos armados y a la venta de niños, la prostitución infantil y la utilización de niños en la pornografía.

VII. Atención a las necesidades especiales de África

27. Apoyaremos la consolidación de la democracia en África y ayudaremos a los africanos en su lucha por conseguir una paz duradera, erradicar la pobreza y lograr el desarrollo sostenible, para que de esa forma África pueda integrarse en la economía mundial.

28. Decidimos, por tanto:

- Apoyar plenamente las estructuras políticas e institucionales de las nuevas democracias de África.
- Fomentar y mantener mecanismos regionales y subregionales de prevención de conflictos y promoción de la estabilidad política, y velar por que las operaciones de mantenimiento de la paz en ese continente reciban una corriente segura de recursos.
- Adoptar medidas especiales para abordar los retos de erradicar la pobreza y lograr el desarrollo sostenible en África, tales como cancelar la deuda, mejorar el acceso a los mercados, aumentar la asistencia oficial para el desarrollo e incrementar las corrientes de inversión extranjera directa y de transferencia de tecnología.
- Ayudar a África a aumentar su capacidad para hacer frente a la propagación de la pandemia del VIH/SIDA y otras enfermedades infecciosas.

VIII. Fortalecimiento de las Naciones Unidas

29. No escatimaremos esfuerzos por hacer de las Naciones Unidas un instrumento más eficaz en el logro de todas las prioridades que figuran a continuación: la lucha por el desarrollo de todos los pueblos del mundo; la lucha contra la pobreza, la ignorancia y las enfermedades; la lucha contra la injusticia; la lucha contra la violencia, el terror y el delito; y la lucha contra la degradación y la destrucción de nuestro planeta.

30. Decidimos, por consiguiente:

- Reafirmar el papel central que recae en la Asamblea General en su calidad de principal órgano de deliberación, adopción de políticas y representación de las Naciones Unidas, y capacitarla para que pueda desempeñar ese papel con eficacia.
- Redoblar nuestros esfuerzos por reformar ampliamente el Consejo de Seguridad en todos sus aspectos.
- Fortalecer más el Consejo Económico y Social, sobre la base de sus recientes logros, de manera que pueda desempeñar el papel que se le asigna en la Carta.
- Fortalecer el Tribunal Internacional de Justicia a fin de que prevalezcan la justicia y el imperio del derecho en los asuntos internacionales.
- Fomentar la coordinación y las consultas periódicas entre los órganos principales de las Naciones Unidas en el desempeño de sus funciones.
- Velar por que la Organización cuente, de forma oportuna y previsible, con los recursos que necesita para cumplir sus mandatos.
- Instar a la Secretaría a que, de conformidad con normas y procedimientos claros acordados por la Asamblea General, aproveche al máximo esos recursos en interés de todos los Estados miembros, aplicando las mejores prácticas y tecnologías de gestión disponibles y prestando una atención especial a las tareas que reflejan las prioridades convenidas de los Estados miembros.
- Promover la adhesión a la Convención sobre la Seguridad del Personal de las Naciones Unidas y el Personal Asociado.
- Velar por que exista una mayor coherencia y una mejor cooperación en materia normativa entre las Naciones Unidas, sus organismos, las instituciones de Bretton Woods y la Organización Mundial del Comercio, así como otros órganos multilaterales, con miras a lograr criterios perfectamente coordinados en lo relativo a los problemas de la paz y el desarrollo.
- Seguir fortaleciendo la cooperación entre las Naciones Unidas y los parlamentos nacionales por intermedio de su organiza-

ción mundial, la Unión Interparlamentaria, en diversos ámbitos, a saber: la paz y seguridad, el desarrollo económico y social, el derecho internacional y los derechos humanos, la democracia y las cuestiones de género.

- Ofrecer al sector privado, las organizaciones no gubernamentales y la sociedad civil en general más oportunidades de contribuir al logro de las metas y los programas de la Organización.

31. Pedimos a la Asamblea General que examine periódicamente los progresos alcanzados en la aplicación de lo dispuesto en la presente Declaración, y al secretario general que publique informes periódicos para que sean examinados por la Asamblea y sirvan de base para la adopción de medidas ulteriores.

32. Reafirmamos solemnemente, en este momento histórico, que las Naciones Unidas son el hogar común e indispensable de toda la familia humana, mediante el cual trataremos de hacer realidad nuestras aspiraciones universales de paz, cooperación y desarrollo. Por consiguiente, declaramos nuestro apoyo ilimitado a estos objetivos comunes y nuestra decisión de alcanzarlos.

Carta de la seguridad europea

(Firmada en Estambul el 19 de noviembre de 1999 por los jefes de Estado y de Gobierno de los Estados miembros de la Organización para la Seguridad y la Cooperación en Europa)

1. En el umbral del siglo XXI, nosotros jefes de Estado y de Gobierno de los Estados miembros de la OSCE, declaramos nuestro firme compromiso de formar un espacio de la OSCE libre, democrático y mejor integrado, en el que los Estados miembros convivan en paz unos con otros y en el que las personas y las comunidades estén en paz, prosperidad y seguridad. Para poner en práctica ese compromiso hemos decidido adoptar una serie de nuevas medidas. Hemos acordado:

— Crear una Plataforma para la Seguridad Cooperativa, con el objetivo de intensificar la cooperación entre la OSCE y otras organizaciones e instituciones internacionales, mejorando el uso de los recursos de la comunidad internacional;
— Desarrollar el papel de la OSCE en las operaciones de paz, reflejando así mejor su enfoque global de la seguridad;
— Crear Equipos periciales de asistencia y cooperación rápidas (REACT), que permitan a la OSCE responder con rapidez a las solicitudes de asistencia y de despliegue de grandes operaciones civiles sobre el terreno;

— Ampliar nuestra capacidad para llevar a cabo actividades conexas a las de la policía, con el fin de ayudar a mantener el imperio de la ley y restablecer el Estado de Derecho;
— Establecer un Centro de Operaciones, con objeto de planificar y desplegar operaciones de la OSCE sobre el terreno;
— Fortalecer asimismo el proceso de consultas políticas dentro de la OSCE, estableciendo un Comité Preparatorio bajo los auspicios del Consejo Permanente de la OSCE.

Estamos determinados a prevenir siempre que sea posible el estallido de conflictos violentos. Las medidas que hemos acordado adoptar en la presente Carta fortalecerán la capacidad de la OSCE a ese respecto, así como su capacidad para solucionar conflictos y reconstruir sociedades asoladas por la guerra y la destrucción. La Carta contribuirá a la formación de un entorno de seguridad común e indivisible, y favorecerá la creación de un área de la OSCE sin líneas divisorias, ni zonas con diferentes niveles de seguridad.

I. Nuestros desafíos comunes

2. En la última década del siglo XX se han conseguido grandes logros en el área de la OSCE; la cooperación ha reemplazado a la antigua confrontación, pero no se ha eliminado el peligro de conflictos entre los Estados. Hemos dejado atrás las antiguas divisiones europeas, pero han surgido nuevos riesgos y desafíos. Desde que firmamos la Carta de París se ha hecho más patente que las amenazas a nuestra seguridad pueden surgir tanto de conflictos dentro de los Estados como de conflictos entre Estados. Hemos evidenciado conflictos que a menudo han nacido de violaciones flagrantes de las normas y principios de la OSCE. Hemos sido testigos de atrocidades de una índole que pensábamos había quedado relegada al pasado. En este último decenio se ha puesto de manifiesto que todos estos conflictos pueden suponer una amenaza para la seguridad de todos los Estados miembros de la OSCE.

3. Estamos decididos a aprender de los peligros de la confrontación y la división entre Estados, así como de las tragedias del último decenio. Es preciso consolidar la paz y la seguridad mediante un enfoque que combine dos elementos fundamentales: el fomento de la confianza entre las personas que conviven en un mismo Estado y el desarrollo de vínculos de cooperación más estrechos entre los Estados. Por tanto, vamos a fortalecer los instrumentos existentes y desarrollar otros nuevos para proporcionar asistencia y asesoramiento. Intensificaremos nuestros esfuerzos por asegurar el pleno respeto de los derechos humanos y de las libertades fundamentales, incluidos los derechos de las personas que pertenecen a minorías nacionales. Paralelamente, fortaleceremos nuestra capacidad para mejorar la confianza y la seguridad entre los Estados. Estamos decididos a desarrollar aún más los medios a nuestro alcance para solucionar las controversias entre los Estados por medios pacíficos.

4. El terrorismo internacional, los extremismos violentos, la delincuencia organizada y el tráfico de drogas suscitan problemas cada vez más graves para la seguridad. El terrorismo, en todas sus formas y manifestaciones y sean cuales fueren sus motivos, es inaceptable. Intensificaremos nuestros esfuerzos por evitar la preparación y financiación en nuestros territorios de cualquier acto de terrorismo, y por denegar todo refugio seguro a los terroristas. La acumulación excesiva y desestabilizadora y la difusión incontrolada de armas cortas y de armas ligeras constituyen una amenaza para la paz y la seguridad. Estamos decididos a incrementar nuestra protección contra esos nuevos riesgos y desafíos; las instituciones democráticas fuertes y el Estado de Derecho son la base de esa protección. Estamos también decididos a cooperar más activamente y más estrechamente para hacer frente a esos problemas.

5. Toda agravación de los problemas económicos o del deterioro del medio ambiente puede tener graves consecuencias para nuestra seguridad. La cooperación en las esferas económica, científica, tecnológica y ambiental reviste, por ello, una importancia crucial. Endureceremos nuestra respuesta a dichas amenazas mediante reformas económicas y ambientales continuadas, marcos estables y transparentes

para la actividad económica y el fomento de la economía de mercado, prestando al mismo tiempo la debida atención a los derechos sociales y económicos. Aplaudimos el proceso de transformación económica sin precedentes que se está llevando a cabo en muchos Estados participantes. Les alentamos a que prosigan dicho proceso de reforma, que contribuirá a la seguridad y prosperidad en toda el área de la OSCE. Intensificaremos las actividades que hemos emprendido en todas y cada una de las dimensiones de la OSCE para combatir la corrupción y promover el Estado de Derecho.

6. Confirmamos que la seguridad en las áreas cercanas, en especial en el área del Mediterráneo, así como en las áreas directamente limítrofes a Estados participantes, tales como las del Cáucaso y de Asia Central, tiene una importancia cada vez mayor para la OSCE. Reconocemos que la inestabilidad en esas áreas crea problemas que afectan directamente a la seguridad y la prosperidad de los Estados de la OSCE.

II. Nuestra base común

7. Reafirmamos nuestra plena adhesión a la Carta de las Naciones Unidas, al Acta Final de Helsinki, a la Carta de París y a todos los demás documentos de la OSCE a los que hemos dado nuestro asentimiento. Esos documentos son expresión de los compromisos que hemos contraído en común, constituyen el fundamento de nuestra labor, y nos han ayudado a poner fin a la antigua confrontación en Europa y a fomentar una nueva era de democracia, paz y solidaridad en toda el área de la OSCE. En ellos se establecieron normas claras para el tratamiento mutuo entre los Estados participantes y para el tratamiento otorgado a todas las personas que viven en sus territorios. Todos los compromisos de la OSCE, sin excepción, se aplican por igual en cada Estado participante. Su aplicación de buena fe es fundamental para las relaciones entre los Estados, entre los gobiernos y sus pueblos, y entre las organizaciones de las que sean miembros. Los Estados participantes son responsables ante sus ciudadanos y ante los

demás Estados participantes del cumplimiento de sus compromisos. Consideramos esos compromisos como un logro de todos y, por tanto, como cuestiones de interés inmediato y legítimo para todos los Estados participantes.

Reafirmamos que la OSCE es un acuerdo regional en el sentido del Capítulo VIII de la Carta de las Naciones Unidas, y constituye una organización de primer recurso para la solución pacífica de las controversias en el interior de su región, así como un instrumento clave de alerta temprana, prevención de conflictos, gestión de crisis y rehabilitación posconflicto. La OSCE es el foro de consulta, adopción de decisiones y cooperación más amplio e integrador de toda su región.

8. Todo Estado participante goza de igual derecho a la seguridad. Reafirmamos el derecho inherente a todos y cada uno de los Estados participantes de elegir o cambiar libremente sus acuerdos de seguridad, así como sus tratados de alianza, conforme evolucionen. Cada Estado goza además del derecho a la neutralidad. Todo Estado participante respetará los derechos al respecto de los demás Estados y no fortalecerá su propia seguridad a expensas de la de otros Estados. En el seno de la OSCE, ningún Estado, grupo de Estados u organización podrá arrogarse una responsabilidad superior para el mantenimiento de la paz o de la estabilidad en el área de la OSCE, o podrá considerar parte alguna del área de la OSCE como su propia esfera de influencia.

9. Edificaremos nuestras relaciones de conformidad con el concepto de una seguridad común y global, y guiados por un espíritu de igualdad asociativa, de solidaridad y de transparencia. La seguridad de cada Estado participante está indisolublemente vinculada a la de todos los demás. Abordaremos las dimensiones humana, económica, política y militar de la seguridad como un todo integrado.

10. Seguiremos manteniendo el consenso como base del proceso decisorio de la OSCE. La flexibilidad y la capacidad de la OSCE para responder con presteza a un entorno político en evolución deberán seguir siendo la médula del enfoque integrador y cooperativo de la OSCE respecto de la seguridad común e indivisible.

11. Reconocemos la responsabilidad primordial en el mantenimiento de la paz y la seguridad internacionales que incumbe al Consejo de Seguridad de las Naciones Unidas y su función esencial al servicio de la seguridad y la estabilidad en nuestra región. Reafirmamos los derechos y obligaciones que hemos contraído con arreglo a la Carta de las Naciones Unidas, así como nuestro compromiso de no recurrir al empleo o la amenaza de la fuerza. A este respecto reafirmamos también nuestro compromiso de buscar una solución pacífica a las controversias, en consonancia con la Carta de las Naciones Unidas.

*

Sobre estas bases fortaleceremos nuestra respuesta común y mejoraremos nuestros instrumentos comunes con el fin de hacer frente de forma más eficaz a los desafíos que se nos plantean.

III. Nuestra respuesta común

Cooperación con otras organizaciones: la Plataforma para la Seguridad Cooperativa

12. Los riesgos y problemas con los que nos enfrentamos en la actualidad no pueden ser resueltos por un solo Estado ni por una única organización. A lo largo del último decenio hemos adoptado medidas importantes para forjar una nueva cooperación entre la OSCE y otras organizaciones internacionales. Estamos decididos a estrechar aún más la cooperación entre las organizaciones internacionales con el fin de aprovechar plenamente los recursos de la comunidad internacional.

Nos comprometemos, a través de la Plataforma para la Seguridad Cooperativa, que aquí se crea como elemento esencial de esta Carta, a intensificar y desarrollar aún más la cooperación con las organizaciones competentes, en pie de igualdad y con espíritu asociativo. Los principios de la Plataforma, según quedan establecidos en el documento operativo adjunto a la presente Carta, se aplicarán a aquellas organizaciones o instituciones cuyos miembros decidan adherirse a ella a título individual y colectivo. Dichos principios se aplican a todas las dimensiones de la seguridad: político-militar, humana y económica. A través de esta Plataforma intentaremos desarrollar y mantener la coherencia política y operativa, basada en valores compartidos, entre los diversos organismos que se ocupan de la seguridad, tanto para responder a toda situación de crisis concreta como para dar respuesta a los nuevos riesgos y problemas. Reconociendo el papel integrador esencial que la OSCE puede desempeñar, ofrecemos la OSCE como marco flexible de coordinación al servicio de la cooperación en el que diversas organizaciones podrán, cuando así proceda, reforzarse mutuamente utilizando sus efectivos especiales. No intentamos crear una jerarquía de organizaciones o una división permanente del trabajo entre ellas.

Estamos dispuestos, en principio, a desplegar los recursos de las organizaciones e instituciones internacionales de las cuales somos miembros, en apoyo de la labor de la OSCE, con sujeción a las decisiones políticas que se vayan adoptando a medida que surjan los casos.

13. La cooperación subregional se ha convertido en un elemento importante para mejorar la seguridad en toda el área de la OSCE. Procesos como el Pacto de Estabilidad para Europa Suroriental, que ha sido colocado bajo los auspicios de la OSCE, ayudan a promover nuestros valores comunes y contribuyen a mejorar la seguridad no sólo en la subregión en cuestión, sino en toda el área de la OSCE. Ofrecemos la OSCE, de conformidad con la Plataforma para la Seguridad Cooperativa, como foro para la cooperación subregional. A ese respecto, y de conformidad con las modalidades establecidas en el documento operativo, la OSCE facilitará el intercambio de información y experiencia entre los grupos subregionales y podrá, si así se le pide, recibir y conservar sus acuerdos y pactos mutuos.

14. Las mejores garantías de paz y seguridad en nuestra región son la voluntad y la capacidad de cada Estado participante para obrar en favor de la democracia, el Estado de Derecho y el respeto de los derechos humanos. Reafirmamos a título individual nuestra voluntad de cumplir plenamente nuestros compromisos. Asumimos también la responsabilidad conjunta de hacer respetar los principios de la OSCE. Estamos por tanto decididos a cooperar en el marco de la OSCE, así como con sus instituciones y representantes, y estamos dispuestos a utilizar los instrumentos, herramientas y mecanismos de la OSCE. Cooperaremos con espíritu de solidaridad y asociativo al examen continuo de su aplicación. Hoy nos comprometemos a adoptar, tanto en la OSCE como en aquellas organizaciones de las que somos miembros, medidas conjuntas basadas en la cooperación para brindar asistencia a los Estados participantes a fin de facilitar la observancia de los principios y compromisos de la OSCE. Fortaleceremos los instrumentos de cooperación existentes y desarrollaremos otros nuevos a fin de responder de forma más eficaz a las solicitudes de ayuda de los Estados participantes. Buscaremos formas de incrementar aún más la eficacia de la Organización para abordar casos de violaciones claras, flagrantes y continuadas de esos principios y compromisos.

15. Estamos decididos a buscar formas de ayudar a los Estados participantes que soliciten asistencia en casos de ruptura interna del orden público. Examinaremos conjuntamente la naturaleza de la situación y las posibles formas y medios de proporcionar apoyo al Estado en cuestión.

16. Reafirmamos la validez del Código de Conducta sobre los aspectos político-militares de la seguridad. De conformidad con las responsabilidades que hemos asumido en el seno de la OSCE, entablaremos rápidamente consultas con todo Estado participante que solicite ayuda para ejercer su derecho de legítima defensa, individual o colectiva, en situaciones de amenaza para su soberanía, integridad territorial o independencia política. Consideraremos conjuntamente

la naturaleza de esa amenaza así como las medidas que pueda ser necesario adoptar en defensa de nuestros valores comunes.

Nuestras instituciones

17. La Asamblea Parlamentaria se ha convertido en una de las instituciones más importantes de la OSCE, que aporta continuamente nuevas ideas y propuestas. Acogemos con satisfacción el papel cada vez más destacado que desempeña, especialmente en las esferas del desarrollo de la democracia y de la supervisión de elecciones. Pedimos a la Asamblea Parlamentaria que amplíe aún más sus actividades como componente esencial de nuestros esfuerzos por fomentar la democracia, la prosperidad y una mayor confianza no sólo en el seno de los Estados participantes sino también entre ellos.

18. La Oficina de Instituciones Democráticas y Derechos Humanos (OIDDH), el Alto Comisionado para las Minorías Nacionales (ACMN) y el Representante de la OSCE para la Libertad de los Medios de Comunicación son instrumentos esenciales para asegurar el respeto de los derechos humanos, de la democracia y del Estado de Derecho. La Secretaría de la OSCE proporciona una asistencia crucial al presidente en ejercicio y a las actividades de nuestra Organización, especialmente sobre el terreno. Seguiremos reforzando asimismo las capacidades operativas de la Secretaría de la OSCE para que pueda hacer frente a la expansión de nuestras actividades, y para velar por que las operaciones sobre el terreno funcionen eficazmente y con arreglo a los mandatos y orientaciones que se les haya impartido.

Nos comprometemos a brindar todo nuestro apoyo a las instituciones de la OSCE. Subrayamos la importancia de que haya una estrecha coordinación entre las instituciones de la OSCE, así como entre nuestras operaciones sobre el terreno, con el fin de aprovechar al máximo nuestros recursos comunes. Tendremos en cuenta la necesidad de respetar la diversidad geográfica y el equilibrio entre el personal de ambos sexos al contratar a personal para las instituciones de la OSCE y las operaciones sobre el terreno.

Somos conscientes del enorme desarrollo y diversificación de las actividades de la OSCE. Reconocemos que un gran número de Estados participantes en la OSCE no han podido aplicar la decisión del Consejo Ministerial de Roma de 1993, por lo que puede que surjan dificultades imputables a la falta de capacidad jurídica de la Organización. Nos esforzaremos por dar la solución adecuada a esta situación.

La dimensión humana

19. Reafirmamos que el respeto de los derechos humanos y de las libertades fundamentales, de la democracia y del Estado de Derecho constituyen la esencia del concepto de seguridad global de la OSCE. Nos comprometemos a responder a toda amenaza contra la seguridad que provenga de violaciones de los derechos humanos o de las libertades fundamentales, y en particular de la libertad de pensamiento, de conciencia, de religión o de creencia, así como de manifestaciones de intolerancia, nacionalismo agresivo, racismo, patrioterismo, xenofobia y antisemitismo.

La protección y la promoción de los derechos de las personas pertenecientes a minorías nacionales constituyen factores esenciales para la democracia, la paz, la justicia y la estabilidad en el interior de los Estados participantes y entre estos Estados. A este respecto, reafirmamos nuestros compromisos contraídos concretamente a tenor de las disposiciones pertinentes del Documento de Copenhague de 1990 sobre cuestiones de la Dimensión Humana y recordamos el Informe de la Reunión de Expertos sobre Minorías Nacionales celebrada en Ginebra en 1991. El pleno respeto de los derechos humanos, incluidos los derechos de las personas pertenecientes a minorías nacionales, además de constituir una finalidad en sí, lejos de debilitar, puede fortalecer la integridad y soberanía territorial de los Estados. Existen diversos conceptos de autonomía, así como otras soluciones descritas en los documentos anteriormente mencionados, que son conformes a los principios de la OSCE y constituyen formas de preservar y promover la identidad étnica, cultural, lingüística y religiosa de las minorías nacionales en el seno de un Estado existente. Condenamos la violencia dirigida contra cualquier minoría. Nos comprometemos a tomar medidas para promover la tolerancia y edificar sociedades pluralistas en las que toda persona, cualquiera que sea su origen étnico, goce de una plena igualdad de oportunidades. Insistimos en que las cuestiones relativas a las minorías nacionales sólo podrán resolverse satisfactoriamente en el interior de un marco político democrático basado en el Estado de Derecho.

Reafirmamos nuestro reconocimiento de que toda persona goza del derecho a poseer una nacionalidad y de que no podrá privarse arbitrariamente a ninguna persona de su nacionalidad. Nos comprometemos a proseguir con nuestros esfuerzos por garantizar a toda persona el ejercicio de este derecho. Nos comprometemos también a promover la protección internacional de las personas apátridas.

20. Reconocemos las dificultades peculiares con las que tropiezan las etnias romaní y sinti, así como la necesidad de tomar medidas eficaces para dotar a las personas pertenecientes a dichas etnias de la plena igualdad de oportunidades, en consonancia con los compromisos de la OSCE. Redoblaremos nuestros esfuerzos para velar por que los romaníes y sinti estén en condiciones de participar plena y equitativamente en nuestras sociedades, y para erradicar la discriminación contra dichas etnias.

21. Estamos decididos a erradicar, en toda el área de la OSCE, la tortura y los tratos o castigos crueles, inhumanos o degradantes. Con este fin, promoveremos la adopción de leyes que otorguen garantías y remedios procesales y de derecho sustantivo contra dichas prácticas. Prestaremos asistencia a las víctimas y cooperaremos con las organizaciones internacionales y las ONG pertinentes, cuando así proceda.

22. Rechazamos toda política de depuración étnica o de expulsión en masa. Reafirmamos nuestro compromiso de respetar el derecho de asilo y de velar por la protección internacional de los refugiados de conformidad con la Convención de 1951 sobre el Estatuto de los Refugiados y su Protocolo de 1967, así como de facilitar el retorno voluntario de los refugiados y de las personas desplazadas interna-

mente en condiciones dignas y seguras. Trabajaremos en pro de la reinserción sin discriminaciones en sus lugares de origen de los refugiados y de las personas desplazadas internamente.

A fin de mejorar la protección de las personas civiles en tiempos de conflicto buscaremos la manera de reforzar la aplicación del derecho humanitario internacional.

23. El pleno y equitativo ejercicio por la mujer de sus derechos humanos es un factor indispensable para conseguir un área de la OSCE más pacífica, próspera y democrática. Estamos decididos a hacer que la igualdad entre hombres y mujeres forme parte integrante de nuestras políticas, tanto a nivel de nuestros Estados como en el seno de la Organización.

24. Adoptaremos medidas para eliminar todas las formas de discriminación contra la mujer, y para poner fin a la violencia contra mujeres y niños, así como a la explotación sexual y a toda otra forma de trata de seres humanos. A fin de impedir dichos delitos promoveremos, entre otras medidas, la adopción de leyes nuevas o más rigurosas que permitan exigir responsabilidades a los culpables de tales actos, y reforzar la protección de las víctimas. Elaboraremos y aplicaremos asimismo medidas para promover los derechos y los intereses de los niños en situaciones de conflicto armado y posconflicto, especialmente de los niños refugiados o internamente desplazados. Prohibiremos todo servicio armado obligatorio de personas menores de 18 años.

25. Reafirmamos nuestra obligación de celebrar elecciones libres y justas de conformidad con los compromisos de la OSCE y en particular con el Documento de Copenhague de 1990. Reconocemos que la OIDDH puede prestar asistencia a los Estados participantes en la preparación y aplicación de su legislación electoral. De conformidad con estos compromisos, invitaremos a nuestras elecciones a observadores de otros Estados participantes, de la OIDDH, de la Asamblea Parlamentaria de la OSCE y de cualesquiera organizaciones e instituciones privadas pertinentes que deseen observar nuestros procesos electorales. Convenimos en dar pronto seguimiento a los informes de evaluación de las elecciones presentados por la OIDDH y a sus recomendaciones.

26. Reafirmamos la importancia de disponer de medios informativos independientes, así como de la libre circulación de la información y del acceso del público a la misma. Nos comprometemos a tomar todas las medidas necesarias para asegurar las condiciones básicas para la existencia de unos medios informativos libres e independientes y para la libre circulación transfronteriza e intraestatal de la información, que consideramos como un elemento esencial de toda sociedad democrática, libre y abierta.

27. Las organizaciones no gubernamentales (ONG) pueden desempeñar una función vital en el fomento de los derechos humanos, la democracia y el Estado de Derecho y constituyen un elemento integrante de toda sociedad civil sólidamente constituida. Nos comprometemos a reforzar la capacidad de las ONG para que contribuyan plenamente al futuro desarrollo de la sociedad civil y al respeto de los derechos humanos y de las libertades fundamentales.

La dimensión político-militar

28. Los aspectos político-militares de la seguridad siguen siendo esenciales para los intereses de los Estados participantes. Constituyen un factor clave del concepto global de la seguridad adoptado por la OSCE. El desarme, el control de armamentos y las medidas destinadas a fomentar la confianza y la seguridad (MFCS) son componentes importantes de la iniciativa general para fortalecer la seguridad mediante el fomento de la estabilidad, la transparencia y la previsibilidad en el ámbito militar. La plena aplicación, la oportuna adaptación y, si es preciso, la ulterior elaboración de acuerdos de control de armamentos y de MFCS, constituyen aportaciones clave a nuestra estabilidad política y militar.

29. El Tratado sobre Fuerzas Armadas Convencionales en Europa (FACE) debe seguir sirviendo como piedra angular de la seguridad europea. Ha reducido drásticamente los niveles de equipos. Constituye una aportación fundamental a una Europa más segura e integrada. Los Estados parte en este Tratado están dando un paso decisivo

hacia el futuro. El Tratado está siendo reforzado mediante la adaptación de sus disposiciones con miras a reforzar la estabilidad, previsibilidad y transparencia en una situación evolutiva. Cierto número de Estados parte reducirán aún más sus niveles de equipos. A su entrada en vigor, el Tratado adaptado estará abierto a la adhesión voluntaria de otros Estados participantes ubicados en la zona comprendida entre el océano Atlántico y los montes Urales, aportando así una importante contribución adicional a la estabilidad y la seguridad de Europa.

30. El Documento de Viena de la OSCE de 1999 proporciona, junto con otros documentos aprobados por el Foro de Cooperación en materia de Seguridad (FCS) sobre aspectos político-militares de la seguridad, una herramienta valiosa con la que todos los Estados participantes en la OSCE pueden fortalecer aún más la confianza mutua y la transparencia militar. Seguiremos recurriendo con regularidad a todos los instrumentos de la OSCE en dicho ámbito, procurando adaptarlos oportunamente y aplicarlos plenamente para dar una respuesta adecuada a las necesidades de seguridad en el área de la OSCE. Seguimos comprometidos con los principios enunciados en el Código de Conducta sobre los aspectos político-militares de la seguridad. Estamos decididos a proseguir nuestros esfuerzos en el FCS para responder de consuno a las inquietudes comunes en materia de seguridad de los Estados participantes, y por dar curso al concepto de la OSCE de una seguridad global e indivisible en lo que concierne a la dimensión político-militar. Proseguiremos nuestro diálogo sobre cuestiones de fondo en materia de seguridad y encomendaremos a nuestros representantes que lleven a cabo ese diálogo en el marco del FCS.

La dimensión económica y medioambiental

31. El vínculo entre la seguridad, la democracia y la prosperidad se ha vuelto cada vez más patente en el área de la OSCE, al igual que la amenaza que supone para la seguridad el deterioro del medio am-

biente y el agotamiento de los recursos naturales. La libertad económica, la justicia social y el sentido de responsabilidad en lo relativo al medio ambiente son indispensables para la prosperidad. Sobre la base de estos vínculos, velaremos en particular por que se preste la debida atención a la dimensión económica como un elemento de nuestras actividades de alerta temprana y prevención de conflictos. Cumpliremos este propósito con miras, entre otras cosas, a promover la integración de las economías en transición en la economía mundial y a fin de consolidar el respeto del Estado de Derecho y el desarrollo de un orden jurídico transparente y estable en la esfera económica.

32. La OSCE se caracteriza por la cuantía y la diversidad de sus miembros, su enfoque global de la seguridad, su gran cantidad de operaciones sobre el terreno y su largo historial como organización promulgadora de normas. Esas cualidades le permiten detectar las amenazas y actuar como catalizador de la cooperación entre instituciones y organizaciones internacionales de importancia clave en los ámbitos económico y ambiental. La OSCE está dispuesta a desempeñar esta función siempre que así proceda. Fomentaremos esta cooperación entre la OSCE y las organizaciones internacionales pertinentes, en consonancia con la Plataforma para la Seguridad Cooperativa. Reforzaremos la capacidad de la OSCE para gestionar las cuestiones económicas y ambientales de forma que no se dupliquen los trabajos ya en curso ni se reemplacen las iniciativas que puedan llevar a cabo con más eficacia otras organizaciones. Centraremos nuestra atención en ámbitos en los que la OSCE sea especialmente competente. Las iniciativas de la OSCE en el marco de la dimensión humana tienen importantes repercusiones económicas, y sus iniciativas en el marco de la dimensión económica tienen importantes repercusiones humanas al movilizar recursos y talentos humanos y al ayudar a edificar sociedades civiles dinámicas. En el espíritu de la Convención de Aarhus de 1998 sobre acceso a la información, participación pública en las decisiones y acceso a la justicia en asuntos ambientales, procuraremos en particular velar por la accesibilidad de la información, la participación pública en las decisiones y el acceso a la justicia en asuntos medioambientales.

El Estado de Derecho y la lucha contra la corrupción

33. Reafirmamos nuestro compromiso con el Estado de Derecho. Somos conscientes de la amenaza que supone la corrupción para los valores que compartimos en el seno de la OSCE, al ser fuente de inestabilidad que afecta numerosos aspectos de las dimensiones humana y económica de la seguridad. Los Estados participantes se comprometen a intensificar su lucha contra la corrupción y las condiciones que la propician, y a promover un marco favorable para las buenas prácticas de gobierno y el fomento de la integridad pública. Aprovecharán en mayor medida los instrumentos internacionales vigentes y se ayudarán mutuamente en su lucha contra la corrupción. Como parte de su labor al servicio del Estado de Derecho, la OSCE colaborará con las ONG en el común empeño de crear un sólido consenso público y comercial contra todo tipo de prácticas corruptas.

IV. Nuestros instrumentos comunes

Fortalecimiento de nuestro diálogo

34. Estamos decididos a ampliar e intensificar nuestro diálogo sobre toda novedad concerniente a cualquier aspecto de la seguridad en el área de la OSCE. Encomendamos al Consejo Permanente y al FCS que en sus respectivas esferas de competencia profundicen aún más en los problemas de seguridad que afecten a los Estados participantes y a que obren en consonancia con el concepto global e indivisible de la seguridad que es propio de la OSCE.

35. El Consejo Permanente, en su calidad de órgano ordinario de consulta política y adopción de decisiones, se ocupará de la gama completa de cuestiones conceptuales así como del curso diario de la labor de la Organización. A fin de asistirle en sus deliberaciones y decisiones y de reforzar el proceso de consulta política y su transparencia en el seno de la Organización estableceremos un Comité Prepara-

torio bajo la dirección del Consejo Permanente. Este Comité, abierto a la participación general, se reunirá normalmente, sin formalidad alguna, para deliberar sobre cualquier asunto que le sea encomendado por el Consejo, o su presidente, a fin de poder informar al respecto al Consejo.

36. Como reflejo de nuestro espíritu de solidaridad y asociativo, intensificaremos también nuestro diálogo político con miras a poder ofrecer asistencia a los Estados participantes, velando así por la observancia de los compromisos de la OSCE. Para estimular ese diálogo, hemos decidido recurrir en mayor medida, de conformidad con las normas y prácticas establecidas, a los instrumentos de la OSCE, procurando en particular:

— enviar delegaciones de las instituciones de la OSCE, con la participación, cuando así proceda, de otras organizaciones internacionales pertinentes, para que presten servicios de asesoramiento y periciales encaminados a la reforma de las normas y prácticas legales;
— enviar representantes personales del presidente en ejercicio a misiones de encuesta o de asesoramiento, tras consultar con el Estado interesado;
— reunir a representantes de la OSCE y de los Estados interesados, a fin de abordar cuestiones relacionadas con la observancia de los compromisos de la OSCE;
— organizar programas de capacitación orientados a mejorar las normas y las prácticas vigentes en ámbitos como los de los derechos humanos, la democratización y la consolidación del Estado de Derecho;
— ocuparnos en las reuniones y conferencias de examen de la OSCE, así como en el Foro Económico, de las cuestiones relativas a la observancia de los compromisos de la OSCE;
— presentar esas cuestiones al Consejo Permanente para que las examine en función, entre otras cosas, de las recomendaciones efectuadas por las instituciones de la OSCE en el marco

de sus respectivos mandatos o por los representantes personales del presidente en ejercicio;

- convocar reuniones del Consejo Permanente, en un marco extraordinario o reforzado, a fin de debatir los casos de inobservancia de los compromisos de la OSCE y decidir sobre las medidas que deberán adoptarse;
- establecer operaciones sobre el terreno, con el consentimiento del Estado interesado.

Operaciones de la OSCE sobre el terreno

37. El Consejo Permanente está facultado para establecer las operaciones sobre el terreno, definir su mandato y determinar su presupuesto. Sobre esta base, el Consejo Permanente y el presidente en ejercicio se encargarán de impartir la orientación debida a dichas operaciones.

38. El desarrollo de las operaciones de la OSCE sobre el terreno supone un importante avance de la Organización, que le ha permitido incrementar su influencia en orden al fomento de la paz, de la seguridad y de la observancia de los compromisos de la OSCE. A la luz de la experiencia ya adquirida desarrollaremos y fortaleceremos aún más este instrumento a fin de que pueda llevar a cabo los cometidos de conformidad con el mandato otorgado, que podrá conllevar las siguientes tareas:

- prestar asistencia y asesoramiento o formular recomendaciones en ámbitos acordados por la OSCE con el país anfitrión;
- supervisar la observancia de los compromisos de la OSCE, y prestar asesoramiento o hacer recomendaciones para mejorar esa observancia;
- prestar asistencia en la organización y en la supervisión de elecciones;
- prestar apoyo en orden al respeto del Estado de Derecho y de

las instituciones democráticas, y mantener y restaurar el orden público;

— ayudar a crear un clima favorable para la negociación o la adopción de otras medidas encaminadas a la solución pacífica de los conflictos;

— prestar asistencia en el cumplimiento de los acuerdos concertados para la solución pacífica de los conflictos y verificar ese cumplimiento;

— prestar apoyo para la rehabilitación o la reconstrucción de diversos aspectos o componentes de la sociedad civil.

39. Al contratar personal para las operaciones sobre el terreno se deberá procurar que los Estados participantes faciliten personal cualificado. La capacitación del personal es un aspecto importante para reforzar la eficiencia de la OSCE y de sus operaciones sobre el terreno, que deberá por ello mejorarse. Los servicios de capacitación existentes en los Estados participantes en la OSCE y las actividades de capacitación de la OSCE pueden desempeñar una función activa para lograr este objetivo en colaboración, cuando así proceda, con otras organizaciones e instituciones.

40. De conformidad con la Plataforma para la Seguridad Cooperativa, se reforzará la cooperación entre la OSCE y otras organizaciones internacionales en la puesta en práctica de operaciones sobre el terreno. Esto se llevará a cabo mediante, entre otras cosas, la puesta en práctica de proyectos comunes con otras entidades asociadas, en particular el Consejo de Europa, a fin de que la OSCE pueda aprovechar su pericia, respetando al mismo tiempo las peculiaridades y los procedimientos decisorios de todas las organizaciones involucradas.

41. Deberá ayudarse, cuando así proceda, al país anfitrión que acoja una operación de la OSCE sobre el terreno, en el desarrollo de sus propias capacidades y servicios de expertos, dentro de la esfera de su competencia, lo cual facilitará un traspaso eficiente de las tareas propias de la operación al país anfitrión y, por consiguiente, la pronta conclusión de la operación sobre el terreno.

Respuesta rápida (REACT)

42. Somos conscientes de que la capacidad de despliegue rápido de contingentes civiles y policiales es un factor esencial para una labor eficaz de prevención de conflictos, gestión de crisis y rehabilitación posconflicto. Estamos decididos a desarrollar la capacidad, tanto en los Estados participantes como en la OSCE, para establecer Equipos periciales de asistencia y cooperación rápidas (REACT), que estarán a disposición de la OSCE, dotando así a las instituciones y órganos de la Organización de los medios debidos para que, actuando en el marco de sus respectivos procedimientos establecidos, puedan enviar rápidamente expertos a los Estados participantes en la OSCE a fin de prestarles asistencia, de conformidad con las normas de la OSCE, en orden a la prevención de conflictos, la gestión de crisis y la rehabilitación posconflicto. Esos equipos de despliegue rápido podrán prestar una amplia gama de servicios especializados de índole civil y dotarán a la Organización de la capacidad requerida para abordar los problemas antes de que desemboquen en crisis y para desplegar rápidamente el contingente civil de toda operación en apoyo de la paz que pueda necesitarse. También cabría utilizar estos equipos como capacidad inicial que facilite a la OSCE el rápido despliegue de operaciones especializadas o en gran escala. Confiamos en que los equipos REACT se desarrollen y evolucionen, a la par que otros servicios de la OSCE, a un ritmo que permita responder a las necesidades de la Organización.

Centro de operaciones

43. La rapidez de despliegue es un factor importante para la eficiencia de la OSCE en su contribución a nuestra labor de prevención de conflictos, gestión de crisis y rehabilitación posconflicto, y depende de la eficacia con la que se prepare y planifique esa labor. Para facilitarla, hemos decidido establecer un Centro de Operaciones en el Centro para la Prevención de Conflictos, con una reduci-

da dotación de personal provista de la experiencia requerida para todo tipo de operaciones de la OSCE, que podría ampliarse rápidamente, caso de ser ello necesario. Su función consistirá en planificar y desplegar operaciones sobre el terreno, incluidas aquellas en las que intervengan los REACT. Establecerá enlaces con otras organizaciones e instituciones internacionales, siempre que proceda hacerlo de conformidad con la Plataforma para la Seguridad Cooperativa. La dotación básica del Centro estará integrada, en la medida de lo posible, por personal con los conocimientos especializados adecuados, que haya sido adscrito por Estados participantes o haya sido tomado de los recursos disponibles en la Secretaría. Estos efectivos básicos servirán de núcleo inicial para una rápida expansión que permita hacer frente a las nuevas tareas que vayan surgiendo. Los pormenores de cada operación se decidirán de conformidad con los procedimientos establecidos.

Actividades relacionadas con la policía

44. Nos esforzaremos por fortalecer la función de la OSCE en actividades al servicio de la policía civil, como parte integrante de los esfuerzos de la Organización en materia de prevención de conflictos, gestión de crisis y rehabilitación posconflicto. Dichas actividades podrán conllevar:

— tareas de supervisión policial destinadas, por ejemplo, a impedir que la policía lleve a cabo actividades de discriminación por motivos religiosos o étnicos;
— tareas de formación de la policía destinadas, por ejemplo, a:
— mejorar las capacidades operativas y tácticas de los servicios de policía local y reformar las fuerzas paramilitares;
— impartir capacitación en técnicas policiales nuevas y modernas, tales como las de los servicios policiales comunitarios, o las de los servicios de lucha contra la droga, contra la corrupción, y antiterroristas;

— crear un servicio de policía de composición multiétnica y/o multirreligiosa, que goce de la confianza de toda la población;
— promover el respecto de los derechos humanos y de las libertades fundamentales en general.

Alentaremos el suministro de equipos modernos que resulten idóneos para los servicios de policía a los que se imparta capacitación en estas nuevas técnicas.

Además, la OSCE examinará los supuestos y las condiciones en las que le sea posible desempeñar una función de vigilancia policial o conexa.

45. Promoveremos asimismo la creación de sistemas judiciales independientes, que desempeñen una función clave en la búsqueda de remedios para las violaciones de los derechos humanos, y prestaremos asistencia y asesoramiento en la reforma del sistema penitenciario. La OSCE colaborará asimismo con otras organizaciones internacionales en la creación de marcos políticos y jurídicos en los que la policía pueda desempeñar su cometido de conformidad con los principios democráticos y el Estado de Derecho.

Operaciones en apoyo de la paz

46. Seguimos decididos a reforzar la función clave que le incumbe a la OSCE al servicio de la paz y de la estabilidad en toda su área. La OSCE ha efectuado sus contribuciones más eficaces a la seguridad regional en operaciones sobre el terreno, de rehabilitación posconflicto, de apoyo a la democratización y los derechos humanos, y de supervisión de elecciones. Hemos decidido explorar las posibilidades de incrementar e intensificar la función de la OSCE en apoyo de la paz. Reafirmando los derechos y obligaciones que nos incumben a tenor de la Carta de las Naciones Unidas y sobre la base de nuestras decisiones vigentes, confirmamos que la OSCE podrá decidir, caso por caso y mediante consenso, asumir cometidos en apoyo de la paz, e incluso una función de liderazgo, cuando los Estados participantes es-

timen que es la organización idónea y más eficaz para la tarea propuesta. A este respecto, podrá decidir asimismo definir el mandato de operaciones en apoyo de la paz encomendadas a otras entidades y recabar de los Estados participantes, y de otras organizaciones, los recursos y los conocimientos periciales que puedan ser necesarios al respecto. De conformidad con lo previsto en la Plataforma para la Seguridad Cooperativa, podrá asimismo actuar como marco coordinador de dichos esfuerzos.

La corte de conciliación y arbitraje

47. Reiteramos el principio de la solución pacífica de las controversias como médula de todos los compromisos de la OSCE. El Tribunal de Conciliación y Arbitraje sigue estando, a este respecto, a disposición del gran número de Estados participantes que han entrado a formar parte de la Convención de Estocolmo de 1992. Les alentamos a que hagan uso de este instrumento para la solución de las controversias que surjan entre ellos, así como para la solución de las controversias que tengan con otros Estados participantes que acepten voluntariamente la competencia de este Tribunal. Alentamos asimismo a aquellos Estados participantes que aún no se hayan adherido a esta Convención, a que lo hagan a la mayor brevedad.

V. Nuestros socios para la cooperación

48. Reconocemos la interdependencia existente entre la seguridad en el área de la OSCE y la de los socios para la cooperación, así como nuestro compromiso de proseguir con las relaciones y el diálogo que tenemos entablados con ellos. Insistimos, en particular, en las relaciones ya antiguas que mantenemos con nuestros socios mediterráneos: Argelia, Egipto, Israel, Jordania, Marruecos y Túnez. Reconocemos la creciente participación de nuestros socios para la

cooperación en la labor de la OSCE, y su apoyo a la misma. Sobre la base de esta interdependencia, estamos dispuestos a desarrollar aún más este proceso. Apoyándonos en el Documento de Helsinki de 1992 y en el Documento de Budapest de 1994, y dando curso a lo en ellos acordado, trabajaremos en colaboración más estrecha con los socios para la cooperación con miras a promover la observancia de las normas y principios de la OSCE. Acogemos con satisfacción su deseo de promover la observancia de esas normas y principios, sobre todo el principio básico de que los conflictos deben resolverse por medios pacíficos. A este fin, y a medida que avance el diálogo, iremos invitando con mayor regularidad a los socios para la cooperación a una participación más intensa en los trabajos de la OSCE.

49. Deberán examinarse y aprovecharse al máximo las posibilidades ofrecidas por el Grupo de Contacto y los seminarios que se organizan para la región del Mediterráneo. Sobre la base del mandato de Budapest, el Consejo Permanente examinará las recomendaciones que reciba de ese Grupo de Contacto o de los seminarios para el Mediterráneo. Alentaremos a los Socios Mediterráneos para la Cooperación a que aprovechen nuestra experiencia para crear, en la región del Mediterráneo, estructuras y mecanismos de alerta temprana, diplomacia preventiva y prevención de conflictos.

50. Acogemos con satisfacción la creciente participación en nuestra labor del Japón y de la República de Corea. Agradecemos la contribución del Japón a las actividades de la OSCE sobre el terreno. Procuraremos fortalecer más nuestra cooperación con nuestros socios de Asia en la respuesta que se ha de dar a los desafíos de interés común.

VI. Conclusión

51. La presente Carta redundará en provecho de la seguridad de todos los Estados participantes en cuanto realza y fortalece la OSCE en el umbral del siglo XXI. Hoy hemos decidido desarrollar los instru-

mentos existentes y crear nuevas herramientas, que utilizaremos plenamente para promover un área de la OSCE libre, democrática y segura. La Carta contribuirá así a realzar la función de la OSCE como única Organización paneuropea de seguridad encargada de velar por la paz y la estabilidad en el interior de su área. Agradecemos al Comité para el Modelo de Seguridad que haya llevado su tarea a feliz término.

52. El original de la presente Carta, redactada en alemán, español, francés, inglés, italiano y ruso, será remitido al secretario general de la Organización, que enviará un ejemplar certificado conforme de la misma a cada Estado participante.

Nosotros, los abajo firmantes, altos representantes de los Estados participantes, conscientes del elevado significado político que otorgamos a la presente Carta, y declarando que estamos conformes a obrar en consonancia con lo dispuesto en el texto que en ella puede verse consignado, firmamos al pie de la misma.

Documento Operativo. Plataforma para la Seguridad Cooperativa

I. *La Plataforma*

1. La Plataforma para la Seguridad Cooperativa tiene por meta intensificar la índole mutuamente enriquecedora de las relaciones entre las organizaciones e instituciones interesadas en promover la seguridad global en el seno del área de la OSCE.

2. La OSCE cooperará con aquellas organizaciones e instituciones cuyos miembros, procediendo a título individual y colectivo y en consonancia con las modalidades propias de cada organización o institución, actualmente o en el futuro:

— se adhieran a los principios de la Carta de las Naciones Unidas y a los principios y compromisos de la OSCE, establecidos en el Acta Final de Helsinki, en la Carta de París, en el

Documento de Helsinki de 1992, en el Documento de Budapest de 1994, en el Código de Conducta de la OSCE sobre los aspectos político-militares de la seguridad, y en la Declaración de Lisboa sobre el Modelo de Seguridad Común y Universal para Europa en el siglo XXI;

— suscriban los principios de transparencia y previsibilidad en sus acciones, de acuerdo con el espíritu del Documento de Viena de 1999 relativo a las negociaciones sobre Medidas Destinadas a Fomentar la Confianza y la Seguridad;
— cumplan plenamente las obligaciones que hayan contraído en materia de control de armamentos, así como de desarme y de MFCS;
— actúen sobre la base de que esas organizaciones e instituciones, de las que son miembros, se mantendrán adheridas al principio de la transparencia en lo relativo a su evolución;
— velen por que su pertenencia a dichas organizaciones e instituciones esté basada en la mutua transparencia y en el libre ejercicio de su voluntad;
— apoyen activamente la noción común, global e indivisible de la seguridad que es propia de la OSCE, así como su espacio común de seguridad sin líneas divisorias;
— participen plena y adecuadamente en el desarrollo de las relaciones entre instituciones interesadas en la seguridad en el área de la OSCE que se refuercen mutuamente;
— estén dispuestos en principio a desplegar los recursos institucionales de las organizaciones e instituciones internacionales de las que sean miembros en apoyo de la labor de la OSCE, a reserva de las decisiones políticas que se hayan de adoptar para cada caso. A ese respecto los Estados participantes toman nota de la importancia de la cooperación en todo lo relativo a la prevención de conflictos y la gestión de crisis.

3. Esos principios y compromisos forman conjuntamente la Plataforma para la Seguridad Cooperativa.

II. *Modalidades de cooperación*

1. Los Estados participantes trabajarán, en el seno de las organizaciones e instituciones pertinentes de las que sean miembros, para asegurar la adhesión de dichas organizaciones e instituciones a la Plataforma para la Seguridad Cooperativa. Esa adhesión, basada en las decisiones adoptadas por cada Estado miembro en el seno de las organizaciones e instituciones pertinentes, se llevará a cabo de forma compatible con las modalidades que sean peculiares a cada organización o institución. Los contactos y la cooperación entre la OSCE y otras organizaciones e instituciones deberán ser transparentes para los Estados participantes en las mismas y se llevarán a cabo en consonancia con las modalidades que sean propias de la OSCE y de esas organizaciones e instituciones.

2. En la Reunión Ministerial de 1997 celebrada en Copenhague, se adoptó una decisión sobre el Concepto Común para el desarrollo de la cooperación entre instituciones que se refuerzan mutuamente. Apreciamos la extensa red de contactos establecida desde entonces, en particular la creciente cooperación con organizaciones e instituciones activas tanto en la esfera político-militar como en las dimensiones humana y económica de la seguridad, así como el fortalecimiento de la cooperación entre la OSCE y diversos órganos y organismos de las Naciones Unidas, recordando al respecto la función que le incumbe a la OSCE en su calidad de conciliadora regional entendido en el sentido de la Carta de las Naciones Unidas. Estamos decididos a desarrollar aún más este concepto.

3. La creciente importancia de las agrupaciones subregionales en la labor de la OSCE es otro factor valioso y somos favorables a que se intensifique la cooperación con esos grupos sobre la base de la presente Plataforma.

4. Cabe favorecer aún más el desarrollo de la cooperación aprovechando plenamente los siguientes instrumentos y mecanismos:

— Contactos periódicos, incluidas reuniones; un marco permanente de diálogo; un aumento de la transparencia y de la cooperación práctica, incluida la designación de oficiales de enlace o puntos de contacto; la representación recíproca en las reuniones en donde proceda; y otros contactos destinados a mejorar el conocimiento de los instrumentos de prevención de conflictos que posee cada organización.

5. La OSCE podrá celebrar, además, reuniones especiales con otras organizaciones, instituciones, y estructuras activas en el área de la OSCE. Esas reuniones podrán celebrarse a nivel político y/o de órganos directivos (para coordinar políticas o definir esferas de cooperación), y a nivel operativo (para estudiar las modalidades de cooperación).

6. El desarrollo de las operaciones de la OSCE sobre el terreno en los últimos años ha supuesto una transformación importante de la Organización. A la luz de la adopción de la Plataforma para la Seguridad Cooperativa, debería desarrollarse la cooperación existente entre la OSCE y otros órganos, organizaciones e instituciones internacionales pertinentes que intervienen en las operaciones sobre el terreno, aprovechándola de conformidad con su respectivo mandato. Entre las modalidades para esa forma de cooperación cabe citar: reuniones e intercambios de información periódicos; misiones conjuntas de evaluación de necesidades; adscripción de expertos a la OSCE por otras organizaciones; designación de oficiales de enlace; desarrollo de proyectos comunes y de operaciones conjuntas sobre el terreno; así como esfuerzos conjuntos de capacitación.

7. Cooperación en la respuesta que se haya de dar a determinadas crisis:

— Se alienta a la OSCE, por conducto de su presidente en ejercicio y con el respaldo de su secretario general, y a las organizaciones e instituciones pertinentes, a que se mantengan mutuamente informadas de las medidas que adopten o tengan previsto adoptar al abordar una situación concreta;
— Con este fin, los Estados participantes alientan al presidente en ejercicio a que, con el respaldo del secretario general, co-

labore con otras organizaciones e instituciones en orden a la adopción de enfoques coordinados que eviten la duplicación y que aseguren una utilización eficiente de los instrumentos disponibles. Siempre que así proceda, la OSCE podrá ofrecerse para actuar como marco flexible de cooperación de los diversos esfuerzos mutuamente enriquecedores. El presidente en ejercicio consultará, en el curso de este proceso, con los Estados participantes y actuará en consonancia con el resultado de esas consultas.

8. El secretario general preparará un informe anual para el Consejo Permanente sobre la interacción entre las organizaciones e instituciones activas en el área de la OSCE.

Estrategia de desarrollo a medio plazo de las relaciones de la Federación Rusa con la Unión Europea entre 2000 y 2010

(Ratificada por el presidente de la Federación Rusa, Vladímir Putin, el 3 de junio de 2000)

En la presente Estrategia se definen los objetivos del desarrollo de las relaciones de la Federación Rusa con la Unión Europea durante el próximo decenio, así como los medios para alcanzarlos. La Estrategia refleja la evolución lógica del concepto general de política exterior de la Federación Rusa en su dimensión europea y se sustenta en la necesidad objetiva de formación de un mundo multipolar, en la comunidad de destinos históricos de los pueblos, en la responsabilidad de los Estados de Europa ante el futuro del continente y en la complementariedad de sus economías. La presente Estrategia está directamente vinculada al concepto de seguridad nacional de la Federación Rusa.

Los principales objetivos de la presente Estrategia residen en asegurar los intereses nacionales de la Federación Rusa; en fomentar su papel y autoridad en los contextos europeo y mundial mediante la creación de un sólido sistema paneuropeo de seguridad colectiva; en atraer el potencial económico y la experiencia administrativa de la Unión Europea con el propósito de promover el desarrollo de la economía de mercado de corte social de la Federación Rusa, fundada en los principios de la libre competencia, y en proseguir construyendo un Estado de Derecho democrático. En este periodo de transición, en el que determinados sectores de la economía experimentan reformas, continúa siendo justificable defender la producción nacional sin descuidar el derecho internacional.

La presente Estrategia se encamina a la formación y robustecimiento de la asociación entre la Federación Rusa y la Unión Europea en materias de orden paneuropeo y mundial, y a la prevención y resolución de conflictos locales surgidos en Europa, mediante esfuerzos conjuntos que enfaticen la primacía del derecho internacional y eviten el recurso a la fuerza. La Estrategia propone la construcción de una Europa única sin líneas divisorias y marca el rumbo hacia la consolidación correlacionada y equilibrada de las posiciones de la Federación Rusa y de la Unión Europea en el marco de la comunidad mundial del siglo XXI.

Habida cuenta del periodo de transición que Europa afronta actualmente (necesidad de estabilizar la economía y proseguimiento de reformas sociales en la Federación Rusa; ampliación de la Unión Europea, reforma institucional, creación de una «identidad defensiva», consolidación de la política exterior y de seguridad común y unión económica y monetaria de la Unión Europea), las disposiciones de la presente Estrategia se concentran predominantemente en la resolución de objetivos a corto y medio plazo de la presente etapa y en el desarrollo de las relaciones de asociación entre la Federación Rusa y la Unión Europea. El Acuerdo de Colaboración y Cooperación de 1994 (en adelante Acuerdo) constituye su principal fundamento jurídico y organizativo al instituir la asociación entre la Federación Rusa, de una parte, y las Comunidades Europeas y sus Estados miembros, de otra. Además, el desenvolvimiento de la cooperación entre la Federación Rusa y la Unión Europea deberá coordinarse con el proceso de integración de la Federación Rusa en la Organización Mundial del Comercio, cuya conclusión precisará la introducción de determinadas enmiendas en el Acuerdo.

La presente Estrategia se ha trazado teniendo en cuenta la principal orientación y objetivo definidos en la Estrategia Común de la Unión Europea hacia la Federación Rusa, adoptada por el Consejo Europeo de Colonia de junio de 1999. Se considera posible y recomendable que las partes aúnen sus esfuerzos a fin de alcanzar los objetivos establecidos en estos documentos mediante reuniones regulares de sus dirigentes, fundadas en el diálogo, consultas políticas y programas conjuntos de ejecución del Acuerdo adoptados por el Consejo de Cooperación, en el marco de la labor de los órganos de trabajo previstos en el Acuerdo y a través de vías diplomáticas.

De cara al próximo decenio, se contemplan como prioritarias las siguientes líneas de desarrollo y robustecimiento de las relaciones de asociación y cooperación entre la Federación Rusa y la Unión Europea:

I. Conceder dimensión estratégica a la asociación entre la Federación Rusa y la Unión Europea

1. La asociación entre la Federación Rusa y la Unión Europea en el periodo contemplado se cimentará en relaciones contractuales; es decir, sin establecer oficialmente el objetivo de adhesión de la Federación Rusa a la Unión Europea o de «asociación» con ella. En tanto que potencia mundial ubicada en dos continentes, la Federación Rusa debe preservar la libertad de determinación y ejecución de su propia política interior y exterior; el estatus y la predominancia correspondiente a un gran Estado euroasiático participante en la Comunidad de Estados Independientes y la independencia de sus posiciones y actividades ligadas a organizaciones internacionales. Desde la perspectiva trazada, la asociación con la Unión Europea puede expresarse en esfuerzos conjuntos orientados a la instauración en Europa de un sistema eficaz de seguridad común de naturaleza igualitaria, sin líneas divisorias, que comprenda, entre otras cosas, la aplicación de la Carta de la Seguridad Europea; en el avance hacia la creación de una zona de libre comercio que abarque la Federación Rusa y la Unión Europea (siempre y cuando se reúnan las condiciones necesarias) y en un alto grado de confianza mutua y cooperación en los ámbitos político y económico.

2. El proceso de edificación de la asociación estratégica entre la Federación Rusa y la Unión Europea se plasmará en una activa cola-

boración de las partes en la resolución de importantes objetivos de interés común y de cuestiones paneuropeas y mundiales, así como en la consolidación de los elementos positivos de la independencia e idiosincrasia económica y política de Europa.

3. Este tipo de asociación no sólo conlleva el empleo del potencial de la Unión Europea por parte de la Federación Rusa, sino también el apoyo de la Federación Rusa a los esfuerzos desplegados por la Unión Europea en áreas importantes para ella, allí donde se dé una convergencia objetiva de los intereses de ambas partes.

4. La asociación de la Federación Rusa y de la Unión Europea debe partir del máximo aprovechamiento de las ventajas que se desprenden del Acuerdo, de la realización lo más plena posible de sus disposiciones y de los objetivos acordados por ambas partes de cara a su futuro desarrollo. Asimismo, la asociación debe considerar la ampliación de los poderes de los organismos supranacionales de la Unión Europea derivados del Tratado de Amsterdam, cuya entrada en vigor se produjo el 1 de mayo de 1999.

5. Para el próximo decenio, esta asociación podría comprender:

— la garantía de una seguridad paneuropea construida con las fuerzas de los europeos, que, sin aislarse de Estados Unidos ni de la OTAN, contrarreste el carácter monopolista de su influencia en el continente;
— la elaboración de la posición de la Federación Rusa ante la «identidad defensiva» de la Unión Europea con vistas a la adhesión a dicha identidad de la Unión Europea Occidental; el desarrollo de contactos políticos y militares con la Unión Europea Occidental como parte integrante de la Unión Europea, y la cooperación práctica en el ámbito de seguridad (misiones de paz, gestión de crisis, diversos aspectos de limitación y reducción de armamento) que, entre otras cosas, podría constituir un contrapeso a la supremacía de la OTAN en Europa;
— el establecimiento de una infraestructura paneuropea avanzada en las áreas económica y jurídica que siente un sólido fun-

damento para el comercio; las inversiones; la colaboración sectorial, subregional y transfronteriza (tanto en su «dimensión Norte» como en la región euromediterránea); la preservación del medio ambiente y la instauración de condiciones de vida dignas; los esfuerzos conjuntos en las áreas de la ciencia, la educación y la sanidad y la lucha contra el terrorismo, el tráfico ilegal de estupefacientes y la delincuencia transnacional;

— la celebración de consultas y, cuando sea necesario, la coordinación de las posiciones de las partes en las organizaciones internacionales.

6. Avanzar en los esfuerzos orientados a una mayor apertura del mercado de la Unión Europea a la exportación rusa; a la erradicación de la discriminación todavía presente en el comercio, especialmente en el sector real de la economía rusa; a la garantía de los intereses legítimos de la Federación Rusa en el contexto de la próxima ampliación de la Unión Europea y del proceso de transición hacia la moneda única, el euro, y a la resistencia ante los posibles intentos de interferir en la integración económica de los Estados en el marco de la Comunidad de Estados Independientes, entre otras vías, a través de «relaciones privilegiadas» entabladas por separado con los Estados participantes de la Comunidad de Estados Independientes, en perjuicio de los intereses rusos.

7. Aplicar la experiencia positiva de integración dentro de la Unión Europea a la consolidación y al desarrollo de procesos de integración en el espacio de la Comunidad de Estados Independientes. Hacer posible la coordinación de acciones con los países de la Unión Arancelaria y con otros Estados participantes en la Comunidad de Estados Independientes en materias político-comerciales, financieras, humanitarias y relativas a otras relaciones mantenidas con la Unión Europea.

8. Apoyándose en su potencial, sobre la base de la reciprocidad, la Federación Rusa podría contribuir a la resolución de toda una gama de problemas que afectan a la Unión Europea y a la consolida-

ción de posiciones europeas comunes en el mundo. Asimismo, podría contribuir a garantizar el crecimiento de la economía y del empleo con inversiones y vínculos comerciales; a garantizar un abastecimiento de carácter contractual, estable y duradero de combustibles y materias primas (con acuerdos sobre el reparto de producción y concesión); a profundizar en la integración del potencial científico de ambas partes y a introducir en el mercado de la Unión Europea los avances en investigación fundamental y de defensa de la Federación Rusa; a unificar las redes de infraestructuras (transporte, conductos, líneas de alta tensión) y de información (Sociedad Europea de Información); a cooperar en la investigación y en la conquista del espacio, entre otros medios, mediante la creación de sistemas de navegación global, de comunicación y de supervisión del medio ambiente; a modernizar y garantizar la seguridad nuclear energética en Europa; a convertir el euro en una divisa internacional mediante su utilización para las reservas en divisa del Banco Central de Rusia; a desarrollar una colaboración técnica y militar con vistas a la creación de una «identidad europea de defensa»; a prevenir y erradicar conjuntamente conflictos y la delincuencia organizada en Europa.

Por su parte, el desarrollo de la asociación con la Unión Europea deberá promover el robustecimiento de la Federación Rusa como fuerza motriz de la formación de un nuevo sistema de relaciones políticas y económicas intraestatales en el espacio de la Comunidad de Estados Independientes.

9. Las regiones de la Federación Rusa que se muestren interesadas deberán contar con la posibilidad de participar activamente en el desarrollo de la asociación con la Unión Europea en sus vertientes económica y humanitaria y en la ejecución de programas de cooperación transfronteriza.

10. La aplicación de la presente Estrategia afecta a las relaciones de la Federación Rusa y la Organización de Naciones Unidas, la Organización para la Seguridad y la Cooperación en Europa, el Consejo de Europa, la Organización del Tratado del Atlántico Norte, la Organización para la Cooperación y el Desarrollo Económico, el Fondo Monetario Internacional, el Banco Internacional de Reconstrucción

y Desarrollo y el Banco Europeo para la Reconstrucción y el Desarrollo. De ahí que su puesta en práctica deba coordinarse con la política de la Federación Rusa con relación con estas organizaciones.

II. Ampliación del diálogo político e incremento de sus resultados

11. Resulta imprescindible establecer contactos de trabajo e interacción con los organismos de la Unión Europea, constituidos en concordancia con el Tratado de Amsterdam, en la esfera de política exterior y de seguridad de la Unión Europea, incluyendo la «identidad defensiva» adquirida por Europa. Con el propósito de desarrollar el diálogo político resulta imprescindible institucionalizar reuniones anuales entre el Presidente del Gobierno de la Federación Rusa y el Presidente de la Comisión de las Comunidades Europeas y entre el Presidente de las Cámaras de la Asamblea Federal de la Federación Rusa y el Presidente del Parlamento Europeo.

12. Sustituir la transmisión mutua de información sobre las posiciones de las partes por la celebración de consultas previas acerca de los temas más relevantes, destinadas a formular resoluciones acordadas. Esforzarse por elaborar paquetes de medidas conjuntas con antelación a la celebración de las reuniones al más alto nivel y de las reuniones del Consejo de Cooperación. Garantizar una estrecha colaboración entre las delegaciones rusas del Consejo de Cooperación, la Comisión de Cooperación y el Comité de Cooperación Parlamentaria.

13. Activar una labor conjunta orientada a salvaguardar la Organización para la Seguridad y la Cooperación en Europa en su papel fundamental para la seguridad europea. En este sentido, conseguir la formulación de un procedimiento preciso de funcionamiento de todos los organismos e instituciones de la Organización para la Seguridad y la Cooperación en Europa y la preservación incondicional del consenso como base de la toma de decisiones en su seno. Ampliar en la práctica sus contactos con la Unión Europea en materia de preven-

ción y resolución pacífica de conflictos en el espacio de la Organización para la Seguridad y la Cooperación en Europa.

14. Proseguir con perseverancia la búsqueda de formas de integración de la Federación Rusa en el diálogo que la Unión Europea mantiene con potencias y grupos económicos mundiales. Con relación a esto último, apoyar la propuesta formulada por Finlandia referente a la celebración de cumbres trilaterales de la Federación Rusa, la Unión Europea y los Estados Unidos de América regidas por una agenda que refleje convenientemente los intereses de la Federación Rusa.

III. Desarrollo del comercio e inversiones recíprocas

15. Proseguir la tarea de asegurar condiciones favorables de acceso al mercado de la Unión Europea de productos y servicios rusos y la labor de eliminar los elementos discriminantes para estos últimos. Lograr el pleno reconocimiento del estatuto de país con economía de libre mercado para Rusia.

16. Estudiar la adopción de un paquete de medidas destinadas al desarrollo de la cooperación con la Unión Europea que prevean posibles ventajas de tipo comercial, económico y financiero, exenciones fiscales y de otra índole, que pudieran verse compensadas mediante un flujo de inversiones hacia la economía de la Federación Rusa.

17. Elaborar conjuntamente con la Unión Europea un paquete de medidas recíprocas relativas al fomento de la atracción de inversiones extranjeras hacia el sector real de la economía rusa, en combinación, por parte rusa, con la adopción de una legislación favorable a las inversiones y con la garantía de la seguridad de las inversiones de capital extranjero y, por parte de la Unión Europea y de sus Estados miembros, con los correspondientes instrumentos y programas financieros, incluyendo la extensión a la Federación Rusa de las operaciones del Banco Europeo de Inversiones. Atraer un mayor volumen de fondos de los programas de cooperación técnica de la Unión Europea para la preparación de las bases técnicas y económicas de pro-

yectos destinados a inversiones extranjeras. Conseguir condiciones favorables para la inversión de capitales rusos en la Unión Europea.

18. Habida cuenta de la interrelación de las cuestiones comerciales y las de libre competencia, conseguir el reconocimiento de la Unión Europea a las reformas progresistas emprendidas en la política rusa antimonopolio y lograr desarrollar una activa cooperación en este área.

19. Hacer hincapié en la normalización del régimen de exportación a la Unión Europea de materiales nucleares y en el interés de la Federación Rusa de preservar las posiciones que ocupa en el mercado de equipamiento, combustible y servicios de las centrales nucleares ubicadas en Europa Central y Oriental y en el Báltico; en servicios de lanzamientos comerciales al cosmos; en la revisión favorable de los procedimientos anti-*dumping* existentes y en su sucesiva eliminación; en la conservación de los privilegios comerciales actuales y en el logro de otros nuevos, y en la futura eliminación de las cuotas que limitan la exportación a la Unión Europea de productos del acero.

20. La cooperación en la esfera nuclear presupone:

— la atracción de capitales europeos de cara a la construcción de centrales nucleares de nueva generación en la Federación Rusa (con el pago de créditos a cuenta del suministro eléctrico);
— la participación de la Federación Rusa en la construcción del reactor nuclear europeo, además de esfuerzos conjuntos destinados a la ejecución del proyecto internacional de construcción de un reactor experimental termonuclear;
— la creación de nuevas tecnologías energéticas nucleares y, en particular, el diseño de un ciclo del combustible seguro para el medio ambiente;
— la garantía de la seguridad del transporte, conservación y uso de residuos nucleares en la región noroccidental de la Federación Rusa;
— la adopción de medidas destinadas a integrar la Federación Rusa en la incipiente modernización de la energía atómica de la Unión Europea.

21. Conseguir realizar, con la participación de empresas de los Estados miembros de la Unión Europea, grandes proyectos de inversión en la explotación de yacimientos de gas y de petróleo, con buenas perspectivas de beneficios, y en la construcción de redes de transporte de energía, que desempeñarán un papel clave en el proceso de integración económica y energética paneuropea. En este contexto, el incremento de la eficacia energética en la Federación Rusa y en la Unión Europea se contemplará como un instrumento muy importante para la reducción de la presión antropogénica sobre el medio natural y de las emisiones de gases de efecto invernadero, en consonancia con las resoluciones de las conferencias de Kioto y de Buenos Aires. Lograr abordar una política energética común a largo plazo con el propósito de crear un único espacio energético europeo y, en el futuro, eurasiático.

22. Esforzarse para que la Unión Europea mantenga un enfoque realista y positivo hacia las condiciones de adhesión de la Federación Rusa a la Organización Mundial del Comercio. Previamente al inicio de la «ronda del milenio», es decir, de las negociaciones comerciales multilaterales enmarcadas en la Organización Mundial del Comercio, aprovechar la posición de la Unión Europea en esta cuestión para lograr la plena participación de la Federación Rusa en dichas negociaciones.

23. Revisar con la ayuda de expertos de la Unión Europea la existencia de las condiciones necesarias para dar inicio a las negociaciones relativas a la creación de una zona de libre comercio con arreglo a las disposiciones del Acuerdo. Partir de la conveniencia de su creación por etapas posteriormente a la adhesión de la Federación Rusa a la Organización Mundial del Comercio en virtud del artículo XXIV GATT-94 y del acuerdo sobre la interpretación de dicho artículo. Conseguir que, gracias a la creación de esta zona, la Federación Rusa tenga acceso al mercado del espacio económico europeo, de forma que los compromisos correspondientes puedan compensarse con los privilegios obtenidos y que las disposiciones del acuerdo no se contradigan con el mecanismo jurídico de integración económica vigente en la Comunidad de Estados Independientes y también en los países de la Unión Arancelaria.

24. Habida cuenta del progreso alcanzado en Europa gracias a la creación de un modelo productivo sensible al ahorro de recursos, y del flujo de inversiones que se esperan en el sector productivo de la economía de la Federación Rusa, tomar medidas que garanticen el incremento del comercio mutuo mediante el aumento del porcentaje correspondiente a los productos manufacturados, automóviles, equipamiento, energía eléctrica y servicios.

25. Concluir en un plazo lo más breve posible la elaboración y adopción conjuntas con la Unión Europea de un plan de acción en el ámbito de la defensa de la propiedad intelectual, desarrollar una cooperación en este área que contemple el intercambio de información y de personal científico.

IV. Cooperación en el área financiera

26. Conseguir la ampliación de programas de cooperación técnica y de otro tipo con la Federación Rusa por parte de la Unión Europea. Dirigir una parte importante de los fondos destinados a estos programas a la reestructuración del sistema bancario ruso y a la atracción de inversiones extranjeras.

27. Esforzarse por alcanzar un acuerdo relativo a la amortización parcial o reestructuración de la deuda contraída por la Federación Rusa con los Estados miembros de la Unión Europea. Negociar con la Comisión de las Comunidades Europeas y con el Banco Central Europeo el procedimiento de conversión a euros de los pagos de intereses y de la deuda principal y acordar el tipo de interés aplicable a los créditos concedidos a prestatarios rusos en monedas nacionales europeas. Concertar las condiciones y los plazos de redenominación de la parte de deuda exterior de la Federación Rusa contraída en las monedas nacionales de los Estados miembros de la Unión Europea.

28. Crear las condiciones necesarias para estimular un uso más amplio del euro en la actividad económica externa de las empresas y bancos rusos, y un futuro incremento del volumen y la gama de operaciones realizadas con euros en el mercado financiero interior de la

Federación Rusa (antes que nada, gracias al perfeccionamiento de la base normativa correspondiente). Conforme se desarrolle el mercado del euro en la Federación Rusa, adoptar medidas destinadas a promover el papel de la moneda única europea en el diseño y ejecución de la política de cambios del Banco Central de la Federación Rusa. Extender y consolidar los contactos con el Banco Central Europeo, el Sistema Europeo de Bancos Centrales y otros organismos de la Unión Europea con el propósito de coordinar futuras acciones relacionadas con la reforma del sistema monetario y financiero internacional.

29. En el contexto de expansión del flujo de inversiones europeas y de ayudas a la reestructuración del sistema bancario de la Federación Rusa, contemplar las posibilidades de aumentar el porcentaje de capital extranjero y, en particular, europeo en la cuenta de capitales del sistema bancario ruso a fin de sanearlo y recapitalizarlo.

30. Proseguir la tarea de aprovechar las oportunidades abiertas por la cooperación con la Unión Europea en otras áreas, incluidas las enumeradas en el Acuerdo.

V. Garantía de los intereses de la Federación Rusa en la ampliación de la Unión Europea

31. Habida cuenta de las múltiples repercusiones que la ampliación de la Unión Europea puede tener en las condiciones que rigen su cooperación con la Federación Rusa y en los intereses nacionales de esta última, esforzarse por aprovechar al máximo las ventajas derivadas de esta ampliación (reducción de los niveles de proteccionismo arancelario, transición hacia normas civilizadas de circulación) sin aceptar (eliminando o compensando) sus posibles efectos negativos.

32. Hasta la siguiente ampliación de la Unión Europea, celebrar consultas con la Unión Europea, sus diferentes Estados miembros y con los países candidatos a la adhesión a la Unión Europea con el propósito de asegurar los intereses de la Federación Rusa cuando el alcance de las normas agrarias, técnicas y anti-*dumping* contenidas

en las políticas de la Unión Europea, su régimen de visados y fronteras y de las preferencias comerciales favorables a los países en vías de desarrollo, que compiten con las exportaciones rusas, se extienda hacia Europa Central y Oriental y el Báltico, y también con el propósito de asegurar la estabilidad, seguridad y cooperación en Europa y de garantizar los derechos de la población rusohablante residente en los países bálticos. Contemplar el recurso a la negativa de extender el Acuerdo a los países candidatos que, pese a los convenios, no garanticen el cumplimiento de las normas comúnmente aceptadas del derecho internacional. Lograr que la Unión Europea se rija estrictamente por los altos estándares por ella establecidos con relación a la aceptación de nuevos miembros. Prestar una especial atención a la garantía de la defensa, incluida la defensa jurídica internacional, de los intereses de la región de Kaliningrado como sujeto de la Federación Rusa, y de la integridad territorial de la Federación Rusa.

VI. Desarrollo de una infraestructura paneuropea de cooperación

33. Establecer una política estatal de transporte hacia el oeste, tomando en consideración la probabilidad de un aumento sucesivo del volumen de la circulación de mercancías, transporte de pasajeros y circulación de camiones entre la Federación Rusa y los Estados miembros de la Unión Europea. Combinar la búsqueda de una solución diplomática a los problemas de normalización de la circulación a través de los países bálticos y los países de Europa Central y Occidental, con el establecimiento de vías alternativas propias de transporte y puntos logísticos.

34. En caso de alcanzar el acuerdo correspondiente con la Unión Europea, dar inicio a la unificación de gasoductos y oleoductos y de sistemas de distribución de energía de la parte europea de la Federación Rusa con los sistemas análogos de la Unión Europea y de los países de Europa Central y Oriental. Lograr la participación activa de la Unión Europea, entre otras cosas, en materia de financiación, en la

realización de proyectos de relevancia paneuropea y, en particular, en la construcción del gasoducto Yamal —Europa Occidental y de sus ramales hacia Escandinavia y en la creación de corredores de transporte europeos.

35. Conseguir participar en los concursos de adjudicación de contratas y subcontratas para el desarrollo y modernización de infraestructuras de relevancia paneuropea dentro de la Unión Europea. A medida de que aparezcan posibilidades técnicas y financieras, renovar y ampliar la flota marítima mercantil y el parque de camiones que operan en dirección hacia Occidente. Con los Estados miembros de la Unión Europea, proseguir la labor de construcción conjunta de un tren con vagones dotados de pares de ruedas corredizas que permiten el paso automático de las vías ferroviarias europeas a las vías ferroviarias rusas de los vagones en movimiento.

36. Ampliar el porcentaje de negocios rusos en los enclaves infraestructurales de la Unión Europea. Crear organizaciones conjuntas de transporte, almacenaje, contenedores, instalaciones portuarias y bases logísticas. Condicionar el acceso por etapas de los buques de la Unión Europea a las vías acuáticas internas de la Federación Rusa a la observación del principio de reciprocidad y a la cooperación de la Unión Europea en la modernización de dichas vías. Ligar este proceso a los avances producidos en la integración de la Federación Rusa en la Organización Mundial del Comercio.

37. Favorecer el desarrollo de la cooperación en el diseño de una política única de transporte; la introducción de tecnologías eficaces en el proceso de transporte sobre la base de una aproximación y armonización de sus fundamentos normativos y jurídicos y la simplificación de los trámites de traspaso de fronteras con la condición de garantizar la seguridad económica de la Federación Rusa.

38. Proseguir la construcción de corredores de transporte paneuropeos, sobre todo el núm. 1 (y, concretamente, el ramal de Riga —Kalinigrado— Gdansk), el 2 y el 9. Elevar la calidad del servicio de transportes y crear unas condiciones atractivas para los usuarios de los servicios ferroviarios. Favorecer la activación de la cooperación en el desarrollo de infraestructuras de transporte eurasiáticas a través del te-

rritorio de la Federación Rusa (y, en primer lugar, la confluencia de los corredores de transporte europeos con la magistral transiberiana). Conseguir que la financiación del Banco Europeo de Inversiones abarque estos y otros proyectos infraestructurales.

39. Encaminar la cooperación hacia la investigación y desarrollo conjuntos de nuevos medios de transporte aéreo, negociar la firma de un acuerdo relativo a la certificación de los aviones de aviación civil rusos en la Unión Europea y la ampliación del acceso de las empresas de aviación rusas a los aeropuertos de los Estados miembros de la Unión Europea.

40. Cuando los Estados participantes en la Comunidad de Estados Independientes emprendan proyectos alternativos de gasoductos y oleoductos que sorteen el territorio de la Federación Rusa, orientarse a fórmulas ventajosas de participación empresarial, venta de materiales de construcción, técnica, obras y servicios. Fomentar la participación de negocios rusos en estos proyectos. Garantizar que los intereses rusos sean tenidos en cuenta en los proyectos «Inogate» y «Traseka», llevados a cabo por los Estados participantes en la Comunidad de Estados Independientes y los Estados miembros de la Unión Europea.

VII. Cooperación en el área científica y técnica, defensa de la propiedad intelectual

41. Conseguir en el plazo lo más breve posible llegar a un nuevo Acuerdo de Cooperación en el ámbito de la ciencia y la tecnología. Aprovechar al máximo la participación de científicos y centros científicos rusos en los programas marco de desarrollo científico y tecnológico de la Unión Europea, en sus programas de demostración y de formación.

42. Participar activamente en la creación de una Sociedad Europea de Información, garantizar que la Federación Rusa constituya una de sus partes integrantes.

43. Tomar medidas para realizar proyectos conjuntos de gran envergadura en el ámbito de la investigación espacial, que contem-

plen la participación en el sistema global de navegación creado por la Unión Europea, nuevos sistemas de comunicación vía satélite y de supervisión a distancia del medio ambiente de Europa.

44. Estudiar conjuntamente con la Unión Europea la posibilidad de preparar y comenzar a realizar programas de acercamiento e integración parcial del potencial científico y técnico de la Federación Rusa y de la Unión Europea. Consolidar las posiciones de la ciencia y la industria europea con apoyo de investigaciones rusas de vanguardia, incluyendo las de conversión, a cambio del apoyo de la Unión Europea a la ciencia rusa.

45. Tomar medidas para aprovechar los programas de cooperación técnica de la Unión Europea con el fin de desarrollar una actividad innovadora y una integración más amplia de la Unión Europea en los programas del Centro Internacional para la Ciencia y la Tecnología de Moscú.

VIII. Cooperación transfronteriza

46. Emplear las fronteras comunes existentes y futuras entre la Federación Rusa y la Unión Europea para elevar los niveles de cooperación interregional transfronteriza y de desarrollo de las regiones de ambos lados hasta alcanzar los estándares de las llamadas eurorregiones. Lograr que la Unión Europea asigne este tipo de cooperación a los sistemas supranacionales y nacionales nacidos bajo sus auspicios y vigentes en la Unión Europea, especialmente en el área del régimen de visados y de fronteras. Fomentar los contactos entre las regiones de la Federación Rusa y la Unión Europea aprovechando, entre otras cosas, las posibilidades que ofrece el Comité de las Regiones de la Unión Europea a fin de establecer lazos económicos y de asistencia humanitaria e intercambiar experiencias relativas a la gobernación y la gestión locales.

47. Conjuntamente, dar un contenido práctico a la iniciativa «Dimensión Norte» en el desarrollo de la cooperación europea, conseguir que la Unión Europea la apoye financieramente y lograr atraer

capitales de países no europeos. Favorecer la realización de esta iniciativa para que no solamente se oriente a promover la extracción y la exportación de materias primas, sino que también contemple el desarrollo íntegro de la región del Norte y Noroeste de la Federación Rusa.

48. Teniendo en cuenta la especial situación geográfica y económica de la región de Kaliningrado, garantizar las condiciones externas necesarias para su actividad y desarrollo como parte integrante de la Federación Rusa y como un activo participante en la colaboración transfronteriza e interregional. Determinar, con miras al futuro, la especialización adecuada de la región en economía, energía y transportes, que le permita funcionar eficazmente en la nueva coyuntura. Construir una red sólida de transportes que la vincule con el resto del territorio de la Federación Rusa. Firmar, en caso de necesidad, un acuerdo especial con la Unión Europea que asegure la defensa de los intereses de la región de Kaliningrado como sujeto de la Federación Rusa en el marco de la ampliación de la Unión Europea y que formalice la posibilidad de convertir la región de Kaliningrado en la región modelo de la cooperación entre la Federación Rusa y la Unión Europea del siglo XXI.

49. En la dimensión mediterránea de la colaboración interregional (proceso de Barcelona), orientarse a una participación selectiva de la Federación Rusa en sus actividades y a la garantía de los intereses rusos en la creación de una zona de libre comercio Unión Europea —países de la región mediterránea.

IX. Desarrollo de los fundamentos jurídicos de la cooperación. Aproximación de la legislación económica y de los estándares técnicos

50. Esforzarse por robustecer y desarrollar el Acuerdo mediante la firma de acuerdos separados referentes a diversos ámbitos de cooperación con la Unión Europea.

51. Conseguir concertar con la Unión Europea la formulación y la firma de un nuevo acuerdo de amplio formato sobre la asociación estratégica y la cooperación en el siglo XXI, llamado a sustituir paulatinamente al Acuerdo a medida de que se produzca el cumplimiento de este último en función de los resultados concretos obtenidos, y concertar elementos comunes en las estrategias de desarrollo de la asociación y cooperación entre la Federación Rusa y la Unión Europea.

52. Conservar la independencia del sistema jurídico y de la legislación rusos, conseguir su acercamiento a la legislación de la Unión Europea en los campos de cooperación más activa de la Federación Rusa y la Unión Europea, entre otras vías, a través de la Comisión Parlamentaria de Cooperación.

53. Preservando los sistemas correspondientes de estándares y certificación de la Federación Rusa, armonizarlos con los sistemas análogos en los campos de cooperación comercial y técnica más activa entre la Federación Rusa y la Unión Europea. Aplicar de forma más extensa los estándares de la Organización Internacional de Normalización. Alcanzar el reconocimiento mutuo de los documentos de certificación, entre otras vías, a través de la creación de centros conjuntos de certificación.

X. Colaboración en el ámbito policial

54. Establecer una colaboración operativa con los organismos existentes y de nueva creación de la Unión Europea competentes en la lucha contra el terrorismo internacional, el tráfico ilegal de estupefacientes, la delincuencia transnacional, incluyendo el blanqueo de dinero, la evasión de impuestos, la fuga ilegal de capitales, la infracción de normas aduaneras, el comercio con seres humanos, la entrada no autorizada en bases de datos ajenas y la falsificación de moneda. Proseguir un trabajo activo en el establecimiento y el desarrollo de la cooperación con Europol.

55. Aprovechar con estos fines, en la medida de lo posible, la participación en los programas y planes de acción de la Unión

Europea destinados a la lucha contra la delincuencia y a la preparación de personal cualificado, incluidos programas de asistencia técnica. Desarrollar la cooperación entre órganos judiciales, aduaneros y otros órganos que velan por el cumplimiento de la ley en la Federación Rusa, en la Unión Europea y en sus Estados miembros.

56. Complementar el Acuerdo con un acuerdo especial que regule la cooperación en el ámbito del cumplimiento de la ley.

57. Establecer una cooperación de los órganos competentes en la Federación Rusa y en la Unión Europea de la lucha contra la emigración ilegal, incluyendo también la inmigración ilegal procedente de fuera de Europa.

58. Lograr la cooperación de los Estados miembros de la Unión Europea en la garantía del carácter inevitable del castigo a los infractores de la legislación económica y monetaria rusa. Entablar una cooperación para detectar y, en la medida de lo posible, devolver los capitales evadidos ilegalmente de la Federación Rusa, trabajar en la posibilidad de utilizarlos en la amortización parcial de la deuda externa de la Federación Rusa contraída con los Estados miembros de la Unión Europea o para estimular la colaboración económica de las partes.

XI. Papel de los círculos empresariales en el desarrollo de la cooperación

59. Hacer todo lo posible para estimular los contactos entre empresas rusas y sus agrupaciones con empresas de los Estados miembros de la Unión Europea, entre otras cosas, con el fin de desarrollar una cooperación comercial, económica y de inversiones, el intercambio de experiencias relativas a la economía de mercado y a la prevención de disputas comerciales. Fomentar el papel de la «mesa redonda» de empresas industriales de la Federación Rusa y de la Unión Europea y, cuando sea necesario, consultarse mutuamente dentro de su seno acerca de temas importantes y proyectos de resoluciones; encaminar su actividad a la atracción de inversiones europeas hacia la Fe-

deración Rusa, a la expansión y la industrialización de las exportaciones rusas y a la cooperación científica y técnica.

60. Encontrar formas de contemplar y representar eficazmente los intereses de los círculos empresariales en los órganos de trabajo encuadrados en la cooperación entre la Federación Rusa y la Unión Europea.

XII. Garantía de cumplimiento de la presente Estrategia en la Federación Rusa

61. Considerar que, aparte del desarrollo de la integración europea y de la situación internacional en general, el éxito de la ejecución de la presente Estrategia dependerá en gran medida de que se establezcan fundamentos organizativos y jurídicos, así como materiales, destinados al cumplimiento de sus disposiciones en la Federación Rusa.

62. En el marco de las relaciones con la Unión Europea, garantizar la aplicación de una única política estatal gracias a la Comisión Gubernamental de la Federación Rusa para la Cooperación con la Unión Europea y al activo papel de coordinación desempeñado por el Ministerio de Asuntos Exteriores de la Federación Rusa. Con el propósito de prevenir posibles disputas, realizar un informe pericial de los proyectos de actos legislativos o de otro tipo de actos jurídicos normativos para comprobar su adecuación al Acuerdo.

63. A fin de desarrollar sucesivamente la cooperación y de garantizar el cumplimiento del Acuerdo por parte de la Unión Europea y de sus Estados miembros:

— crear en los órganos federales del poder ejecutivo, encargados directamente de las cuestiones ligadas a la cooperación entre la Federación Rusa y la Unión Europea, grupos de expertos en los temas relacionados con la actividad de la Unión Europea y la cooperación que con ella mantiene la Federación Rusa;
— crear y renovar un sistema de información dirigido a los empresarios rusos sobre la actividad de la Unión Europea, las

condiciones y normas de acceso a los mercados de la Unión Europea derivadas del Acuerdo y de otros documentos bilaterales;

— organizar la supervisión por parte de la Representación Permanente de la Federación Rusa en las Comunidades Europeas y por las embajadas de la Federación Rusa en los Estados miembros de la Unión Europea y en los países candidatos a la adhesión, del cumplimiento por parte de la Unión Europea de las disposiciones recogidas en el Acuerdo y de las resoluciones de sus órganos de trabajo. Buscar nuevas formas de desarrollo de la cooperación.

64. Esforzarse por garantizar la elaboración y la adopción de actos legislativos y de otros actos jurídicos normativos que regulen el desarrollo de la cooperación entre la Federación Rusa y la Unión Europea y el cumplimiento por parte rusa de los compromisos asumidos. Extender activamente a las líneas prioritarias de cooperación entre la Federación Rusa y la Unión Europea la colaboración interparlamentaria que ambas partes mantienen.

65. Tomar medidas destinadas a la ampliación de la formación en centros de estudio universitarios y en escuelas empresariales de la Federación Rusa de expertos en los diferentes sectores de la actividad de la Unión Europea, y también a la realización de investigaciones científicas en torno a dichos sectores. Fomentar los intercambios científicos y la formación de personal ruso altamente cualificado aprovechando las posibilidades ofrecidas por la Unión Europea y sus Estados miembros.

66. Utilizar los fondos de los programas de cooperación técnica de la Unión Europea de forma coherente con los objetivos que implica la realización de la presente Estrategia.

Acta fundacional sobre las relaciones, cooperación y seguridad mutuas entre la Federación Rusa y la Organización del Tratado del Atlántico Norte

(Firmada el 27 de mayo de 1997 en París por el presidente de la Federación Rusa, por los jefes de Estado y de Gobierno de los países miembros de la OTAN y por el secretario general de la OTAN)

Por una parte, la Federación Rusa y, por otra, la Organización del Tratado del Atlántico Norte y sus Estados miembros (en adelante Rusia y OTAN), a tenor de un firme compromiso, contraído al más alto nivel político, construirán conjuntamente en la región euroatlántica una paz firme y de gran alcance anclada en los principios de democracia y de seguridad cooperadora.

Rusia y la OTAN no se consideran mutuamente adversarias. Su objetivo compartido estriba en superar los vestigios de la confrontación y rivalidad vivida en tiempos pasados y en consolidar la confianza mutua y la cooperación. La presente Acta reafirma la determinación de Rusia y de la OTAN de dar un contenido concreto al compromiso común de crear una Europa estable, pacífica y sin divisiones, única y libre, en beneficio de todos sus pueblos. La asunción de este compromiso al más alto nivel político marca el inicio de unas relaciones esencialmente nuevas entre Rusia y la OTAN. Ambas partes, inspiradas por el interés común, la reciprocidad y la transparencia, se proponen desarrollar una asociación fuerte, estable y duradera.

La presente Acta define los objetivos y los mecanismos de consulta, colaboración, toma de decisiones conjuntas y de acciones conjuntas, que constituirán el núcleo de las relaciones mutuas entre Rusia y la OTAN.

La OTAN ha emprendido una transformación de gran calado; proceso todavía en curso. Tras revisar en 1991 su doctrina estratégica en respuesta a la nueva situación de seguridad surgida en Europa, la OTAN ha reducido sustancialmente sus fuerzas convencionales y nucleares y prosigue su adaptación.

Sin perjuicio de su capacidad de cumplir los compromisos contraídos en virtud del Tratado de Washington, la OTAN ha ampliado y continuará ampliando sus funciones políticas y ha acometido nuevas misiones de paz y de gestión de crisis en apoyo de la Organización de Naciones Unidas (ONU) y de la Organización para la Seguridad y la Cooperación en Europa (OSCE), como en Bosnia y Herzegovina, para abordar los nuevos desafíos planteados por la seguridad en estrecha asociación con otros países y organizaciones internacionales. La OTAN se halla inmersa en la elaboración del concepto de «identidad europea de seguridad y de defensa» en el seno de la alianza. La OTAN continuará desarrollando una cooperación amplia y dinámica con otros países miembros de la OSCE, en especial mediante su «Asociación para la paz», y actualmente trabaja con sus países socios en la iniciativa de creación de un Consejo de la Asociación Euroatlántica. Los Estados miembros de la OTAN han decidido examinar el concepto estratégico de la OTAN con el ánimo de asegurar su plena correspondencia con la situación actual en el área de la seguridad europea y con los nuevos desafíos.

Rusia prosigue la construcción de una sociedad democrática, así como su transformación política y económica. Rusia se halla en el proceso de definición de su concepto de seguridad nacional y de revisión de su doctrina militar con el objeto de garantizar su adecuación a las nuevas realidades de la seguridad. Rusia ha acometido reducciones importantes de sus fuerzas armadas y ha realizado, a una escala sin precedentes, la retirada de sus tropas de los Estados de Europa Central y Oriental y del Báltico para después concentrar todo su arsenal nuclear dentro de los límites de su propio territorio nacional.

Rusia está decidida a continuar reduciendo su arsenal convencional y nuclear. Participa activamente en misiones de paz en apoyo de la ONU y de la OSCE, así como en la gestión de crisis en diferentes partes del mundo. Asimismo, Rusia contribuye al despliegue de fuerzas multinacionales en Bosnia y Herzegovina.

I. Principios

Partiendo del principio de indivisibilidad de la seguridad de todos los Estados de la comunidad euroatlántica, Rusia y la OTAN deberán trabajar conjuntamente a fin de favorecer la instauración en Europa de una seguridad común y global, fundada en la adhesión a unos valores, compromisos y normas de conducta comunes en interés de todos los Estados.

Rusia y la OTAN contribuirán al robustecimiento de la OSCE, incluido el ulterior desarrollo de su papel en tanto que instrumento primordial de la diplomacia preventiva, de prevención de conflictos, de gestión de crisis, de reconstrucción tras un conflicto y de colaboración regional en el área de la seguridad; así como a la mejora de sus capacidades operativas destinadas al cumplimiento de estas tareas. Al ser la única organización paneuropea de seguridad, la OSCE desempeña un papel clave en el mantenimiento de la paz y la estabilidad en Europa. Consolidando la OSCE, Rusia y la OTAN colaborarán en aras de prevenir toda posibilidad de retorno a la Europa dividida y confrontada o al aislamiento de cualquier Estado.

De conformidad con el modelo de seguridad común y global para la Europa del siglo XXI elaborado por la OSCE, y teniendo en cuenta las resoluciones de la cumbre de Lisboa sobre la Carta de la Seguridad Europea, Rusia y la OTAN se esforzarán por llegar a una colaboración lo más amplia posible entre los Estados participantes en la OSCE encaminada a crear un espacio común de seguridad y de estabilidad en Europa sin líneas divisorias o esferas de influencia que puedan constreñir la soberanía de cualquier Estado.

Rusia y la OTAN parten de la premisa de que el objetivo común del refuerzo de la seguridad y la estabilidad en la región euroatlántica en beneficio de todos los países exige una respuesta ante nuevos riesgos y desafíos, como son el nacionalismo agresivo, la proliferación de armas nucleares, biológicas y químicas, el terrorismo, las continuas violaciones de los derechos humanos y de los derechos de personas pertenecientes a minorías nacionales y las disputas territoriales no resueltas, que suponen una amenaza para la paz, la prosperidad y la estabilidad comunes.

La presente Acta no afecta, y no se puede considerar que afecte, a la responsabilidad primordial del Consejo de Seguridad de la ONU en cuanto al mantenimiento de la paz y la seguridad internacionales, ni tampoco al papel de la OSCE como organización común y global de consulta, toma de decisiones y colaboración en su región y como organización regional en el sentido definido en el Capítulo VIII de la Carta de la ONU.

Al aplicar las disposiciones de la presente Acta, Rusia y la OTAN observarán de buena fe sus obligaciones derivadas del derecho internacional y de los acuerdos internacionales, incluyendo las obligaciones derivadas de la Carta de la ONU y de las disposiciones de la Declaración Universal de los Derechos Humanos, así como las obligaciones contenidas en el Acta Final de Helsinki y en documentos posteriores de la OSCE, comprendida la Carta de París y los documentos adoptados en la cumbre de Lisboa de la OSCE.

Con el ánimo de alcanzar los objetivos de la presente Acta, Rusia y la OTAN basarán sus relaciones sobre la adhesión común a los siguientes principios: desarrollo fundado en la transparencia de una asociación y una colaboración sólidas, estables, duraderas e igualitarias encaminadas a consolidar la seguridad y la estabilidad en la región euroatlántica; reconocimiento del papel vital que desempeñan la democracia, el pluralismo político, la primacía de la ley y el respeto a los derechos humanos y a las libertades civiles, así como el desarrollo de la economía de mercado, en la prosperidad común y la seguridad global; abstención de recurrir a la amenaza o al empleo de la fuerza entre sí o contra cualquier otro país, su soberanía, su integridad territorial o independencia política de forma incompatible con la Carta de la ONU y con la Declaración de Principios Rectores de las Relaciones entre los Estados participantes contenida en el Acta Final de Helsinki; el respeto a la soberanía, la independencia e integridad territorial de todos los Estados, a su derecho de elegir los medios de asegurar su propia seguridad, la inviolabilidad de sus fronteras y el derecho de los pueblos a la autodeterminación, según rezan el Acta Final de Helsinki y otros documentos de la OSCE; transparencia mutua en la formulación e implementación de política de defensa y de doctrinas militares; prevención de conflictos y regulación de disputas con medios pacíficos en concordancia con los principios de la ONU y de la OSCE; apoyo, en cada caso concreto, a las operaciones de paz desplegadas bajo la dirección del Consejo de Seguridad de la ONU o bajo la responsabilidad de la OSCE.

II. Mecanismo de consulta y colaboración, Consejo Conjunto Permanente Rusia-OTAN

Para acometer las actividades y objetivos previstos en la presente Acta y la elaboración de planteamientos conjuntos sobre la seguridad europea y sobre cuestiones políticas, Rusia y la OTAN crearán el Consejo Conjunto Permanente Rusia-OTAN. La tarea principal del Consejo Conjunto Permanente estribará en la formación de niveles más elevados de confianza, unidad de objetivos y de hábitos de consulta y colaboración entre Rusia y la OTAN a fin de incrementar la seguridad de una y otra y de todos los países de la región euroatlántica sin menoscabo de la seguridad de cualesquiera de ellos.

De surgir desavenencias, Rusia y la OTAN emplearán todos los esfuerzos necesarios para su resolución, de buena fe y guiadas por el respeto mutuo, en el marco de consultas políticas. El Consejo Conjunto Permanente garantiza un mecanismo de consulta, coordinación y, en la mayor medida posible, cuando resulte necesario, de decisiones conjuntas y acciones conjuntas relacionadas con temas de seguridad de interés común. Estas consultas no se inmiscuirán en asuntos internos de Rusia o de la OTAN y sus Estados miembros. El objetivo principal de Rusia y de la OTAN radica en la definición y realización del mayor número de oportunidades o acciones conjuntas. Rusia y la OTAN confían en que, conforme sus relaciones vayan creciendo, aparecerán oportunidades complementarias de emprender acciones conjuntas. El Consejo Conjunto Permanente constituye el principal órgano consultivo entre Rusia y la OTAN en periodos de crisis o en situaciones de cualquier otra índole que repercutan en la paz y la estabilidad.

Las reuniones extraordinarias del Consejo se celebrarán de forma complementaria a las reuniones ordinarias, para que sea posible proceder rápidamente a celebrar consultas en caso de situaciones extraordinarias. En este contexto, Rusia y la OTAN se consultarán rápidamente en el seno del Consejo Conjunto Permanente, en el caso de que algunos de los miembros del Consejo perciba una amenaza a su integridad territorial, a su independencia política o a su seguridad. La actividad del Consejo Conjunto Permanente se fundará sobre los principios de reciprocidad y transparencia. Durante el transcurso de sus consultas y colaboración, Rusia y la OTAN se informarán entre sí acerca de los correspondientes desafíos a la seguridad que estén afrontando y acerca de las medidas que cada una de las partes se proponga emprender para remediarlos. Las disposiciones de la presente Acta no conceden de ningún modo ni a Rusia ni a la OTAN el derecho a veto con respecto a las acciones de la otra parte, y tampoco socavan ni limitan los derechos de Rusia y de la OTAN a tomar decisiones y a actuar de forma independiente. Dichas disposiciones no podrán emplearse con el fin de perjudicar los intereses de otros Estados. El Consejo Conjunto Permanente celebrará reuniones a diversos niveles y en formas distintas en función del tema concreto y de los deseos de Rusia y de la OTAN. El Consejo Conjunto Permanente celebrará reuniones en el nivel de ministros de Asuntos Exteriores y en el nivel de ministros de Defensa dos veces al año, y una vez al mes de Embajadores/Representantes Permanentes del Consejo del Atlántico Norte. El Consejo Conjunto Permanente también podrá convocarse, cuando sea necesario, en el nivel de jefes de Estado y de Gobierno. El Consejo Conjunto Permanente podrá crear comités o grupos de trabajo dedicados a temas o áreas de colaboración concretas en régimen permanente o provisional, según se requiera. Bajo los auspicios del Consejo Conjunto Permanente también se llevarán a cabo reuniones de representantes militares y jefes de Estado Mayor. Las reuniones de los jefes de Estado Mayor no se celebrarán menos de dos veces al año; las reuniones a nivel de representantes militares se celebrarán una vez al mes. Las reuniones de expertos militares podrán convocarse cuando sea necesario.

La presidencia del Consejo Conjunto Permanente será ejercida conjuntamente por un representante de Rusia, el secretario general de la OTAN y, de forma rotativa, por un representante de uno de los Estados miembros de la OTAN. A fin de hacer posible el trabajo del Consejo Conjunto Permanente, Rusia y la OTAN lo dotarán con las estructuras administrativas necesarias. Para poder realizar las tareas del Consejo Conjunto Permanente, Rusia establecerá una representación permanente ante la OTAN, dirigida por un representante con rango de embajador. Un representante militar de alto nivel y su personal conformarán una parte de la representación a efectos de la cooperación militar. La OTAN se reserva la posibilidad de establecer la correspondiente representación en Moscú, cuyas condiciones se definirán más adelante. El orden del día de las reuniones ordinarias se establecerá de forma conjunta. Para el Consejo Conjunto Permanente se elaborarán regímenes organizativos y reglamentos internos que deberán estar preparados de cara a la reunión inaugural del Consejo Conjunto Permanente, que tendrá lugar en el transcurso de los cuatro meses siguientes a la firma de la presente Acta. El Consejo Conjunto Permanente realizará tres tipos concretos de actividad: organización de consultas sobre los temas de la sección III de la presente Acta y sobre cualquier cuestión política o cuestión de seguridad que haya sido determinada de común acuerdo; en función del resultado de las consultas, elaboración de iniciativas conjuntas, con respecto a las cuales Rusia y la OTAN acordarán declaraciones u acciones paralelas; de alcanzarse un consenso durante las consultas, toma de decisiones conjuntas y realización de acciones conjuntas en cada caso concreto, incluyendo la participación en condiciones iguales en la planificación y preparación de operaciones conjuntas, comprendiendo operaciones de paz bajo la dirección del Consejo de Seguridad de la ONU o bajo la responsabilidad de la OSCE. Toda acción emprendida por Rusia o por la OTAN, conjuntamente o de forma individual, tendrá que adecuarse a la Carta de la ONU y a los principios rectores de la OSCE. Reconociendo la importancia de la profundización de los contactos entre los organismos legislativos de los Estados participantes en la presente Acta, Rusia y la OTAN también favorecerán el diálogo y una colaboración más amplia entre la Asamblea Federal de la Federación Rusa y la Asamblea del Atlántico Norte.

III. Áreas de consulta y de colaboración

Al construir sus relaciones, Rusia y la OTAN concentrarán su atención en áreas concretas que revistan un interés común. Celebrarán consultas y se esforzarán por entablar una cooperación lo más amplia posible en las siguientes áreas: cuestiones de interés común ligadas a la seguridad y a la estabilidad de la región euroatlántica; prevención de conflictos, incluyendo la diplomacia preventiva, gestión de crisis y resolución de conflictos, teniendo en cuenta el papel y la responsabilidad de la ONU y de la OSCE y la actividad de estas organizaciones en estos ámbitos; operaciones conjuntas, incluyendo operaciones de paz dirigidas, en cada caso concreto, por el Consejo de Seguridad de la ONU o bajo la responsabilidad de la OSCE y, en caso de empleo de las Fuerzas Operativas Combinadas Conjuntas (FOCC), participación en ellas en una fase precoz; participación de Rusia en el Consejo de la Asociación Euroatlántica y en el programa «Asociación para la paz»; intercambio de información y consultas sobre temas estratégicos, política de defensa, doctrina militar de Rusia y de la OTAN, y también sobre presupuestos y programas de desarrollo de infraestructuras; cuestiones de control de armamento; toda la gama de cuestiones ligadas a la seguridad nuclear; prevención de la proliferación de armas nucleares, biológicas y químicas y de sus vehículos; lucha contra el tráfico ilegal de materiales nucleares y consolidación de la colaboración en ámbitos concretos de control de armamento, incluyendo aspectos políticos y de defensa ligados a su proliferación; posible colaboración en el ámbito de defensa táctica antimisiles; consolidación de la seguridad regional del tráfico aéreo, incremento de posibilidades de tráfico aéreo y de intercambios mutuos, cuando sea necesario, para fomentar la confianza mediante mayores medidas de transparencia e intercambio de información relacionada con la defensa aérea y con los aspectos relativos a la gestión y al control del espacio aéreo; ello incluirá la exploración de una posible colaboración en el ámbito de la defensa aérea; fomento de una mayor transparencia, prevención y confianza mutua con respecto a la envergadura y a las funciones de las fuerzas convencionales de Rusia y de los Estados miembros de la OTAN; intercambios mutuos, cuando se requiera, acerca de cuestiones de armamento nuclear, incluyendo la doctrina y la estrategia de Rusia y la OTAN; coordinación de programas de colaboración ampliada entre las organizaciones militares correspondientes, tal y como se detalla más abajo; desarrollo de una posible colaboración en el ámbito armamentístico a través de la participación de Rusia en el trabajo de la Conferencia de Directores Nacionales de Armamento de la OTAN; conversión de la industria de defensa; elaboración de proyectos de colaboración definidos de mutuo acuerdo relativos a la defensa en las áreas económica, medioambiental y científica; realización de iniciativas y ejercicios conjuntos relacionados con situaciones de emergencia y asistencia en catástrofes; lucha contra el terrorismo y el tráfico ilegal de estupefacientes; mejora de la comprensión por parte de la opinión pública de la evolución de las relaciones entre Rusia y la OTAN, incluyendo el establecimiento del centro de documentación o la oficina de información de la OTAN en Moscú. Podrán añadirse más áreas de mutuo acuerdo.

IV. Cuestiones político-militares

Rusia y la OTAN confirman su afán compartido por alcanzar la consolidación de la estabilidad y de la seguridad en la región euroatlántica. Los Estados miembros de la OTAN confirman que no tienen intención, planes ni razones por las que desplegar armamento nuclear en el territorio de nuevos miembros y que no tienen necesidad de modificar ningún aspecto de la disposición del arsenal nuclear ni de la política nuclear de la OTAN, ni tampoco prevén tal necesidad en el futuro. A esta actitud se suma el hecho de que la OTAN ha decidido que no tiene intención, ni planes ni razones para establecer nuevas instalaciones de almacenaje de armamento nuclear en el territorio de estos países, ni mediante la construcción de nuevas instalaciones de almacenaje de armamento nuclear, ni mediante la rehabilitación de viejas instalaciones de almacenaje de armamento nuclear. Por instalaciones de almacenaje de armamento nuclear se entienden instalaciones especialmente diseñadas para la ubicación de armas nucleares, incluyendo todo tipo de instalaciones de defensa, sobre tierra o subterráneas (almacenes o instalaciones) destinadas al almacenaje de armamento nuclear. Reconociendo la importancia de la adaptación del Tratado sobre Fuerzas Armadas Convencionales en Europa (FACE) al contexto ampliado de la seguridad paneuropea en la región OSCE y el trabajo llevado a cabo para perfilar el modelo de seguridad común y global para la Europa del siglo XXI, Rusia y los Estados miembros de la OTAN trabajarán conjuntamente en Viena con otros Estados participantes a fin de adaptar el Tratado FACE para consolidar su viabilidad y su eficacia, teniendo en cuenta la evolución de la situación de la seguridad en Europa y los intereses legítimos de seguridad de los Estados participantes en la OSCE. Su objetivo común estriba en llegar a un acuerdo sobre la adaptación, en un plazo lo más breve posible, del Tratado FACE. El primer paso en esta dirección consistirá en alcanzar, junto con otros Estados participantes del Tratado FACE, tan pronto como sea posible, un acuerdo marco que establezca los elementos fundamentales del Tratado, coherentes con los fines y principios del documento sobre alcance y parámetros «Asociación para la paz» adoptado en Lisboa en diciembre de 1996. El objetivo de la adaptación del Tratado FACE deberá residir en una reducción sustancial de la cantidad total de armamento y equipamiento regulados por el Tratado y permitidos en la zona de aplicación del Tratado, de cumplimiento compatible con las necesidades legítimas de defensa de cada Estado participante. Rusia y la OTAN alientan a todos los Estados participantes del Tratado FACE a que estudien la reducción de sus niveles actualmente permitidos por el Tratado como parte de los esfuerzos conjuntos por alcanzar niveles de equipamiento más bajos y más adecuados a los cambios producidos en la seguridad europea. Rusia y los Estados miembros de la OTAN se comprometen a mostrar discreción durante el periodo de negociaciones, tal y como se prevé en el documento sobre alcance y parámetros, con relación a la disposición y capacidad actuales de sus fuerzas armadas convencionales, y en especial, en lo concerniente al nivel y despliegue de sus fuerzas en la zona de aplicación del Tratado FACE a fin de evitar toda evolución de la situación en materia de seguridad en Europa que pueda perjudicar la seguridad de un Estado participante. Este compromiso no perjudica las posibles decisiones voluntarias tomadas por Estados participantes por separado con el objeto de reducir sus niveles o de desplegar sus fuerzas, ni menoscaba sus intereses legítimos de seguridad. Rusia y los Estados miembros de la OTAN consideran que la adaptación del Tratado FACE debe fomentar la garantía de una seguridad igualitaria de todos los Estados participantes, independientemente de su participación en una alianza político-militar, preservar y consolidar la estabilidad, y también continuar previniendo cualquier aumento de fuerzas desestabilizador que se produzca en diferentes zonas de Europa o en Europa en su totalidad. Un Tratado FACE adaptado también debería incrementar la transparencia en la esfera militar mediante mayores intercambios de información y control y permitir la posible adhesión de nuevos Estados participantes. Rusia y los Estados miembros de la OTAN proponen a los otros Estados participantes en el Tratado FACE una adaptación de dicho Tratado que permita a los Estados participantes alcanzar, gracias a un proceso transparente y fundado en la colaboración, conclusiones relativas a las reducciones que podrían emprender y, en consonancia con éstas, definir los niveles máximos nacionales con relación al armamento y al equipamiento regulado por el Tratado. Estos niveles máximos se codificarán en el Tratado adaptado como límites vinculantes acordados por todos los Estados participantes, pendientes de revisión en 2001 y, posteriormente, cada cinco años. En este proceso, los Estados participantes tendrán en cuenta todos los niveles de armamento y equipamiento correspondientes a la zona que se extiende desde el Atlántico hasta los Urales y que fueron establecidos por el primer Tratado FACE, las sustanciales reducciones llevadas a cabo desde entonces y los cambios producidos en Europa. Rusia y los Estados miembros de la OTAN reiteran que los Estados participantes del Tratado FACE, de forma individual o conjuntamente con otros Estados, únicamente podrán mantener una capacidad militar acorde con sus necesidades legítimas individuales o colectivas en el área de seguridad considerando sus obligaciones internacionales, incluyendo las derivadas del Tratado FACE. Cada Estado participante basará su acuerdo en las disposiciones del Tratado adaptado y en la aceptación de todos los niveles máximos nacionales de los Estados participantes en función de su evaluación de la actual y futura situación de la seguridad europea. Además, en las negociaciones de adaptación del Tratado FACE, Rusia y los Estados miembros de la OTAN, junto con otros Estados participantes, se esforzarán por robustecer la estabilidad mediante un ulterior desarrollo de las medidas dirigidas a prevenir cualquier concentración potencialmente amenazadora de fuerzas convencionales en zonas acordadas de Europa, incluyendo Europa Central y Europa Oriental. Rusia y la OTAN han concretado sus intenciones relativas al despliegue de sus fuerzas convencionales y a las nuevas condiciones de la seguridad europea y están dispuestas a consultarse con respecto a cuestiones de expansión de estos despliegues en el marco del Consejo Conjunto Permanente. La OTAN reitera que, en las condiciones actuales y previsibles de seguridad, la alianza acometerá su defensa colectiva además de otros objetivos mediante la garantía de la interoperabilidad, de la integración y de la capacidad de refuerzo necesarias en detrimento del despliegue adicional permanente de fuerzas militares de gran envergadura. Subsiguientemente, la OTAN se basará en una infraestructura adecuada, acorde con los objetivos arriba enunciados. En este contexto, cuando sea necesario, se podría proceder a un refuerzo en caso de defensa contra una amenaza de agresión y en caso de acciones de paz de conformidad con la Carta de la ONU y a los principios rectores de la OSCE, así como para ejercicios previstos en el Tratado FACE adaptado, en las disposiciones del Documento de Viena de 1994 y en medidas de transparencia establecidas de común acuerdo. Rusia mostrará la discreción correspondiente en el despliegue de sus fuerzas convencionales en Europa. Rusia y los Estados miembros de la OTAN fomentarán una mayor transparencia, previsibilidad y confianza mutua con respecto a sus fuerzas armadas. Observan plenamente sus obligaciones derivadas del Documento de Viena de 1994 y colaboran con los otros Estados participantes de la OSCE en negociaciones del formato pertinente, con el fin de seguir robusteciendo la confianza y la seguridad. Rusia y los Estados miembros de la OTAN emplearán y perfeccionarán los regímenes existentes de control de armamento y de consolidación de la confianza para entablar unas relaciones en el área de la seguridad fundadas en una colaboración pacífica. Rusia y la OTAN, a fin de desarrollar la colaboración entre las estructuras militares, ampliarán sus consultas político-militares y la colaboración en el marco del Consejo Conjunto Permanente mediante un diálogo activo entre las principales instancias militares de Rusia, de la OTAN y de sus Estados miembros. Con esta intención, acometerán un programa que contemple un mayor número de actividades militares y su colaboración práctica a todos los niveles. En el marco de los poderes del Consejo Conjunto Permanente, este diálogo activo entre militares se cimentará en el principio de que ninguna de las partes considerará a la otra parte como una amenaza y no intentará perjudicar su seguridad. El diálogo activo entre militares abarcará exposiciones recíprocas regulares sobre la doctrina militar y la estrategia de Rusia y de la OTAN y sobre la composición resultante de fuerzas. Dicho diálogo prevé amplias posibilidades de llevar a cabo ejercicios y entrenamientos conjuntos. Para mantener este diálogo activo y los elementos militares del Comité Conjunto Permanente, Rusia y la OTAN establecerán misiones militares de enlace a diferentes niveles basadas en la reciprocidad y en acuerdos mutuos adicionales. A fin de consolidar la asociación y garantizar que ésta se fundamente lo máximo posible en la práctica y en la colaboración directa, las instancias militares correspondientes de Rusia y de la OTAN estudiarán vías para continuar desarrollando el concepto de operaciones de paz conjuntas de Rusia y de la OTAN. Esta iniciativa deberá inspirarse en la experiencia positiva de cooperación en Bosnia y Herzegovina y en las enseñanzas de ella extraídas que se aplicarán a la hora de establecer las Fuerzas Operativas Conjuntas Combinadas.

La presente Acta entrará en vigor a partir de la fecha de su firma. Rusia y la OTAN tomarán las medidas oportunas para garantizar su cumplimiento según sus procedimientos. La presente Acta está redactada en dos ejemplares originales, cada uno de ellos en ruso, francés e inglés. El gobierno de la Federación Rusa y el secretario general de la OTAN remitirán al secretario general de la Organización de Naciones Unidas y al secretario general de la Organización para la Seguridad y la Cooperación en Europa el texto de este Acta con la petición de distribuirla a todos los miembros de estas organizaciones.

Firmado en París,
el 27 de mayo de 1997.

Declaración de los jefes de Estado de los países miembros de la CEI sobre líneas directrices del desarrollo de la Comunidad de Estados Independientes

(Ratificada por la resolución del Consejo de jefes de Estado de los países miembros de la CEI el 2 de abril de 1999)

Nosotros, jefes de Estado de los países miembros de la Comunidad de Estados Independientes,

Destacamos la influencia positiva de la Comunidad sobre el devenir de los nuevos Estados soberanos e independientes, sobre la elección por cada uno de ellos de un modelo único de reformas económicas y políticas, sobre el establecimiento entre ellos de relaciones cualitativamente nuevas;

Hacemos constar que la Comunidad ha desempeñado un importante papel en la conservación de diversificados vínculos históricos entre los pueblos de nuestros países, ha coadyuvado a la eclosión de una cooperación equitativa y mutuamente beneficiosa entre los Estados participantes sobre una base nueva;

A la luz de las nuevas realidades geopolíticas que se caracterizan por la globalización de todo el desarrollo político y económico;

Conscientes de la responsabilidad que nos incumbe ante nuestros pueblos de solucionar con rapidez los agudos problemas sociales y económicos y deseando asegurarles un alto nivel de vida;

Convencidos de que el objetivo principal de la Comunidad es la protección de los derechos humanos y libertades fundamentales en consonancia con los principios generalmente reconocidos y las normas del derecho internacional y documentos de la ONU y la OSCE;

Al confirmar el derecho de las minorías nacionales a disfrutar de su propia identidad étnica, cultural y lingüística, consideramos al mismo tiempo que el cumplimento por éstas de los compromisos asumidos respecto al Estado de residencia, junto con los demás ciudadanos, así como el respeto a todas las obligaciones relativas a las minorías étnicas por parte de Estado en el que residen es un factor sustancial de la paz, la estabilidad y democracia;

Anhelando aprovechar y desarrollar plenamente las relaciones de amistad y de cooperación mutuamente beneficiosa que se han creado entre los Estados miembros;

Basándonos en la experiencia adquirida en el marco de la CEI y sintetizando las sesiones del Foro interestatal sobre los problemas de optimización de las actividades de la CEI y de su reforma,

Consideramos importante dar un nuevo impulso al desarrollo de la cooperación y asociación equitativas en el marco de la CEI, en primer lugar en la esfera económica, en condiciones de una paz estable, seguridad y democracia;

Estamos convencidos de que una de las líneas prioritarias del ulterior perfeccionamiento de las actividades en el ámbito de la CEI tiene que ser la profundización de una diversificada cooperación económica;

Reafirmamos que la creación de la zona de libre comercio en el marco de la CEI es una necesidad objetiva desde la perspectiva de construir dentro de la Comunidad una infraestructura válida de libre mercado, alcanzar unos niveles más elevados de la cooperación económica, fomentar en el porvenir un espacio económico común, basado en la libre circulación de mercancías, servicios, mano de obra y capitales;

Estamos convencidos de que la creación de una zona de libre comercio en el marco de la CEI coadyuvaría al ingreso de Estados de la Comunidad en el sistema económico mundial, a la integración de nuestros Estados en la OMC, al desarrollo de la cooperación con otras organizaciones mundiales, así como a la homologación con las normas y exigencias de las correspondientes estructuras internacionales, regionales y universales;

Expresamos nuestra determinación de prestar auxilio al desarrollo de empresas privadas en el marco de la CEI, a la cooperación multilateral en la producción, a la creación de corredores de transporte, al fomento de la cooperación en el ámbito de las inversiones, al desarrollo del mercado agrario común, a la participación colectiva en la realización de proyectos de explotación de yacimientos petrolíferos y de materias primas, a la presencia coordinada de los Estados participantes de la CEI en los mercados exteriores para prestar ayuda técnica a terceros países en la construcción de objetos industriales y de transporte y a resolver también los problemas de la libertad de tránsito, especialmente de conducciones, automovilístico y ferroviario;

Entendemos que ante los Estados participantes en la CEI se plantean también otros problemas actuales de carácter transfronterizo que pueden ser solucionados mediante el esfuerzo común en el marco de la Comunidad;

Estamos convencidos de que logrando resultados concretos en la cooperación económica, los Estados participantes de la CEI podrán cooperar con mayor eficacia también en otros aspectos de interés recíproco;

Consideramos que una de las tareas centrales que se plantean ante los Estados de la Comunidad consiste en fomentar el bienestar de los ciudadanos de nuestros países, garantizándoles amplios derechos en las esferas de la educación, la sanidad pública, la seguridad social y el desarrollo cultural;

Consideramos que la práctica de las consultas en el ámbito de la política exterior, que abarcan acuciantes problemas internacionales, es útil y digna de ser prolongada siempre y cuando se consideren los intereses nacionales de cada uno de los Estados participantes de la CEI;

Reafirmamos nuestra adhesión a la rápida solución de conflictos armados surgidos en los territorios de países participantes en la CEI por medios pacíficos y mediante mecanismos y recursos de la ONU y la OSCE, sobre la base del incesante respeto a la integridad territorial, la inviolabilidad de las fronteras estatales y de otras normas y principios generalmente reconocidos del derecho internacional;

Abogamos por fortalecer los esfuerzos en la lucha contra la criminalidad organizada, terrorismo y el tráfico de drogas que amenazan la estabilidad y la democracia en los Estados participantes de la CEI, así como a su seguridad nacional;

Estamos convencidos de que las direcciones más importantes de la reforma de la CEI en la etapa actual tienen que ser la democratización activa de sus actividades, el perfeccionamiento del mecanismode la toma de decisiones sobre la base del consenso, la realización de las resoluciones aprobadas por los organismos de la Comunidad, la organización de una cooperación fructífera entre ellos;

Entendemos que la estructura de las instituciones interestatales de la CEI tiene que corresponder a las exigencias del desarrollo ulterior de la cooperación en el seno de la Comunidad, asegurar el funcionamiento eficaz del mecanismo de conversaciones y consultas, prevenir la reduplicación, incluida la que pueda derivarse de las estructuras internacionales vigentes, disponer de una elevada eficacia y ser asistida por secretariados compactos, profesionales y prácticos. Los Estados participantes confirman que han creído conveniente fijar la sede de CEI en la ciudad de Minsk;

A este respecto consideramos indispensable optimizar los gastos de mantenimiento de los organismos de la Comunidad, inclusive por medio de la reducción de su personal y la disolución de los organismos que han perdido interés en la actualidad;

Confirmamos nuestra adhesión al fomento de la amistad y la asociación entre los Estados participantes de la CEI y nuestro empeño en utilizar ampliamente el potencial de la Comunidad en provecho de los pueblos de nuestros Estados. Profundizaremos de hoy en adelante la cooperación en el marco de la CEI, encauzándola hacia las tendencias mundiales determinantes de los procesos económicos y sociales en el umbral del siglo XXI.

Opinión particular de la República de Armenia con respecto al proyecto de Declaración de la CEI sobre las directrices del desarrollo de la Comunidad de Estados Independientes. La República de Armenia considera imposible aplicar a las cláusulas del párrafo 6 de la página 3 del presente proyecto de Declaración al proceso de solución del problema de Nagorno-Karabaj y considera que su resolución tiene que basarse en el derecho de los pueblos a escoger libremente su destino.

Programa de acción para el desarrollo de la Comunidad de Estados Independientes hasta 2005

(Aprobado por resolución del Consejo de jefes de Gobierno de la Comunidad de Estados Independientes el 20 de junio de 2000)

Objetivos principales y tareas del programa

El programa de acción para el desarrollo de la CEI ha sido elaborado sobre la base de la Declaración de Jefes de Estado de Países Miembros sobre las Directrices del Desarrollo de la Comunidad de Estados Independientes y determina los objetivos principales, las tareas y esferas de cooperación en el marco de la CEI 2005.

El objetivo principal del presente Programa consiste en dar un nuevo impulso al desarrollo de la asociación y la cooperación equitativas en el marco de la CEI, en primer lugar en la esfera económica, en las condiciones de una paz duradera, seguridad y democracia.

Se prevé realizar la cooperación interestatal en el marco de la CEI sobre la base de beneficio mutuo, observando los intereses nacionales de cada Estado y entre los Estados interesados en tal cooperación.

Los objetivos principales del Programa son:

En el ámbito económico

— Creación de condiciones propicias para la estabilización y el crecimiento permanente de las economías nacionales, así como para la mejora de los niveles de la vida de población de los Estados miembros de la CEI;

— Garantía de realización del Convenio sobre creación de la zona de libre comercio que se suscribió el 15 de abril de 1994 y de su Protocolo anexo del 2 de abril de 1999;

— Fomento de la cooperación interregional económica entre países de la CEI, incluida la cooperación transfronteriza;

— Desarrollo prioritario de la fabricación y exportación de productos de alta tecnología de calidad competitiva;

— Creación del mecanismo que asegure la convertibilidad recíproca de divisas nacionales;

— Armonización de la legislación fiscal en el marco del comercio interestatal, mejoramiento del clima para inversiones;

— Creación de un ambiente competitivo y protección de los derechos del consumidor;

— Formación en condiciones mutuamente aceptables de grupos interestatales financieros e industriales en esferas de interés mutuo de los Estados participantes de la CEI que utilicen avanzadas tecnologías científicas y de ahorro de energía;

— Creación del espacio científico y tecnológico común en los ámbitos prioritarios;

— Creación del mercado común de trabajo, continuación de la práctica de realización conjunta de proyectos de prospección y explotación de yacimientos petrolíferos, de fuentes de energía y de materias primas;

— Elaboración de proposiciones para la creación de sistemas de transporte, energía y combustible tecnológicamente uniformes;

— Resolución de los problemas de la libertad de tránsito, creación de corredores de transporte sobre la base del interés recíproco y la igualdad de derechos;

— Configuración concertada de la política de tarifas de transporte y comunicaciones;

— Creación y garantía de funcionamiento eficaz del mercado agrario común de los Estados participantes de la CEI;

— Realización de la política de colaboración entre los Estados participantes de la CEI en el ámbito del desarrollo de las pequeñas empresas, incluida la creación de las condiciones propicias para la ampliación de la cooperación empresarial entre las pequeñas compañías y para aumentar su papel en la economía;

— Creación de un sistema de información y *marketing* que promocione las mercancías y servicios en los mercados nacionales de los Estados participantes de la Comunidad;

En la resolución de los problemas actuales de carácter transfronterizo

— Prevención de las situaciones de emergencia de carácter natural y de las provocadas por el hombre y reconstrucción después de los desastres;

— Auxilio al mantenimiento de los sistemas nacionales y regionales de control medioambiental, garantía de la seguridad ecológica a escala regional, creación de una base de datos referentes a la protección del medio ambiente;

— Garantía de creación y funcionamiento efectivo de un sistema único de recopilación y de difusión de la información meteorológica y de datos sobre la contaminación ambiental en intereses de las economías nacionales de los Estados miembros de la CEI;

En el marco de la cooperación política y de las actividades pacificadoras

— Perfeccionamiento de los mecanismos que fortalecen las medidas de confianza en relaciones entre los Estados participantes de la Comunidad;

— Acercamiento de posiciones de los Estados participantes de la Comunidad acerca de cuestiones de política exterior, coordinación de enfoques sobre la resolución de problemas universales, respaldo mutuo en el marco de las organizaciones internacionales;

— Continuación de la práctica de consultas a distintos niveles entre los ministerios de Asuntos Exteriores sobre palpitantes problemas internacionales;

— Concesión de un carácter colectivo a los esfuerzos políticos encaminados a solucionar y prevenir conflictos y a las operaciones de paz;

— Solución de los conflictos armados existentes en los territorios de los Estados participantes de la Comunidad por medios pacíficos, utilizando las estructuras y los recursos de la ONU y la OSCE;

En el marco de la cooperación en la lucha contra la criminalidad, el terrorismo, el tráfico ilícito de drogas y de agentes psicotrópicos

— Aplicar medidas conjuntas en el ámbito de la lucha contra el crimen organizado, el terrorismo internacional y otras dimensiones del extremismo;

— Desarrollar las respectivas bases legislativas de los Estados miembros de la CEI para la cooperación en la lucha contra la criminalidad, el terrorismo, el tráfico ilegal de drogas y de agentes psicotrópicos;

En el marco de la cooperación militar y de la protección de fronteras

— Desarrollo de la cooperación militar entre los Estados participantes de la CEI;

— Desarrollo ulterior del sistema único de Defensa Antiaérea de los Estados participantes de la CEI;

— Perfeccionamiento de la cooperación técnico-militar entre los Estados participantes de la CEI;

— Elaboración y realización de las principales líneas de la política fronteriza coordinada de los Estados participantes de la CEI, desarrollo y perfeccionamiento de la cooperación en la esfera de las garantías de seguridad de las fronteras y de la situación estable en ellas;

En el marco de la cooperación informativa

— Desarrollo de un sistema de información que asegure el intercambio informativo entre los Estados participantes y órganos de la CEI;
— Creación del espacio común informativo y desarrollo de la interacción entre los sistemas nacionales de información;

En el marco de la cooperación humanitaria

— Perfeccionamiento de la base legislativa y de las normativas que rigen los programas de cooperación humanitaria entre los Estados miembros y la realización de estos programas;
— Interacción entre los Estados participantes de la CEI en el desarrollo de la sanidad pública, la farmacia, la ciencia y técnica médicas;
— Auxilio a la garantía de seguridad sanitaria y epidemiológica de la población de los Estados de la Comunidad;
— Desarrollo del turismo, apoyo a la cultura física y al deporte en el marco de la CEI;
— Desarrollo de la cooperación en el ámbito de la enseñanza, formación de un espacio común educativo en el marco de los Estados miembros de CEI;
— Garantía legislativa y administrativa del reconocimiento recíproco y convalidación de certificados, grados y títulos académicos;
— Creación de condiciones favorables para el desarrollo de contactos e intercambio en diversas áreas de cooperación cultural.

Tratado sobre la creación de la Comunidad Económica de Eurasia

(Firmado por los presidentes de los países participantes el 10 de octubre de 2000 en Astana; entró en vigor el 30 de mayo de 2001)

La República de Bielorrusia, la República de Kazajstán, la República de Kirguistán, la Federación Rusa y la República de Tayikistán (en adelante Partes Contratantes):

Movidas por la aspiración de asegurar el desarrollo dinámico de sus respectivas naciones mediante la realización coordinada de las transformaciones socioeconómicas y la utilización eficiente de los potenciales económicos, así como al objeto de mejorar el nivel de la vida de sus pueblos;

Decididas a elevar la eficiencia de la interacción con el objeto de desarrollar los procesos de integración entre ellas y profundizar la cooperación mutua en distintas esferas;

Comprendiendo la necesidad de coordinar los enfoques sobre la integración en la economía mundial y en el sistema internacional de comercio;

Manifestando la disposición a cumplir plenamente los compromisos por ellas asumidos de acuerdo al Tratado sobre la Unión Aduanera entre la Federación Rusa y la República de Bielorrusia de 6 de enero de 1995, al Tratado sobre la Unión Aduanera de 20 de enero de 1995, al Acuerdo sobre la profundización del proceso de integración en las esferas económica y humanitaria de 29 de marzo de

1996 y al Tratado sobre la Unión Aduanera y el Espacio Económico Común de 26 de febrero de 1999;

Reafirmando su adhesión a los principios refrendados en la Carta de la Organización de las Naciones Unidas, así como a los principios y normas del derecho internacional comúnmente reconocidos, han acordado lo siguiente:

Artículo 1

Institución de una organización internacional

Por el presente las Partes Contratantes instituyen la organización internacional «Comunidad Económica de Eurasia» (en adelante CEE o Comunidad).

La Comunidad goza de plenos poderes que le han sido transferidos de buena fe por las Partes Contratantes de acuerdo con las estipulaciones del presente Tratado. Las Partes Contratantes siguen siendo sujetos soberanos e iguales de derecho internacional.

Artículo 2

Objetivos y tareas

La CEE se conforma para la promoción eficiente por las Partes Contratantes del proceso de formación de la Unión Aduanera y el Espacio Económico Común, así como para la realización de otros objetivos y tareas determinados en los tratados citados sobre la Unión Aduanera, el Acuerdo sobre la profundización del proceso de integración en las esferas económica y humanitaria, el Tratado sobre la Unión Aduanera y el Espacio Económico Común, y de acuerdo con las etapas jalonadas en dichos documentos.

Los tratados concertados entre sí por las Partes Contratantes con anterioridad, así como las decisiones de los organismos administrativos responsables del proceso de integración siguen vigentes en la parte que no sea incompatible con el presente Tratado.

ARTÍCULO 3

Órganos de la Comunidad

Para asegurar la continuidad de los organismos creados con anterioridad por las Partes Contratantes y destinados a administrar el proceso de integración, y para alcanzar los propósitos y las tareas del presente Tratado en el marco de la CEE actúan los siguientes órganos:

Consejo Interestatal (CIB),
Comité de Integración,
Asamblea Interparlamentaria (AIP),
Tribunal de la Comunidad.

La responsabiliad de decretar el cese de la actividad de los órganos administrativos encargados del proceso de integración y creados por el Acuerdo sobre la profundización del proceso de integración en la esfera económica y humanitaria de 29 de marzo de 1996 y el Tratado sobre la Unión Aduanera y el Espacio Económico Común de 26 de febrero de 1999, incumbe al Consejo Interestatal.

ARTÍCULO 4

Presidencia

La presidencia del Consejo Interestatal y del Comité de Integración se ejercerá rotativamente y según el orden alfabético ruso por cada Estado miembro de la Comunidad cada de doce meses.

Artículo 5

Consejo Interestatal

El Consejo Interestatal es el órgano supremo de la CEE. Lo integran jefes de Estado y de Gobierno de las Partes Contratantes.

El Consejo Interestatal examina las cuestiones de mayor importancia de la Comunidad, relacionadas con los intereses comunes de los Estados participantes, determina la estrategia, orientaciones y perspectivas de desarrollo de la integración, toma decisiones encaminadas al cumplimiento de los objetivos y las tareas de la CEE.

El Consejo Interestatal encomienda misiones al Comité de Integración, dirige interpelaciones y recomendaciones a la Asamblea Interparlamentaria, dirige interpelaciones al Tribunal de la Comunidad.

El Consejo Interestatal puede decretar la institución de organismos auxiliares de la Comunidad.

El Consejo Interestatal se reunirá en el nivel de jefes de Estado no menos de una vez al año y en el nivel de jefes de Gobierno no menos de dos veces al año. Las sesiones se llevarán a cabo bajo la dirección de un representante delegado de la Parte Contratante que ejerza la presidencia del Consejo Interestatal.

Las funciones y el procedimiento de trabajo del Consejo Interestatal se determinarán por el Reglamento que debe ser aprobado por el Consejo Interestatal en el nivel de jefes de Estado participantes de la CEE.

Artículo 6

Comité de Integración

El Comité de Integración es el órgano permanente de la CEE.

1. Las tareas principales del Comité de Integración comprenden: asegurar la interacción entre los organismos de la CEE; elaborar pro-

posiciones referentes al orden del día de las sesiones del Consejo Interestatal y al ámbito de su ejecución, así como redactar proyectos de resolución y documentos; formular propuestas para la formación del presupuesto de la CEE y controlar su ejecución; ejercer el control sobre la realización de las resoluciones aprobadas por el Consejo Interestatal.

Con el propósito de cumplir las misiones que le incumben, el Comité de Integración tomará decisiones en el marco de las facultades determinadas en el presente Tratado y que le fueron delegadas por el Consejo Interestatal; anualmente someterá a la consideración del Consejo Interestatal el Informe sobre el estado de la Comunidad y sobre la realización de sus objetivos y tareas planteadas, el informe sobre la actividad propia, así como sobre la ejecución del presupuesto de la CEE; examinará las medidas orientadas al logro de los objetivos de la Comunidad, comprendida la conclusión de los correspondientes acuerdos y la realización por las Partes Contratantes de una política única en lo referente a problemas concretos, y formulará las propuestas correspondientes; tendrá derecho a dirigir recomendaciones al Consejo Interestatal, dirigir recomendaciones e interpelaciones a la Asamblea Interparlamentaria y al gobierno de las Partes Contratantes, y remitirá interpelaciones al Tribunal de la Comunidad.

2. En la composición del Comité de Integración se incluirán suplentes de los jefes de Gobierno de las Partes Contratantes. El presidente del Comité de Integración participará en las sesiones del Consejo Interestatal.

Las sesiones del Comité de Integración se convocarán no menos de una vez cada tres meses.

En el periodo comprendido entre las sesiones del Comité de Integración, la actividad rutinaria corresponderá a la Comisión de Delegados Permanentes (delegados) de las Partes Contratantes adscrita a la CEE. Estos últimos serán nombrados por los jefes de Estado participantes.

3. La organización del trabajo y el asesoramiento técnico-informativo del Consejo Interestatal y del Comité de Integración correrá a cargo del Secretariado del Comité de Integración (Secretariado).

El Secretariado será presidido por el secretario general, nombrado por el Consejo Interestatal por recomendación del Comité de Integración por un periodo de tres años.

El secretario general será el funcionario administrativo superior de la Comunidad y participará en las sesiones del Consejo Interestatal y del Comité de Integración.

El Secretariado lo integrarán, sobre la base de las cuotas y conforme a la participación de las Partes Contratantes en el presupuesto de la Comunidad, ciudadanos de los Estados participantes y personas contratadas.

En el desempeño de sus funciones, el secretario general y el personal del Secretariado no deberán interpelar o recibir indicaciones de parte de cualesquiera de las Partes Contratantes o de un poder ajeno a la Comunidad. Los mencionados funcionarios deberán abstenerse de todo tipo de acciones que puedan incidir en su estatuto de funcionarios internacionales, responsables únicamente ante la CEE.

Las Partes Contratantes se comprometen a respetar el carácter internacional de las funciones del secretario general y del personal del Secretariado y a no ejercer influencia sobre ellos en el desempeño de sus funciones.

Las funciones y el procedimiento de trabajo del Comité de Integración serán determinados por el Reglamento aprobado por el Consejo Interestatal.

Artículo 7

Asamblea Interparlamentaria

La Asamblea Interparlamentaria es un organismo de cooperación parlamentaria en el seno de la CEE que considerará los problemas de armonización (acercamiento, unificación) de la legislación nacional de las Partes Contratantes y su ajuste con arreglo a los convenios concluidos dentro de los marcos de la CEE con el objeto de llevar a la práctica los propósitos de la Comunidad.

La Asamblea Interparlamentaria se compondrá de parlamentarios delegados por los Parlamentos de las Partes Contratantes.

La Asamblea Interparlamentaria, dentro de los límites de sus facultades, elaborará los principios legislativos en las esferas clave de las relaciones jurídicas, que deberán ser considerados por el Consejo Interestatal, aprobará proyectos genéricos sobre la base de los cuales se redactarán las actas legislativas nacionales, podrá dirigir recomendaciones al Consejo Interestatal, dirigir interpelaciones y recomendaciones al Comité de Integración, y enviar interpelaciones al Tribunal de la Comunidad.

El Reglamento de la Asamblea Interparlamentaria se aprobará por el Consejo Interestatal.

Artículo 8

Tribunal de la Comunidad

El Tribunal de la Comunidad asegurará la uniformidad de desarrollo por las Partes Contratantes de las cláusulas del presente Tratado y de otros convenios que estén vigentes en el marco de la Comunidad y reciban la aprobación de los órganos de la CEE.

El Tribunal de la Comunidad examinará asimismo las discrepancias de carácter económico que surjan entre las Partes Contratantes en torno a los problemas de realización de las decisiones aprobadas por la CEE y las cláusulas de los convenios comunitarios; emitirá las pertinentes explicaciones y dictámenes con respecto a los mismos.

El Tribunal de la Comunidad estará integrado por delegados de las Partes Contratantes, cuyo número no excederá de dos representantes por cada Parte Contratante. Los jueces serán nombrados por la Asamblea Interparlamentaria a sugerencia del Consejo Interestatal por un período de seis años.

La estructura y las funciones del Tribunal de la Comunidad serán determinadas por sus respectivos estatutos, aprobados por el Consejo Interestatal.

Artículo 9

Asociación

Podrán asociarse a la CEE todos los Estados que asuman los compromisos derivados del presente Tratado y de otros convenios vigentes dentro de los marcos comunitarios de acuerdo con la lista determinada por la resolución del Consejo Interestatal y que, en opinión de los miembros de la CEE, puedan y estén dispuestos a cumplir dichos compromisos.

Cualquier Parte Contratante tendrá derecho a abandonar la CEE, solucionando con anterioridad sus compromisos ante la Comunidad y sus afiliados y remitiendo al Comité de Integración la comunicación oficial sobre el abandono del presente Tratado como máximo doce meses antes de producirse. El cese de la afiliación entrará en vigor en el mismo año presupuestario en caso de que la comunicación haya sido enviada antes de ser aprobado el presupuesto para el año entrante. De lo contrario, el cese de la afiliación tendrá lugar justamente en dicho año entrante.

La participación en el trabajo de los organismos de la CEE de la Parte Contratante que infrinja las cláusulas del presente Tratado y/o convenios de la Comunidad podrá ser suspendida por decisión del Consejo Interestatal. En caso de que dicha Parte Contratante siga incumpliendo sus compromisos, el Consejo Interestatal podrá decidir la expulsión de ésta de la Comunidad a partir de la fecha que fije el propio Consejo Interestatal.

Artículo 10

Observadores

El estatuto de observador en la CEE podrá ser otorgado a todo Estado u Organización interestatal (intergubernamental) internacional que presente la solicitud correspondiente.

Artículo 11

Capacidad jurídica

La CEE gozará en el territorio de cada Parte Contratante de la capacidad jurídica necesaria para la realización de sus objetivos y tareas.

La CEE podrá establecer relaciones con Estados y Organizaciones internacionales y concluir acuerdos y convenios con ellas.

La CEE gozará de derechos de persona jurídica y, para la realización de sus objetivos y tareas, podrá en particular:

—concluir convenios;
—adquirir y administrar bienes;
—recurrir e intervenir ante los tribunales;
—abrir cuentas y efectuar operaciones con medios financieros.

Artículo 12

Sedes de los órganos

El Comité de Integración tendrá sus sedes en Alma Atá (República de Kazajstán) y en Moscú (Federación Rusa).

La Asamblea Interparlamentaria tendrá su sede en San Petersburgo (Federación Rusa).

El Tribunal de la Comunidad tendrá su sede en la ciudad de Minsk (República de Bielorrusia).

Por decisión del Consejo Interestatal en los Estados miembros de la Comunidad podrán abrirse Representaciones del Comité de Integración.

Artículo 13

Toma de decisiones

El Consejo Interestatal tomará todas las decisiones sobre la base del consenso, excepto las decisiones relativas a la suspensión de los afiliados o la expulsión de la Comunidad, que deberán tomarse según el principio de: «restar del consenso el voto de la Parte Contratante interesada».

En el Comité de Integración las decisiones se tomarán por mayoría, es decir, dos tercios de los votos. En el caso de que para tomar una decisión votasen cuatro Partes Contratantes que, sin embargo, no reunieran dos tercios de los votos, el asunto será transferido a la consideración del Consejo Interestatal. El número de votos correspondientes a cada Parte Contratante coincidirá con su cuota en el presupuesto de la Comunidad:

República de Bielorrusia	20 votos
República de Kazajstán	20 votos
República de Kirguistán	10 votos
Federación Rusa	40 votos
República de Tayikistán	10 votos

ARTÍCULO 14

Cumplimiento de las decisiones

El cumplimiento de las decisiones aprobadas por los órganos de la CEE se llevará a cabo por las Partes Contratantes mediante la aprobación de actas legislativas y normativas de jurisdicción nacional que observen la legislación nacional.

El control de la ejecución de los compromisos asumidos por las Partes Contratantes y vinculados a la realización del presente Tratado, así como a otros convenios y decisiones de los órganos de la CEE dentro de los marcos de la Comunidad, se llevará a cabo por los órganos de la Comunidad de acuerdo con sus respectivas competencias.

Artículo 15

Financiación

La financiación de las actividades de los organismos de la CEE se efectuará con cargo al presupuesto de la Comunidad.

El presupuesto de la Comunidad para cada año presupuestario se elaborará por el Comité de Integración en coordinación con los Estados miembros para su subsiguiente aprobación por el Consejo Interestatal.

El presupuesto de la Comunidad no puede ser deficitario.

El presupuesto de la Comunidad se formará con las cuotas aportadas por las Partes de acuerdo con la proporción indicada a continuación:

República de Bielorrusia	20%
República de Kazajstán	20%
República de Kirguistán	10%
Federación Rusa	40%
República de Tayikistán	10%

El presupuesto de la Comunidad se destinará a:

la financiación de la actividad de los organismos de la CEE;
la financiación de actividades conjuntas de las Partes Contratantes, efectuadas dentro de los marcos de la Comunidad;
otros objetivos que no contradigan las cláusulas del presente Tratado.

En el caso de que la deuda de una de las Partes Contratantes con el presupuesto de la CEE supere la cifra equivalente a su aportación anual al mismo, el Consejo Interestatal puede retirarle el derecho de voto en los órganos de la Comunidad hasta que dicha deuda sea plenamente saldada. Los votos correspondientes a dicha Parte se distribuirán entre las demás Partes Contratantes proporcionadamente a sus cuotas en el presupuesto de la Comunidad.

Artículo 16

Privilegios e inmunidad

La Comunidad y sus funcionarios gozarán de los privilegios e inmunidades indispensables para el cumplimiento de sus funciones y el logro de los objetivos previstos en el presente Tratado y convenios concertados en el marco de la CEE.

El carácter y grado de privilegios e inmunidad propios de la Comunidad y de sus funcionarios, del personal del Secretariado y de los representantes del Comité de Integración, así como de los representantes permanentes delegados de las Partes Contratantes, serán regulados en documentos particulares.

Artículo 17

Idioma de trabajo

El idioma de trabajo de la CEE será el ruso.

Artículo 18

Términos de vigencia y entrada en vigor

El presente Tratado se suscribe por periodo indefinido.

El presente Tratado deberá ser ratificado por las Partes Contratantes y entrará en vigor a partir de la fecha de su entrega al depositario, cuyo papel desempeña el Comité de Integración, después de haber notificado el cumplimiento de los respectivos procedimientos internos indispensables para que el Tratado cobre fuerza.

Si fuera necesario, las Partes Contratantes armonizarán sus legislaciones nacionales con las cláusulas del presente Tratado.

ARTÍCULO 19

Cambios y enmiendas

En el presente Tratado podrán introducirse cambios y enmiendas que deberán ser formalizados por las Partes Contratantes como protocolos anexos que serán parte inseparable del presente Tratado.

ARTÍCULO 20

Registro

El presente Tratado, conforme al artículo 102 de la Carta de la ONU, deberá registrarse en el Secretariado de la Organización de las Naciones Unidas.

Dado en la ciudad de Astaná a 10 de octubre de 2000 en un ejemplar en bielorruso, kazako, kirguís, ruso y tayiko, teniendo todos los textos fuerza igual. En caso de surgir discrepancias relacionadas con el texto del presente Tratado, las Partes Contratantes harán uso del texto en ruso.

El original del Tratado se custodiará en el Comité de Integración, que enviará a cada Parte Contratante una copia certificada del mismo.

Declaración sobre la creación de la «Organización de cooperación de Shanghai»

(Firmada el 15 de junio de 2001 en Shanghai por los jefes de Estado de Kazajstán, República Popular China, Kirguistán, Rusia, Tayikistán y Uzbekistán).

Los jefes de Estado de la República de Kazajstán, la República Popular China, la República de Kirguistán, la Federación Rusa, la República de Tayikistán y la República de Uzbekistán:

Al elogiar el papel sumamente positivo del «Quinteto de Shanghai» en el curso de los cinco años de su existencia en lo que respecta a la promoción y la profundización de las relaciones de buena vecindad, la confianza mutua y amistad entre los Estados participantes, la consolidación de la seguridad y la estabilidad en la región, la contribución al desarrollo conjunto; al considerar unánimemente que la institución y el desarrollo del «Quinteto de Shanghai» respondía a las necesidades humanas y a la tendencia histórica hacia la paz y el desarrollo en las condiciones delineadas al término de la guerra fría, descubrió un enorme potencial de buena vecindad, unidad y cooperación a través del respeto y la confianza mutuos entre los Estados que pertenecen a distintas civilizaciones y son portadores de disímiles tradiciones culturales; al hacer asimismo un énfasis especial en que los acuerdos sobre el refuerzo de la confianza en el ámbito militar y sobre la reducción mutua de las fuerzas armadas en la zona fronteriza firmados en Shanghai y Moscú en 1996 y 1997, respectivamente, por los jefes de Estado de la República de Kazajstán, la República Popular China, la República de Kirguistán, la Federación Rusa, la República de Tayikistán, así como los documentos finales de las cumbres de Alma Atá (1998), Bishkek (1999) y Dushambé (2000) han contribuido notablemente a la causa de mantenimiento de la paz, la seguridad y la estabilidad en la región y en el mundo entero, han enriquecido considerablemente las prácticas de la diplomacia actual y de la cooperación regional, han ejercido una amplia y positiva influencia sobre la comunidad internacional; al estar seguros de que, en las condiciones de un desarrollo dinámico de los procesos políticos multipolares y de la globalización económica e informativa en el siglo XXI, la promoción del mecanismo del «Quinteto de Shanghai» a un grado de cooperación más alto contribuirá al aprovechamiento mutuo más eficiente de las oportunidades que se están abriendo y a la lucha contra los nuevos retos y amenazas, declaran solemnemente lo que sigue:

1. La República de Kazajstán, la República Popular China, la República de Kirguistán, la Federación Rusa, la República de Tayikistán y la República de Uzbekistán instituyen la «Organización de cooperación de Shanghai».

2. La «Organización de cooperación de Shanghai» se plantea los objetivos citados a continuación: fortalecimiento de la confianza, la amistad y la buena vecindad entre los Estados participantes, estimulación de una colaboración eficiente entre los mismos en los campos político, económico-comercial, técnico-científico, cultural, educativo, energético, de transporte, medioambiental y otros; esfuerzos conjuntos orientados a mantener y salvaguardar la paz, la seguridad y la estabilidad en la región, a edificar un nuevo orden democrático, político y económico que, además, debería ser justo y racional.

3. En el marco de la «Organización de cooperación de Shanghai» se celebrarán anualmente, rotativamente, en cada uno de los Estados participantes encuentros oficiales de jefes de Estado y encuentros regulares de jefes de Gobierno de los Estados miembros. Con el objeto de ampliar e intensificar la cooperación en todas las esferas, a medida de que surja la necesidad es posible crear nuevos mecanismos aparte de los ya existentes; mecanismos de encuentro de los

dirigentes de los respectivos departamentos, así como formar grupos de expertos, permanentes y temporales, con el propósito de estudiar los planes y propuestas encaminados hacia el ulterior desarrollo de la cooperación.

4. El espíritu de Shanghai, que se ha plasmado en el curso del desarrollo del «Quinteto de Shanghai», se caracteriza por la confianza, el beneficio mutuo, la igualdad, las consultas recíprocas, el respeto a la diversidad de las culturas, la aspiración al desarrollo conjunto. Es un inapreciable patrimonio acumulado por los países de la región a lo largo de muchos años. Dicho patrimonio irá enriqueciéndose cada vez más llegando a convertirse en el nuevo milenio en una norma de las relaciones no sólo entre los Estados participantes de la «Organización de cooperación de Shanghai», sino de las relaciones interestatales en general.

5. Los Estados participantes en la «Organización de cooperación de Shanghai» adoptan una postura firme en la consecución de los objetivos y los principios contenidos en la Carta de la Organización de las Naciones Unidas, de los principios de respeto mutuo a la independencia, la soberanía e integridad territorial, la igualdad de derechos y el beneficio recíproco, la solución de todas las cuestiones por medio de las consultas mutuas, la no injerencia en los asuntos internos, la no utilización de la fuerza militar o de la amenaza con la fuerza, la renuncia a las ventajas militares de carácter unilateral en zonas colindantes.

6. La «Organización de cooperación de Shanghai» se ha formado sobre la base de los acuerdos relativos al fortalecimiento de la confianza en el ámbito militar y la reducción mutua de las fuerzas armadas en la zona fronteriza, suscritos en Shanghai y Moscú, respectivamente. Hoy, la cooperación dentro de sus marcos abarca las esferas política, económico-comercial, cultural, técnico-científica y otras. Los principios reflejados en los mencionados acuerdos cimientan las relaciones entre los Estados participantes de la «Organización de cooperación de Shanghai».

7. La «Organización de cooperación de Shanghai» no es una unión orientada contra otros Estados y regiones, sino un organismo que se

atiene a los principios de constitución. Manifiesta su disposición a desarrollar el diálogo en cualesquiera formas, los contactos y la cooperación con otros Estados y las respectivas organizaciones internacionales y regionales y a admitir, sobre la base del consenso, en sus filas nuevos Estados que compartan los objetivos y las tareas de cooperación dentro de los marcos de la organización, los principios del punto 6, así como de otras cláusulas de la presente Declaración, y cuyo ingreso contribuya a la plasmación de tal cooperación.

8. La «Organización de cooperación de Shanghai» concede importancia prioritaria a la seguridad regional y emprende todos los esfuerzos indispensables para garantizarla. Los Estados participantes efectuarán una cooperación estrecha con el objeto de llevar a la práctica la Convención de Shanghai sobre la lucha contra el terrorismo, el separatismo y el extremismo, también por medio de la institución de un centro antiterrorista de la «Organización de cooperación de Shanghai» con sede en la ciudad de Bishkek. Aparte de lo antedicho, se redactarán los correspondientes documentos multilaterales sobre la cooperación en la esfera de la lucha contra el tráfico ilícito de armas y de drogas, la emigración ilegal y otros tipos de actividades criminales.

9. La «Organización de cooperación de Shanghai» se surte del enorme potencial y de las amplias posibilidades que entraña la actividad de desarrollo de la cooperación mutuamente beneficiosa entre los Estados participantes en el ámbito económico y comercial, emprende esfuerzos con el objeto de contribuir al ulterior desarrollo de la colaboración y la diversificación de sus formas entre los Estados participantes sobre la base tanto bilateral como multilateral. Para lograr estos objetivos, en el marco de la «Organización de cooperación de Shanghai» se iniciarán conversaciones relacionadas con el problema de creación de condiciones favorables para el comercio y las inversiones, se elaborará un programa a largo plazo de cooperación económica y comercial de carácter multilateral y se suscribirán los documentos correspondientes.

10. Los Estados participantes de la «Organización de cooperación de Shanghai» colaboran para reforzar el mecanismo de consultas y coordinan las actividades relacionadas con los problemas regionales

e internacionales, se prestan asistencia recíproca y llevan a cabo una cooperación estrecha en lo referente a las importantísimas cuestiones internacionales y regionales, contribuyen al fortalecimiento de la paz en la región y en todo el mundo, puesto que asumen que la conservación del equilibrio estratégico global y de la estabilidad en la actual situación internacional adquiere especial importancia.

11. Con el objeto de coordinar la cooperación y organizar la interacción entre ministerios y departamentos competentes de los Estados participantes en la «Organización de cooperación de Shanghai» se crea el Consejo de Coordinadores Nacionales.

La actividad del referido Consejo se regirá por el Reglamento provisional aprobado por los ministros de Asuntos Exteriores de los Estados participantes.

Al Consejo de Coordinadores Nacionales se le encomendará, basándose en las cláusulas de la presente Declaración y en los documentos aprobados con anterioridad por los jefes de Estado dentro del marco del «Quinteto de Shanghai», trabajar en el proyecto de «Carta de Organización de cooperación de Shanghai», que dará cuenta inequívoca sobre las tesis clave referentes a los propósitos, el objeto, las tareas, las orientaciones de la cooperación de gran alcance que se llevará a cabo en el seno de la «Organización de cooperación de Shanghai», sobre los principios y el procedimiento para admitir en sus filas a nuevos miembros, sobre la fuerza jurídica de las decisiones aprobadas y las formas de interacción con otras organizaciones internacionales, y la presentará a la firma en el curso del encuentro de jefes de Estado que se celebrará en 2002.

Los jefes de Estado participantes, al generalizar las experiencias del pasado y al examinar las perspectivas, están seguros de que institución de la «Organización de cooperación de Shanghai» da inicio al avance de la cooperación entre los Estados miembros hacia una nueva etapa de desarrollo, que se corresponde a las tendencias de la época contemporánea, a las realidades de esta región y a los intereses fundamentales de los pueblos de los Estados participantes.

Dado en la República Popular China,
Shanghai, el 15 de junio de 2001.

Concepto del trabajo del Ministerio de Asuntos Exteriores de Rusia para la coordinación de los contactos internacionales y económicos de las unidades administrativas de la Federación Rusa

(Aprobado por el Colegio del MAE de Rusia el 13 de junio de 2001)

Los contactos internacionales y de economía exterior de las unidades administrativas de la Federación Rusa se han convertido en parte constitutiva de la política exterior de nuestro Estado. Ha crecido su volumen, se ha ampliado su ámbito geográfico y se ha enriqueciendo su contenido. Dichos vínculos afectan tanto a la concepción como a la realización del curso de la política exterior del país, impregnan de contenido concreto los acuerdos internacionales concluidos por Rusia, devienen en importante orientación hacia la ulterior integración de Rusia en el sistema de vínculos de la economía mundial.

El MAE de Rusia se atiene a la idea de que el potencial económico, cultural y humanitario de los sujetos de la Federación a escala internacional únicamente puede desarrollarse por completo con el apoyo correspondiente de los organismos federales. A su vez, los intereses nacionales de Rusia en el ámbito mundial, su posición con respecto a otros países sólo pueden ser asegurados plenamente mediante los esfuerzos comunes del centro federal y de los sujetos de la Federación.

La coordinación de los contactos internacionales y de economía exterior de las unidades federales es una de las tareas prioritarias de la actividad del MAE de Rusia.

Dicho trabajo se basa en la Constitución de la Federación Rusa, en los acuerdos sobre la delimitación de las facultades administrativas y división de competencias entre los organismos del poder estatal de la Federación Rusa y sus homólogos a escala de las unidades administrativas, en la Ley Federal sobre Coordinación de Contactos Internacionales y Económicos de las Unidades Administrativas de la Federación Rusa, la Disposición del Presidente de Rusia Sobre el Papel Coordinador del Ministerio de Asuntos Exteriores en la Realización de la Línea de Política Exterior Única de la Federación Rusa, así como en otras actas normativas y legislativas de la Federación Rusa.

Para apreciar los objetivos del presente concepto es preciso subrayar que, conforme a las referidas actas legislativas, la coordinación de los contactos internacionales y económicos de los sujetos federales constituye una responsabilidad común de la Federación Rusa y de sus unidades regionales, mientras que al MAE de Rusia se le asigna el papel de institución principal dentro del sistema de organismos federales de poder ejecutivo en la esfera de la coordinación de los vínculos internacionales y económicos de los sujetos federales.

I. Objetivos y tareas de coordinación de los vínculos internacionales de las unidades administrativas de la Federación Rusa

Entre los objetivos principales del MAE de Rusia en el referido ámbito figuran:

— Crear para los sujetos federales un entorno exterior favorable para la realización por ellos de su derecho constitucional a practicar vínculos internacionales y de economía exterior, así como a la participación en la actividad de las organizaciones internacionales en el marco de los organismos creados precisamente con este objetivo; auxiliar a los mismos en el desarrollo de la cooperación internacional siempre y cuando queden aseguradas la línea de política exterior común, la soberanía y la integridad territorial de la Federación Rusa;

— Conseguir que las unidades administrativas de la Federación empleen los vínculos internacionales y de economía exterior con el fin de asegurar los intereses de la política y economía exteriores de la Federación Rusa a escala internacional;
— Utilizar la cooperación con los Estados limítrofes a nivel regional como instrumento de creación de un espacio de buena vecindad a lo largo de nuestras fronteras.

Conforme al concepto de política exterior de la Federación Rusa, el MAE de Rusia fija las prioridades de su trabajo en el ámbito de la coordinación de los contactos internacionales y económicos de los sujetos federales del siguiente modo:

En el ámbito de la Comunidad de Estados Independientes (CEI)

— Coadyuvar, con todos los medios al alcance, a los sujetos federales en el desarrollo de la colaboración internacional y transfronteriza con los socios de la CEI al objeto de solucionar tareas socioeconómicas regionales, acelerar el proceso de integración económica dentro de la Comunidad. Al mismo tiempo, cabe prestar especial atención a la interacción entre las regiones de Rusia y Bielorrusia dentro de los marcos de la Unión Estatal.
— Utilizar la cooperación interregional a escala internacional en calidad de palanca adicional que tenga como objetivo fortalecer las relaciones económicas y políticas bilaterales con los países de la CEI.
— Consolidar el aspecto internacional de los fundamentos jurídicos de los vínculos con los Estados miembros de la CEI.
— Aprovechar las posibilidades que se ofrecen a las regiones para restablecer los vínculos culturales con los Estados miembros de la CEI; aprovechar el canal existente de cooperación interregional con los Estados de la CEI y de cooperación con los compatriotas.

— Incorporar las regiones a la creación y fortalecimiento del espacio informativo común de la CEI; utilizar el canal de cooperación internacional con los Estados de la CEI para promover en el territorio de los países comunitarios los medios de comunicación rusos y los flujos informativos procedentes de nuestro país, y ante todo, en las regiones de residencia de población rusohablante.
— Fomentar la cooperación transfronteriza mediante la creación de organizaciones de cooperación transfronteriza con participación tanto de las regiones como de las unidades municipales.

En el ámbito europeo

— Utilizar la cooperación interregional y transfronteriza como uno de los medios para lograr la incorporación del país a los procesos de integración europea.
— Interacción con los representantes de las unidades administrativas de la Federación Rusa y de las unidades municipales, en el marco de la Asamblea Parlamentaria del Consejo de Europa y del Congreso de las autoridades locales y regionales de Europa, para llevar a efecto la línea única de la política exterior rusa en el Consejo de Europa.
— Asegurar la participación de las regiones del noroeste del Rusia en la cooperación internacional de los países del Báltico y de Europa del norte en general. Apoyar su aspiración de profundización de la cooperación con las instituciones territoriales formadas por los países limítrofes; prestarles asistencia en la creación de comunidades transfronterizas a imagen y semejanza de las llamadas «eurorregiones».
— Cooperar con los sujetos federales para profundizar dicho proceso en el marco de la cooperación con la Unión Europea, incluidas las cuestiones relacionadas con la realización de la iniciativa «Dimensión Norte» de la UE, así como del programa TASIS.

— Mejorar la coordinación de las actividades efectuadas por las regiones dentro de los marcos del Consejo Euroártico de Barents y de la Organización de Cooperación Económica del Mar Negro; animar su actividad cooperadora en el seno del Consejo de los Estados del Mar Báltico; impulsar la actividad de asociación en el ámbito de la cooperación subregional con los Estados del mar Báltico; incrementar el papel de las regiones en la realización de los proyectos y programas del Consejo Ártico; aprovechar con mayor plenitud el potencial de interacción con el Consejo del Norte y el Consejo de ministros de los Países Norteños.
— Reforzar el trabajo de coordinación de los vínculos de los sujetos federales con sus socios de los países del mar Báltico observando el curso estatal común en las relaciones con estos países.
— Estimular la cooperación interregional con los Estados de Europa Central y Oriental.
— Asegurar los métodos y formas de participación de las regiones en el funcionamiento de los mecanismos de cooperación, regionales y subregionales, en Europa suroriental, siempre y cuando dichos métodos y formas respondan a los intereses estatales.

En el área de Asia y el Extremo Oriente

— Contribuir a la ampliación de los vínculos de las regiones rusas con sus socios de China y Japón, lo cual es parte integrante de la cooperación de Rusia con dichos Estados, y ofrecer solución a los problemas socioeconómicos experimentados por las unidades administrativas federales de Siberia y del Extremo Oriente.
— Incorporar más activamente a los sujetos federales a la cooperación con la India e Irán.
— Coadyuvar al impulso de la cooperación económico-comercial entre las regiones del Extremo Oriente ruso y los países miembros de la ASEAN.

— Promover la participación de los sujetos federales en la solución de los problemas de desarrollo de la cooperación en la zona litoral del mar Caspio, en el Ártico y en el Norte.
— Prestar auxilio a los sujetos federales en la elección de las formas de cooperación con los países centroasiáticos de la CEI.

En el área de América del Norte

— Contribuir a la ampliación de los vínculos económicos de las regiones rusas con Estados Unidos y con los territorios y provincias de Canadá, inclusive en los marcos de la Iniciativa del Norte Europeo de Estados Unidos, del Programa «Iniciativa regional de inversiones» (Estados Unidos-Rusia), así como utilizando con estos fines los canales de comunicación interparlamentaria a escalas federal y regional.
— Hacer partícipes a los sujetos federales, de un modo permanente, en el diálogo ruso-canadiense sobre el problema de la consolidación y desarrollo del federalismo, inclusive en el marco del Foro de las Federaciones.

En el área de América Latina y África

— Definir las prioridades de la colaboración con las regiones de América Latina y África.
— Promocionar de forma activa las mercancías, capitales y tecnología rusos en los mercados latinoamericano y africano. Aprovechar las posibilidades de los sujetos federales en la recuperación de formas de cooperación tales como envío de especialistas rusos, formación de especialistas nacionales en centros docentes de nuestro país, intercambios culturales, etc.
— Contribuir al establecimiento y desarrollo de los vínculos de los sujetos de la Federación Rusa con asociaciones regionales en los continentes latinoamericano y africano.

En el marco de las organizaciones internacionales del sistema de la ONU

— Lograr resultados prácticos en el curso de la cooperación de Rusia con las organizaciones del sistema de la ONU en general y, en particular, incrementar el volumen de asistencia encauzada hacia los sujetos federales a través de dichas organizaciones, establecer vínculos de socios, de gran alcance, entre las regiones rusas y dichos organismos.
— Involucrar a los sujetos federales en la cooperación con comisiones económicas regionales de la ONU, en primer lugar con la Comisión Económica para Europa (CEPE) y la Comisión Económica y Social para Asia y el Pacífico (CESPAP), así como ampliar la cooperación de las regiones con las organizaciones de la ONU que prestan asistencia técnica y humanitaria (PNUD, ONUDI, UNISEF, FNUAP, PMA, OMS, etc.), haciendo énfasis, ante todo, en el desarrollo integral de las regiones y prestando especial atención a la introducción de las nuevas tecnologías, el apoyo a las pequeñas y medianas empresas, la protección del medio ambiente, los problemas de la sanidad, etc.

En el ámbito de diplomacia económica

— Determinar el lugar de los sujetos federales en los procesos de globalización de la economía mundial a los que se suma Rusia.
— Aumentar la eficiencia de los sujetos federales en la esfera del comercio exterior, enfocándolos hacia el desarrollo de la cooperación en el campo de inversiones.
— Involucrar a las regiones en la realización de proyectos conjuntos de importancia con países extranjeros, ante todo en esferas tales como la energética, los aprovechamientos forestales, y la construcción de corredores de transporte internacionales.
— Desarrollar y fortalecer los vínculos económicos de los sujetos federales con los Estados extranjeros y sus entidades administrativas y territoriales.

— Asegurar la realización del concepto de cooperación transfronteriza en la Federación Rusa.
— Garantizar la observancia por parte de los sujetos federales de los principios de uniformidad en política exterior llevada a cabo por la Federación Rusa, de regulación estatal de la actividad de la economía exterior y del territorio aduanero de la Federación Rusa.

En el ámbito de la seguridad nacional

— Detectar y contrarrestar, en colaboración con las respectivas instituciones federales, las tentativas de ciertos países a expandir su influencia económica y política a las regiones rusas obviando el centro federal, a jugar la «carta regional», a estimular el separatismo, a aprovechar el factor étnico y religioso para atizar los ánimos nacionalistas.
— Prestar especial atención a las llamadas «regiones problemáticas», considerando la situación político-económica que se está configurando en su entorno y, por consiguiente, la necesidad de elaborar un enfoque especial para la solución de los problemas de cooperación interregional a escala internacional.
— Velar por la observancia por parte de todos los sujetos federales de todas las sanciones internacionales en las que participa la Federación Rusa. Adoptar la actitud que no admita contactos independientes con formaciones territoriales autoproclamadas.

En el ámbito humanitario y cultural

— Ampliar la interacción con los sujetos federales en lo que respecta a los problemas de protección de los derechos e intereses legítimos de los compatriotas en el extranjero, prestarles ayuda en la preservación de sus identidades étnico-culturales y en el mantenimiento de contactos humanitarios con Rusia.
— Brindar asistencia a las regiones en la realización por éstas de sus propios programas de apoyo a los compatriotas; desarrollar los

contactos y la cooperación a nivel regional con las organizaciones públicas instituidas por los compatriotas.

— Perfeccionar el mecanismo de interacción entre los organismos federales del poder ejecutivo y regionales en el curso de la elaboración y realización de los proyectos internacionales en los campos cultural, de la educación, del deporte, del turismo y de los intercambios juveniles. Afianzar las bases legislativas del componente regional de los vínculos culturales exteriores de Rusia. Reforzar las posiciones del idioma ruso y de la cultura de los pueblos rusos a través de los vínculos interregionales de carácter directo.

— Incorporar las entidades culturales de los sujetos federales y sus representantes a los intercambios culturales internacionales de Rusia, incluida la participación en conferencias internacionales y en la actividad de organizaciones culturales internacionales, en especial la UNESCO. Ayudar a la convocatoria en el extranjero de actos culturales por parte de las regiones, organizar eventos semejantes convocados por organizaciones internacionales en territorio de los sujetos federales. Apoyar la cooperación interregional a nivel internacional en la esfera del deporte, el turismo e intercambios juveniles.

II. Directrices de trabajo del MAE de Rusia en la coordinación de los contactos internacionales y de comercio exterior

El Ministerio de Asuntos Exteriores de Rusia, al considerar la coordinación de los contactos internacionales y en el ámbito del comercio exterior de los sujetos de la Federación Rusa como uno de los elementos clave para el fortalecimiento del federalismo y garantía del espacio legislativo único en el campo de la actividad internacional, viene vertebrando su cooperación con los organismos de poder estatal de los sujetos federales en las siguientes direcciones:

En la esfera legislativa

— Participar en el perfeccionamiento de la base legislativa de Rusia en el ámbito de cooperación interregional.
— Aprovechar los vínculos interparlamentarios a nivel federal y regional para desarrollar la base legislativa de la actividad internacional de los sujetos federales.
— Ampliar los fundamentos jurídicos internacionales de dichos vínculos, elaborar cuestiones referentes a la conclusión de acuerdos marco intergubernamentales que determinen los principios rectores y rumbos de la cooperación interregional.
— Tomar parte en la elaboración de las bases legislativas y de los acuerdos internacionales para la cooperación transfronteriza (Ley sobre cooperación transfronteriza, adhesión a los protocolos de la Convención Marco Europea sobre Cooperación Transfronteriza entre las Comunidades y Autoridades Territoriales).
— Involucrar a representantes de los sujetos federales en la redacción de acuerdos y tratados internacionales que afecten de forma directa a los intereses de las correspondientes regiones.
— Considerar los intereses legítimos de las regiones rusas al elaborar las actividades de política exterior de la Federación Rusa y al preparar y firmar los convenios internacionales de la Federación Rusa.

En la esfera de la cobertura político-organizativa

— Coordinar la interacción entre los sujetos federales fronterizos, su cooperación con formaciones administrativas y territoriales de los Estados extranjeros limítrofes.
— Llevar a cabo consultas permanentes entre los ministerios de Asuntos Exteriores sobre el tema de la cooperación interregional y transfronteriza, incluida la participación de representantes de las regiones interesadas.
— Participar los representantes del MAE de Rusia en la realización de importantes actividades internacionales dentro de los marcos de cooperación interregional.

— Auxiliar a nivel internacional a las asociaciones de interacción económica de los sujetos de la Federación Rusa en cuestiones de desarrollo de sus vínculos internacionales y de economía exterior.
— Atender en el ámbito consular los vínculos internacionales y de economía exterior de los sujetos federales.
— Brindar apoyo a las unidades administrativas en la instauración de sus representaciones en el extranjero.
— Incorporar a los representantes de las regiones a las delegaciones de los organismos de poder federales que partan de visita al extranjero. Aprovechar los viajes al extranjero de los jefes de los sujetos federales para asegurar apoyo federal a las acciones de política exterior realizadas en el marco del concepto de política exterior de Rusia.
— Participar conjuntamente con delegaciones territoriales de los organismos federales en la coordinación de la actividad de organizaciones extranjeras estatales y no gubernamentales en las regiones, prestándoles asimismo asistencia técnica y humanitaria.
— Prestar ayuda a la formación de especialistas cualificados en distintas esferas de las relaciones exteriores para que den su apoyo a las regiones, aprovechando también el sistema de enseñanza profesional superior del MAE de Rusia.

En la esfera de la información

— Analizar y generalizar la experiencia mundial en el ámbito de los vínculos exteriores a nivel regional, crear condiciones propicias para que los sujetos federales asimilen dicha experiencia aprovechándola en su actividad.
— Informar y orientar a los sujetos federales en lo que se refiere a los problemas clave de la política exterior de Rusia y los actos internacionales de mayor importancia que se desarrollen en el ámbito federal.
— Garantizar el cumplimiento del orden de información existente por los organismos de las correspondientes delegaciones territo-

riales y funcionales del MAE de Rusia sobre los resultados de su colaboración en la esfera de la economía exterior con los países extranjeros y su participación en las distintas organizaciones internacionales.

— Divulgar a través de las oficinas exteriores del MAE de Rusia informes sobre el potencial económico de las regiones rusas y las experiencias de su cooperación con los países extranjeros.
— Crear en los organismos exteriores del MAE de Rusia expedientes informativos sobre los potenciales socios extranjeros de las regiones rusas.

III. Mecanismo de coordinación de la cooperación interregional a nivel internacional

El Ministerio de Asuntos Exteriores de Rusia viene realizando los objetivos del presente concepto apoyándose en el amplio y diversificado mecanismo de coordinación de los contactos internacionales y de economía exterior de los sujetos federales. Dicho mecanismo funciona a nivel federal y regional y está integrado por:

A nivel federal

— Consejo consultivo adjunto al MAE de Rusia de los sujetos de la Federación Rusa para los contactos exteriores y de economía exterior. La tarea fundamental del Consejo radica en la prestación de ayuda consultiva, informativa y metodológica a los sujetos federales en lo que respecta al desarrollo de los vínculos internacionales y de economía exterior. Las actividades del Consejo correrán a cargo del Departamento del MAE de Rusia para los contactos con los sujetos federales, el parlamento y las organizaciones sociopolíticas; el Departamento someterá a consideración de los directivos del ministerio y en coordinación con los sujetos federales propuestas encaminadas a perfeccionar la labor del MAE.

— Embajadas, Consulados Generales y Consulados de la Federación Rusa.

Prestan asistencia a los sujetos federales en el establecimiento de contactos en el exterior, en el intercambio de delegaciones y representaciones, en la selección de socios de confianza, en la promoción de proyectos de inversión, así como los referentes a los ámbitos económico y comercial; se encargan de las interpelaciones provenientes de los organismos del poder estatal de los sujetos federales cursadas a través del MAE de Rusia. Las instituciones extranjeras del MAE de Rusia coordinan la actividad de las regiones rusas y controlan el trabajo de las representaciones de los sujetos federales sitas en el extranjero; informan con regularidad al Centro Federal sobre casos de infracción del procedimiento de realización de contactos internacionales y presentan informes anuales sobre sus actividades en el área regional.

— Encuentros personales del ministro y de sus suplentes con los dirigentes de los sujetos federales, con representantes plenipotenciarios del presidente de la Federación Rusa en los distritos federales. Diálogo permanente de los departamentos del MAE de Rusia con representantes de los organismos del poder ejecutivo y legislativo de los sujetos federales en cuestiones de coordinación de sus vínculos exteriores.

— Grupos para los contactos interregionales y transfronterizos en el marco de comisiones intergubernamentales para la cooperación bilateral, creados con la participación del MAE de Rusia.
Su tarea principal es elaborar recomendaciones y tomar decisiones que se encaminan hacia el desarrollo y aumento de la eficiencia de la cooperación interregional y económico-comercial transfronteriza entre los países participantes, efectuar el intercambio informativo, estudiar y generalizar las experiencias de cooperación. El MAE de Rusia contribuye al aprovechamiento máximo de dicha forma de interacción, involucrando en ella a los sujetos federales interesados.

— Organismos interdepartamentales para la coordinación de la cooperación con organizaciones internacionales: comisión interdepartamental para la participación de la Federación Rusa en las organizaciones internacionales del sistema de la ONU, comisiones interdepartamentales para los asuntos de ONUDI, CEPE, CESPAP, así como comisiones para la asistencia técnica internacional y ayuda humanitaria internacional adjuntas al gobierno de la Federación Rusa.

— Grupo de Trabajo para la atracción de inversiones a las regiones de Rusia, que incluye el consejo consultivo para las inversiones extranjeras adjunto al presidente del gobierno de la Federación Rusa.
— Comisión interdepartamental para el desarrollo de la cooperación transfronteriza de la Federación Rusa.

A nivel regional

— Cooperación con representantes plenipotenciarios del presidente de la Federación Rusa en los distritos federales, lo cual supone:
— Contactos personales constantes por parte de los cargos directivos del ministerio con los representantes plenipotenciarios, así como un diálogo entre sus departamentos y el del MAE de Rusia;
— Participación de los representantes plenipotenciarios (o de sus suplentes) de los sujetos de la Federación Rusa en las sesiones del consejo consultivo adjunto al MAE de Rusia para los contactos internacionales y de economía exterior;
— Celebración anual de conferencias conjuntas de coordinación sobre el tema de los contactos internacionales y de economía exterior de los sujetos federales que integran el respectivo distrito federal;
— Trabajo conjunto para adecuar la legislación de los sujetos federales en el campo de los vínculos exteriores a la legislación de la Federación Rusa;
— Coordinación de las actividades de las autoridades y sujetos federales en la causa del cumplimiento de tratados y convenios internacionales acordados por la Federación Rusa;

— Garantía común del cumplimiento por los sujetos federales, que integran dicho distrito federal, de las leyes de la Federación Rusa relativas a la realización por las regiones de los vínculos internacionales y de economía exterior;
— Asistencia de peritaje e informativa a los representantes plenipotenciarios en cuestiones que resultan de incumbencia del MAE de Rusia, que debe ser efectuada de manera permanente por los representantes del MAE de Rusia sitos en los centros de los distritos federales.
— Representaciones del MAE de Rusia. Llevan a cabo su trabajo de acuerdo con el ya aprobado «reglamento sobre la representación del MAE de Rusia en territorio de la Federación Rusa».
— Su principal tarea consiste en brindar asistencia informativa y metodológica a los sujetos federales en la preparación y realización de actividades para el desarrollo de los contactos internacionales, informarles acerca de los principales temas de política exterior de Rusia y organizar la interacción del ministerio con los representantes plenipotenciarios del presidente de la Federación Rusa en los distritos federales dentro de los marcos de su competencia y con los organismos del poder estatal de los sujetos federales en el territorio en que desarrollen su actividad las representaciones.

Al instituirse las representaciones, tendrán prioridad aquellas regiones donde sea más amplio el círculo de tareas que son de competencia del MAE de Rusia. En primer lugar, en los centros de los distritos federales, en las regiones limítrofes, en los sujetos federales que tengan en su territorio instituciones diplomáticas y consulares extranjeras, así como en las regiones que tengan buenas y potenciales perspectivas de cooperación internacional.
— Asociaciones de interacción económica de los sujetos de la Federación Rusa.

El MAE de Rusia coopera con asociaciones en las siguientes direcciones básicas:
— Generalización y divulgación de las experiencias positivas en el ámbito de los contactos económicos exteriores;

— Asistencia a las asociaciones en la coordinación de su actividad en la esfera de la economía exterior a nivel interregional y en la elaboración de enfoques comunes sobre la colaboración con organizaciones internacionales e instituciones económico-financieras;
— Establecimiento de contactos con asociaciones homólogas en el exterior;
— Asistencia a las asociaciones para la publicación en los medios de comunicación de datos sobre la actividad de las asociaciones, sus posibilidades y experiencias de cooperación a nivel internacional.

IV. Interacción con departamentos federales

Con el propósito de llevar a término las tareas planteadas, el MAE de Rusia colabora con la Asamblea Federal de la Federación Rusa, con el Consejo de Seguridad de la Federación Rusa, con los ministerios y departamentos federales interesados, así como con los centros científicos y académicos que se dedican a los problemas regionales.

El mecanismo de interacción es:

a) Con los organismos del poder ejecutivo:

— Intercambio sistemático de información sobre las cuestiones de interés común relacionadas con la actividad internacional de las regiones;
— Participación de representantes de los ministerios y departamentos federales en el trabajo del consejo consultivo adjunto al MAE de Rusia para los contactos internacionales y de economía exterior de los sujetos de la Federación Rusa;
— Análisis conjunto de los problemas planteados por los sujetos federales y relativos a la cooperación internacional de las regiones;
— Interacción de las representaciones del MAE de Rusia en los sujetos federales con instituciones territoriales de los organismos federales del poder ejecutivo en cuestiones de desarrollo por las regiones de contactos internacionales;

— A través de las embajadas de Rusia, involucrar a las representaciones de los organismos del poder ejecutivo en el exterior en la garantía de los intereses de los sujetos federales en el ámbito del desarrollo de vínculos con socios extranjeros;
— Hacer que representantes de ministerios y departamentos federales participen en las actividades promovidas por el MAE de Rusia en las regiones (inclusive con el apoyo del CE, la UE y de otras organizaciones internacionales); participación de representantes del MAE de Rusia en actividades análogas realizadas por otros departamentos;
— Coordinación con departamentos federales de la actitud ante los problemas relacionados con las actividades de las regiones a nivel internacional;

b) Con la Asamblea Federal de la Federación Rusa

— Asistencia de peritaje en la redacción de actas legislativas que rijan la actividad internacional de las regiones;
— Ayuda en la organización de viajes al exterior de delegaciones parlamentarias, así como su aprovechamiento para la realización de la línea única de la Federación Rusa en la esfera de la economía exterior y en la solución de los problemas de cooperación interregional.
— Apoyo de peritaje a las delegaciones parlamentarias en las organizaciones internacionales.
— Participación en las actividades de la Asamblea Federal referentes a los problemas de los vínculos interregionales.
— Envío de informes regulares a la Asamblea Federal sobre los temas de la cooperación interregional.

V. Tareas de los departamentos del MAE de Rusia

La labor de coordinación de los contactos internacionales y de economía exterior de los sujetos de la Federación Rusa ocupa un lugar importante en la actividad de las subdivisiones del ministerio.

Las tareas de los departamentos se distribuyen del siguiente modo:

— El Departamento para los contactos con los sujetos federales, el Parlamento y las organizaciones sociopolíticas coordina los vínculos internacionales de los sujetos federales, su actividad en el Consejo de Europa, se ocupa de los problemas de la cooperación transfronteriza, mantiene contactos con representaciones del ministerio en territorio de la Federación Rusa, organiza la interacción entre las subdivisiones del MAE con representantes plenipotenciarios del presidente de la Federación Rusa en los distritos federales, efectúa la coordinación general de los departamentos del MAE de Rusia en el ámbito regional;
— Los departamentos territoriales se encargan directamente de los contactos internacionales y transfronterizos de las regiones con socios de los países correspondientes, y de la cooperación interregional multilateral, así como de formular propuestas sobre el aprovechamiento de las posibilidades de las regiones en la realización de la línea de política exterior desarrollada por la Federación Rusa;
— El Departamento Jurídico efectúa peritajes jurídicos de los proyectos de acuerdo concertados por los sujetos federales con sus socios extranjeros, participa en la elaboración de convenios intergubernamentales sobre estos problemas, supervisa el cumplimiento de la legislación federal en el ámbito de los contactos internacionales y transfornterizos de los sujetos federales, participa en los preparativos de afiliación de la Federación Rusa a las convenciones y acuerdos multilaterales en dicha esfera;
— El Departamento de Personal, la Academia Diplomática y el Instituto Estatal de Relaciones Internacionales de Moscú se dedican a la formación de especialistas para el trabajo en la esfera de los vínculos internacionales y de economía exterior de los sujetos federales, organizan cursos especiales y convocan seminarios con el propósito de mejorar la cualificación de los especialistas procedentes de las regiones;

— El Departamento de Cooperación Paneuropea brinda asistencia a los sujetos federales en cuestiones de desarrollo de sus contactos internacionales y de economía exterior dentro de los marcos de interacción y cooperación de la Federación Rusa con la Unión Europea, el Consejo de Europa y otras organizaciones europeas;
— El Departamento de Organizaciones Internacionales presta auxilio a los sujetos federales en su cooperación con organizaciones internacionales para obtención de ayuda técnica y de otro tipo, así como en su trabajo en los organismos de las organizaciones internacionales especialmente creados con tales propósitos;
— El Departamento de Cooperación Económica efectúa asistencia de peritaje a los sujetos federales en el campo de la economía exterior y en su incorporación a los mercados mundiales, y participa en el análisis de cuestiones de cooperación limítrofe;
— El Departamento para los Contactos Culturales y los asuntos de la UNESCO efectúa ayuda de peritaje y consultiva a los sujetos federales en el desarrollo a nivel internacional de la cooperación regional en la esfera de la cultura, la ciencia, la educación, el deporte, el turismo, los intercambios juveniles, así como en otras cuestiones que son de competencia del Departamento;
— El Departamento del Servicio Consular se encarga de los contactos internacionales y de economía exterior de los sujetos federales; coopera con las representaciones del MAE en cuestiones relacionadas con el servicio consular;
— El Departamento de Información y Prensa brinda apoyo informativo al trabajo de los sujetos federales orientado al desarrollo de la cooperación interregional a nivel internacional;

Las funciones de control se llevan a cabo por el Secretariado General.

Líneas directrices de las actividades del MAE de Rusia para el desarrollo de las relaciones culturales de Rusia con países extranjeros

(Aprobadas por el ministro de Asuntos Exteriores de la Federación Rusa, Igor Ivanov, el 23 de febrero de 2001)

Por el presente se determinan las directrices de las actividades del Ministerio de Asuntos Exteriores de Rusia encaminadas a asegurar su participación en la cooperación cultural de Rusia con los países extranjeros con el fin de realizar las cláusulas del concepto de política exterior de la Federación Rusa y en consonancia con el Decreto del Presidente de la Federación Rusa de 12 de marzo de 1996, núm. 375, «Sobre el Papel Coordinador del Ministerio de Asuntos Exteriores en la Realización de la Línea de Política Exterior Única de la Federación Rusa».

I

En la realización de la estrategia de la política exterior de Rusia corresponde un papel especial a la cultura.

La posición y el prestigio del Estado ruso en el mundo dependen no sólo de su peso político y recursos económicos, sino también del patrimonio cultural de los pueblos de la Federación Rusa. Al expresar la identidad espiritual de la nación, la cultura rusa personifica al mismo tiempo los valores universales de la comunidad mundial y representa una parte del patrimonio histórico y cultural de la humanidad.

La política exterior cultural es parte integrante de la política estatal de Rusia en el ámbito internacional. Aprovechando su específico instrumental, formas y métodos de trabajo, la diplomacia cultural es capaz de hacer una importante aportación al logro de los objetivos básicos y al aumento de la eficacia de la política exterior de Rusia. La interacción entre la diplomacia y la cultura dispone de tradiciones históricamente arraigadas y sirve a los intereses nacionales de Rusia.

Los nuevos desafíos surgidos en los albores del siglo XXI y las tareas de gran alcance que se plantean ante Rusia en la esfera de las relaciones internacionales en el contexto de la globalización conceden a las relaciones culturales de nuestro país una importancia creciente.

El objetivo primordial de la política cultural de Rusia consiste en la formación y fortalecimiento de relaciones de entendimiento y de confianza mutua con países extranjeros, así como en el desarrollo de relaciones equitativas y mutuamente beneficiosas con ellos y en fortalecer la participación del país en el sistema de cooperación cultural a escala internacional. La presencia cultural de Rusia en el extranjero, al igual que la presencia cultural extranjera en nuestro país, tiene que coadyuvar a la consolidación de una relevante posición de Rusia en la escena mundial que corresponda a su historia, situación geopolítica, a su potencial conjunto y a sus recursos.

Las relaciones culturales, siendo uno de los más flexibles y, por tanto, más eficaces instrumentos del sistema de las actividades de política exterior, están destinadas a coadyuvar a la creación de una imagen positiva de Rusia en el mundo exterior. Las relaciones culturales tienen que originar y fomentar simpatías hacia nuestro país, aumentar el número de nuestros amigos, simbolizar la apertura de la sociedad rusa y demostrar el renacimiento de Rusia en calidad de Estado libre y democrático.

Las relaciones culturales pueden y deben servir de contrapeso a las tentativas de trazar nuevas líneas divisorias entre los pueblos y Estados, siendo a la vez un factor que neutralice los estereotipos antirrusos y cree un ambiente lo más favorable posible al desarrollo de todo un abanico de relaciones interestatales.

La política exterior cultural tiene que ser planificada y configurada con el objetivo de fomentar en el extranjero una visión panorámica de Rusia, como un país que conserva cuidadosamente las tradiciones históricas de la cultura nacional y al mismo tiempo desarrolla una actividad cultural dinámica en condiciones de pluralidad y libertad de creación, prohibición de la censura y pluralismo de opiniones.

Es preciso que las relaciones culturales reflejen también el carácter federativo del sistema estatal de Rusia que reconoce el principio de igualdad de culturas de todos sus pueblos y etnias. La realización de una eficaz política cultural requiere coordinar los intereses del centro federal y de las regiones, salvaguardando al mismo tiempo la soberanía e integridad estatal de la Federación Rusa.

Una de las prioridades de nuestra política exterior cultural consiste en prestar diversificada y sistemática ayuda a los compatriotas rusos, proteger los derechos de los ciudadanos rusos que residen fuera de Rusia y respaldarles en la realización de sus legítimos derechos en los ámbitos cultural, lingüístico, informativo y de educación.

El intercambio cultural debe tener por objetivo el establecimiento y mantenimiento de relaciones estables y duraderas entre Estados, organizaciones públicas e individuos, contribuyendo a promover la interacción interestatal en otros ámbitos, incluida la esfera económica.

Las relaciones culturales internacionales tienen que impulsar la realización de la política estatal cultural en la Federación Rusa en aras de la renovación y la humanización de la sociedad rusa, así como para fomentar su potencial intelectual.

II

La cooperación internacional cultural comprende contactos en los marcos cultural, artístico, científico, académico, informativo, así como en el intercambio juvenil, contactos entre editoriales, museos, bibliotecas y archivos nacionales, contactos en el ámbito del deporte y el turismo, y también entre grupos y organizaciones sociales, uniones de creadores, y grupos particulares de ciudadanos. Cada una de las direcciones enumeradas necesita apoyo y auxilio por parte del Ministerio de Asuntos Exteriores de Rusia y de sus oficinas extranjeras.

El fundamento de los vínculos culturales lo constituyen los intercambios de actores y artistas en su forma tradicional de giras artísticas. El alto prestigio y la singularidad de nuestra escuela de interpretación, la promoción en la escena mundial de nuevas celebridades nacionales aseguran un interés estable en el extranjero por las actuaciones de los maestros rusos. El objetivo sería conseguir la más amplia representación en el extranjero de los logros más destacados de la cultura rusa, incluidos los éxitos del arte musical y teatral de todo tipo y género, ópera, ballet y arte dramático, canciones y bailes nacionales de los pueblos de Rusia, circo, teatro de variedades, folclore, arte clásico y moderno, así como los éxitos de los artistas profesionales y aficionados, de los intérpretes y compañías artísticas de renombre mundial y de la juventud artística, de representantes de todas las regiones rusas y de todas las nacionalidades.

Es preciso estimular la celebración en el extranjero de festivales de la cultura rusa y de otros actos complejos, respaldar la organización de visitas recíprocas de representantes de diferentes ámbitos de la vida cultural con el fin de fomentar contactos creativos, así como auxiliar el intercambio de experiencias, presentación de informes y cursillos, participación en simposios y otros eventos de este género.

Una tarea importante que se plantea en el ámbito de la literatura y el arte consiste en garantizar la adecuada participación de Rusia en ferias y certámenes internacionales, exposiciones y concursos artísticos y literarios, así como en las demás actividades multilaterales en el área de la ciencia y la educación.

El intercambio de exposiciones artísticas tiene que ofrecer un panorama más amplio del patrimonio cultural clásico de Rusia, así como de las artes plásticas modernas en su integridad armoniosa y variedad de tendencias creadoras compaginadas con las tradiciones y el espíritu innovador. Es menester exponer en el extranjero artículos de artesanía popular.

Cabe estimular la cooperación en la esfera de la preservación, restauración y protección de los valores culturales, elaborar garantías viables de devolución a la patria de las muestras museísticas cedidas al extranjero para participar en exhibiciones provisionales, tomar medidas para impedir la importación y exportación ilícitas de los valores culturales que integran el patrimonio de Rusia, así como prevenir la cesión ilícita del derecho de propiedad sobre ellos, mantener contactos con los organismos competentes de otros Estados para restablecer el derecho de propiedad y devolver a Rusia las piezas que forman parte del patrimonio cultural del Estado y que han salido al extranjero por vías ilícitas.

Ha de considerarse tarea de importancia estatal la labor orientada a perpetuar la memoria sobre los vínculos históricos de Rusia con los países extranjeros, a localizar, conservar y popularizar los monumentos culturales y otros objetos del patrimonio cultural sitos en el extranjero, pero que están relacionados con el pasado histórico de Rusia, con la vida y la actividad en el extranjero de personajes eminentes, y también la promoción de actividades relacionadas con aniversarios de eventos memorables de la historia rusa, así como la asistencia a la devolución de las reliquias históricas a la patria.

Un aspecto que tiene suma importancia en el marco de dicho trabajo es el esfuerzo encaminado a reparar y mantener en buen estado los monumentos consagrados a los defensores de la patria que murieron en territorio extranjero, a proporcionar la debida conservación tanto de éstos como de otros monumentos que simbolicen la gloria militar de Rusia, a mantener contactos con los organismos competentes de otros países con el propósito de tomar medidas eficientes para proteger y prevenir actos vandálicos con respecto a dichos monumentos y objetos históricos.

Es preciso trabajar para que Rusia sea admitida, en mayor medida, en el espacio educativo internacional, de modo que se incorpore al mercado mundial de servicios educativos, ampliar el volumen tanto de la formación becada por el Estado como de la retribuida a especialistas extranjeros en el «espacio educativo» ruso. Cabe aumentar el interés por cursar carreras en la Federación Rusa. Es importante también mantener contactos sistemáticos con los graduados de los centros de enseñanza superior rusos, puesto que la mayoría de ellos integran la elite política e intelectual de los Estados nacionales y pueden contribuir al desarrollo de las relaciones amistosas con Rusia.

Es indispensable, asimismo, prestar asistencia a la institución y al desarrollo de contactos entre los centros docentes rusos y sus homólogos en el extranjero por medio del intercambio de especialistas, científicos, profesores y estudiantes, así como de trabajos científicos, estudios en el ámbito de la metodología, la pedagogía y los materiales didácticos. En este sentido adquiere especial importancia la creación en el exterior de centros de enseñanza conjuntos instituidos en correspondencia con la legislación rusa y la de otros países, la apertura de sucursales y filiales de los centros de enseñanza superiores rusos, incluida también la introducción de los métodos de educación a distancia.

Es preciso también seguir trabajando para la incorporación de Rusia al sistema internacional de unificación de normas y estándares de calidad de la educación, de diplomas y grados científicos para que éstos sean reconocidos en otros países.

En el sistema de intercambios en el ámbito educativo corresponde un papel importante a la realización del programa de reciclaje profesional en el exterior del personal administrativo ruso, en particular de los *managers* de los sectores de economía reales y de funcionarios del Estado.

En el contexto de la cooperación en el campo científico y educativo requieren de apoyo estatal los contactos entre los científicos orientados a la redacción conjunta de manuales y libros científico-técnicos con el fin de asegurar una interpretación adecuada de la historia de las relaciones de Rusia con determinados Estados.

En la política exterior cultural ocupa un lugar especial la tarea de estabilizar y fortalecer las posiciones del idioma ruso, ampliar su uso en los contactos internacionales, inclusive en la esfera de las actividades de las organizaciones internacionales; mantener su estatuto de idioma universal. El ruso tiene que seguir siendo un instrumento de iniciación de los pueblos a la cultura rusa, así como uno de los factores clave de formación en la comunidad mundial de una actitud positiva hacia Rusia. Dentro de las posibilidades ofrecidas por el derecho internacional es necesario oponerse debidamente a todas las tentativas de menoscabar o discriminar el idioma ruso.

Hay que coadyuvar al desarrollo de contactos entre museos, archivos, bibliotecas de Rusia y de otros países para intensificar el intercambio de especialistas, materiales y copias de documentos y también para utilizar con fines científicos los fondos de museos, bibliotecas y archivos asegurando el acceso lo más amplio posible a los mismos.

Es necesario promocionar en el mercado cinematográfico extranjero las obras maestras del cine nacional, estimular, con el fin de ampliar la presencia de Rusia en la pantalla mundial, la organización en el extranjero de semanas del cine ruso, la participación de cineastas rusos en festivales internacionales de cine, la coproducción de películas y otras formas de contacto.

Se perfilan amplias perspectivas en los intercambios entre las compañías de radio y televisión, y las agencias de información, así como en los contactos entre los medios de prensa nacionales y las casas editoras, inclusive la creación y difusión conjuntas de respectivos productos y la protección recíproca de los derechos de autor y de la propiedad intelectual.

La infraestructura de intercambios culturales tiene que abarcar contactos en el ámbito de la arquitectura y el urbanismo, así como coadyuvar a la preservación del patrimonio arquitectónico, de los conjuntos históricos y tradicionales, de paisajes los culturales y naturales.

Como importante instrumento de comprensión mutua, de expresión de buena voluntad y de fortalecimiento de relaciones entre las personas y los pueblos deben ser consideradas las relaciones en la esfera de la cultura física y el deporte.

Es preciso coadyuvar al aumento de la participación del país en el intercambio turístico internacional, que cumple unas funciones importantes en el establecimiento de la comprensión mutua entre los pueblos y en la creación de una visión objetiva sobre su vida, tradiciones y costumbres, ayudando a fomentar la tolerancia y el respeto por las diversas convicciones y creencias culturales, nacionales, religiosas y morales. Es necesario tomar medidas para garantizar la libre circulación de los turistas rusos en el extranjero y evitar la discriminación que contra ellos puedan provocar las acciones de las autoridades de otros Estados.

Una de las líneas importantes la constituye el respaldo al desarrollo de los intercambios entre la gente joven con el fin de involucrar a la juventud en la realización de programas internacionales humanitarios, al aumento de contactos entre organizaciones y estructuras juveniles, y también entre especialistas en el trabajo con jóvenes y las oficinas de apoyo social a la juventud.

La cooperación cultural en su acepción plena contempla el mantenimiento de relaciones directas entre las instituciones culturales, las uniones y organizaciones de artistas, intelectuales creativos y personalidades señeras de la cultura. Merecen apoyo asimismo las actividades de determinadas fundaciones sociales y también de organismos comerciales cuyo patrocinio ayuda a realizar destacados proyectos en el ámbito de la colaboración cultural.

La Iglesia tiene un papel importante en el desarrollo del diálogo intercultural y en el devenir de la cultura mundial. La cooperación interconfesional de la Iglesia ortodoxa rusa y de otras religiones tradicionales de Rusia, especialmente en la organización en el extranjero de actos culturales y de ilustración, es capaz de dar una aportación esencial a la ampliación de los vínculos espirituales entre personas y pueblos.

III

Las relaciones bilaterales son la base de la participación de Rusia en la colaboración cultural internacional. No existe ni puede existir Estado con el cual la parte rusa no esté dispuesta a practicar intercambios culturales. Las circunstancias políticas derivadas de la necesidad de proteger los intereses nacionales del país, y también las que se derivan de resoluciones acordadas y aprobadas con la participación de Rusia a escala internacional, pueden marcar en determinados períodos el desarrollo de las relaciones culturales con Estados particulares, suspendiéndolas parcial o totalmente. Sin embargo, tal situación debe considerarse esencialmente anormal y contradictoria con los objetivos principales de la política exterior cultural de Rusia. Las complicaciones políticas y los conflictos no deben transformarse en enemistad entre culturas.

La cultura rusa está abierta a todo el mundo. Al mismo tiempo, el volumen y las formas de relación cultural con los distintos países no pueden ser iguales, puesto que están sujetos a la influencia de circunstancias tales como las tradiciones históricas, los factores geográficos, el nivel de relaciones, el estado de la base jurídica y contractual, las posibilidades financieras e interés concreto de los copartícipes del intercambio cultural.

Las relaciones con los países de la CEI constituyen una línea prioritaria de la política exterior cultural de Rusia. Los objetivos principales en este ámbito siguen siendo la formación de un espacio cultural, informativo y educativo común, el mantenimiento de los vínculos espirituales con los pueblos de estos países que vienen de antaño, su desarrollo constante sobre la nueva base democrática, la búsqueda de formas más flexibles y fructíferas de cooperación, la conservación de las posiciones históricamente arraigadas del idioma ruso.

Es preciso prestar especial atención al fortalecimiento del papel de Rusia como principal centro de enseñanza de la Comunidad, a la ampliación de la práctica de conceder becas estatales a los estudiantes de los países de la CEI para financiar sus estudios en los centros docentes de Rusia, así como al apoyo de las actividades de las universidades rusas (eslavas) en los países de la Comunidad.

Una importante área de las actividades encaminadas a fortalecer la presencia cultural de Rusia en los países de la CEI es la cooperación con las asociaciones de compatriotas. El respeto de los derechos de los ciudadanos rusos y de los compatriotas por parte de los órganos estatales de los países de la CEI debe convertirse en uno de los criterios principales de la política de Rusia en relación con estos Estados.

El desarrollo de intercambios culturales con los países del G-8, principales socios de Rusia en el escenario cultural mundial, tiene una gran importancia y debe llevarse a cabo sobre una base equitativa y de interés mutuo. Es preciso gestionar la realización de los acuerdos conseguidos en el marco del G-8 referentes a la esfera humanitaria, también los referidos a la conservación de la diversidad cultural y lingüística, al desarrollo del sistema educativo y de la ética que debe regir las investigaciones científicas.

La cultura tiene que seguir siendo un componente importante de las relaciones ruso-estadounidenses, también en consideración a la influencia de Estados Unidos sobre los procesos culturales que se producen en el mundo.

Es necesario consolidar la participación de Rusia en el sistema de interacción cultural europea. Es importante asegurar el desarrollo ulterior de la cooperación cultural con Alemania, Francia, Reino Unido, Italia, España y demás países de Europa Occidental, así como coadyuvar a la restauración de la presencia cultural de Rusia en Europa Central y Oriental. En el desarrollo de los vínculos culturales y en el ámbito de la enseñanza es necesario tener en consideración por lo que se refiere a los Estados bálticos las cuestiones relacionadas con observación de los derechos de la población de habla rusa por las autoridades de estos países.

La política cultural de Rusia en relación con los Estados de la región de Asia y el Pacífico tiene que construirse en consideración a su creciente papel en la política y la cultura mundiales. La existencia de una sólida infraestructura cultural en estos países abre posibilidades adicionales para el despliegue de una amplia gama de intercambios culturales por medio de la colaboración interregional. Tiene especial importancia la tradicional cooperación en el ámbito cultural con China, la India y Japón, que adquiere una dimensión cada vez más amplia. Se requieren serios esfuerzos encaminados a restablecer las relaciones culturales con Mongolia, Vietnam, Cuba y con otros Estados, puesto que una gran parte de sus intelectuales cursó estudios en nuestro país, con lo cual siguen guiándose por el sistema de valores espirituales generalmente aceptado en Rusia.

En lo que se refiere a los países de Oriente Próximo, África y América Latina es necesario estabilizar y profundizar los niveles alcanzados de cooperación y de presencia cultural de Rusia en aquellas regiones, teniendo presente los intereses mutuos y posibilidades financieras. Un papel importante en el desarrollo de las relaciones culturales con este grupo de países corresponde a los intercambios en el ámbito de la educación, así como a la ampliación del sistema de formación de especialistas extranjeros en los centros docentes rusos.

IV

Las relaciones culturales multilaterales de Rusia comprenden la actividad en el ámbito cultural, científico y educativo en las organizaciones internacionales en las que participa nuestro país, así como la cooperación con las alianzas integracionistas internacionales e interregionales, la participación en conferencias internacionales y en otras acciones multilaterales de carácter cultural.

El objetivo de la participación de representantes rusos en las actividades de las organizaciones internacionales y en las conferencias internacionales tiene que ser el de la garantía de los intereses nacionales de Rusia en las cuestiones eje de la política mundial cultural. Es necesario desarrollar y ampliar los tratados internacionales que rigen la participación de Rusia en la colaboración cultural de carácter multilateral, incluida la perspectiva de la posible adhesión a los tratados, convenios y acuerdos de mayor importancia que se correspondan a los intereses del país.

Uno de los objetivos del desarrollo de las relaciones con las organizaciones internacionales tiene que ser la utilización más eficiente de sus posibilidades, comprendidas también las posibilidades financieras, con el fin de prestar ayuda a la formación cultural en Rusia, activar el intercambio cultural a todos los niveles e incorporar a la cooperación las regiones rusas.

A la UNESCO le corresponde un lugar especial en la política exterior cultural de Rusia, el foro intelectual dentro del sistema de la ONU que permite sin confrontaciones y superflua politización buscar soluciones a los problemas globales de la contemporaneidad por medio del desarrollo de la cooperación en las esferas de la cultura, la ciencia y la enseñanza. La filosofía, los ideales y los valores de la UNESCO, orientados a la formación de un orden mundial democrático y multipolar, a la superación de divisiones entre los pueblos, a la igualdad soberana de los Estados, a prevenir el dictado de cualquier Estado o grupo de Estados, al respeto por la integridad y la pluralidad de las culturas, a la creación de modelos intercomunicados, interdependientes y políticamente ilustrados de arquitectura mundial corresponden en gran medida a los enfoques de Rusia sobre el desarrollo de la cooperación internacional.

Es necesario partir del interés de Rusia en fortalecer en adelante la importancia de la UNESCO y de la necesidad de prestar un deliberado apoyo a su actividad reglamentaria, mejorando a la vez algunos aspectos relacionados con la gestión, la financiación, la economía de recursos, la optimización de la estructura administrativa y de la política de personal de la organización. Rusia debe seguir siendo uno de los Estados miembros de la UNESCO que desempeñen el papel de sus pilares institucionales. La autoridad y la influencia del país en la UNESCO deben ser consecuentemente reforzadas.

Es necesario trabajar para mejorar el contenido, las formas y la dimensión geográfica de la presencia de la UNESCO en Rusia. Los objetivos de este proceso tienen que ser el apoyo de la cultura, la ciencia y la enseñanza nacionales, la asociación de amplios círculos sociales rusos sobre la base de los valores divulgados por la organización, la movilización del potencial intelectual del país con el fin de llevar a la práctica las ideas que sustentan la actividad de la UNESCO.

Es preciso conseguir un aprovechamiento más amplio de los recursos de la cooperación con la Organización Mundial de la Propiedad Intelectual, el Fondo de las Naciones Unidas para la Infancia, el Programa de las Naciones Unidas para el Medio Ambiente, el Consejo Internacional para la Protección de Monumentos y Lugares Históricos, el Centro Internacional para la Conservación y Restauración de Valores Culturales, el Consejo Internacional de Museos, el Consejo Internacional de Archivos, el Consejo Internacional de Música, el Consejo Internacional del Baile, el Instituto Internacional del Teatro, la Asociación Internacional de las Artes Plásticas, la Federación Internacional de Editores, la Organización Mundial del Turismo, la Organización Mundial de la Salud y demás organismos y estructuras del sistema de la ONU, asociaciones y organizaciones intergubernamentales, no gubernamentales y sociales, que contribuyen al desarrollo de la cooperación cultural a escala internacional.

La interacción de Rusia con otros Estados en los ámbitos cultural, educativo, de intercambio juvenil y deportivo en el marco del Consejo de Europa tiene que seguir siendo prioritaria. Cabe aprovechar más activamente el potencial de la participación de Rusia en las convenciones referentes a la esfera cultural, la enseñanza y el deporte. Es necesario seguir la línea de incremento numérico, ampliación del contenido y mejora de la eficacia de los programas y proyectos que se realizan por el Consejo de Europa en Rusia, en primer lugar en la esfera de la enseñanza, las ciencias sociales y la educación de la juventud.

La dimensión cultural tiene que representar una parte importante de la cooperación de Rusia con el Consejo de Europa, especialmente en el marco de la realización de programas educativos conjuntos, y también con otras asociaciones integracionistas interestatales de carácter regional.

V

La política exterior cultural, orientada al enriquecimiento mutuo de culturas y a la integración de Rusia en el espacio cultural mundial, no puede ser una calle de sentido único. La presencia activa y sólida de la cultura rusa en el extranjero supone que concedamos a nuestros socios las mismas posibilidades para presentar en Rusia sus respectivas culturas nacionales sobre la base de la reciprocidad. Este proceso recíproco tiene una gran importancia no solamente para la familiarización de nuestro público con el patrimonio y los valores culturales de otros países y naciones, sino también para fomentar en el mundo una adecuada opinión sobre Rusia, vista como un Estado democrático que está abierto a otras culturas.

Con este propósito es importante mantener e intensificar el papel de Rusia como uno de los focos culturales del mundo, lugar donde se producen numerosas exposiciones, festivales y concursos, giras artísticas de las mejores compañías e intérpretes extranjeros, espacio de encuentro entre intelectuales y personajes de la cultura y de jornadas culturales de otros países.

Es preciso asegurar iguales condiciones de acceso al escenario cultural ruso para todos los Estados socios interesados, sin ningún tipo de discriminación, pero a la vez sin conceder privilegios ni admitir el dominio de cualquiera de ellos. Al respecto, tiene una gran significación la actividad de los centros culturales y de información instituidos en territorio ruso por Estados extranjeros en consonancia con los acuerdos internacionales, destinados a divulgar conocimientos fidedignos sobre la vida cultural de sus respectivos países. Al intercambio cultural también contribuye la creación en el territorio de nuestro país de delegaciones, filiales, oficinas y otras estructuras de organizaciones y fundaciones internacionales conforme al orden establecido por la legislación rusa.

VI

La política exterior cultural se lleva a cabo de conformidad con la Constitución de la Federación Rusa, las leyes federales, decretos y disposiciones del presidente de la Federación Rusa, las decisiones y disposiciones del gobierno de la Federación Rusa, y los programas especiales de importancia federal en el ámbito cultural.

El presidente de la Federación Rusa determina las directrices de la política exterior cultural y dirige la política exterior cultural de conformidad con la Constitución de la Federación Rusa.

La Asamblea federal de la Federación Rusa proporciona la base legislativa de la política exterior cultural de conformidad con la Constitución de la Federación Rusa.

El gobierno de la Federación Rusa elabora, dentro de los límites de sus competencias, la estrategia general de la política exterior cultural y examina los problemas más importantes de la cooperación cultural con los países del extranjero.

Entre las funciones centrales del Ministerio de Asuntos Exteriores de Rusia se hallan la elaboración de las prioridades de la política exterior cultural de la Federación Rusa y su realización concreta, la coordinación de las actividades de los órganos federales del poder ejecutivo y de los órganos de los sujetos de la Federación en este ámbito, la elaboración, en coordinación con los ministerios y los departamentos interesados, de los proyectos de acuerdo intergubernamentales sobre la colaboración cultural, la participación en la realización de los acuerdos vigentes, la peritación de proyectos de acuerdo regionales e interdepartamentales, el control sobre el cumplimiento de las obligaciones internacionales de la Federación Rusa en el ámbito cultural, y la prestación, dentro de los límites de su competencia y posibilidades reales, de auxilio consultivo y práctico a los órganos estatales en el establecimiento y mantenimiento de las relaciones culturales internacionales.

El Ministerio de Asuntos Exteriores de Rusia colabora también con las organizaciones no gubernamentales de Rusia, cuyas actividades se encaminen a promover el desarrollo de relaciones culturales exteriores, correspondan a intereses del país y se realicen conforme a la legislación rusa. De todos los compromisos asumidos por las organizaciones no gubernamentales en el curso de la realización de actos culturales en el extranjero se responsabilizarán ellas mismas.

La base jurídica de la cooperación cultural internacional la proporcionan los tratados internacionales suscritos por la Federación Rusa. El orden de su suscripción, cumplimiento y extinción queda determinado por la ley federal sobre tratados internacionales de la Federación Rusa. Los tratados internacionales de la Federación Rusa, junto con los principios y normas universalmente reconocidos del derecho internacional, forman, de conformidad con la Constitución de la Federación Rusa, una parte integral de su sistema legislativo y resultan obligatorios para todos los organismos estatales y públicos que participen en el intercambio cultural.

Un importante instrumento de la participación del Ministerio de Asuntos Exteriores de Rusia en la realización de la política exterior cultural y de la coordinación de las actividades interestatales en el ámbito cultural son las comisiones mixtas, que se organizan, sobre la base de la paridad, con los representantes de las estructuras estatales de Rusia y de los países extranjeros en consonancia con los tratados internacionales que rigen la cooperación cultural. Entre las funciones de las comisiones mixtas figuran: la preparación de informes sobre la realización de documentos jurídicos vigentes, la elaboración de nuevos convenios y el examen de la realización de los intercambios acordados en la esfera cultural.

Una responsabilidad especial en la conformación y realización de la política exterior cultural de Rusia le incumbe a las instituciones del Ministerio de Asuntos Exteriores de Rusia sitas en el extranjero. Del grado de eficiencia de las actividades de las representaciones diplomáticas y consulares en el ámbito cultural depende en gran medida la dimensión y formas de la presencia cultural de Rusia en los Estados particulares.

En el sistema que comprende la divulgación de la información objetiva y diversificada sobre Rusia, la apertura de centros de enseñanza del ruso y la realización de actos culturales a fin de familiarizar al público extranjero con la vida cultural del país tiene una gran importancia, así como el funcionamiento de centros de cultura y ciencia rusos tuteladas por los embajadores de la Federación Rusa en los países extranjeros. Cabe seguir el curso de ampliación de la red de dichos centros, en primer lugar en los países de la CEI, y perfeccionar las condiciones jurídicas y organizativas de su actividad, incrementando la eficacia de su trabajo.

Bibliografía

Abbas _., Through Secret Channels. L., 1995.

Adamishin A., *Prioritetnie napravlenia vneshnei politiki Rossii (Las líneas prioritarias de la política exterior de Rusia,* Moscú, 1995).

Arbatov A. G., *Bezopasnost: rossiiskii vibor (La seguridad: opción rusa,* Moscú, 1999).

Arin O. A., *Strategicheskie perspektivi Rossii v Vostochnoi Azii (Las perspectivas estratégicas de Rusia en Asia Oriental,* Centro de Estudios Internacionales de MGIMO, Moscú, 1999).

ASEAN: itogi, problemi, perspektivi (ASEAN: balance, problemas, perspectivas, Colección de artículos. Edición de G. I. Chufrin, Instituto de Estudios Orientales de la Academia de Ciencias de Rusia, Moscú, 1998).

Asfari D. A., *Rossiisko-kitaiskie otnoshenia: Realisticheskii vzgliad na ij istoriu, sovremennoe sostoianie i perspektivi (Relaciones ruso-chinas: una visión realista de su historia, situación actual y perspectivas,* Moscú, 1999).

Bakushev V. V., *Integratsionnie tendentsii politiki vedushij mezhdunarodnij organizatsii i novoi Rossii (Tendencias integracionistas de la política de las principales organizaciones internacionales y de Rusia,* Academia Rusa del Servicio Estatal de la Presidencia de la Federación Rusa, Moscú, 1997).

Baluev D. G., *Zavoevanie budushego: vneshnia politika Rossii na rubezhe vekov (La conquista del futuro: política exterior de Rusia en el umbral del nuevo siglo,* Nizni Nóvgorod, 1999).

Baranovskii V. G., *Evropeiskoe soobshestvo v sisteme mezhdunarodnij otnoshenii (La comunidad europea en el sistema de relaciones internacionales,* Moscú, 1986).

Baranovskii V. G., *Zapadnaia Yevropa: voenno-politicheskaia integratsia (Europa Occidental: la integración político-militar,* Moscú, 1988).

Bazhanov Ye. P., *Prioriteti Rossii v meniaiushemsia mire (Prioridades de Rusia en un mundo cambiante,* Academia Diplomática del MAE de Rusia, Instituto de los problemas actuales internacionales, Moscú, 2000).

Bazhanov E. P., *Evoliutsia rossiiskoi vneshnei politiki* (Evolución de la política exterior de Rusia [1991-1999], Academia Diplomática del MAE de Rusia, Moscú, 1999).
Beschloss _., Taibott S. At the Highest Levels. L., 1994.
Beyond the Soviet Union: the Fragmentation of Power. [Research Institute for the Study of Conflict and Terrorism (RISCT)]; ed. with an introd. by Max Beloff. Aldershot etc., Ashgate, 1997.
Bezopasnost Rossii. Chernomorskii region (La seguridad de Rusia. Región del mar Negro, edición de N. A. Kovlaski, Moscú, 1997).
Bowker, *Russian Foreign Policy and the End of the Cold War,* Brookfield, 1997.
Butros-Gali B., *Nepokorennaia Organizatsia Obedinennij Natsii. Istoria otnoshenii mezhdu Organizatsiei Obedinennij Natsii i Soedinennimi Shtatami Ameriki (La inconquistable Organización de las Naciones Unidas. Historia de relaciones entre la ONU y Estados Unidos,* Moscú, 2000).
Bzhezinskii Z., *Velikaia shajmatnaia doska: Gospodstvo Ameriki i yego geostrategicheskie imperativi (El gran tablero de ajedrez: el dominio de América y sus imperativos geoestratégicos,* Moscú, 1998).
Cooper L., *Russia and the World: New State-of-Play on the International Stage,* Basingstoke, 1999.
Crockatt R., *The Fifty Years War. The US and the Soviet Union in World Politics, 1941-1991,* Routledge, 1996.
Danilevskii N. Ya., *Rossia i Yevropa (Rusia y Europa,* Moscú, 1991).
Davies R. W., *Soviet History in the Yeltsin Era,* N. Y., 1997.
Dawisha _., Parrott, *Russia and the New States of Eurasia,* Cambridge, 1994.
Dobrinin A., *Sugubo doveritelno. Posol v Vashingtone pri shesti prezidentaj SSHA (1962-1986) (Con acento sincero. El embajador en Washington bajo seis presidentes de EE.UU.,* Moscú, 1996).
Goodby J. E., *Europe Undivided: The New Logic of Peace in U.S.-Russian Relations,* Washington, 1998.
Ignatiev A. V., *Vneshnia politika Rossii 1907-1914: Tendentsii. Liudu. Sobitia (La política exterior de Rusia 1907-1914, Tendencias. Personalidades. Acontecimientos,* Instituto de Historia Rusa de la Academia de Ciencias de Rusia, Moscú, 2000).
Imperial Russian Foreign Policy, ed. and transl. by Hugh Ragsdale. [Washington], Cambridge, 1993.
Internal Factors in Russian Foreign Policy, N. Malcolm, A. Pravda, R. Allison, _., Light, Oxford, 1996.
Istoria vneshnei politiki Rossii, konets XIX*-nachalo* XX *veka (Historia de la política exterior de Rusia, desde finales del siglo* XIX*, principios del siglo* XX*,* Moscú, 1997).

Istoria vneshnei politiki Rossii. XVIII *vek. (Ot Severnoi voini do voin Rossii protiv Napoleona) (Historia de la política exterior de Rusia. Siglo* XVIII *[desde la Guerra del Norte hasta las guerras rusas contra Napoleón],* Moscú, 1998).

Istoria vneshnei politiki Rossii. Vtoraia polovina XIX *veka (Historia de la política exterior. La segunda mitad del siglo* XIX, edición de A. V. Igraniev y otros, Moscú, 1999).

Istoria vneshnei politiki Rossii. Konets XIX*-nachalo* XX *veka: Ot russko-frantsuzskogo soiuza do Oktiabrskoi revolutsii (Historia de la política exterior de Rusia. Finales del siglo* XIX *a principios del siglo* XX*: desde la alianza rusofrancesa hasta la revolución de octubre de 1917,* edición de V. A. Yemets, A. V. Ignatiev y otros, Moscú, 1999).

Istoria vneshnei politiki Rossii: (Konets XV *v.-1917) (Historia de la política exterior de Rusia. [Finales del siglo* XV*-1917],* cinco tomos, dirigida por el académico correspondiente de la Academia de Ciencias de Rusia A. N. Sájarov y otros, Instituto de Historia de Rusia de la Academia de Ciencias de Rusia, Moscú, 1995-1999).

Ivanov I. S., *Vneshnia politika Rossii i mir: Statii i vistuplenia (La política exterior de Rusia y el mundo: artículos y discursos,* Moscú, 2000).

Jachaturov K. A., *Latinoamerikanskie uroki dlia Rossii (Lecciones latinoamericanas para Rusia,* Moscú, 1999).

Johnson T. P., Miller S. E., *Russian Security after the Cold War,* ed. by T. P. Johnson, S. E. Miller, Washington, 1994.

Jrustalev M. A., *Tsentralnaia Azia vo vneshnei politike Rossii (Asia Central en la política exterior de Rusia,* Moscú, 1994).

Kan Von Sik, *Rossia na poroge* XXI *veka (Rusia en el umbral del siglo* XXI, Moscú, 1999).

Kantsler A. M. Gorchakov: 200 let so dnia rozhdenia (Canciller A. M. Gorchakov: 200 años aniversario del nacimiento, MAE de Rusia; edición dirigida por Ye. M. Primakov y otros, Moscú, 1998).

Kashlev Yu. B., *Obsheevropeiskii protses: vchera, segodnia, zavtra (El proceso paneuropeo: ayer, hoy y mañana,* Moscú, 1990).

Kissinzher G., *Diplomatia (Diplomacia,* Moscú, 1997).

Kortunov A. V., *Rossia i Zapad: modeli integtatsii (Rusia y Occidente: modelos de integración,* Moscú, 1994).

Kortunov S. V., *Kontrol za vooruzheniem i interesi Rossii (El control de armas y los intereses de Rusia,* Moscú, 1997).

Krivojizha V. I., *Rossia v novom mire: vremia reshenii (Rusia en el nuevo mundo: la época de las decisiones,* Instituto de Estudios Estratégicos de Rusia, Moscú, 1998).

Kudinov V. P., *Mezhdunarodnie pozitsii Rossii na rubezhe XX-XXI vekov: (Posiciones internacionales de Rusia en el umbral del siglo XXI,* Moscú, 1998).
Kulmatov K. N., *Aktualnie problemi rossiiskoi vneshnei politiki (Los problemas actuales de la política exterior de Rusia,* Moscú, 1999).
Lukin V. P., *Rossia i Zapad: obshnost ili otchuzhdenie? (Rusia y Occidente: ¿comunidad o alineación?,* edición de N. Yu. Novgorodskaia, Moscú, 1995).
Makarenko V. V., *Kto soiuzniki Rossii? Mentalnost i geopolitika: paradoksi politiki bezopasnosti Rossii (¿Quiénes son los aliados de Rusia? Mentalidad y geopolítica: paradojas de la política de seguridad de Rusia,* Moscú, 2000).
Manilov V. L., *Bezopasnost v epoju partnerstva (La seguridad en la época de cooperación,* Moscú, 1999).
Mendeleev D. I., *Granits poznaniu predvidet nevozmozhno (Es imposible adivinar los límites del conocimiento,* Moscú, 1991).
Migranian A. M., *Rossia v poiskaj identichnosti* (1985-1995) *(Rusia en búsqueda de la identidad [1985-1995]* [Colección de artículos], Moscú, 1997).
Moiseev N. N., *Mirovoe soobshestvo i sudba Rossii (La comunidad internacional y el destino de Rusia,* Universidad Internacional Independiente de Estudios Políticos y Económicos, Moscú, 1997).
Molchanov N. N., *Diplomatia Petra I. (La diplomacia de Pedro I,* Moscú, 1984).
Mouritzen H., *Bordering Russia: Theory and Prospects for Europe's Baltic Rim,* Brookfield, 1998.
Mozaffari M., *Security Politics in the Commonwealth of Independent States: The Southern Belt,* Nueva York, 1997.
Natsionalnaia doctrina Rossii: Problemi i prioriteti (La doctrina nacional de Rusia: problemas y prioridades, Moscú, 1994).
Neumann I., *Russia and the Idea of Europe,* Routledge, 1995.
Northern Territories and Beyond: Russian, Japanese and American Perspectives, Westport a.o., 1995.
Oldenburg S. S., *Tsárstvovanie imperátora Nikolaia II. (El reinado del emperador Nicolás II,* Moscú, 1992).
Ot reformi k stabilizatsii: Vneshniaia, voennaia i ekonomicheskaia política Rossii, 1993-1995: Analiz i prognoz (La política exterior, militar y económica de Rusia, 1993-1995: análisis y pronóstico, A. Zagorskii, I. Ajtamzian, S. Solodovnik y otros, Moscú, 1995).
Peacekeeping and the Role of Russia in Eurasia, ed. by L. Jonson and C. Archer, Oxford, 1996.
Primakov Ye. M., *Rossiia v mirovoi polítike (Rusia en la política mundial:* El año del planeta, Moscú, 1998).

Problemi obespechenia bezopasnosti v Aziatsko-Tijookeanskom regione (Los problemas del mantenimiento de la seguridad en la región de Asia y el Pacífico, Moscú, 1999).
Pustogarov V. V., *Fiódor Fiódorovich Martens, iurist, diplomat (Fiódor Fiódorovich Martens: jurista y diplomático,* Moscú, 1999).
Putin V. V., *Vistuplenie Prezidenta Rossiiskoi Federatsii s Poslaniem Federalnomu Sobraniu Rossiiskoi Federatsii (o polozhenii v strane i osnovnij napravleniaj vnutrennei i vneshnei politiki gosudarstva), 3 aprelia 2001, (El Estado de la Nación,* del presidente de la Federación Rusa Vladímir Putin [sobre la situación en Rusia y directrices de la política nacional e internacional del Estado], 3 de abril de 2001, Moscú, 2000).
Putin V. V., *Zadacha vlasti-sdelat zhizn liudei luchshe uzhe v blizhaishie godi: Vistuplenie pri predstavlenii ezhegodnogo poslania Prezidenta RF Federalnomu Sobraniu RF 8 iulia 2000 (El objetivo del poder es elevar el nivel de vida de la gente en los próximos años,* El discurso de presentación del Estado de la Nación, del presidente de la Federación Rusa, 8 de julio de 2000, Moscú, 2000).
Rashid A., Taliban (Islam, Oil and New Great Game in Central Asia), Londres, 2000.
Ribkin I. P., *Bezopasnii mir dlia Rossii (Un mundo seguro para Rusia,* Moscú, 1997).
Romanov A. A., *Geostrategia: Rossia i mir v XXI veke (Geoestrategia: Rusia y el mundo en el siglo XXI,* Moscú, 2000).
Rossia i Zakavkazie: realii nezavisimosti i novoe partnerstvo (Rusia en la región de Transcaucasia: las realidades de independencia y nueva cooperación, Moscú, 2000).
Rossia i strani blizhnego zarubezhia: Vneshnepoliticheskie orientiri (Rusia y los países colindantes: puntos de referencia para la política exterior, Instituto de la Historia de Rusia de la Academia de Ciencias de Rusia, Moscú, 1997).
Rossiiskaia diplomatia v portretaj (La diplomacia rusa en sus retratos, Moscú, 1992).
Rossiisko-amerikanskie otnoshenia posle jolodnoi voini (La relaciones americano-rusas tras el final de la guerra fría, Moscú, 2000).
Rudnitskii A. Yu., *Tijookeanskaia politika Rossii (La política rusa en el Pacífico,* Moscú, 1999).
Russia and Asia. The Emerging Security Agenda, ed. by Chifrin G. SIPRI, Oxford. 1999.
Russia and Europe. The Emerging Security Agenda, ed. by Baranovsky V. SIPRI, Oxford, 1997.
Russia: the Mediterranean and Black Sea Region, ed. by N. Kovalsky M., 1996.

Samuilov S. M., *Mezhnatsionalnie krizisi v Evrope: Soderzhanie, rol Zapada i politika Rossii (Los conflictos interétnicos en Europa: contenido, el papel de Occidente y política de Rusia [Enfoque civilizado],* Moscú, 1994).
Saveliev A. G., *Politicheskie i voenno-strategicheskie aspecti dogovorov SNV-1, SNV-2 (Los aspectos políticos y estratégico-militares de los Tratados START I y START II,* Instituto de Economía Mundial y Relaciones Internacionales de la Academia de Ciencias de Rusia, Moscú, 2000).
Sazonov S. D., *Vospominania (Memorias,* Moscú, 1991).
Security Dilemmas in Russia and Eurasia, ed. by R. Allison, C. Bluth, Londres, 1998.
Soloviov Yu. Ya., *Vospominania diplomata (Memorias de un diplomático,* Moscú, 1959).
Sovetskaia vneshnia politika v godi jolodnoi voini (1945-1985): Novoe prochtenie (La política exterior de la URSS en los tiempos de guerra fría (1945-1985): la nueva visión, Instituto de Historia de Rusia de la Academia de Ciencias de Rusia, Moscú, 1995).
Sovetsko-amerikanskie otnoshenia v sovremennom mire (Las relaciones americano-soviéticas en el mundo contemporáneo, edición de G. A. Trofimenko y P. T. Podlesni, Moscú, 1997).
Stent A. E., *Russia and Germany Reborn: Unification, the Soviet Collapse, and the New Europe,* Princeton, N. J., 1999.
Strategia dlia Rossii: povestka dnia Presidenta 2000 (La estrategia de Rusia: la agenda 2000 del presidente, Moscú, 2000).
Taylor _., *European Security and the Former Soviet Union dangers, opportunities and gambles,* Londres, 1994.
Tendentsii razvitia obstanovki na Koreiskom poluostrove i vozmozhnie alternativi rossiiskoi politiki (Tendencias del desarrollo de la situación en la península coreana y alternativas de la política de Rusia, Instituto del Extremo Oriente de la Academia de Ciencias de Rusia, Moscú, 1999).
Terrorism and International Law, ed. by Rosalyn Higgins and Maurice Flory LSE/Routledge, 1996.
Tijookeanskii region: Rossia i Latinskaia Amerika v kanun XXI veka (La región del Pacífico: Rusia y América Latina en los albores del siglo XXI, Instituto de América Latina de la Academia de Ciencias de Rusia, Moscú, 1998).
Titarenko M. L., *Rossia litsom k Azii (Rusia frente a Asia,* Instituto del Extremo Oriente de la Academia de Ciencias de Rusia, Moscú, 1998).
Tokaev K., *Vneshniaia política Kazajstana v usloviiaj globalizatsii (La política exterior de Kazajstán en el contexto de la globalización,* Alma Atá, 2000).
Traktaty o vechnom mire (Los Tratados sobre la paz eterna, Moscú, 1963).

Trenin D. V., *Baltiiskii shans: Strani Baltii, Rossia i Zapad v skladivaiusheisia Bolshoi Evrope (La oportunidad báltica: los países del Báltico, Rusia y Occidente en la Gran Europa en formación,* Moscú, 1997).

Valestani I., *Geopoliticheskaia situatsia na postsovetskom prostranstve (Tsentralnaia Azia, Zakavkazie) i vneshnia politika Rossii (1991-1997) (La situación geopolítica en el espacio postsoviético [Asia Central, Transcaucasia] y la política exterior de Rusia [1991-1997],* Moscú, 2000).

Vasiliev A., *Rossia na blizhnem i Srednem Vostoke: ot messianstva k pragmatizmu (Rusia en el Próximo y en el Medio Oriente: del mesianismo al pragmatismo,* Moscú, 1993).

Vostok i Rossia na rubezhe XXI veka (El Oriente y Rusia en el umbral del siglo XXI, edición de Jazanov A. M. y otros, Moscú, 1998).

Yadernoe nerasprostranenie (La no-proliferación nuclear, edición de V. A. Orlov y N. N. Sokolov, Moscú 2000).

Yadernie vooruzhenia i bezopasnost Rossii (Armamento nuclear y seguridad de Rusia, Academia de Ciencias de Rusia, Instituto de Economía Mundial y Relaciones Internacionales, Centro de prognosis geopolítica y militar, edición de A. G. Arbatov, Moscú, 1997).

Yeltsin B. N., *Rossia na rubezhe epoj: Poslanie Prezidenta Rossiiskoi Federatsii Federalnomu Sobraniu (Rusia en el ensamblaje de dos épocas, Mensaje del Presidente de la Federación a la Asamblea Federal del 30.3.1999,* Moscú, 1999).

Yevropa i Rossia: Problemi yuzhnogo napravlenia: Sredizemnomorie-Chernomorie-Kaspii (Europa y Rusia: los problemas de la dimensión sur: Mediterráneo-Mar Negro-Mar Caspio, Moscú, 1999).

Yevropeiskaia integratsia. Bolshaia gumanisticheskaia Yevropa i kultura: La integración europea (La Gran Europa humanista y la cultura, edición de L. I. Glujariov, Moscú, MGU de M. V. Lomonosov, 1998).

Zagliadivaia v XXI vek: Yevropeiskii Soiuz i Sodruzhestvo Nezavisimij Gosudarstv (Mirando hacia el siglo XXI: la Unión Europea y la Comunidad de Estados Independientes, Instituto de Europa de la Academia de Ciencias de Rusia, Moscú, 1998).

Zagorskii A. V., *SNG: ot dezintegratsii k integratsii (La CEI: de la desintegración a la integración,* Moscú, 1994).

Zhurkin V. V., *Yevropeiskii Soiuz: vneshniaia politica, bezopasnost, oborona (La Unión Europea: política exterior, seguridad, defensa,* Instituto de Europa de la Academia de Ciencias de Rusia, Moscú, 1998).

Zimonin V. P., *Novaia Rossia v novoi Evrazii: problemi kompleksnogo obespechenia bezopasnosti (La nueva Rusia en la nueva Eurasia: los problemas de las garantías sistémicas de la seguridad,* Moscú, 1997).